갈라디아서
에 베 소 서

ESV 성경 해설 주석

편집자 주

- 성경의 문단과 절 구분은 ESV 성경의 구분을 기준하였습니다.
- 본문의 성경은 《성경전서 개역개정판》과 ESV 역을 주로 사용하였습니다.

ESV Expository Commentary: Galatians•Ephesians
The *Galatians* portion is taken from *The ESV Expository Commentary*,
Volume 10: *Romans-Galatians*
© 2020 Crossway
The *Ephesians* portion is taken from *The ESV Expository Commentary*,
Volume 11: *Ephesians-Philemon*
© 2018 Crossway
Both published by Crossway
a publishing ministry of Good News Publishers
Wheaton, Illinois 60187, U.S.A.

ESV EXPOSITORY COMMENTARY

갈라디아서 에베소서

ESV 성경 해설 주석

프랭크 틸만 · 벤자민 L. 머클 지음
홍병룡 옮김

국제제자훈련원

추천의 글

성경은 하나님의 생명의 맥박이다. 성경은 사망에서 생명으로 옮겨 주는 생명의 책이다. 성경은 하나님의 창조와 구원 디자인에 따라 삶을 풍요롭게 하는 생활의 책이다. 성경을 바로 이해하고 적용해서 그대로 살면 우선 내가 살고 또 남을 살릴 수 있다. '하나님의 생기'가 약동하는 성경을 바로 강해하면 성령을 통한 생명과 생활의 변화가 분출된다. 이번에 〈ESV 성경 해설 주석〉 시리즈가 나왔다. 미국 필라델피아 웨스트민스터신학교의 이언 두기드 교수와 남침례교신학교의 제임스 해밀턴 교수와 커버넌트신학교의 제이 스클라 교수 등이 편집했다. 학문이 뛰어나고 경험이 많은 신세대 목회자/신학자들이 대거 주석 집필에 동참했다. 일단 개혁주의 성경신학 교수들이 편집한 주석으로 신학적으로 건전하다. 〈ESV 성경 해설 주석〉은 또한 목회와 신앙생활 전반에 소중한 자료다. 성경 내용을 총체적으로 이해하고 적용한 주석으로 읽고 사용하기가 쉽게 되어 있다. 성경 각 권의 개요와 주제와 저자와 집필 연대, 문학 형태, 성경 전체와의 관계, 해석적 도전 등을 서론으로 정리한 후 구절마다 충실하게 주석해 두었다. 정금보다 더 값지고 꿀보다 더 달고 태양보다 더 밝은 성경 말씀을 개혁주의 성경 해석의 원리에 따라 탁월하게 해석하고 적용한 〈ESV 성경 해설 주석〉이 지구촌 각 교회 지도자들과 성도들에게 널리 읽혀서 생명과 생활의 변화를 통해 하나님의 영광이 극대화되기 바란다.

권성수 | 대구 동신교회 담임목사

〈ESV 성경 해설 주석〉은 미국의 건전한 개혁주의 전통에 서 있는 젊고 탁월한 학자들을 중심으로 집필된 해설 주석이다. 이 책은 매우 읽기 쉬운 주석임에도 세세한 부분까지 놓치지 않고 해설을 집필해 놓았다. 성경 전체를 아우르는 신학적 큰 그림을 견지하면서도 난제는 간결하고 핵심을 찌르듯 해설한다. 목회자들이나 성경을 연구하는 이들은 이 주석을 통해 성경 기자의 의도를 쉽게 파악하여 설교와 삶의 적용에 적절하게 활용할 수 있을 것이다.

김성수 | 고려신학대학원 구약학 교수

ESV 성경은 복음주의 학자들이 원문에 충실하게 현대 언어로 번역한다는 원칙으로 2001년에 출간된 성경이다. ESV 번역을 기초로 한 이 해설 주석은 성경 본문의 역사적 의미를 밝힘으로써, 독자가 하나님의 영감된 메시지를 발견하도록 도울 목적으로 기획되었다. 각 저자는 본문에 대한 학문적 논의에 근거하여 일반 독자가 이해하고 적용할 수 있도록 충실하게 안내하고 있다. 또한 성경 각 권에 대한 서론은 저자와 본문을 이해하는 데 큰 도움을 준다. 이 주석은 말씀을 사모하는 모든 사람들, 특별히 말씀을 선포하고 가르치는 책임을 맡은 이들에게 신뢰할 만하고 사용하기에 유익한 안내서다.

김영봉 | 와싱톤사귐의교회 담임목사

〈ESV 성경 해설 주석〉은 성경 해석의 정확성, 명료성, 간결성, 통합성을 두루 갖춘 '건실한 주석'이다. 단단한 문법적 분석의 토대 위에 문학적 테크닉을 따라 복음 스토리의 흐름을 잘 따라가며, 구약 본문과의 연관성 속에서 견고한 성경신학적 함의를 제시한다. 성경을 이해하는 데 관심 있는 일반 독자들은 이 책을 통해 최신 해석들을 접할 수 있으며, 설교자들은 영적 묵상과 현대적 적용에 통찰을 얻을 수 있을 것이다.

김정우 | 총신대학교 명예교수, 한국신학정보연구원 원장

〈ESV 성경 해설 주석〉은 단락 개요, 주석 그리고 응답의 구조로 전개되기 때문에 독자는 성경의 말씀들을 독자 자신의 영적 형편에 적합하게 적용할 수 있다. 특히 절 단위의 분절적인 주석이 아니라 각 단락을 하나의 이야기로 묶어 해석하기 때문에 본서는 성경이라는 전체 숲을 파악하는 데 더없이 유익하다. 목회자, 성경 교사, 그리고 성경 애호적인 평신도들에게 추천할 만하다.

김회권 | 숭실대학교 기독교학과 구약신학 교수

성경 주석의 가장 중요한 사명은 하나님의 말씀을 바르게 해석하고 오늘날 청중에게 유익하게 적용할 수 있도록 안내하는 일이다. 〈ESV 성경 해설 주석〉은 목회자와 성도 모두에게 성경에 새겨진 하나님의 마음을 읽게 함으로 진리의 샘물을 마시게 할 뿐 아니라 하나님을 더욱 사랑하는 마음을 불러일으킨다. 성경과 함께 〈ESV 성경 해설 주석〉을 곁에 두라. 목회자는 강단에 생명력 있는 설교에 도움을 얻을 것이고 일반 독자는 말씀을 더 깊이 깨닫는 기쁨을 누릴 것이다.

류응렬 | 와싱톤중앙장로교회 담임목사, 고든콘웰신학교 객원교수

주석들의 주석이 아니라 성경을 섬기는 주석을, 학자들만의 유희의 공간이 아니라 현장을 섬기는 주석을, 역사적 의미만이 아니라 역사 속의 의미와 오늘 여기를 향하는 의미를 고민하는 주석을, 기발함보다는 기본에 충실한 주석을 보고 싶었다. 그래서 책장 속에 진열되는 주석이 아니라 책상 위에 있어 늘 손이 가는 주석을 기다렸다. 학문성을 갖추면서도 말씀의 능력을 믿으며 쓰고, 은혜를 갈망하며 쓰고, 교회를 염두에 두고 쓴 주석을 기대했다. 〈ESV 성경 해설 주석〉은 나를 성경으로 돌아가게 하고 그 성경으로 설교하고 싶게 한다. 내가 가진 다른 주석들을 대체하지 않으면서도 가장 먼저 찾게 할 만큼 탄탄하고 적실하다. 현학과 현란을 내려놓고 수수하고 담백하게 성경 본문을 도드라지게 한다.

박대영 | 광주소명교회 책임목사, 《묵상과 설교》 편집장

또 하나의 주석을 접하며 무엇이 특별한가 하는 질문부터 하게 된다. 먼저 디테일하고 전문적인 주석과 학문적인 논의의 지루함을 면케 해주면서도 성경 본문의 흐름과 의미 그리고 중요한 주제의 핵심을 잘 파악하게 해 준다는 점을 들 수 있다. 그래서 분주한 사역과 삶으로 쫓기는 이들의 시간과 에너지를 절약해 준다는 이점이 있다. 또한 본문에 대한 충실한 해석뿐 아니라 그 적용까지 이끌어낼 수 있도록 돕는다는 점이 유익하다. 더불어 가독성이 뛰어나다는 점에서 설교를 준비하는 이들뿐 아니라 성경을 바로 이해하기 원하는 모든 교인들에게 적합한 주석이다.

박영돈 | 작은목자들교회 담임목사, 고려신학대학원 교의학 명예교수

성경이 질문하고 성경이 답변하게 하는 방법을 찾는 것은 이 시대에 성경을 연구하거나 가르치거나 설교하는 이들의 가장 큰 고민거리라고 할 수 있다. 그동안 접했던 많은 성경 주석서들은 내용이 너무 간략하거나 지나치게 방대했다. 〈ESV 성경 해설 주석〉은 이 시대의 목회자들뿐만 아니라 진리를 갈망하는 모든 신자들, 특히 제자

훈련을 경험하는 모든 동역자들에게 매우 신선하고 깊이 있는 영감을 공급하는 주석이다. 첫째, 해석이 매우 간결하고 담백하면서도 깊이가 있다. 둘째, 영어 성경과 대조해서 본문을 폭넓게 이해할 수 있다. 셋째, 성경 원어 이해를 돕기 위한 세심한 배려는 목회자뿐만 아니라 성경의 깊이를 탐구하는 모든 신앙인들에게도 큰 유익을 준다. 넷째, 이 한 권으로 충분할 수 있다. 성경이 말하기를 갈망하는 목회자의 서재뿐만 아니라 말씀을 사랑하는 모든 신앙인들의 거실과 믿음 안에서 자라나는 다음 세대의 공부방들도 〈ESV 성경 해설 주석〉이 선물하는 그 풍성한 말씀의 보고(寶庫)가 되기를 염원한다.

故 박정식 | 전 은혜의교회 담임목사

〈ESV 성경 해설 주석〉는 성경 본문을 통해 저자가 드러내기 원하는 사고의 흐름을 따라가면서 예수님을 중심으로 하는 구원계시사적 관점에서 친절히 해설한다. 《ESV 스터디 바이블》의 묘미를 맛본 분이라면, 이번 〈ESV 성경 해설 주석〉을 통해 복음에 충실한 개혁주의 해설 주석의 간명하고도 풍성한 진미를 기대해도 좋다. 설교자는 물론 성경을 진지하게 읽음으로 복음의 유익을 얻기 원하는 모든 크리스천에게 독자 친화적이며 목회 적용적인 이 주석 시리즈를 기쁘게 추천한다.

송영목 | 고신대학교 신학과 신약학 교수

일반 성도들이 성경을 읽을 때 곁에 두고 참고할 만한 자료가 의외로 많지 않다. 그런 점에서 〈ESV 성경 해설 주석〉이 한국에 소개되는 것을 매우 기쁘게 생각한다. 학술적이지 않으면서도 깊이가 있는 성경 강해를 명료하게 담아내고 있기 때문이다. 성경을 바르고 분명하게 이해하려는 모든 성도들에게 큰 도움이 되리라 확신하며 추천한다.

송태근 | 삼일교회 담임목사, 미셔널신학연구소 대표

본 시리즈는 장황한 문법적 · 구문론적 논의는 피하고 본문의 흐름을 따라 단락별로 본문의 핵심을 파악할 수 있도록 도와주는 매우 간결하고 효율적인 주석 시리즈다. 본 시리즈는 석의 과정에서 성경신학적으로 건전한 관점을 지향하면서도, 각 책의 고유한 신학적 특성을 드러내 보여주는 것도 소홀히 하지 않는다. 특히 본 시리즈는 목회자들이 설교를 준비할 때 본문 이해의 시발점으로 사용하기에 적절하며, 평신도들이 읽기에도 과히 어렵지 않은 독자 친화적 주석이다. 본 시리즈는 성경을 연구하는 모든 이들에게 매우 요긴한 동반자가 될 것이다.

양용의 | 에스라성경대학원대학교 신약학 교수

메시아적 시각을 평신도의 눈높이로 풀어낸 주석이다. 주석은 그저 어려운 책이라는 편견을 깨뜨리고 성경을 사랑하는 모든 이의 가슴 속으로 살갑게 파고든다. 좋은 책은 평생의 친구처럼 이야기를 듣고 들려주면서 함께 호흡한다는 점에서 〈ESV 성경 해설 주석〉은 가히 독보적이다. 깊이에서는 신학적이요, 통찰에서는 목회적이며, 영감에서는 말씀에 갈급한 모든 이들에게 열린 책이라고 할 수 있다. 서사적 구조와 시의 적절한 비유적 서술은 누구라도 마음의 빗장을 해제하고, 침실의 머리맡에 두면서 읽어도 좋을 만큼 영혼의 위로를 주면서도, 말씀이 주는 은혜로 새벽녘까지 심령을 사로잡을 것으로 믿는다. 비대면의 일상화 속에서 말씀을 가까이하는 모든 이들이 재산을 팔아 진주가 묻힌 밭을 사는 심정으로 사서 평생의 반려자처럼 품어야 할 책이다.

오정현 | 사랑의교회 담임목사, SaRang Global Academy 총장

〈ESV 성경 해설 주석〉 시리즈의 특징은 신학자나 목회자들에게도 도움이 되겠지만 평신도 지도자인 소그룹 인도자들의 성경본문 이해에 대한 통찰력을 제공한다. 건강한 교회의 공통분모인 소그룹 활성화를 위하여 인도자의 영적 양식은 물론 그룹원들의 일상을 새로운 각도에서 조명하는 원리를 찾아주는 데 도움을 준다. 서로 마음이 통하는 반가운 친구처럼 손 가까이 두고 싶은 책으로 추천하고 싶다.

오정호 | 새로남교회 담임목사, 제자훈련 목회자네트워크(CAL-NET) 이사장

〈ESV 성경 해설 주석〉은 내용이 충실하여 활용성이 높고, 문체와 편집이 돋보여 생동감을 주기에 충분하다. 이와 함께 본문의 의미를 최대한 살려내는 심오한 해석은 기존의 우수한 주석들과 어깨를 나란히 할 만큼 정교하다. 또한 본 시리즈는 성경 각 권을 주석함과 동시에 성경 전체를 관통하는 그리스도 중심의 구속사적 관점을 생생하게 적용함으로써 탁월함을 보인다. 설교자와 성경 연구자에게는 본문에 대한 알찬 주석을 제공한다는 차원에서 오아시스와 같고, 실용적인 주석을 기다려온 평신도들에게는 설명이 뛰어나다는 점에서 가장 이상적인 해설서로 적극 추천한다.

윤철원 | 서울신학대학원 신약학 교수, 한국신약학회 회장

설교자들은 늘 신학적으로 탄탄하면서도 성경신학적인 주석서가 목말랐다. 학문적으로 치우쳐 부담되거나 석의가 부실한 가벼운 주석서들과는 달리 〈ESV 성경 해설 주석〉은 깊이 있는 주해와 적용에 이르기까지 여러 면에서 균형을 고루 갖춘 해설 주석서다. 한국 교회 강단을 풍성케 할 역작으로 기대된다.

이규현 | 수영로교회 담임목사

ESV 성경은 원문을 최대한 살려서 가장 최근에 현대 영어로 번역한 성경이다. 100여 명의 대표적인 복음주의 학자와 목회자들로 구성된 팀이 만든 ESV 성경은 '단어의 정확성'과 문학적 우수성뿐만 아니라 그 의미를 깊이 있게 드러내는 영어 성경이다. 2001년에 출간된 이후 교회 지도자들과 수많은 교파와 기독교 단체에서 널리 사용되었고, 현재 전 세계 수백만의 그리스도인들이 사용하고 있다. 〈ESV 성경 해설 주석〉은 무엇보다 개관, 개요, 주석이 명료하고 탁월하다. 포스트모던 시대에도 진지한 강해설교를 고민하는 모든 목회자들과 성경공부 인도자들에게 마음을 다하여 추천하고 싶다. 이 책을 손에 잡은 모든 이들은 손에 하늘의 보물을 잡은 감사를 느끼게 될 것이다.

이동원 | 지구촌교회 원로목사, 지구촌 목회리더십센터 대표

〈ESV 성경 해설 주석〉은 '성경'을 '말씀'으로 대하는 신중함과 경건함이 부드럽지만 강렬하게 느껴지는 저술이다. 본문의 흐름과 배경을 알기 쉽게 보여주면서 본문의 핵심을 명확하게 제시하는 묘한 힘을 가지고 있다. 연구와 통찰을 질서 있고 조화롭게 제공하여 본문을 보는 안목을 깊게 해 주고, 말씀을 받아들이는 마음을 곧추세우게 해 준다. 주석서에서 기대하는 바가 한꺼번에 채워지는 느낌이다. 설교를 준비하는 목회자, 성경을 연구하는 신학생, 말씀으로 하나님을 만나려는 성도 모두에게 단비 같은 주석이다.

이진섭 | 에스라성경대학원대학교 신약학 교수

ESV 성경 간행에 이은 〈ESV 성경 해설 주석〉의 발간은 이 땅을 살아가는 '말씀의 사역자'들은 물론, 모든 '한 책의 백성'들에게 주어진 이중의 선물이다. 본서는 구속사에 대한 거시적 시각과 각 구절에 대한 미시적 통찰, 학자들을 위한 학술적 깊이와 설교자들을 위한 주해적 풀이, 그리고 본문에 대한 탁월한 설명과 현장에 대한 감동적인 적용을 다 아우르고 있는 성경의 '끝장 주석'이라 할 만하다.

전광식 | 고신대학교 신학과 교수, 전 고신대학교 총장

〈ESV 성경 해설 주석〉은 처음부터 그 목적을 분명히 하고 집필되었다. 자기 스스로 경건에 이르도록 성장하기 위해서, 또 다른 사람들을 가르치기 위해서, 성경을 진지하게 연구하는 모든 사람들에게 도움을 주기 위해서라고 밝힌다. 목사들에게는 목회에 유익한 주석이요, 성도들에게는 적용을 돕는 주석이다. 또 누구에게나 따뜻한 감동을 안겨주는, 그리하여 주석도 은혜가 된다는 것을 새삼 확인할 것이다. 학적인

주석을 의도하지 않았지만, 이 주석의 구성도 주목할 만하다. 한글과 영어로 된 본문, 단락 개관, 개요, 주해, 응답으로 구성되어 있다. 만약 신구약 한 질의 주석을 곁에 두길 원하는 성도라면, 〈ESV 성경 해설 주석〉 시리즈는 틀림없이 실망시키지 아니할 것이라고 확신한다.

정근두 | 울산교회 원로목사

말씀을 깊이 연구하는 일부의 사람들에게는 원어 주해가 도움이 되겠지만, 강단에 서는 설교자들에게는 오히려 해설 주석이 더 요긴하다. 〈ESV 성경 해설 주석〉은 본문 해설에 있어 정통 신학, 폭넓은 정보, 목회적 활용성, 그리고 적용에 초점을 두었다. 이 책은 한마디로 설교자를 위한 책이다. 헬라어나 히브리어에 능숙하지 않아도 친숙하게 성경 본문을 연구할 수 있다는 점에서 주변 목회자들에게 적극적으로 추천하고 싶다. 목회자가 아닌 일반 성도들도 깊고 풍성한 말씀에 대한 갈증이 있다면, 본 주석 시리즈를 참고할 것을 강력하게 권하고 싶다.

정성욱 | 덴버신학교 조직신학 교수

입고 있는 옷이 있어도 새 옷이 필요할 때가 있다. 기존의 것이 낡아서라기보다는 신상품의 맞춤식 매력이 탁월하기 때문이다. 〈ESV 성경 해설 주석〉 시리즈는 분주한 오늘의 목회자와 신학생뿐 아니라 성경교사 및 일반 그리스도인의 허기지고 목마른 영성의 시냇가에 심길 각종 푸르른 실과나무이자 물 댄 동산과도 같다. 실력으로 검증받은 젊은 저자들은 개혁/복음주의 신학과 신앙의 깊은 닻을 내리고, 성경 각 권의 구조와 문맥의 틀 안에서 저자의 의도를 핵심적으로 포착하여 침침했던 본문에 빛을 던져준다. 아울러 구속사적 관점 아래 그리스도 중심적 의미와 교회-설교-실천적 적용의 돛을 바라보게 함으로써 본문의 지평을 한 층 더 활짝 열어준다. 한글/영어 대역으로 성경 본문이 제공된다는 점은 한국인 독자만이 누리는 보너스이리라. "좋은 주석은 두껍고 어렵지 않을까"라는 우려를 씻어주듯 이 시리즈 주석서는 적절한 분량으로 구성된 '착한 성경 해설서'라 불리는 데 손색이 없다. 한국 교회 성도의 말씀 묵상, 신학생의 성경 경외, 목회자의 바른 설교를 향상시키는 데 〈ESV 성경 해설 주석〉 시리즈만큼 각 사람에게 골고루 영향을 끼칠 주석은 찾기 어려울 듯싶다. 기쁨과 확신 가운데 추천할 수 있는 이유다.

허주 | 아세아연합신학대학교 신약학 교수, 한국복음주의신약학회 회장

〈ESV 성경 해설 주석〉은 정확무오한 하나님의 말씀을 전하는 설교자와 전도자들에게 훌륭한 참고서다. 성경적으로 건전하고 신학적으로 충실할 뿐 아니라 목회 현장에 실질적인 도움이 된다. 나 또한 나의 설교와 가르침의 사역에 활용할 수 있기를 고대한다.

대니얼 에이킨(Daniel L. Akin) | 사우스이스턴침례신학교 총장

하나님은 그의 아들에 대해 아는 것으로 모든 열방을 축복하시려는 영원하고 세계적인 계획을 그의 말씀을 통해 드러내신다. 이 주석이 출간되어 교회들이 활용할 수 있게 된 것만으로 행복하고, 성경에 대한 명확한 해설로 말미암아 충실하게 이해할 수 있게 해 준 것은 열방에 대한 축복이다. 물이 바다를 덮음같이 하나님의 영광에 대한 지식이 온 땅에 충만해지는데 이 주석이 사용되길 바란다.

이언 추(Ian Chew) | 목사, 싱가포르 케이포로드침례교회

〈ESV 성경 해설 주석〉은 탁월한 성경 해설과 깊이 있는 성경신학에 바탕한 보물 같은 주석이다. 수준 높은 학구적 자료를 찾는 독자들뿐만 아니라 읽기 쉽고 이해하기 쉽도록 잘 정리된 주석을 원하는 사람들에게도 적합하다. 목회자, 성경교사, 신학생들에게 이 귀한 주석이 큰 도움이 되고 믿을 수 있는 길잡이가 되리라 확신한다.

데이비드 도커리(David S. Dockery) | 사우스이스턴침례신학교 석좌교수

대단한 주석! 성경을 배우는 모든 학생들에게 도움이 될 수 있도록 최고 수준의 학자들이 성경의 정수를 정리하여 접근성을 높여서 빠르게 참고하기에 이상적인 주석이다. 나 또한 설교 준비와 성경 연구에 자주 참고하고 있다.

아지스 페르난도(Ajith Fernando) | 스리랑카 YFC 교육이사, *Discipling in a Multicultural World* 저자

〈ESV 성경 해설 주석〉은 성경교사들의 기초 자료로서 활용성 높은 최고의 주석 중 하나다. 일반 독자들도 쉽게 이해할 수 있는 동시에 강해설교가들에게 충분한 배움을 제공한다. 이 주석 시리즈는 성경을 제대로 배우고자 하는 전 세계 신학생들에게도 표준 참고서가 될 것이다.

필립 라이켄(Philip Graham Ryken) | 휘튼칼리지 총장

〈ESV 성경 해설 주석〉에 대하여

성경은 생명으로 맥동한다. 성령은 믿음으로 성경을 읽고 소화해서 말씀대로 살아가는 사람들에게 맥동하는 생명력을 전해 준다. 하나님께서 성경 안에 자신을 계시하셨기 때문에 성경은 꿀보다 달고 금보다 귀하며, 모든 부(富)보다 가치 있다. 주님은 온 세상을 위해 생명의 말씀인 성경을 자신의 교회에 맡기셨다.

또한 주님은 교회에 교사들을 세우셔서 하나님의 말씀이 무엇을 의미하는지를 설명해 주고 각 세대에 어떻게 적용해야 하는지를 분명하게 보여주도록 하셨다. 우리는 이 주석이 하나님의 말씀을 진지하게 공부하는 모든 사람들, 즉 다른 사람들에게 가르치기 위해 성경을 연구하는 사람들과 스스로 경건에 이르도록 성장하기 위해 성경을 공부하는 사람들에게 큰 유익을 주길 기도한다. 우리의 목표는 성경 본문을 그리스도 중심적으로 명료하고 뚜렷하게 설명하는 것이다. 모든 성경은 그리스도에 대해 말하고 있으며(눅 24:27), 우리는 성경의 각 책이 우리가 "예수 그리스도의 얼굴에 있는 하나님의 영광을 아는 빛"(고후 4:6)을 보도록 어떻게 돕고 있는지 알려주길 원한다. 그런 목표를 이루고자 이 주석 시리즈를 집필하는 저자들에게 다음과 같은 원칙을 제시했다.

- 올바른 석의를 토대로 한 주석 성경 본문에 나타나 있는 사고의 흐름과 추론 방식을 충실하게 따를 것.
- 철저하게 성경신학적인 주석 성경은 다양한 내용들을 다루지만, 그리스도 안에서 완성된 구속이라는 단일한 주제를 말하고 있다는 점에서 성경 전체를 하나의 통일된 관점으로 볼 수 있게 할 것.
- 전 세계를 대상으로 한 주석 성경과 신학적으로 신뢰할 만한 자료들을 가능한 한 많은 사람들에게 공급하겠다는 크로스웨이(Crossway)의 선교 목적에 맞게 전 세계 독자들이 공감하고 필요로 하는 주석으로 집필할 것.
- 폭넓은 개혁수의 주석 종교개혁의 역사석 흐름 안에서 오직 은혜와 오직 믿음으로 말미암아 오직 그리스도 안에서 오직 성경의 가르침을 따라 오직 하나님의 영광을 위한 구원을 천명하고, 큰 죄인에게 큰 은혜를 베푸신 크신 하나님을 높일 것.
- 교리 친화적인 주석 신학적 담론도 중요하므로 역사적 또는 오늘날 신학적으로 중요한 문제들과 성경 본문에 대한 주석을 서로 연결하여 적절하고 함축성 있게 다룰 것.
- 목회에 유익한 주석 문법적이거나 구문론적인 긴 논쟁을 피하고, 하나님을 경외하는 마음으로 '성경 본문 아래 앉아' 경청하게 할 것.
- 적용을 염두에 둔 주석 오늘날 서구권은 물론이고 그 밖의 다른 세계에서 살아가는 사람들이 처한 상황과 성경 본문이 어떻게 연결되는지를 간결하면서도 일관되게 제시할 것(이 주석은 전 세계 다양한 상황 가운데 살아가는 사람들을 대상으로 하기 때문에).
- 간결하면서도 핵심을 찌르는 주석 성경에 나오는 단어들을 일일이 분석하는 대신, 본문의 흐름을 짚어내서 간결한 언어로 생동감 있게 강해할 것.

이 주석서에서 기본적으로 사용한 영역 성경은 ESV이지만, 집필자들에게 원어 성경을 참조해서 강해와 주석을 집필하도록 요청했다. 또한 무조건 ESV 성경 번역자들의 결해(結解)를 따르라고 요구하지도 않았다.

인간이 세운 문명은 시간이 흐르면 무너져서 폐허가 되지만, 하나님의 말씀은 영원히 서 있다. 우리 또한 바로 그 말씀 위에 서 있다. 성경의 위대한 진리들은 시간과 공간을 뛰어넘어 말하고, 우리의 목표는 전 세계적으로 적용될 수 있는 방식으로 그 진리들을 전하는 것이다.

하나님께서 자신의 말씀을 연구하는 일에 복을 주시고, 그 말씀을 강해하고 설명하려는 이 시도에 흡족해 하시기를 기도한다.

차례

약어표

참고 자료 |

ApOTC Apollos Old Testament Commentary

BDAG Bauer, W., F. W. Danker, W. F. Arndt, and F. W. Gingrich. *A Greek-English Lexicon of the New Testament and Other Early Christian Literature.* 3rd ed. Chicago: University of Chicago Press, 1999.

BECNT Baker Exegetical Commentary on the New Testament

BNTC Black's New Testament Commentaries

BrillDAG Montanari, Franco. *The Brill Dictionary of Ancient Greek.* Edited by Madeleine Goh and Chad Schroeder. Leiden: Brill, 2015.

CBQ *Catholic Biblical Quarterly*

CL Danker, Frederick William. *The Concise Greek-English Lexicon of the New Testament.* Chicago: University of Chicago Press, 2009.

CNTC Calvin's New Testament Commentaries

ConcC Concordia Commentary

ICC International Critical Commentary

JRS *Journal of Roman Studies*

JSNT *Journal for the Study of the New Testament*

LCL Loeb Classical Library

LNTS The Library of New Testament Studies

LSJ Liddell, Henry George, Robert Scott, and Henry Stuart Jones. A Greek-English Lexicon. 9th ed. with revised supplement. Oxford: Clarendon, 1996.

NICNT New International Commentary on the New Testament

NIGTC New International Greek Testament Commentary

OCD *Oxford Classical Dictionary.* Edited by Simon Hornblower and Antony Spawforth. 4th ed. Oxford: Oxford University Press, 2012.

OTP *Old Testament Pseudepigrapha.* Edited by James H. Charlesworth. 2 vols. New York: Doubleday, 1983, 1985.

P.Oxy. Grenfell, Bernard P., et al., eds. *The Oxyrhynchus Papyri*. London: Egypt Exploration Fund, 1898–.

PNTC Pillar New Testament Commentary

TDNT Theological Dictionary of the New Testament. Edited by Gerhard Kittel and Gerhard Friedrich. Translated by Geoffrey W. Bromiley. 10 vols. Grand Rapids, MI: Eerdmans: 1964–1976.

UBS^5 *The Greek New Testament*, 5th rev. ed. Edited by Barbara Aland, Kurt Aland, Johannes Karavidopoulos, Carlo M. Martini, and Bruce Metzger, prepared by the Institute for New Testament Textual Research, Munster/Westphalia; United Bible Societies, 2014.

WBC Word Biblical Commentary

ZECNT Zondervan Exegetical Commentary on the New Testament

성경 |

구약 ▶

창 창세기
출 출애굽기
레 레위기
민 민수기
신 신명기
수 여호수아
삿 사사기
룻 룻기
삼상 사무엘상
삼하 사무엘하
왕상 열왕기상
왕하 열왕기하
대상 역대상
대하 역대하
스 에스라
느 느헤미야
에 에스더
욥 욥기
시 시편
잠 잠언
전 전도서
아 아가
사 이사야
렘 예레미야
애 예레미야애가
겔 에스겔
단 다니엘
호 호세아
욜 요엘
암 아모스
옵 오바댜
욘 요나
미 미가
나 나훔
합 하박국
습 스바냐
학 학개
슥 스가랴
말 말라기

신약 ▶

마 마태복음
막 마가복음
눅 누가복음
요 요한복음
행 사도행전
롬 로마서
고전 고린도전서
고후 고린도후서
갈 갈라디아서
엡 에베소서
빌 빌립보서
골 골로새서
살전 데살로니가전서
살후 데살로니가후서
딤전 디모데전서
딤후 디모데후서
딛 디도서
몬 빌레몬서
히 히브리서
약 야고보서
벧전 베드로전서
벧후 베드로후서
요일 요한일서
요이 요한이서
요삼 요한삼서
유 유다서
계 요한계시록

갈라디아서

ESV 성경 해설 주석

프랭크 틸만 지음

ESV EXPOSITORY COMMENTARY

ESV Expository Commentary

Galatians

갈라디아서 서론

개관

바울은 로마의 갈라디아 지방 남쪽에 흩어져 있던 기독교 회중에게 갈라디아서를 썼다. 그 공동체 가운데 활동하던 거짓 교사들의 영향에 대해 경고하기 위해서였다. 이 말썽꾼들(갈 1:7, 참고. 5:10, 12)은 이방인 그리스도인에게 유대인처럼 되어서 신앙적 헌신을 완수하고, 하나님 백성 가운데 그들의 자리를 확보해야 한다고 주장했다(3:3). 이방인 남자는 할례를 받아야 하고(6:12), 누구나 유대교 달력을 따를 필요가 있다(4:10)고 했다. 아마 유대교의 음식 규정도 지켜야 했을 것이다(참고. 2:12). 거짓 교사들은 이런 것들을 포함하여 다른 "율법의 행위"(2:16; 3:2, 5, 10)도 요구했을 뿐 아니라 바울의 성품(1:10; 5:11, 참고. 6:17)과 사도의 권위(1:1, 11-12, 17; 2:6)까지 공격했던 것 같다.

이에 대해 바울은 감정적이고 정교하며 신학적으로 풍부한 편지로 응답한다. 그는 먼저 복음의 신적 기원과 더불어 복음을 정의하고 선포하는 그의 권위를 변호한다(1:1-2:14). 이를 위해 교회의 박해자였다가 이방인의 사도가 된 그의 회심 이야기를 들려주고, 이후에 예루살렘에서 가장 중요한 세 사도와 접촉한 이야기를 전한다.

이 편지의 신학적 메시지를 요약하는 짧은 대목(2:15-21)은 편지의 주된 신학적 논증(3:1-6:10)으로 이어지는 다리에 해당한다. 본론의 두 번째 부분에서는 성경에 근거하여, 모세의 율법은 구원 역사에서 하나님께서 지정하신 목적을 이룬 만큼 이방인에게 부과되어서는 안 된다고 주장한다. 그렇게 하면 아브라함의 자손을 통해 땅의 모든 나라에게 복을 주시겠다는 하나님 약속의 성취를 무효로 만들 것이다(3:6-4:31). 하나님은 그리스도의 죽음(3:13-14)과 성령의 도래(3:1-5, 14; 5:16, 22-23)를 통해 이방인과 유대인 모두에게, 불순종하는 자에게 임하는 율법의 정당한 저주(3:10)를 피할 길을 열어주셨다. 그들은 이제 하나님께서 창조하신 목적을 이루면서 살 수 있다(5:13-6:10). 이 좋은 소식을 믿는 것이 이런 복을 받는 데 필요한 단 하나의 조건이다. 그래서 바울은 하나님의 백성에게 다른 추가 요건을 부과하는 일을 "다른 복음"(1:6)으로 간주하는 것이다.

저자

고대의 편지가 대부분 그렇듯이 갈라디아서의 첫 마디도 저자의 이름을 밝힌다. 이 경우는 바울이다. 어떤 권위 있는 인물의 것으로 사칭하는 가짜 편지가 그 시대에 없지 않았으나(참고. 살후 2:2; 3:17), 갈라디아서의 문학 양식, 신학적 관심사, 역사적 세부 사항 등이 바울의 생애와 사역에 관한 여러 증거와 너무나 잘 들어맞아서 진지한 역사학자 중에 이 편지의 진정성을 의심하는 사람은 한 명도 없다.

당시의 관습에 따라 바울은 비서들에게 그의 편지를 받아쓰게 했고(롬 16:22), 때로는 편지의 끝 무렵에 친필로 한마디를 더하기도 했다(갈 6:11, 참고. 고전 16:21; 골 4:18; 살후 3:17; 몬 1:19). 하지만 갈라디아서와 바울의 다른 편지들 간의 양식상 유사점을 살펴보면 이 편지의 작성에서 비서의 역할이 매우 작았음을 알 수 있다.

저작 연대와 배경

갈라디아서의 정확한 저작 연대와 바울 경력에서의 명확한 위치는 불확실하다. 사도 바울은 갈라디아에서 복음을 전파한 후 어느 시점에 이 편지를 썼지만 1:2에 나오는 "갈라디아"라는 단어가 무슨 뜻인지는 분명하지 않다. 아나톨리아 반도(오늘날의 터키)의 중북부에 위치한, 전통적으로 갈라디아라고 불리던 지방을 언급하는 것일 수 있다.[1] 하지만 전통적인 갈라디아뿐만 아니라 그 지방의 남쪽에 위치한 이고니온, 루스드라, 더베, 비시디아 안디옥 등을 포함한 훨씬 더 큰 로마의 갈라디아 주 남부를 가리킬 가능성이 더 많다.[2] 바울과 바나바는 첫 번째 선교 여행 때 이 도시들을 방문했고(행 13:13-14:26), 따라서 갈라디아서는 그 여행 이후의 어느 시점에 집필되었을 것이다.

바울은 또한 갈라디아서 2:1-10에 묘사된 예루살렘 방문 이후에, 그리고 2:11-14에 묘사된 사건, 곧 안디옥에서 일어난 그 자신과 게바 간의 논쟁 이후에 갈라디아서를 썼다. 그러나 이런 사건들이 누가가 묘사하는 바울의 경력 중 어느 시점에 해당하는지는 분명하지 않다. 많은 해석자들은 2:1-10의 예루살렘 방문이 누가가 사도행전 11:27-30에 묘사하는 바울의 (회심 이후의) 두 번째 예루살렘 방문과 일치한다고 해석한다. 만일 그렇다면 바울은 아마 이 방문과 예루살렘 공의회(행 15:1-34) 사이의 시기에 갈

1 Hans Dieter Betz, *Galatians: A Commentary on Paul's Letter to the Churches in Galatia*, Hermeneia (Philadelphia: Fortress, 1979), 5.

2 A. Andrew Das, *Galatians*, ConcC (St. Louis, MO: Concordia, 2014). 지리적이고 역사적인 세부 사항에 대한 간결한 요약을 보려면 다음 기사를 참고하라. William Moir Calder and Stephen Mitchell, "Galatia", in *OCD*, 599-600.

라디아서를 썼을 것이다.[3] 이 경우에는 갈라디아서가 바울이 쓴 최초의 편지가 될 것이고, 그 시기는 주후 48년경이 될 것이다.[4]

그런데 사도행전 11:27-30의 방문은 유대에 기근 구제금을 전달하기 위함(행 11:28-29)이었지 복음의 내용과 범세계적인 전파를 위한 올바른 전략을 논의하기 위함(갈 2:2, 6-9)이 아니었다. 물론 하나님의 계시가 구제금 전달을 위한 방문을 촉구했듯이 2:1-10의 방문을 촉구한 것이 확실하지만, 바울이 갈라디아서에서 묘사하는 계시는 사도행전 11:27-28에 나오는 선지자 아가보가 아니라 그 자신에게 임한 것이었다(갈 2:2).[5] 더구나 바울과 바나바는 그 구제금을 사도들과 별개의 그룹인 "장로들"에게 전달했다(행 11:30).[6] 바울과 바나바는 아마 이번 방문 때 예루살렘의 중추적 인물들(야고보, 게바, 요한)을 만나지 않았을 테고, 이 때문에 바울이 그 자신과 예루살렘의 관계를 이야기할 때 굳이 그 여행을 언급하지 않아도 된다고 느꼈을 법하다. 그렇다면 바울이 갈라디아서 2:1-10에서 묘사하는 예루살렘 방문은 누가가 사도행전 15:1-34에서 이야기하는 예루살렘 공의회와 일치할 가능성이 많다. 안디옥에서 게바와의 논쟁은 그 공의회 이후 누가가 사도행전 15:35에서 간단하게 묘사하는 시기에 일어났을 것이다.

바울은 공의회 이후 어느 시점에서든 갈라디아서를 쓸 수 있었을 테지만 고린도전서 작성 이전에 썼을 가능성이 많다. 바울이 고린도전서를 쓸 무렵에는 갈라디아의 그리스도인들이 예루살렘의 가난한 성도들을 위한 모금에 참여할 것으로 보이는 만큼, 갈라디아에서 일어난 사건들은 순서상 그 이전이었다고 할 수 있다(고전 16:1; 롬 15:26, 참고. 행 20:4에 나오는 "더베

3 F. F. Bruce, *The Epistle to the Galatians: A Commentary on the Greek Text*, NIGNT (Grand Rapids, MI: Eerdmans, 1982), 55-56, 108-109.

4 Douglas J. Moo, *Galatians*, BECNT (Grand Rapids, MI: Eerdmans, 2013), 18. 《BECNT 갈라디아서》(부흥과개혁사); Das, *Galatians*, 43-47.

5 브루스가 인정하듯이(*Galatians*, 108).

6 참고. 2:2 주석.

사람 가이오"). 따라서 갈라디아서는 주후 49-54년 사이 어느 시점에 쓰인 듯하다.

이 편지의 집필 계기는 쉽게 알 수 있다. 주로 이방인으로 구성된 갈라디아 남부의 교회들에서 거짓 교사들이 일어나 그곳 그리스도인들이 아브라함의 자손, 즉 하나님 백성이 되는 데 필요한 두 단계 중 첫 번째 단계만 취했다고 주장했다(갈 1:7; 5:10). 그리스도에 대한 믿음이 첫 번째 단계지만 두 번째 단계도 똑같이 중요하다는 것이다. 그들은 공동체 내에서 남자들이 할례를 하고(5:2-3; 6:12-13), 유대 명절을 지키고(4:10), 추정컨대 음식법을 준수하는(참고. 2:11-14) 관습을 따라야 한다고 주장했다. 달리 말해 그들은 유대인처럼 되어야 했다. 이 거짓 교사들의 가장 큰 관심사는 할례였기 때문에(5:2-3, 6; 6:12-13, 참고. 2:3; 5:11) 갈라디아 신자들에게 유대인의 독특한 표지에 순응하도록 강한 압력을 가했다(6:12). 갈라디아 교인들이 모세의 율법을 지키는 데 동의하지 않으면 그들과 식탁 교제 나누는 것을 거부함으로써 압력을 행사했던 것 같다(4:17).[7]

이 말썽꾼들은 바울의 신빙성을 공격할 뿐만 아니라 특히 아브라함 이야기 등 성경에 호소함으로써 설득력을 얻으려 했던 듯하다(예. 창 17:1-14). 하지만 바울은 그들이 만든 복음의 개정판을 '전혀 복음이 아닌 것'(갈 1:7, NIV)으로 간주했다. 그 개정판은 배은망덕하게도 그리스도의 죽음에 나타난 하나님의 은혜를 걷어찼고(5:4, 참고. 2:21; 3:10-13; 4:4-5), 갈라디아 신자들 가운데 임한 성령의 강력한 현존을 무시했으며(3:1-5), 성경을 잘못 읽음으로써 시계를 이미 지나간 구원 역사의 시대로 되돌려놓았다(3:15-4:7).

7 John M. G. Barclay, *Obeying the Truth: Paul's Ethics in Galatians* (Minneapolis: Fortress, 1988), 59. 《진리에 대한 복종》(감은사).

장르와 문학적 구조

갈라디아서는 어느 면에서 로마 시대의 전형적인 사적 편지다. 이 편지에는 발신자의 이름("바울")으로 시작해서 수신자의 주소("갈라디아 여러 교회들"), 첫 부분의 공식적인 인사("…들에게…은혜와…있기를 원하노라") 그리고 끝 부분에 수신자의 번영을 바라는 말(1:1-3; 6:18)이 담겨 있다.

하지만 다른 면에서 갈라디아서는 바울의 다른 편지들과 비교할 때 독특한 문헌이기도 하다. 바울의 대다수 편지(여러 교회에 보낸 그의 모든 편지들을 포함해서)와 달리, 이 편지는 감사의 기도 또는 유익한 기도를 깜짝 놀라는 말(1:6-7)과 갈라디아 교인들을 괴롭히는 자들에 대한 저주(1:8-9)로 대체한다. 이와 비슷하게, 이 편지의 결론에는 바울이 친필로 쓴 긴 단락, 즉 거짓 교사들의 그릇된 동기와 그들의 규칙이 아니라 하나님께서 이루신 새 창조의 규칙으로 행하는 일의 중요성에 대한 강조(6:11-18)가 담겨 있다. 바울이 쓴 다른 대다수 편지들과 달리, 갈라디아서에는 수신자의 평안을 기원하는 말(참고. 롬 15:33; 엡 6:23; 살후 3:16)과 다른 신자들이(또는 그들에게) 보내는 문안(롬 16:3-16, 21-23; 고전 16:19-20; 고후 13:12-13; 빌 4:21-22; 골 4:10-18; 딤후 4:19-21; 딛 3:15)이 아예 없다. 디모데전서처럼 바울은 준엄한 경고와 염려 그리고 짧은 축도로 편지를 마무리한다.

이 편지와 디모데전서가 가지는 유사점은 무척 교훈적이다. 이 모든 차이의 이유가 갈라디아 교인들이 자초한 끔찍한 신학적 위험에 있기 때문이다. 이 점이 디모데전서 배후의 상황과 비슷한 이유는, 에베소 교회 역시 배교 직전에 있었기 때문이다(딤전 1:3-4). 바울이 그리스도인 가운데 존재하는 평안과 복을 생략하는 이유는, 갈라디아 교인들이 "그리스도의 은혜로 너희를 부르신 이[하나님]를 이같이 속히 떠나"(갈 1:6) 그 모든 것을 저버리기 직전이기 때문이다.

신학

갈라디아서는 비교적 짧은 편지지만 여러 중요한 신학적 주제들을 다룬다. 그 가운데 3개의 주제(칭의, 율법, 하나님의 가족)가 특히 중요한 역할을 한다.

칭의

"의" 또는 '칭의'라는 어휘는 갈라디아서에서 특히 중요하다. 바울은 모든 인간이 하나같이 하나님의 율법을 위반한 죄가 있어서 우주의 심판자이신 하나님 앞에 답해야 한다고 생각한다(2:16-17; 5:5).

오늘날의 서양 법정과 달리, 고대의 유대 및 로마 법정은 피고가 죄를 범했다는 추정 하에 모이고, 판사는 단지 피고가 형벌을 받아야 마땅한지를 확증하거나 확증하길 거부했을 뿐이다. 누군가를 '의롭다고 하는' 것은 그 사람을 형벌에서 풀어주고 공동체의 호의 속으로 회복시키는 것이었고, '공정한' 판사는 '의로운' 사람을 처벌하지 않고 악한 사람을 형벌에서 면제시키지 않았다(예. 출 23:7).[8]

바울은, 만일 하나님께서 사람들을 율법의 기준에 비춰 평가하신다면 아무도 형벌을 면할 수 없을 것이라고 주장한다(갈 2:16; 3:10-12, 21-23; 5:4, 참고. 시 143:2). 하지만 그들을 대신해 그리스도가 죽었다고 믿기만 하면, 하나님께서 불의한 사람들을 형벌에서 풀어주신다(갈 2:21, 3:6, 8, 11-14, 24). 하나님의 은혜로운 대책에 대한 믿음이 그들을 의롭게 만들고, 그들은 온전한 의미에서 '살게' 되는 것이다(3:11). 그들은 죄가 없지 않음(법적 의제가 개입되지 않았음)에도 불구하고 용서받고 하나님과 화해했다(참고. 롬 4:6-8; 5:1). 그들이 복음을 믿을 때 이런 사법적 판결이 확보되고(갈 1:6) 장차 심

8 이에 관해서는 다음 글을 보라. F. Gerald Downing, "Justification as Acquittal? A Critical Examination of Judicial Verdicts in Paul's Literary and Actual Contexts," *CBQ* 74 (2012): 298-318.

판의 날에 확증될 것이다(5:5).

율법

갈라디아서에 나오는 "율법"은 무엇보다도 모세의 율법, 곧 하나님 백성의 헌법으로, 하나님께서 시내산에서 그들과 맺으신 언약이다(3:17; 4:24-25, 참고. 출 19:1-6). 이 율법은 하나님께서 효력이 있도록 의도하신 기간에는 그분의 백성을 위해 완벽했지만(갈 3:21), 그리스도의 오심과 함께 더는 효력이 없다(3:19, 23-25). 이제 하나님의 백성은 특정한 지리적 장소에서 정치적 실체로 살아가는 신정 국가가 아닌 만큼, 그 국가적 관심사를 지닌 모세 율법의 계명들이 그리스도가 오시기 이전과는 다른 방식으로 작동한다. 그 계명들은 여전히 성경이지만(3:22), 더 이상 하나님 백성의 경계선을 설정하지는 않는다(3:28, 참고. 엡 2:15).

하지만 모세 율법의 핵심은 모든 인간의 하나님과의 관계와 인간 상호간의 관계에서 그들의 행실에 대한 하나님의 영구적인 뜻을 표현했다(갈 5:14, 23). 하나님께서 그분의 뜻을 유대인을 위해서는 명백한 글의 형식으로(3:22), 이방인을 위해서는 본능의 형태로(4:4-6, 참고. 롬 1:32, 2:14-15) 표현하신 목적이 있다. 그것은 이방인과 유대인을 막론하고 모든 사람에게 그들이 얼마나 하나님의 기준에 미치지 못하는지 보여주고, 그리스도의 대속적 죽음을 통해 구속받을 필요성을 부각시키기 위해서였다(갈 3:22-25). 하나님 뜻의 영구적인 요소들, 예수님이 율법을 요약하심으로 간결하게 압축된 그 요소들을 바울은 "그리스도의 법"이라 부른다(6:2, 참고. 5:14).

신자들이 그리스도를 믿음으로 의롭게 된 이후, 성령이 그들을 죄의 속박에서 풀어주신 결과 그들은 이제 율법을 성취할 수 있다(5:14, 22-23; 6:2). 존 칼빈(John Calvin)이 말하듯이, 그들이 완벽하지는 않을지라도(5:17) 하나님께서 그들에게 능력을 주어서 육신의 정욕이 그들의 삶을 지배하지 못하게 하신다.[9]

하나님의 가족

갈라디아서에 담긴 바울의 주장은 모든 신자가 인종과 상관없이 동일한 가족 내의 은유적 자녀들이라는 개념에 의존한다. 그는 아브라함의 가족과 하나님의 가족이라는 두 가지 각도에서 이 주제에 접근한다.

거짓 교사들은 이방인 갈라디아 교인들이 하나님의 백성으로 들어오려면 할례, 곧 아브라함이 아들 이삭에게 적용했던 그 언약의 표지(창 17:1-14; 21:4)를 통해서만 가능하다고 주장했던 것 같다.[10] 이런 생각에 반응하여 바울은 오로지 다민족적, 다문화적 가족만이 아브라함에게 주신 하나님의 약속을 성취할 수 있다고 주장하는 듯하다. 하나님은 아브라함이 단지 한 인종 집단(할례로 규정된 유대인)이 아니라 '모든 족속'(갈 3:8, 참고. 창 12:3; 18:18)에게 복의 통로가 될 것이라고 말씀하셨다. 복음에 대한 믿음과 그리스도와의 연합이 이 약속이 성취되는 데 필요한 수단을 제공한다(갈 3:9, 14, 27-29; 4:28). 누구나 믿음으로 아브라함의 자녀가 되기 때문에(3:28-29) 아무도 자기 문화와 다른 문화를 따를 필요가 없다.

바울은 또한 믿는 자들이 하나님의 아들인 예수 그리스도와 연합함으로써 하나님의 양자가 된다는 개념을 개진한다. 이 개념은 바울의 주장, 즉 그분의 백성을 구원하시려는 하나님의 계획이 율법의 시대(불순종하는 자를 저주하는 시대)로부터 칭의와 구속의 시대로 나아갔다는 주장에서 나온다(3:24-26). 신자들은 은유적으로 미성숙과 노예 상태의 시대에서 아브라함에게 약속된 유산을 받기 시작한 성인, 곧 하나님의 양자로서 모든 특권을 실현하는 시대로 이동한 것이다(4:1-7).

이 복합적인 은유는 갈라디아 교인들에게 하나님께서 그리스도와의 연

9 John Calvin, *The Epistle of Paul the Apostle to the Galatians, Philippians and Colossians*, trans. T. H. L. Parker, CNTC 11, ed. David W. Torrence and Thomas F. Torrence (Grand Rapids, MI: Eerdmans, 1965), 102.

10 예. Das, *Galatians*, 306.

합을 통해 주신 엄청난 특권을 전달한다. 동시에 만일 그들이 성숙함과 입양과 유산의 시대로부터 뒷걸음질 쳐서 모세의 율법 아래로 들어가 노예의 신분으로 돌아갈 경우 닥칠 비극도 전한다. 그들은 이제 그 특권에 수반되는 사랑과 보호와 영예와 더불어 하나님을 '아버지'로 부를 수 있게 되었다. 따라서 또 다른 문화의 관습이 그들을 하나님 가족이 되게 할 것처럼 여겨 그 관습을 따르는 일은 불필요할 뿐만 아니라 하나님의 은혜를 거부하는 것이다(4:8-11; 5:2-4).

성경 다른 본문 및 그리스도와의 관련성

바울은 이 편지에서 복음을 아브라함에게 주신 약속의 성취이자 모세 율법의 성취로 설명한다. 아브라함에게 주신 하나님의 약속은 세계적인 요소를 담고 있었는데, 그것은 모든 창조 세계를 포함한다고 바울은 생각했다. 하나님은 아브라함에게 그가 '모든 족속'에게 복을 주는 수단이 될 것이라고 약속하셨다(3:8; 창 12:3; 18:18). 또한 아브라함의 자손이 땅을 유산으로 받을 것이라고 약속하셨다(창 12:7; 13:15; 15:18; 17:8; 22:15-18). 이런 것들이 아마 바울이 갈라디아서 3:16에서 염두에 두고 있는 "약속들"(복수)일 테고, 3:16 주석이 설명하듯이 바울은 "땅"을 가나안뿐만 아니라 온 세계를 언급하는 것으로 해석하는 듯하다. 모든 나라에 복음을 전파하는 것은 온 세계를 창조주에 대한 반역의 결과로부터 구속시키려는 하나님의 계획이 성취되는 시발점이다. 따라서 이는 이사야가 예언했던 새로운 창조(사 65:17; 66:22-23)의 출발점인 셈이다.

모세의 율법은 이 계획에서 중요한 역할을 수행했으나 이제는 완료되었다. "율법은…범법하므로 더하여진 것"(갈 3:19)이고, 율법이 사람들을 "죄 아래에 가두었[다]"(3:22-23). 이는 바울이 로마서에서 구원 역사에서 율법의 역할을 상세히 설명하지 않았더라면 수수께끼로 남을 뻔했던 표현이다. 거기에서 바울은 하나님께서 율법을 주신 목적은 타락한 인간이 죄를 이길 능력이 없음을 증명하기 위한 것임을 분명히 밝힌다(롬 3:20; 5:20-21; 7:5-12). 이 때문에 율법이 "누구든지 율법 책에 기록된 대로 모든 일을 항상 행하지 않는 자는 저주 아래에 있는 자"(갈 3:10)라고 선언하는 것이다. 율법은 하나님의 뜻을 위반하는 자들에 대한 공정한 형벌을 선언할 뿐이고, 이를 통해 사람들로 좋은 소식, 곧 그리스도가 그분을 신뢰하는 자들을 마땅히 받을 형벌로부터 구원하신다는 복음을 영접하도록 준비시킨다.

그리스도는 아브라함에게 주신 하나님의 약속이 성취되는 일에서, 그리고 사람들을 모세의 율법이 규정한 곤경으로부터 구원하는 일에서 핵심적인 역할을 수행하신다. '열방'에 속한 사람들(유대인과 이방인 모두)이 복음을 믿을 때는 아브라함의 자손이 되는 것이고, 이는 하나님에 대한 아브라함의 믿음을 본받음으로써(3:6), 그리고 아브라함의 가장 중요한 '자손'인 그리스도와 연합함으로써(3:27-29) 이루어진다. 그 결과 모든 나라가 하나님께서 약속하신 대로(3:8; 창 12:3; 18:18) 아브라함을 통해 복을 받게 된다. 이 모든 일이 가능한 것은 그리스도가 십자가에서 사랑과 희생과 대속의 죽음을 당하셨기 때문이다(갈 3:14, 참고. 1:4, 2:20). 그리스도의 죽음은 모든 인간(유대인과 이방인)이 하나님을 반역해서 자초한 율법의 저주를 제거했다(3:10-13). 나아가 신자들은 그리스도의 죽음과 함께했기(2:20) 때문에 이제는 주변의 죄악된 기준에 따라 살지 않고(6:14) 성령의 인도에 따라 살아가기 시작한다(5:22-23).

갈라디아서 설교하기

갈라디아서는 복음에 관한 책이다. 복음은 만물의 창조주이신 아버지 하나님께서 그 아들의 구속적 죽음을 통해, 그리고 새롭게 하고 능력을 주시는 성령의 선물을 통해 죄 많은 피조물 인간에게 은혜와 자비를 나타내셨다는 좋은 소식이다. 갈라디아서를 강해 설교의 본문으로 삼으면 이런 내용이 담길 것이다.

- 아직 복음을 제대로 이해하지 못한 사람들에게 복음을 명확하게 소개한다.
- 이미 그리스도인이 된 사람들에게 복음에 대한 헌신으로 하루하루를 살아가는 것이 얼마나 중요한지 상기시킨다.
- 복음의 기본 진리에 대해 왜곡된 견해를 가진 사람들에게 복음을 명료하게 설명한다.

실제적인 관점에서 보면 갈라디아서는 복음과 그 함의를 간명하게 설명하기에 안성맞춤인 책이다. 그래서 갈라디아서 전체를 강해 설교로 다룬다면 주일 아침마다 12주에 걸쳐, 또는 주일 아침과 저녁마다 6주에 걸쳐 복음의 진수를 전할 수 있다. 주일 학교나 특별 교육 프로그램에서 다룰 경우, 갈라디아서 여섯 장은 한 분기 동안 다루기에 적절한 분량이다.

갈라디아서는 또한 스릴 만점의 배경 이야기를 가진 이점이 있다. 우리는 바울과 함께 그의 인생이 바뀌는 극적인 회심 장면을 돌아볼 수 있다. 바울과 함께 예루살렘과 안디옥에 서서, 그가 용기 있게 이방인 그리스도인이 유대인의 문화적 관습을 채택하지 않을 자유가 있음을 변호하는 모습을 상상할 수 있다. 거짓 교사들의 은밀한 수법 때문에 한때 따스했던 갈라디아 교인과의 우정을 잃어버린 것을 묘사하는 그의 모습에 가슴 아파할 수도 있다.

이런 이점들에도 불구하고, 갈라디아서는 설교자에게 도전 거리를 내놓기도 한다. 자칫하면 한쪽으로 치우치기 쉽기 때문이다. 이 편지는 인간의 어떤 노력과도 별개로 오직 하나님의 은혜를 통해 믿음으로 의롭게 되는 것을 다룬다. 아울러 특정한 문화를 복음과 결합시킨 결과 문화와 복음의 혼합물을 모든 사람에게 부과하는 악에 대해 다룬다. 이 메시지의 양면 모두 중요하다. 그러나 우리 교인들이 이 편지의 문화적 메시지를 거슬려 할 경우에는 은혜와 행위의 반립에만 초점을 맞추고, 반면에 모든 교인이 포용주의를 찬성하되 인간의 타락과 오직 그리스도를 통한 구원을 주창하는 교리를 거슬러 할 경우에는 문화적 메시지에만 초점을 맞추기가 쉽다.

갈라디아서는 모든 인간이 (본인이 이 점을 인식하든 못하든 간에) 하나같이 하나님께 반역한 상태에 있다고 단언한다. 이 상태는 본인이 그리스도의 죽음을 통해 용서받고 그리스도와의 연합과 성령의 능력을 통해 죄의 통치에서 풀려날 때까지 지속된다. 갈라디아서는 또한 이 메시지가 다양한 많은 문화들에 반드시 맞춰질 수 있다는 것과, 땅을 재창조하시는 하나님의 계획은 "각 나라와 족속과 백성과 방언에서 아무도 능히 셀 수 없는 큰 무리"(계 7:9)가 그분의 백성이 되도록 그들을 모으는 일을 포함한다고 단언한다. 이 메시지의 양면 모두를 신실하게 설교하려면 바울이 예루살렘과 안디옥에서 보여줬던 그 용기 있는 신실함이 필요하다. 이 메시지를 제대로 파악한 회중은 복음을 잘 이해할 뿐만 아니라, 모든 사람을 따뜻하게 영접하는 삶을 살고, 또한 모든 사람이 복음을 영접하도록 돕고 싶은 열정을 품게 될 것이다.

해석상 과제

바울은 특정한 시기와 장소에서 구체적인 목회적 문제를 다루기 위해 갈라디아서를 썼다. 아울러 이것은 짧은 편지기 때문에 때로는 해석상의 실수에 빠지기 쉽다. 하지만 다음 세 가지 도전을 의식하면 이런 함정을 피하는 데 도움이 될 것이다.

첫째, 이 본문을 설교하고 가르칠 때 특정 구절의 배후에 있는 환경에 관해 근거 없는 추측을 피해야 한다. 결국 우리는 거짓 교사들이 누구였는지 또는 그들이 공동체 바깥에서 갈라디아로 왔는지 여부조차 알지 못한다. 우리는 그들 메시지의 정확한 형태 또는 그들이 그 메시지를 설득력 있게 만들려고 구약을 어떻게 사용했는지도 알지 못한다. 갈라디아서를 설교하다 보면 이런 거짓 교사들을 언급하는 것이 필요하겠지만, 막연한 추측에 기초해 어떤 구절에 접근하기보다는 바울이 명시적으로 말하는 바를 고수하는 것이 최선이다. 이런저런 추측을 피하는 한 가지 방법은 먼저 바로 옆에 창세기와 사도행전, 로마서를 두고 신중하게 이 책을 읽으면서 자기 나름대로 본문을 해석하고, 이후에 주석들(이 주석을 포함해서!)을 참고하는 것이다.

둘째, 갈라디아서를 정확히 이해하려면 바울이 무엇을 공격하는지에 대해 명료하게 생각해야 한다. 일부 해석자들이 이 편지를 구약과 유대교에 대한 논박으로 바꾸곤 하지만 이는 진실과 거리가 멀다. 이 편지는 모세 율법을 포함한 구약에 대한 올바른 이해를 다루는 책이지, 구약의 어느 부분을 배격하는 책이 아니다. 더구나 바울은 유대교를 전반적으로 공격하는 것이 아니라 유대인 문화를 비유대인 그리스도인들에게 부과하도록 고집하는 특정 유형의 유대 기독교를 공격하고 있다. 바울 자신이 할례를 포함한 이스라엘 전통을 깊이 존중한 유대 그리스도인이었고(6:16, 참고. 롬 3:1-2; 4:11; 9:1-5; 10:1-2), 그가 편지에 쓰는 어떤 내용도 반(反)유대적인 방향으로 나가지 않는다.

셋째, 갈라디아서를 바울이 이미 알고 있던 사람들, 큰 신학적 위험에 처해 있고 배교에 대한 경고가 시급한 사람들에게 보낸 개인적 편지로 해석해야 한다. 갈라디아서의 논증에는 그가 더 긴 편지들 일부에서 보여주는 뉘앙스가 빠져 있다. 예컨대 갈라디아서 3:15-26에 나오는 모세 율법에 관한 그의 진술은 율법을 하나님으로부터 떼어놓는 듯이 보이지만 로마서 3:10-20과 7:5-8:8에 비추어 명료하게 이해할 필요가 있다. 거기서 바울은 율법이 거룩하고 의롭고 선하지만(롬 7:12), 그 목적은 인간의 죄에 진단의 불빛을 비추는 것임을 분명히 보여준다. 다시 말해 우리가 갈라디아서를 바울의 다른 편지들 혹은 사도행전에서 얻은 바울에 관한 지식의 렌즈를 통해 잘 해석하면, 바울이 갈라디아서에서 어떤 주제를 강조한다고 해서 그것이 그 주제에 관한 그의 모든 입장이라는 오해를 막을 수 있다.

개요

I. 편지의 서두: 갈라디아 교인들에 대한 바울의 염려(1:1-9)
  A. 보내는 사람: 사도 바울(1:1-2a)
  B. 받는 사람: 갈라디아의 기독교 공동체들(1:2b-5)
  C. 사도의 경고(1:6-9)

II. 바울이 그의 사도적 권위를 변호하다(1:10-2:14)
  A. 바울의 논지: 바울 복음의 신적 기원(1:10-12)
  B. 바울이 그의 논지를 설명하다(1:13-2:14)
    1. 바울의 전향: 바울 복음의 신적 기원의 증거(1:13-17)
    2. 게바와 보낸 15일과 시리아와 길리기아에서 보낸 14년(1:18-24)
    3. 예루살렘에서 열린 전략 회의(2:1-10)
    4. 바울이 안디옥에서 복음을 변호하다(2:11-14)

III. 바울이 갈라디아에서 복음을 변호하다(2:15-6:10)
  A. 복음의 핵심(2:15-21)
  B. 바울이 갈라디아 신자들에게 그들의 회심을 상기시키다(3:1-5)
  C. 바울이 복음이 성경과 일관성이 있음을 보여주다(3:6-5:1)
    1. 율법이 아닌 믿음이 아브라함의 자손을 규정짓다(3:6-29)
    2. 신자는 하나님의 양자다(4:1-11)
    3. 갈라디아 신자들을 향한 개인적 호소(4:12-20)
    4. 성경에서 끌어낸 알레고리(4:21-5:1)

D. 복음의 윤리적 결과(5:2-6:10)

1. 율법을 따를 때의 결과(5:2-15)

2. 참된 복음의 열매(5:16-6:10)

IV. 바울이 그의 관심사를 요약하다: 편지의 결말(6:11-18)

A. 편지의 주된 관심사의 중요성(6:11)

B. 거짓 교사들의 동기(6:12-13)

C. 바울의 동기(6:14-17)

D. 갈라디아 교인들이 하나님의 은혜를 경험하도록 기도하다 (6:18)

Galatians
갈라디아서
1:1-9

1 사람들에게서 난 것도 아니요 사람으로 말미암은 것도 아니요 오직
예수 그리스도와 그를 죽은 자 가운데서 살리신 하나님 아버지로 말
미암아 사도 된 바울은 2 함께 있는 모든 형제와 더불어
갈라디아 여러 교회들에게
1 Paul, an apostle—not from men nor through man, but through Jesus
Christ and God the Father, who raised him from the dead— 2 and all
the brothers[1] who are with me,
To the churches of Galatia:

3 우리 하나님 아버지와 주 예수 그리스도로부터 은혜와 평강이 있기
를 원하노라 4 그리스도께서 하나님 곧 우리 아버지의 뜻을 따라 이
악한 세대에서 우리를 건지시려고 우리 죄를 대속하기 위하여 자기
몸을 주셨으니 5 영광이 그에게 세세토록 있을지어다 아멘
3 Grace to you and peace from God our Father and the Lord Jesus
Christ, 4 who gave himself for our sins to deliver us from the present
evil age, according to the will of our God and Father, 5 to whom be the

glory forever and ever. Amen.

[6] 그리스도의 은혜로 너희를 부르신 이를 이같이 속히 떠나 다른 복음
을 따르는 것을 내가 이상하게 여기노라 [7] 다른 복음은 없나니 다만
어떤 사람들이 너희를 교란하여 그리스도의 복음을 변하게 하려 함이
라 [8] 그러나 우리나 혹은 하늘로부터 온 천사라도 우리가 너희에게 전
한 복음 외에 다른 복음을 전하면 저주를 받을지어다 [9] 우리가 전에
말하였거니와 내가 지금 다시 말하노니 만일 누구든지 너희가 받은
것 외에 다른 복음을 전하면 저주를 받을지어다

[6] I am astonished that you are so quickly deserting him who called you
in the grace of Christ and are turning to a different gospel— [7] not that
there is another one, but there are some who trouble you and want to
distort the gospel of Christ. [8] But even if we or an angel from heaven
should preach to you a gospel contrary to the one we preached to you,
let him be accursed. [9] As we have said before, so now I say again: If
anyone is preaching to you a gospel contrary to the one you received,
let him be accursed.

1 Or *brothers and sisters*. In New Testament usage, depending on the context, the plural Greek word *adelphoi* (translated "brothers") may refer either to *brothers* or to *brothers and sisters*; also verse 11

단락 개관

편지의 서두: 갈라디아 교인들에 대한 바울의 염려

바울 당시의 그리스-로마 문화에서는 편지의 서두가 발신자의 이름, 수신자의 이름 그리고 인사로 이루어졌다. 사적인 교신에서 편지의 저자가 이 간단한 요소들에 대해 상술하는 경우는 무척 드물었다. 하지만 공식적인 교신은 발신자의 권위를 강조하곤 했다.[11] 바울은 그의 편지들에서 공식적인 교신의 패턴을 좇으면서 수신자들을 가르칠 수 있는 자신의 권위를 묘사하기 위해 그의 이름에 대해 상술한다. 이런 전략은, 하나님께서 세계 전역의 공동체들, 곧 그 아들 예수 그리스도를 통해 성령의 능력으로 하나님을 예배하는 공동체들을 세우고 가르치도록 바울에게 주신 책임에 비춰보면 충분히 이해할 수 있다(갈 1:15-16; 롬 15:14-21; 엡 3:7-10).

갈라디아서 서두는, 바울의 권위가 정밀 조사를 받는 중이고 어쩌면 공격을 받고 있다는 것을 암시한다. 그 주체는 바울이 처음부터 갈라디아 남부에서 전했던 참된 복음과 배치되는 왜곡된 형태의 복음을 전하며 갈라디아 교인들을 '교란시키는' 집단이다(갈 1:7-9; 5:10, 12). 이 거짓 가르침이 바울을 너무나 동요시킨 나머지 편지의 서두에 통상적으로 나오는 하나님께 대한 감사의 기도 내지는 찬송을 건너뛴다. 대신 그는 하나님께서 그리스도의 죽음을 통해 그분의 백성을 그 자신과 화해시키신 관대하고 값없는 과분함을 경시하는 그 모든 '복음'에 대해 준엄하게 경고하는 말로 곧바로 뛰어든다.

11 Samuel Byrskog, "Epistolography, Rhetoric and Letter Prescript: Romans 1.1-7 as a Test Case," *JSNT* 65 (1997): 36.

단락 개요

I. 편지의 서두: 갈라디아 교인들에 대한 바울의 염려(1:1-9)
　A. 보내는 사람: 사도 바울(1:1-2a)
　B. 받는 사람: 갈라디아의 기독교 공동체들(1:2b-5)
　C. 사도의 경고(1:6-9)

주석

1:1 바울이 쓴 13편의 정경 편지들 중 9편은 사도라는 그의 정체성에 대한 언급으로 시작하고, 그는 종종 여기서 그러듯이 그의 사도직을 하나님에게서 받았다고 말한다(예. 고전 1:1; 고후 1:1; 엡 1:1; 골 1:1; 딤전 1:1; 딤후 1:1). 그래서 바울이 이런 식으로 갈라디아서를 시작하는 것 자체는 전혀 이상하지 않다. 보다 색다른 점은 그의 사도직을 어떻게 받지 '않았는지'에 강조점을 두는 모습이다. 그는 사도직이 어떤 인간적 출처에서 생긴 것도 아니고 어떤 인간적 통로를 통해 그에게 이른 것도 아니라고 주장한다. 이 점을 강조하는 이유는 이 편지의 논증이 개진됨에 따라 분명해진다. 이와 상반되는 허위 진술을 직면한 바울은 복음을 전하는 사명을 다른 사도들로부터 받았다는 것을 부인하려는 듯하다. 그는 그의 사도직을 하나님으로부터 직접 받았다(갈 1:11-12, 17, 19).

바울이 사용한 "사도"[아포스톨로스(*apostolos*)]라는 단어는 특별한 사명을 수행하도록 보냄 받은 사람을 가리키는데(고후 8:23; 빌 2:25), 주로 부활하신 주 예수(고전 9:1; 15:7-8)를 목격하고 복음을 증언하도록 하나님으로부터 사명을 받은 사람을 가리킨다(롬 1:1, 5). 사도들은 신약 선지자들과 나란히 교회의 기초에 해당했다(엡 2:20; 3:5; 4:11, 참고. 고전 12:28-29). 신약 정경은 이후의 모든 세대를 위해 사도들의 복음 전파와 해석을 교회의 기초로 보존한다.

1:2 바울은 갈라디아서의 첫 단락 내내 그의 사도적 권위의 기원이 오직 하나님께 있다고 강조한다. 하지만 그 자신을 다른 사람들 위에 홀로 우뚝 서서 다른 누구에게도 책임이 없는 거인으로 간주하지는 않는다. 그래서 그는 예루살렘 사도들로부터 독립된 인물임을 주장하기에(갈 1:10-2:14) 앞서, 이 편지를 받는 이들에게 그의 현재 위치에 있는 "모든" 형제와 자매들이 그가 말할 내용에 그와 함께한다는 것을 확실히 알리고 있다.

바울은 로마의 '갈라디아' 지방에 위치한 "교회들"에게 이 글을 쓴다. 이 교회들은 아마 바울과 바나바가 바울의 1차 선교 여행 때 그 지방의 남부, 즉 비시디아 안디옥, 이고니온, 루스드라, 더베 같은 도시들에 설립한 교회일 것이다(행 13-14장). "교회"[에클레시아(*ekklēsia*)]라는 용어는 1세기의 그리스-로마 세계에서 사람들의 '집회'를 가리켰고, 자발적 모임(예. 행 19:32)과 정해진 목적을 지닌 특정한 집단(예. 행 19:39)을 모두 포함했다. 70인역은 이 용어를 하나님의 백성이 시내산 기슭에서 율법을 듣기 위해(신 4:10) 또는 솔로몬 왕이 성전을 봉헌하는 말을 듣기 위해(왕상 8:14) 모인 집단을 가리키는 데 사용했다. 이런 모임은 "하나님 백성의 총회"(에클레시아)로 불릴 수 있었다(삿 20:2).[12] 바울은 그의 편지 다른 곳에서도 그리스도인의 집회를 '하나님의 교회'(에클레시아)로 언급할 만큼, 교회를 가르침과 예배를 위한 구약의 하나님 백성의 집회와 밀접한 관계가 있는 것으로 생각하는 듯하다.

1:3 바울은 13편의 편지 중 10편을, 여기서 그러듯이, 그의 독자들에게 "은혜"와 "평강"(평화)이 있기를 바란다는 말로 시작한다. 그 10편 중 7편에서는 은혜와 평강의 근원을, 여기서 말하듯이 하나님과 예수님이라고

12 BDAG, s.v. ἐκκλησία.

묘사한다. 따라서 이것은 바울 편지의 표준 문안인 셈이다.

하지만 이 문안에 담긴 핵심 용어들은 나중에 제각기 중요한 역할을 수행할 것이다. "은혜"는 하나님께서 그 아들 "주 예수 그리스도"의 죽음을 통해 그분의 백성들을 죄로부터 구속시키는 관대하고 값비싼 선물을 가리킨다(갈 2:21, 참고. 3:13; 4:4-5; 6:14). 그 아들의 구속적 죽음은 하나님께서 신자들의 "아버지"가 되기 위해 사용하신 수단이었고, 그들은 모두 이제 그분의 양자다(4:5). 하나님께서 신자들에게 "평강"을 주신다는 것은 하나님의 강력한 영이 그들로 서로 평화롭게 살 수 있게 하신다는 뜻이다(5:22; 6:16). 바울은 갈라디아 그리스도인들이 이 모든 복을 경험하기 원하지만, 그가 곧 말할 것처럼 그들은 지금 그런 경험으로 초대하는 하나님의 은혜로운 손길을 뿌리치는 위험한 처지에 있다(1:6).

1:4 바울은 신자들을 죄와 악에서 구원하시는 사역에 초점을 맞추면서 "그리스도"를 묘사한다. "우리 죄를 대속하기 위하여"라는 어구는 3:13("그리스도께서 우리를 위하여 저주를 받은 바 되사")에 나오는 그리스도의 대속적 성격에 대한 상세한 설명을 예시한다. "자기 몸을 주셨[다]"는 재귀 어구는 그리스도가 기꺼이 이런 식으로 신자들을 하나님과 화해시키셨음을 보여준다. 그렇다면 그 속죄 사역은 강력한 아버지가 원치 않는 자녀에게 형벌을 가한 것이 아니라 아버지와 동등한 그리스도가 아버지의 자녀들을 구원하기 위해 그분의 뜻에 기꺼이 참여하신 것이다(참고. 4:4-7).

70인역은 '건지다'[엑사이레오(*exaireō*)]라는 용어를 하나님께서 그분의 백성을 위험과 어려움에서 구출하시는 것을 묘사하는 데 사용하고(예. 출 18:4; 시 50:15), 누가는 이집트의 노예 상태에서 해방시키는 것을 묘사하는 데 사용한다(행 7:34).[13] 여기서 바울은 그 용어를 이와 비슷한 방식으로 사용한다.

13 BDAG, s.v. ἐξαιρέω.

그리스도의 속죄의 죽음을 통해, 하나님은 그분의 백성을 '현재의 시대'를 지배하는 죄와 악으로부터 구원하신다. 당시의 많은 유대인들처럼(참고. 에스드라2서 7:50), 바울은 역사를 '현 시대'와 '다가올 시대'로 나눈다. '현 시대'는 창조주에 반역한 상태에 있기 때문에 무질서, 고난, 억압이 넘쳐난다(롬 12:2; 고전 2:6, 8; 고후 4:4; 엡 2:2; 딤후 4:10). 그러나 하나님께서 자비를 베풀어서 '다가올 시대'(마 12:32; 막 10:30; 히 6:5, 참고. 엡 1:21), 즉 바울이 6:14-15에서 언급할 '새로운 창조'의 시대(참고. 고후 5:17; 롬 8:18-25)를 선도하실 것이다. 바울은 여기서 그리스도의 속죄의 죽음이 현 시대가 지나가기 시작하고 새 시대가 도래하기 시작한 시점이었음을 시사한다.

1:5 경건한 유대인과 초기 기독교 서사들은 하나님의 이름을 언급하는 순간 "아멘"으로 끝나는 짧은 송영을 터뜨리곤 했다. 이런 일은 종종 한 단락의 끝부분에서 일어난다(예. 마카베오4서 18:24; 클레멘스1서 32:4). 바울도 자주 그렇게 한다(롬 11:36; 엡 3:21; 빌 4:20; 딤전 1:17; 딤후 4:18). 바울이 여기서 송영을 사용하는 것은 그 자신이 방금 4절에서 요약한 복음으로 인해 하나님께 감사드리고 이제 이 편지의 첫 부분을 마감한다는 것을 시사한다.[14]

1:6 바울은 일반적으로 문안에 이어 감사의 기도 내지는 축도를 한다.[15] 하지만 여기서는 놀랍게도 그런 긍정적 패턴을 버리고 대신에 갈라디아 신자들이 얼마나 빨리 복음에서 벗어나기 시작했는지에 대한 놀라움을 표현한다. 고대 그리스 연사들은 공식적인 연설(Demosthenes 18.159)과 편지(P. Oxy. 42.3063, line 11)에서 수사적으로 놀라움의 표현['내가 놀랐다', 타우마조(*thaumazō*)]을 사용할 수 있었으나, 바울이 여기서 말하는 게 진심이 아니라

14 참고. Bruce, *Galatians*, NIGNT (Grand Rapids, MI: Eerdmans, 1982), 77.

15 갈라디아서 이외에 예외적인 편지는 디도서뿐이다. 디모데전서에는 감사의 말이 약간 늦게 나오긴 하지만 분명히 나온다(딤전 1:12).

고 생각할 이유는 전혀 없다.[16] 이 편지는 여러 군데에서 감정을 드러내고(갈 4:11-20; 5:12), 바울이 놀라움을 표현하는 것은 아마 충격과 실망 때문일 것이다.

'너희가 떠나고 있다'[메타티테스테(*metatithesthe*)]라는 현재 시제 동사는 갈라디아 교인들이 배교를 완료하지 않았음을 보여준다. 하지만 그들이 그 길로 가고 있기 때문에(4:11; 5:2-4) 바울의 편지가 그런 감정과 놀라움을 표현하는 것이다. 바울은 그들의 잘못이 어떤 결과를 가져오는지를 그의 주장, 곧 그리스도가 값없는 과분한 선물로서("그리스도의 은혜") 그들을 하나님과 화해시킬 때 하나님께서 취하신 주도권("너희를 부르신")을 그들이 버리고 있다는 주장과 함께 처음으로 암시한다.

1:7 그리스 연사들은 종종 '교란하다'[메타스트레포(*metastrephō*)]라는 용어를 긍정적인 것에서 부정적인 것으로의 극적인 변화를 가리킬 때 사용했다. 선한 것에서 악한 것으로(집회서 11:31), 마실 만한 물에서 피로[시 78:44(70인역 77:44)], 빛에서 어둠으로(행 2:20), 혼인식의 기쁨에서 장례식의 슬픔으로(70인역 암 8:10; 마카베오1서 9.41) 바뀔 때다.[17] 이 단어는 또한 '왜곡하다, 곡해하다'라는 뜻일 수도 있다. 가령 누군가가 어떤 단어의 뜻을 '왜곡함'으로써 모욕적인 농담을 던지는 경우다(Aristotle, *Rhetoric* 141a33).[18] 바울이 여기서 이 단어를 사용하는 것은 복음을 어떤 것, 곧 피상적으로는 복음과 닮았으나 그 내용은 밤이 낮과 다른 만큼 복음과 전혀 다른 어떤 것으로 왜곡시켰음을 가리키기 위해서다. 이 "다른" 복음(갈 1:6)은 "그리스도의" 복음을 왜곡시킨 것이다. 왜냐하면 하나님께서 주도적으로 사람들을 그 자신과 화해시켰다는 좋은 소식은, 그리스도와 더불어 특히 죄인들을 위한

16 놀라움을 수사적으로 표현하는 경우에 관해서는 다음 자료를 보라. BDAG, s.v. θαυμάζω; Richard N. Longnecker, *Galatians*, WBC 41 (Dallas: Word, 1990), 14. WBC 성경주석 41《갈라디아서》(솔로몬).

17 BDAG, s.v. μεταστρέφω.

18 *BrillDAG*, s.v. μεταστρέφω.

그분의 대속적 죽음을 중심으로 삼기 때문이다(2:21; 3:13; 4:4-5).

1:8-9 여기서 바울은 우리가 메신저에 대해 느끼는 바와 메시지 자체의 진실성을 구별하는 것의 중요성을 강조하기 위해 과장법을 사용한다. 갈라디아 신자들은 "하늘로부터 온 천사"와 그들이 애초에 "하나님의 천사와 같이 또는 그리스도 예수와 같이 영접[했던]"(4:14) 사도를 모두 좋아하고 신뢰했을 것이다. 더구나 천사나 바울이, 갈라디아 신자들이 맨 처음에 받아들였던 복음과 반대되는 메시지를 들고 갈라디아에 나타났을 가능성은 지극히 희박하다. 하지만 그런 상황에서도 갈라디아 신자들은 그 메신저들을 그들이 전하는 메시지의 진실성으로 판단해야지 거꾸로 판단하면 안 된다.

갈라디아 신자들은 "다른 복음"(1:6)으로 그들을 교란시키는 자들을 좋아해서 그들을 '중시하고', 만일 이 매력적인 교사들의 가르침을 좇지 않으면 그 교사들의 교제권에서 배제될까봐 노심초사했던 것 같다(4:17-18).[19] 여기서 바울은 갈라디아 신자들에게 그 교사들이 얼마나 매력적이든지 간에 그들의 메시지가 복음과 상충된다면 그들을 좇으면 안 된다고 일러준다. 이 원리는 너무도 중요해서 바울이 두 번이나 반복한다.

'저주를 받다'로 번역된 헬라어 단어[아나테마(*anathema*)]는 비유대 문화에서는 신을 달래려고 차려놓은[아나티테미(*anatithēmi*)] 봉헌 제물을 가리키는 것이었다.[20] 하지만 70인역은 이 용어를 하나님께 '바쳐진'[히브리어, 헤렘(*herem*)] 것을 묘사하는 데 사용했고, 종종 하나님의 목적과 반대되기 때문에 파괴되거나 금지되어야 하는 것이라는 부정적인 의미로 사용했다(민 21:3; 신 7:26; 수 6:17).[21] 바울은 거짓 교사들에 대해 어떤 폭력도 명하지 않는

19 Barclay, *Obeying the Truth*, 59.

20 *BrillDAG*, s.v. ἀνάθεμα.

21 BDAG, s.v. ἀνάθεμα.

데, 그것은 그가 다른 곳에서 설명하는 원리, 곧 보복과 복수와 궁극적 심판을 하나님께 맡기라는 원리와 상반되기 때문이다(롬 12:17-21; 14:10-12; 고전 4:4-5). 오히려 그들을 교제권에서 배제시키라고 요청한다. 다른 곳에서 바울은, 그렇게 해서 결국 그들이 회복되기를 바란다고 말한다(고전 5:3-5, 13; 살후 3:6, 14-15).

응답

이 단락의 세 부분은 제각기 중요한 신학적 논점을 강조한다.

첫째, 자기 사도직의 신적 기원에 대한 바울의 강조(갈 1:1-2a)는 갈라디아서가 성경으로서 신적 권위를 갖고 있음을 시사한다. 이따금 이 편지의 해석자들은 거짓 교사들의 동정적인 초상화를 재건하려고 하거나 바울이 수사적 기술을 이용해서 정치적 경쟁자들을 무너뜨리려 했다고 시사한다.[22] 하지만 그리스도인 역사학자들은 거짓 교사들의 동기를 제대로 이해하고 그들에 대해 지적으로 정직한 초상화를 재건하려고 애써야 한다. 하나님께서 바울을 사도로 임명하셨고 복음의 진리를 그에게 계시하셨다고 믿는다면, 우리는 갈라디아서가 우리를 가르치도록 허용하고 그 가르침에 따라 살려고 애써야 한다.

거짓 교사들에 대한 바울의 묘사와 그들의 가르침에 대한 저항은 정치적 이익을 위한 진리의 왜곡이 아니라 하나님의 말씀이고 진리 자체다. 바울에게는 논쟁을 이겨서 일단의 신자들을 그의 편에 두는 것보다 더 많은 것이 걸려 있다. 그는 그들이 하나님과 화평에 이르는 유일한 희망에서 멀어지는 길을 좇는 것을 막고 싶다. 이 편지를 본문으로 연속 설교를 하거나 주일 학교 모임 혹은 개인적인 공부를 하는 경우에는, 갈라디아서가 사

22 예. Betz, *Galatians*, 5-9.

도 바울이 쓴 성경인 만큼 우리가 그리스도인으로서 어떻게 생각하고 살아야 할지에 관한 귀중한 가르침을 담고 있다는 말로 시작하는 것이 좋다.

둘째, 바울의 복음 요약판(3-4절)은 하나님과의 화평이 그리스도의 구속적 죽음이라는 선물을 통해서 온다고 강조한다. 이것은 전적으로 값없는 선물이다. 인간은 하나님을 반역한 죄인 상태에 있었기에 그 선물을 받을 수 없을 뿐 아니라 오히려 파멸을 받아야 마땅했기 때문이다(4절). 하나님과의 화해가 값없는 선물(하나님의 은혜)이라는 원리는 복음의 핵심이고 바울이 갈라디아서에서 변호하는 원리다.

모종의 초자연적 존재를 믿는 사람들은 그들이 이런 권세들을 자기편에 불러와서 계속 두기 위해 무엇을 행해야 하는지 끊임없이 질문하는 듯하다. 어쩌면 좋은 대의에 돈을 기부하는 것, 때때로 예배에 참석하는 것, 일정한 제물을 드리는 것, 어떤 날에 어떤 활동을 삼가는 것, 어떤 기도를 드리는 것 또는 정규적으로 어떤 종교적 관습을 지키는 것이 하나님이나 신들을 달래서 그들이 본인의 삶에 간섭하는 것을 막을 수 있길 바란다. 하나님께서 주시는 값없는 은혜의 복음은 그런 접근이 완전히 잘못된 것이라는 기쁜 소식이다. 하나님은 유일하신 신이다. 선하고 은혜로운 하나님은 아들 예수 그리스도를 통해 그분과의 화평과 영원한 복에 이르는 길을 열어 주셨다.

셋째, 바울은 갈라디아 신자들에게 경고하면서 다음 사항을 강조한다. 하나님께서 주시는 값없는 은혜의 복음(5-9절)은 너무도 중요해서 그로부터 벗어나는 메시지를 전하는 사람은 누구든지 (천사나 바울 자신을 막론하고 아무리 설득력이 있고 매력적이라 할지라도) 그리스도인들 가운데서 발언권을 얻어서는 안 된다는 것. 다양한 운동들, 예컨대 재무 설계 방법, 자녀 양육 전략, 복음 전도에 대한 새로운 접근 등이 복음주의 진영을 휩쓸곤 한다. 그리스도인은 그런 운동이 값없는 은혜의 복음에 순응하는지 여부에 따라 그것을 평가해야 한다. 복음과 다른 것을 말하는 교사나 가르침은 아무리 매력적이고 기쁘게 들릴지라도 그릇된 길에 접어든 것이고 교회의 신학적 순수성을 위협한다.

갈라디아서 1:10-6:10 개관

바울은 이제 이 편지의 본론을 시작한다(갈 1:10-6:10). 본론의 목적은 갈라디아의 기독교 집회들을 설득하여 바울이 방금 1:6-9에서 한 경고, 즉 거짓 교사들과 그들의 가르침을 배격하라는 경고를 유념하게 하는 것이다. 이 본론은 다음의 두 부분으로 나뉜다. 바울이 복음을 정의하고 선포하는 그의 사도적 권위를 변호하는 부분(1:10-2:14)과 복음 자체를 변호하는 부분(2:15-6:10)이다.

자신의 사도적 권위에 대한 바울의 변호(1:10-2:14)는 편지의 서두에 나온 말(1:1-2a)을 다시 거론하고 그 사도직의 인간적 기원보다 신적 기원을 강조한다(1:1, 참고. 1:10-2:14). 서론에 나와 있듯이, 바울은 하나님께서 권위를 주셨다는 것을 자신만이 아니라 다른 이들도 확신한다는 점을 분명히 한다(1:2a, 참고. 1:24; 2:9-10). 그는 사도적 권위를 다시 세우는 일이 갈라디아 신자들로 앞으로 그가 말할 내용을 더 잘 받아들이게 할 것이라고 기대하는 듯하다. 2:15-6:10에서 바울이 성경에 근거해 주장하는 바는 이것이다. 거짓 교사들이 모세의 율법을 강요하려는 시도는 그들을 은유적인 미성숙과 노예 상태로, 즉 그들이 다시금 하나님께 불순종하는 이들에게 임하는 율법의 저주 아래 사는 기간으로 후퇴하게 하려는 시도라는 것이다.

Galatians
갈라디아서
1:10-12

10 이제 내가 사람들에게 좋게 하랴 하나님께 좋게 하랴 사람들에게
기쁨을 구하랴 내가 지금까지 사람들의 기쁨을 구하였다면 그리스도
의 종이 아니니라
10 For am I now seeking the approval of man, or of God? Or am I trying
to please man? If I were still trying to please man, I would not be a
servant[1] of Christ.

11 형제들아 내가 너희에게 알게 하노니 내가 전한 복음은 사람의 뜻
을 따라 된 것이 아니니라 12 이는 내가 사람에게서 받은 것도 아니요
배운 것도 아니요 오직 예수 그리스도의 계시로 말미암은 것이라
11 For I would have you know, brothers, that the gospel that was
preached by me is not man's gospel.[2] 12 For I did not receive it from
any man, nor was I taught it, but I received it through a revelation of
Jesus Christ.

1 For the contextual rendering of the Greek word *doulos,* see Preface [2] Greek *not according to man*

단락 개관

바울의 논지: 바울 복음의 신적 기원

갈라디아서 1:10-12에서 바울은 자기가 더 큰 단락의 논증에서 무엇을 증명하려고 하는지 간결하게 묘사함으로써 1:13-2:14의 논증을 소개한다. 그는 복음에 대한 그의 이해가 곧 하나님에 대한 이해라는 점과 복음 메시지에 대한 신실함에 대해서는 오직 하나님께만 책임을 진다는 점을 보여줄 것이다.

단락 개요

II. 바울이 그의 사도적 권위를 변호하다(1:10-2:14)
A. 바울의 논지: 바울 복음의 신적 기원(1:10-12)

주석

1:10 여기에 나오는 '왜냐하면'(ESV 참고, 개정개역에는 없음)은 9절과 연결되지 않고, 갈라디아 지방에 떠도는 혐의, 즉 바울이 청중을 기쁘게 하고 설득하며 또 사람들을 그의 편으로 만들기 위해 메시지를 깎아냈다는 혐의

23 J. B. Lightfoot, *Saint Paul's Epistle to the Galatians*, 10th ed. (London: Macmillan, 1902), 79; Ernest DeWitt Burton, *A Critical and Exegetical Commentary on the Epistle to the Galatians*, ICC (Edinburgh: T&T Clark, 1921), 30.

와 연결되는 것 같다(참고. 5:11; 6:17; 고후 10:1).[13] 두 번째 수사적 질문의 단도직입적인 뜻에 비추어 좀 더 어려운 첫 번째 수사적 질문을 해석해야 한다.[24] 바울은 그가 전파하는 메시지를 사람들이 어떻게 생각하는지에 구애받지 않고 오직 하나님께서 어떻게 생각하시는지에 관심이 있다고 주장한다(참고. 고전 4:1-5).

1:11-12 바울이 이런 주장을 할 수 있는 것은 그가 전파하는 복음을 어떤 죽을 인간이 아니라 부활하신, 썩지 않는 예수 그리스도로부터 받았기 때문이다. 10절에서 설정한 인간과 하나님 간의 대조는 여기서도 계속 이어지고, 12절은 바울이 자기가 선포하는 복음이 '사람의 복음이 아니라'(ESV 참고)고 말할 때의 그 뜻을 구체적으로 밝힌다. "계시"[아포칼륍시스(*apokalypsis*)]라는 명사와 그 동사형[아포칼륍토(*apokalyptō*)]은 바울의 편지에서 언제나 신적 계시를 언급한다(참고. 예, 갈 2:2; 3:23). 바울은 이방인에게 복음을 전파하는 그의 소명을 암시한다. 그는 다음 대목에서 그 양면적인 사건을 묘사할 예정이다(1:16, 참고. 행 9:3-7; 22:6-10; 26:12-18).

응답

이 대목은 하나님께서 베푸신 은혜의 복음이 지닌 초월적 성격을 강조한다. 그것은 인간이 창안한 것이 아니라서 인간의 사고 범주에 말끔하게 들어맞지 않는다. 복음은 모든 인간은 죄인이기 때문에 하나님께 그들과 평화로운 관계를 맺으시도록 설득할 능력이 전혀 없다고 시사한다. 또한 복음은 하나님과의 평화는 오직 하나님의 값없는 선물로만 얻을 수 있고, 하나님은 놀랍게도 사람들을 나누는 사회적 장벽을 허물고 모든 사람에게

24 Moo, *Galatians*, 84.

구원을 주신다고 주장한다.

이 복음에 충실하면 때때로 세상과는 멀어지게 되는데, 세상은 하나님에 대해 그릇된 개념을 품고 있고 사회적 분립을 권력 유지의 수단으로 사용하기 때문이다. 바울이 불신자들에게 좀 더 매력적으로 보이기 위해 복음을 타협하기를 거절한 것처럼, 하나님은 모든 신자에게 다른 인간을 '기쁘게' 하기보다는 '그리스도의 종이 되라'(갈 1:10)고 말씀하신다.

갈라디아서 1:13-2:14 개관

갈라디아서 1:13에서 바울은 편지의 긴 단락을 시작한 후 하나님께서 그를 이방인의 사도로 부르신 이야기와 예루살렘의 가장 유명한 사도들[야고보, 게바(베드로), 요한]과 다양하게 접촉한 이야기를 들려준다. 바울이 이 단락을 쓰는 이유는 그가 전하는 복음과 그것을 이방인에게 전하는 소명이 모두 하나님에게서 왔기 때문에 둘 다 정확하고 합법적임을 입증하기 위해서다. 먼저 그의 사도적 소명이 하나님에게서 비롯되었음(1:13-16a, 참고. 1:1)을 보여준 다음, 그의 복음과 그것을 이방인에게 전하는 소명 모두 가장 유명한 사도들(야고보, 게바, 요한)로부터 온 것이 아니라는 사실(1:16b-2:14)을 보여준다. 오히려 바울과 이 "기둥" 같은 사도들과의 관계(2:9)는 그들이 그를 동등한 사도로 존중한다는 것과, 그들의 차이점은 사도의 역할상 차이지 권위나 메시지의 차이가 아니라는 것을 보여준다. 그러므로 바울의 복음과 사도적 소명은 개인적인 상상의 산물이 아니라 다른 사도들과 신자들로부터 확증을 받은 것이다(참고. 1:2a).

바울이 이런 목적을 달성하기 위해, 그가 이방인에게 복음을 전하는 소명을 받은 때부터 안디옥에서 게바와 논쟁을 벌였던 때까지 그 중추적인 사도들과 맺은 관계를 이야기하는 것이다. 그의 이야기는 연대기적으로 진행되고 다음 네 부분으로 나뉜다.

바울의 전향: 바울 복음의 신적 기원의 증거(1:13-17)

바울은 하나님께서 어떻게 그를 열성적인 박해자에서 복음의 전파자(1:13-16a)이자 이방인 교회의 설립자(1:16b-17)로 전향시키셨는지를 간단하게 묘사하면서 이야기를 시작한다. 하나님은 예수 그리스도를 바울에게 나타나게 해서 그의 내적 존재를 극적으로 변화시켰는데, 이 변화에 어떤 인간도 개입하지 않았고 앞선 사도들도 마찬가지였다.

게바와 보낸 15일과 시리아와 길리기아에서 보낸 14년(1:18-24)

바울은 계속해서 그의 복음과 이방인 사역이 하나님에게서 비롯된 것이지 유명한 3명의 사도들에게서 온 것이 아님을 보여준다. 여기서 다메섹과 아라비아에서 3년을 보낸 후 일어난 일을 이야기한다. 그는 예루살렘에서 게바와 야고보를 짧게 방문했으나(1:18-20) 이후 시리아와 길리기아에서 독립적으로 일하면서 여러 해를 보냈다(1:21). 그 기간에는 예루살렘의 사도들과 아무런 접촉이 없었고 그 주변 지역의 교회들과도 개인적 관계를 맺지 않았다(1:22-24).

예루살렘에서 열린 전략 회의(2:1-10)

그 다음으로 바울이 유명한 사도들과 만난 것은 예루살렘에서 중요한 회의가 열렸을 때다. 거기서 바울은 야고보와 게바, 요한과 의견을 교환한 결과 모두 의견이 일치하는 것을 확인했다(2:1-2). 그들은 세 가지 원리에 동의했다. 첫째, 이방인 신자들은 하나님의 백성에 속하기 위해 유대교로 개종할 필요가 없다(2:3-5). 둘째, 하나님께서 바울에게 이방인을 위한 사도 사역을 주셨고, 그들에게는 유대인에게 복음을 전하는 과업을 주셨다(2:6-9). 셋째, 가난한 사람을 돌보는 것이 교회의 우선적인 일이 되어야 한다(2:10). 이 단락의 목적은 2:6에서 명백해진다. "저 유력한 이들은 내게 의

무를 더하여 준 것이 없고." 바울이 17년 동안 전했던 복음은 유명한 사도들이 아니라 하나님으로부터 온 것이다.

바울이 안디옥에서 복음을 변호하다(2:11-14)

바울이 갈라디아서를 쓰기 전에 유명한 사도와 마지막으로 만난 것은 시리아 안디옥에서 바울 홀로 게바와 바나바 그리고 그곳의 다른 모든 유대 그리스도인들과 맞섰을 때였다(2:11-13). 그들이 유대의 음식 규정을 그 집회의 일부였던 이방인들에게 부과하기 원했을 때, 바울은 공개적으로 그들을 책망했고 하나님께서 베푸신 값없는 은혜의 복음에 합한 삶을 살고 있지 않던 게바에게 직접 말했다(2:14). 여기서도 바울의 논점은 그의 복음이 하나님에게서 비롯되었기 때문에 유일한 참 복음과 상충되는 방식으로 살고 있던 게바를 책망할 수 있었다는 것이다.

Galatians
갈라디아서
1:13-17

13 내가 이전에 유대교에 있을 때에 행한 일을 너희가 들었거니와 하
나님의 교회를 심히 박해하여 멸하고 14 내가 내 동족 중 여러 연갑자
보다 유대교를 지나치게 믿어 내 조상의 전통에 대하여 더욱 열심이
있었으나 15 그러나 내 어머니의 태로부터 나를 택정하시고 그의 은혜
로 나를 부르신 이가 16 그의 아들을 이방에 전하기 위하여 그를 내 속
에 나타내시기를 기뻐하셨을 때에 내가 곧 혈육과 의논하지 아니하고
17 또 나보다 먼저 사도 된 자들을 만나려고 예루살렘으로 가지 아니
하고 아라비아로 갔다가 다시 다메섹으로 돌아갔노라

13 For you have heard of my former life in Judaism, how I persecuted
the church of God violently and tried to destroy it. 14 And I was
advancing in Judaism beyond many of my own age among my people,
so extremely zealous was I for the traditions of my fathers. 15 But
when he who had set me apart before I was born,[1] and who called me
by his grace, 16 was pleased to reveal his Son to[2] me, in order that I
might preach him among the Gentiles, I did not immediately consult
with anyone;[3] 17 nor did I go up to Jerusalem to those who were

apostles before me, but I went away into Arabia, and returned again to Damascus.

1 Greek *set me apart from my mother's womb* *2* Greek *in* *3* Greek *with flesh and blood*

단락 개관

바울의 전향: 바울 복음의 신적 기원의 증거

갈라디아서 1:13-17에서 바울은 그 자신과 유명한 사도들의 관계에 대해 연대기적으로 이야기하기 시작하는데, 이를 그의 복음이 어느 인간(다른 사도들이나 그 자신의 상상)이 아니라 하나님에게서 비롯되었다는 증거로 삼기 위해서다(13절의 '왜냐하면', ESV 참고, 개역개정에는 없음). 그 이야기는 바울 자신이 이방인에게 복음을 전하라는 부르심을 극적으로 받는 것과 함께 시작된다. 이 복음은 예전에 그가 파괴하려고 했던 그것이다(13-16a절). 오직 하나님만 바울을 그처럼 급진적으로 변화시키실 수 있었다. 그 이야기는 아라비아와 시리아에서의 바울 사역에 대한 간략한 회고와 함께 계속된다. 당시는 바울이 유명 사도들과 접촉이 없었기에 그의 복음이나 사도적 권위를 그들로부터 받을 수 없는 3년의 기간이었다(18절).

단락 개요

II. 바울이 그의 사도적 권위를 변호하다(1:10-2:14)
B. 바울이 그의 논지를 설명하다(1:13-2:14)
1. 바울의 전향: 바울 복음의 신적 기원의 증거(1:13-17)

주석

1:13 '왜냐하면'(ESV 참고, 개정개역에는 없음)은 바울이 전하는 복음이 어느 인간이 아니라 예수 그리스도의 계시를 통해 왔다(1:12)고 말할 수 있는 이유를 소개한다. 교회의 박해자였다가 교회의 메시지를 선포하는 자로 전향한 것이 이 점을 명백히 입증한다. 가장 초창기에 "유대교"[이우다이스모스(*Ioudaismos*)]라는 용어를 쓰는 사례들은 유대인 특유의 방식을 보호하려는 호전적 열정의 맥락에서 나온다(마카베오2서 2:21; 8:1; 14:38). 1세기 유대인 역사학자 요세푸스는 '멸하다'[포르테오(*portheō*)]라는 단어를 테러리스트들이 종교적 동기로 다양한 사람들에게 휘두르는 살인적인 폭력을 묘사할 때 사용한다(*Jewish War* 4.405, 참고. 행 9:21).

1:14 "내가…더욱 열심이 있었[다]"로 번역된 동사의 시제는 유대인 특유의 생활 방식에 대한 바울의 헌신이 이방인에게 복음을 전하라는 소명을 받을 때 더욱 강해졌음을 강조한다. 그는 성장 시절에 몸담았던 유대교 전통을 수호하는 극단적 열심당원[젤로테스(*zēlōtēs*)]이었다. "나는 팔일 만에 할례를 받고 이스라엘 족속이요 베냐민 지파요 히브리인 중의 히브리인이요 율법으로는 바리새인이요"(빌 3:5).[25] 바울이 그의 예전 생활 방식을 묘사하는 것은 다음에 묘사할 극적인 전향을 부각시키기 위해서다. 오직 하나님

만이 그의 방향을 완전히 바꾸실 수 있었다.

1:15-17 이 긴 문장의 요점은 바울이 이방인에게 복음을 전하는 소명을 받았을 때 '누구와도'(또는 "혈육"과) 의논하지 않았다는 것이다. "혈육"이라는 어구는 인간과 하나님 간의 대조를 함축한다. 어떤 치명적인 힘도 바울을 선회시켜 자기가 미워하던 집단에 합류하게 하지 않았다. 어떤 인간적 영향력도 인종적 민족주의자였던 바울을 모든 종족들의 공통적인 곤경과 영원한 운명에 관심을 품는 자로 변화시키지 않았다. 예레미야가 "여러 나라의 선지자"(렘 1:5, 참고. 사 49:1)로 소명을 받은 것처럼, 바울의 소명은 그가 그런 자격을 갖추기 전에 하나님의 은혜로운 선물로 주어졌다.

바울이 "나보다 먼저 사도 된 자들"과 의논하지 않았다는 진술은 이 극적인 변화의 순간이 그가 사도가 된 순간이었음을 시사한다. 그렇다면 바울 "속"에 하나님의 아들이 나타나신 것은 단지 내적인 경험일 뿐 아니라 부활한 주 예수 그리스도가 실제로 나타나신 것이었고(참고. 행 9:4-5; 22:7-8; 26:14-15), 이는 바울이 권위 있는 사도의 사명을 받는 데 필요한 조건으로 간주했던 것이다(고전 9:1; 15:5-9).[26]

바울이 아라비아로 갔다가 다메섹으로 '다시 돌아갔다'는 진술은 그의 회심 사건이 다메섹 근처에서 일어났다는 것을 알 만큼 그 이야기를 잘 아는 사람들에게 말하고 있음을 시사한다.[27] 그 이야기의 이 부분은 사도행전 9:19b-30과 일치하는데, 누가는 다메섹만 언급하는 데 비해 바울은 아라비아 사역까지 언급한다. 아라비아는 나바테아 왕국을 포함할 테고 오늘날의 요르단과 시리아 남부에 해당한다. 주전 8년부터 주후 40년까지 나바테아의 왕이었던 아레타스 4세는 이 기간 동안 다메섹을 관할했고(고후

25 이에 관해서는 다음 책을 보라. Dane C. Ortlund, *Zeal without Knowledge: The Concept of Zeal in Romans 10, Galatians 1, and Philippians 3*, LNTS 472 (London: T&T Clark, 2012), 141-145.

26 Das, *Galatians*, 136.

27 Martin Hengel, *The Pre-Christian Paul*, trans. John Bowden (London: SCM, 1991), 66.

11:32-33), 그곳과 나바테아 왕국에서 있었던 바울의 복음 전파는 상당한 논란을 불러일으켜서 아레타스의 총독이 바울을 체포하려고 했을 정도였다(고후 11:32; 행 9:20-25).

응답

바울은 이방인에게 복음을 전하라는 부르심을 받은 것을 '회심'이라는 단어로 표현하지 않지만, 회심은 그에게 일어난 일을 적절히 묘사하는 단어다. 하나님은 바울과의 관계 방향을 180도 바꿔놓으셨다. 바울이 박해했던 그리스도인들이 깜짝 놀라서 이렇게 말할 정도였다. "전에 우리를 박해하던 그 사람이, 지금은 그가 전에 없애버리려고 하던 그 믿음을 전한다"(갈 1:23, 새번역). 1:13-17의 요점은 오직 하나님의 능력과 은혜만이 그런 변화를 일으킬 수 있다는 것. 바울이든 어느 누구든 간에 그 사건에 개입한 인간은 한 명도 없었다.

바울이 자신의 회심에 관해 단언하는 것은 하나님의 백성에 합류하는 다른 모든 신자에 대해 단언하는 것이다. 그는 로마서에서 이렇게 말한다. "우리가 원수 되었을 때에 그의 아들의 죽으심으로 말미암아 하나님과 화목하게 되었은즉."(롬 5:10a) 하나님께서 죄인의 삶에 극적으로 개입하지 않으시면 아무도 하나님과 평화로운 관계를 맺을 수 없다. 신자 개개인을 향한 하나님의 관대한 일들을 생각하면 우리는 그분의 친절에 감사와 찬양을 드려야 마땅하다(참고. 딤전 1:12, 17).

각 신자의 회심은 전적으로 하나님의 자유롭고 강력한 은혜의 행위라서, 하나님께서 누구를 그분의 백성에 포함시킬지 선택하시는 일은 종종 우리를 깜짝 놀라게 한다. 아니, 하나님께서 초기 교회의 큰 원수이자 박해자였던 인물, 자기 민족을 위하는 열렬한 민족주의자를 선택해서 온갖 유형의 사람들에게 복음을 전하는 뛰어난 복음 전도자로 만들어 주실 줄 어느 누가 추측이나 했겠는가(엡 3:7-10)? 바울의 회심이 신약 전체에서 자주 거론되는 주제가 된 것은 그 사건이 너무나 뜻밖의 일이고 최악의 죄인을 신실한 종으로 바꾸시는 하나님의 능력을 분명히 보여주는 본보기이기 때문이다(행 8:3; 9:1-29; 22:3-21; 26:9-20; 고전 15:9; 엡 3:8; 딤전 1:12-13). 우리는 어느 누구도 하나님께서 펼치시는 은혜의 손길 바깥에 있다고 생각하면 안 된다. 또한 그분의 손길이 미치는 사람은 누구나 환영해서 그분의 백성 안으로 영접해야 한다.

Galatians

갈라디아서

1:18-24

18 그 후 삼 년 만에 내가 게바를 방문하려고 예루살렘에 올라가서 그
와 함께 십오 일을 머무는 동안 19 주의 형제 야고보 외에 다른 사도들
을 보지 못하였노라 20 보라 내가 너희에게 쓰는 것은 하나님 앞에서
거짓말이 아니로다 21 그 후에 내가 수리아와 길리기아 지방에 이르렀
으나 22 그리스도 안에 있는 유대의 교회들이 나를 얼굴로는 알지 못
하고 23 다만 우리를 박해하던 자가 전에 멸하려던 그 믿음을 지금 전
한다 함을 듣고 24 나로 말미암아 하나님께 영광을 돌리니라

18 Then after three years I went up to Jerusalem to visit Cephas and
remained with him fifteen days. 19 But I saw none of the other apostles
except James the Lord's brother. 20 (In what I am writing to you, before
God, I do not lie!) 21 Then I went into the regions of Syria and Cilicia.
22 And I was still unknown in person to the churches of Judea that are
in Christ. 23 They only were hearing it said, "He who used to persecute
us is now preaching the faith he once tried to destroy." 24 And they
glorified God because of me.

단락 개관

게바와 보낸 15일과 시리아와 길리기아에서 보낸 14년

바울은 계속해서 야고보와 게바와 요한 등 유명 사도들과 접촉한 것을 이야기한다. 그들이 바울이 받은 사도의 소명이나 그가 전파한 복음의 내용과 관련해서 아무런 역할도 하지 않았음을 강조하기 위해서다. 그런 요소들은 모두 하나님에게서 왔다. 바울은 아라비아와 다메섹에서 보낸 3년과 시리아와 길리기아에서 보낸 14년 동안 그 유명 사도들과 별로 접촉하지 않았다는 사실에 초점을 둔다.

하지만 바울이 별로 접촉하지 않은 것은 그들과 그들의 영향을 받은 이들이 믿었던 복음과는 다른 복음을 전파했기 때문이 아니다. 사실 유대 전역의 그리스도인들이 바울의 변화와 사역에 대해 하나님께 감사한 것과 약간의 접촉은 바울의 복음과 소명이 하나님으로부터 왔다는 것을 증명한다.

단락 개요

II. 바울이 그의 사도적 권위를 변호하다(1:10-2:14)
　B. 바울이 그의 논지를 설명하다(1:13-2:14)
　　2. 게바와 보낸 15일과 시리아와 길리기아에서 보낸 14년 (1:18-24)

주석

1:18 바울의 "그 후"[에페이타(*epeita*)]는 복음 전파의 소명을 받은 뒤에 일어난 일을 가리키고(참고. 갈 1:21), 이는 그가 처음 예루살렘을 방문하기 전에 아라비아와 다메섹에서 3년을 보냈음을 함축한다. 달리 말하면 바울은 예루살렘에 있는 유명 사도들과 접촉하기 전에 오랫동안 하나님께서 그에게 주신 소명, 곧 이방인에게 복음을 전파하는 일로 바빴다는 뜻이다.

바울은 다메섹의 총독으로부터 도피한 후(고후 11:33) "게바를 방문하려고" 예루살렘으로 갔다. "게바"는 사도 베드로의 이름을 아람어로 표기한 것이고(요 1:42), 바울은 두 이름을 교체해서 사용한다(참고. 갈 2:7-9). 두 이름 모두 '반석'이라는 뜻인데, 아마 예수님의 삶과 가르침에 대한 베드로의 증언이 기초적 성격을 갖고 있기 때문일 것이다(마 16:18).[28]

베드로가 역사적 예수와 친밀한 교제를 나눴기 때문에 바울은 그를 '방문하고'[히스토레오(*historeō*)] 싶은 마음이 생겼을 것이다. 이 진지한 용어는 연구 조사를 뜻하며, 바울이 단순히 게바와 친분을 갖고 싶은 것 이상의 의미를 지니고 있는 듯하다.[29] 바울이 베드로로부터 예수님의 삶과 가르침에 관해 가능한 모든 것을 알아냈던 것 같다.[30]

1:19 요한의 형제 야고보와 알패오의 아들 야고보(막 3:17-18)와는 달리, "주의 형제 야고보"(참고. 막 6:3)는 예수의 생애 동안에는 그의 추종자가 아니었다(요 7:5). 예수님의 생물학적 가족은 그들의 장남/형제의 인기에 약간 당혹스러워했던 것 같다(막 3:21, 31-32). 바울의 경우처럼, 야고보에게

28 BDAG, s.v. Κηφᾶς.

29 이 용어가 지닌 "강조"의 성격에 관해서는 Lightfoot, *Galatians*, 84를 보라. 연구 조사의 암시에 대해서는 *BrillDAG*, 991-992에서 어간 ἱστορ-의 다양한 형태들이 지닌 의미들을 보라.

30 참고. Bruce, *Galatians*, 98; James D. G. Dunn, *The Epistle to the Galatians*, BNTC (Peabody, MA: Hendrickson, 1993), 73.

그 형의 주장이 진리임을 확신시키기 위해서는 부활한 예수가 그에게 나타나야 했던 것이 분명하다(고전 15:7). 게바와 달리, 바울은 그냥 야고보를 '보기만' 했다. 이는 그를 만났으나 긴 대화를 나누지 않았다는 뜻일 것이다.

1:20 바울은 때때로 편지를 받는 공동체에 속한 대적들이 그의 신빙성을 의심할 것을 예상하고 그가 말하는 내용의 진실성을 강조한다(참고. 고후 11:10, 31; 롬 9:1, 참고. 롬 3:8). 바울이 편지에서 다루는 위기를 초래한 듯한 말썽 많은 교사들(갈 1:7; 4:17; 5:10, 12; 6:12-13)이 아마 바울의 인격에 의문을 제기했을 것이다(1:10; 5:11; 6:17).

1:21 바울이 사건의 순서상 다음 단계를 소개하려고 다시금 "그 후에"(에페이타)로 말문을 연다. 그는 단 15일 동안 게바와 지냈고 야고보를 잠깐 본 뒤에 예루살렘을 떠나 시리아와 길리기아(오늘날 터키의 중남부)로 향했다. 바울은 로마 시리아 지방의 두 영역에 대해 지역 이름을 사용하고 그것을 연대기의 역순으로 열거하는 것 같다. 그는 길리기아의 주요 도시인 다소에서 태어났고(행 21:39; 22:3), 사도행전은 그가 회심한 다음 예루살렘을 방문한 뒤에 "형제들이…[그를] 가이사랴로 데리고 내려가서 다소로 보[냈다]"(9:30)고 한다. 거기에서 얼마의 시간이 흐른 후, 바울을 예루살렘에 있던 사도들(추정컨대, 게바와 야고보)에게 소개했던(9:27) 바나바가 그를 시리아의 안디옥으로 데려가서 그곳 교회에 합류하게 했다(11:25-26).

1:22-23 바울은 자기가 회심한 후 야고보와 게바와 요한과 잠깐 접촉했을 뿐이라는 입장의 견지에서 이렇게 말한다. 그가 시리아와 길리기아에서 일하는 동안에는 유대 전역의 그리스도인이 그를 개인적 접촉이 아니라 평판으로만 알았을 뿐이라고. 그렇다고 해서 유대의 어떤 신자도 그를 목격하지 못했다거나 예루살렘의 신자들이 그를 개인적으로 접촉한 적이 없다는 뜻은 아니다. 그는 예루살렘에서 비교적 알려지지 않은 인물이었던 것처럼 예루살렘 주변 지역에서도 개인적으로 알려지지 않았다는 뜻이

다.[31] 바울은 시리아와 길리기아에서 이방인들에게, 그리고 사도행전 13:1-14:25에서 알게 되듯이, 갈라디아인들에게 복음을 전하느라 바빴다. 그가 이런 일을 하게 된 연유는 "나보다 먼저 사도 된 자들"(갈 1:17)의 허락 때문이 아니라 극적인 회심 때에 받은 하나님의 위임령 때문이었다(1:16). 유대는 유대인의 밀집 지역이자 예루살렘의 유명한 사도들과 강한 결속을 맺은 곳이었으나(참고. 행 9:32, 35-36, 38, 43) 바울의 주목을 끌지는 못했다.

1:24 바울을 변화시킨 복음, 그리고 지금은 바울이 이방인에게 전파하고 있는 복음은 그 자신이 만들어낸 것이 아니라(갈 1:11) 다른 그리스도인들도 믿는 그 복음이다. 유대 전역의 신자들이, 비록 당시에는 바울을 잘 알지 못했지만, 그럼에도 하나님께서 바울 속에서 또 바울과 함께 행하신 일로 인해 그분께 감사를 드렸다.

응답

4세기 말의 설교자 요한 크리소스톰(John Chrysostom)은 1:24을 이렇게 주석했다. "그들이 나를 보고 놀랐다, 그들이 나를 칭송했다, 그들이 나에 대한 흠모로 충격을 받았다고 그는 말하지 않고, 그는 모든 것을 은혜 덕분으로 돌린다. 그들이 내 안에 계신 하나님께 영광을 돌렸다고 그는 말한다."[32] 이처럼 24절을 적절하게 적용한 사례는 단락 전체의 적용에 도움을 준다. 바울이 회심 직후에 일어난 일을 묘사한 이야기는 그 자신을 가리키지 않고 그를 변화시키신 하나님을 가리킨다. 그는 하나님께서 이 변화로

31 Lightfoot, *Galatians*, 86. 예루살렘은 물론 유대에 속한다. 그러나 이에 대해 라이트풋은 통찰력 있는 주석을 단다. "여기서 유대는 예루살렘과 구별되는데, 이는 이탈리아가 종종 로마와 구별되는 것과 같다(예. 추정컨대 히 13:24)."

32 Lightfoot, *Galatians*, 86에서 재인용.

인해 모든 영광을 받으셔야 한다고 24절에서 말한다.

히포의 어거스틴, 아시시의 프랜시스, 마르틴 루터, 존 웨슬리 그리고 최근의 많은 인물들과 같이, 기독교 역사는 하나님께서 변혁적 능력을 발휘하신 많은 극적인 이야기들로 가득 차 있다. 바울은 그의 편지들을 통해 하나님께서 신자들의 삶에서 어떤 일을 하셨는지에 관한 이야기들은 실로 고무적이고 유익하다고 분명히 밝힌다(롬 1:8, 12; 16:19a; 고후 8:1-7; 9:1-5; 살전 1:6-10). 그러나 크리소스톰이 말하듯이, 그런 이야기를 남에게 들려주는 일은 그 이야기의 주인공이나 이야기꾼의 기술이 아니라 하나님께 주목하게 해야 한다.

이에 덧붙여, 갈라디아서 1:18-24은 하나님의 사역 이야기를 다시 들려줄 때 두 가지를 더 조심해야 한다고 말한다.

첫째, 이 이야기가 정확하다는 점을 분명히 하는 것이 중요하다. 바울이 "그 후"(18, 21절)라는 단어를 두 번 사용하는 것은 그의 사역을 통해 하나님께서 일하신 이야기를 정확하게 들려주고 있다는 증거다. 또한 그의 이야기와 관련해 하나님을 증인으로 소환하는 것(20절)도 그 이야기를 과장하지 않고 올바로 들려주는 것이 그에게 얼마나 중요한지를 보여준다.

둘째, 우리가 다른 사람의 유익을 위해 들려주는 이야기의 교리적 함의를 검토하는 것이 중요하다. 사탄이 하나님의 백성을 속이기 위해 하나님의 행동을 흉내 낼 수 있다(고후 11:12-15; 살전 5:19-22; 딤전 4:1; 요일 4:1). 갈라디아서 1:18-24에서 바울이 조심스럽게 보여주는 것은, 비록 어떤 인간도 그의 회심과 소명에 개입하지 않았지만, 게바와 야고보와 유대 교회 같은 다른 신자들이 그의 이야기를 들었고, 그것이 진실임에 동의했고, 하나님께서 바울에게 행하신 일로 인해 하나님께 영광을 돌렸다는 것이다.

요컨대 그리스도인의 전기와 스토리텔링은 교회의 성장과 경배를 위해 필요하고 유익하다. 하지만 그리스도인은 그런 이야기를 들려주고 들을 때 분별력을 사용해야 한다. 그것은 하나님께 영광을 돌려야 하고, 역사적이고도 교리적으로 정확해야 한다.

Galatians
갈라디아서
2:1-10

1 십사 년 후에 내가 바나바와 함께 디도를 데리고 다시 예루살렘에
올라갔나니 2 계시를 따라 올라가 내가 이방 가운데서 전파하는 복음
을 그들에게 제시하되 유력한 자들에게 사사로이 한 것은 내가 달음
질하는 것이나 달음질한 것이 헛되지 않게 하려 함이라 3 그러나 나
와 함께 있는 헬라인 디도까지도 억지로 할례를 받게 하지 아니하였
으니 4 이는 가만히 들어온 거짓 형제들 때문이라 그들이 가만히 들어
온 것은 그리스도 예수 안에서 우리가 가진 자유를 엿보고 우리를 종
으로 삼고자 함이로되 5 그들에게 우리가 한시도 복종하지 아니하였
으니 이는 복음의 진리가 항상 너희 가운데 있게 하려 함이라 6 유력
하다는 이들 중에 (본래 어떤 이들이든지 내게 상관이 없으며 하나님
은 사람을 외모로 취하지 아니하시나니) 저 유력한 이들은 내게 의무
를 더하여 준 것이 없고 7 도리어 그들은 내가 무할례자에게 복음 전
함을 맡은 것이 베드로가 할례자에게 맡음과 같은 것을 보았고 8 베드
로에게 역사하사 그를 할례자의 사도로 삼으신 이가 또한 내게 역사
하사 나를 이방인의 사도로 삼으셨느니라 9 또 기둥같이 여기는 야고
보와 게바와 요한도 내게 주신 은혜를 알므로 나와 바나바에게 친교

의 악수를 하였으니 우리는 이방인에게로, 그들은 할례자에게로 가게
하려 함이라 10 다만 우리에게 가난한 자들을 기억하도록 부탁하였으
니 이것은 나도 본래부터 힘써 행하여 왔노라

1 Then after fourteen years I went up again to Jerusalem with Barnabas,
taking Titus along with me. 2 I went up because of a revelation and set
before them (though privately before those who seemed influential) the
gospel that I proclaim among the Gentiles, in order to make sure I was
not running or had not run in vain. 3 But even Titus, who was with me,
was not forced to be circumcised, though he was a Greek. 4 Yet because
of false brothers secretly brought in—who slipped in to spy out our
freedom that we have in Christ Jesus, so that they might bring us into
slavery— 5 to them we did not yield in submission even for a moment,
so that the truth of the gospel might be preserved for you. 6 And from
those who seemed to be influential (what they were makes no difference
to me; God shows no partiality)—those, I say, who seemed influential
added nothing to me. 7 On the contrary, when they saw that I had been
entrusted with the gospel to the uncircumcised, just as Peter had been
entrusted with the gospel to the circumcised 8 (for he who worked
through Peter for his apostolic ministry to the circumcised worked also
through me for mine to the Gentiles), 9 and when James and Cephas
and John, who seemed to be pillars, perceived the grace that was given
to me, they gave the right hand of fellowship to Barnabas and me, that
we should go to the Gentiles and they to the circumcised. 10 Only, they
asked us to remember the poor, the very thing I was eager to do.

단락 개관

예루살렘에서 열린 전략 회의

바울은 계속해서 하나님께서 그를 이방인에게 복음을 전하도록 부르신 이후 유명 사도들과 접촉한 것을 연대기적으로 이야기한다. 바울의 논증 중 이 부분(갈 1:13-2:14)은 줄곧 그 자신이 예루살렘 사도들과 실질적인 관계가 없었다는 점을 밝힌다. 아라비아와 다메섹에서 3년에 걸친 사역(1:17-18a), 예루살렘에서 야고보와 게바를 짧게 방문한 것(1:18b), 시리아와 길리기아에서 보낸 14년(1:21; 2:1) 등 회심한 지 오랜 세월이 흐른 후, 바울은 마침내 예루살렘에서 야고보, 게바, 요한과 함께 중요하고 전략적인 만남을 갖게 되었다. 그러나 이 만남조차 이런 사도들이 바울보다 더 권위가 있어서 성사된 것이 아니라 하나님께서 바울에게 주도하라고 촉구하셔서 이루어진 동등한 사도들 간의 만남이었다. 바울은 그 자신과 유명 사도들이 서로를 잘 이해하는 가운데 하나님의 소명에 따라 유대인과 이방인 모두에게 복음을 전하는 가장 효과적인 전략을 의논하기를 바랐다.

이 단락에서 바울은 이 편지의 나머지 부분(2:15-6:10)을 지배할 주제에 집중한다. 바로 그가 전하는 은혜 중심적인 복음의 신학적 변호다. 바울이 하나님의 계시(2:2)로 인해 예루살렘 모임을 주도하기는 했지만, 그 모임을 갖게 한 문제는 일부 "거짓 형제들"이 유대교의 할례 관습을 디도("헬라인", 2:3-4) 같은 비유대인 신자들에게 강요하려는 시도였다. 바울은 이런 노력을 그리스도인의 자유를 빼앗고 노예 상태로 만들려는 시도로 이해했고(2:4), 이는 "복음의 진리"(2:5)을 심각하게 왜곡하는 처사였다. 바울이 나중에 자유와 노예 상태의 뜻에 대해 정확히 설명하겠지만(3:13; 4:1-11; 4:21-5:1; 5:13) 이 주제들을 여기서 도입한다.

현재로서는 바울은 유명 사도들이 과연 이것을 복음으로 인정하는지 여부를 강조하는 데 만족하고, 그 복음을 다른 것과 타협하라는 압력에 굴복할 생각이 전혀 없다. 하지만 그가 강조하고 싶은 것이 또 있다. 예루살렘

기둥들은 이것이 바로 복음임을 인정했고 복음이 무엇인지에 대해 그 자신과 완전히 동의했다는 사실이다.

단락 개요

II. 바울이 그의 사도적 권위를 변호하다(1:10-2:14)
B. 바울이 그의 논지를 설명하다(1:13-2:14)
3. 예루살렘에서 열린 전략 회의(2:1-10)

주석

2:1 바울은 1:18과 21절에서 그랬듯이 여기서도 "후에"(에페이타)라는 단어를 사용하여 연대순으로 다음에 일어난 일을 가리킨다. "십사 년 후에"는 그의 회심 이후 14년(참고. 1:18a), 그가 게바를 짧게 방문한 후 14년(1:18b) 또는 그의 시리아 및 길리기아 사역 이후 14년(1:21)을 의미할 수 있다. 하지만 "후에"는 전후 관계를 가리키고, 이 큰 단락(1:13-2:14)에서의 바울의 강조점이 유명 사도들로부터의 독립성인 만큼, "십사 년 후에"는 시리아와 길리기아에서 사역한 14년을 의미하는 듯하다. 여기서 말하는 14년은 바울의 1차 선교 여행(행 13:1-14:25)과 로마 갈라디아 지방의 남부에서 행한 복음 전파(행 14:1-23, 참고. 갈 2:5b)를 포함했을 것이다. 이 여행에 바나바가 바울과 함께했기 때문에 그는 갈라디아 신자들에게 잘 알려져 있었음에 틀림없다(행 14:12, 14, 20). 디도는 사도행전에 전혀 등장하지 않지만 바울의 편지들에서 신뢰받는 훌륭한 동역자로 나온다(고후 2:13; 7:6, 13-15; 8:6, 16, 23; 12:18; 딛 1:4).

2:2 예루살렘에서 온 그 어떤 사람도 바울을 거기로 '소환하지' 않았다.[33] 오히려 바울이 거기에 간 것은 그 자신 속에 그분의 아들을 계시하신(아포칼륍토) 그 하나님(갈 1:16, 참고. 1:12)께서 "계시"(아포칼륍시스)로 예루살렘에 가라고 말씀하셨기 때문이다. 여기서 강조점은 유명 사도들의 권위가 아니라 바울의 삶에 임한 하나님의 권위에 있다.

많은 주석가들은 이 예루살렘 방문이 누가의 내러티브에 나오는 바울의 다음 방문, 사도행전 11:27-30(참고. 행 12:25)의 이른바 '구제금 전달용' 방문과 일치한다고 생각한다. 하지만 그 방문의 요소들은 바울이 여기서 묘사하는 방문과 잘 일치하지 않는다. 구제금 전달용 방문은 예루살렘에서 온 선지자들이 촉진시킨 것이었고, 그들 중 하나는 안디옥에서 장차 유대에 발생할 기근을 예언하기 위해 성령의 영감을 받은 은사를 발휘했다. 이에 응답하여 안디옥 교회가 구제금을 "장로들에게" 전달하려고 바나바를 보냈다(11:30).

하지만 바울은 그로 하여금 예루살렘을 방문하게 한 그 계시(아포칼륍시스)가 다른 누군가로부터 온 것이 아니라 그에게 직접 온 것이며, 그의 회심을 낳은 신적 계시[아포칼륍사이(*apokalysai*)]와 비슷한 것(갈 1:16)임을 전한다. 그 계시는 사도행전 11:27에 나오는 "예루살렘에서 안디옥에" 온 선지자들과 같은 다른 이들을 통해 바울에게 이를 수도 있었지만, 바울이 이를 구체적으로 말하지 않기 때문에 그에게 임한 직접적인 신적 계시를 언급하는 것으로 이해하는 편이 더 낫다.

더구나 누가가 예루살렘의 장로들을 여덟 번 언급하는데, 사도행전 11:30은 장로들이 '사도들'과 함께(또는 사도행전 21:18에 나오듯이 사도 야고보와 함께) 등장하지 않는 유일한 곳이다. 이는 아마 바나바와 사울이 이 구제금을 유대의 교회들에게 전달할 때 어느 사도도 만나지 않았음을 의미하고, 그 때문에 바울이 그의 이야기에서 이 방문은 언급하지 않았을 것이다. 그

33 Moo, *Galatians*, 123. "소환하다"는 무(Moo)가 만든 적절한 용어다.

는 지금 예루살렘으로 올라간 여행들보다 유명 사도들과의 만남을 이야기 하는 중이다.[34]

그렇다면 바울이 여기서 묘사하는 모임은 아마 누가가 사도행전 15:1-21에서 묘사하는 방문, 곧 유명한 예루살렘 공의회일 것이다. 바울의 초점은 누가가 "교회와 사도와 장로들"(행 15:4)과 함께했다고 묘사하는 큰 회의, 즉 그 중심을 이방인들을 향한 복음 전파의 결과["하나님께서 자기들(바울과 바나바)로 말미암아 이방인 중에서 행하신 표적과 기사", 15:12]에 두었던 회의에 있지 않았다. 그 대신 바울은 그 큰 공의회 내에서 일어난, 야고보와 게바와 요한 등 예루살렘 리더십의 핵심 그룹과의 사적인 모임(참고. 갈 2:9)에 초점을 둔다. 이는 바울이 이방인에게 전파한 복음의 자세한 내용에 초점을 맞춘 모임 내의 모임이었다. 이를 누가는 기록하지 않았다.

"달음질한 것이 헛되지 않게 하려"라는 말은, 바울이 지난 17여 년 동안 전파했던 복음에 대해 이 사도들에게 검토 받고 그 정통성을 승인받을 필요가 있었다는 뜻이 아니다. 오히려 바울이 야고보와 게바와 요한이 자기가 전한 복음이 정통적인 것임을 보기를 바란 것은 한편으로 오해를 예방하고, 다른 한편으로 갈라디아서를 쓰게 만든 그의 선교적 노력에 대한 그들의 간섭을 차단하기 위해서였다.[35]

2:3-5 바울과 바나바에게 디도가 할례를 받게 하라고 압력을 가한 사람들은 예루살렘 공의회에서 이방인이 할례를 받고 모세의 율법을 지키는 것이 필요하다고 주장했던 바리새인들(행 15:5)이 아니었다. 누가는 완료분사를 사용해서 그 오도된 바리새파 그리스도인들이 신자들[페피스튜코테스(*pepisteukotes*)]이었음을 분명히 밝힌다.

오히려 바울이 묘사하는 잠입자들과 거짓 형제들(갈 2:4)은 아마 "유대로

34 Lightfoot, *Galatians*, 127.

35 참고. Lightfoot, *Galatians*, 103-104.

부터 내려와서 형제들을 가르치되 너희가 모세의 법대로 할례를 받지 아니하면 능히 구원을 받지 못하리라"(행 15:1)고 했던 사람들과 일치할 것이다. 이것은 예루살렘에 있던 바리새파 그리스도인들의 관심사와 약간 다른 메시지였다. 이는 '구원을 받기' 위해서는 반드시 율법을 지켜야 한다고 명시적으로 주장하기 때문이다. 예루살렘 공의회는 안디옥에서 일어난 이 대결로부터 발생했고, 디도가 '유대로부터 내려온 형제들'의 비판의 초점이었을 것이다.

갈라디아 남부의 이방인 신자들은 이런 거짓 형제들이 안디옥에 등장한 직후에 율법의 행위와 상관없이 하나님 백성의 일부가 되었던 것이다. 바울의 주장인즉, 디도가 할례를 받아야 한다는 그들의 주장에 굴복하는 것은 갈라디아 교회들이 결코 하나님 백성의 일부가 아니라는 것을 의미한다. 따라서 바울이 이 중요한 사항에 관해 한결같은 입장을 유지할 때 그는 디도뿐만 아니라 갈라디아 신자들을 위해서도 복음의 진리를 보존하고 있었던 것이다.

이방인 신자들에게 할례를 강요하는 일은 "우리"의 자유를 빼앗고 "우리"를 노예로 삼는 것이라고 바울이 말한다. 바울은 할례를 받은 유대인이었던 만큼(빌 3:5), 여기에는 유대인의 윤리적 관습을 그 집단에 속하지 않은 사람에게 부과하는 것보다 더 많은 이슈가 걸려 있다. 바울은 이미 그 집단에 속해 있었으나, 만일 할례가 하나님의 백성에 속하는 데 필요한 조건이라면 그 역시 노예로 전락하는 셈이다. 율법이 이방인에게 강요될 경우 모든 신자에게 무슨 문제가 생기는지는 곧 분명히 드러날 것이다(갈 2:15-21). 바울은 나중에 자신이 그 문제를 묘사하기 위해 왜 노예 상태라는 용어를 사용하는지 설명할 것이다(3:13; 4:1-11; 4:21-5:1; 5:13).

2:6 바울은 이제 안디옥에서 예루살렘으로 전환하고 6-10절에서 그 자신과 "유력한" 사도들 간의 만남이 행복한 결과를 낳았다고 이야기한다. 바울의 이야기는 바울과 유명 사도들 간의 합의를 부각시킬 뿐만 아니라 바울의 권위와 그가 전한 복음의 기원과 관련해 바울이 그들로부터 독립

되어 있음을 강조하기도 한다. 이 독립성의 요소가 6절의 초점이다. 바울은 유명 사도들이 매우 존경받고 있음을 인정하지만, '유명한 듯 보이는 사람들'(ESV 참고)이라는 말과 "내게 상관이 없[다]"는 말은 그들을 지나치게 존경하는 것이 가능함을 암시한다. 그들이 전하는 복음은 오류가 없을지라도, 11-14절이 보여주듯이, 사도들은 여전히 틀릴 수 있는 죄인이다.

바울의 요점은 이 문장의 마지막에 나온다. 바울이 예전에 유명 사도들과 접촉했을 때와 마찬가지로 그들은 바울의 권위와 복음에 "더하여 준 것이 없[다]." 그것은 하나님의 영역이지 그들의 영역이 아니다.

2:7-9 유명 사도들은 예루살렘 공의회에서 바울에게 어떤 것을 더하기보다는 오히려 그를 동료로 대우했고 하나님께서 그들에게 주신 은사를 효과적으로 사용하기 위한 전략에 동의했다. 야고보, 게바(베드로), 요한은 "할례자"에게, 그리고 바울은 할례 받지 않은 자들에게 초점을 두기로 한 것이다. 바울이 7-8절에서는 베드로라는 이름을, 9절에서는 게바라는 이름을 사용하지만 동일한 인물을 언급하고 있고(참고. 요 1:42) 양식상의 목적으로 이름을 다양하게 쓰는 듯하다.

바울은 이 3명을 "기둥 같이 여기는" 사람들이라고 묘사한다. 이는 다른 이들이 그들의 사도적 증언을 교회의 반석인 주 예수 그리스도에 관한 진리를 세우는 데 필요한 기초로 여긴다는 것을 가리키는 건축 용어다(참고. 딤전 3:15). 바울은 이런 평가에 동의했으나(엡 2:20) 그런 집단에 세 사도보다 더 많은 인물을 포함시킬 터이고 그 집단 전체를 똑같은 수준에 둘 것이다. 이것이 이 구절들에 담긴 바울 주장의 중요한 부분이고, 이 때문에 그는 "기둥[들]"이라는 용어를 "…같이 여기는"이라는 형용사로 수식하는 것이다.

남자 할례는 1세기에 유대교의 일차적인 사회적 표지였고(참고. 갈 2:3), 유대인의 관점과 이방인의 관점에서 보면 그 행습이 유대인을 다른 모든 사람들로부터 구별시켰다(참고. 창 17:1-14; 엡 2:11-12). 적어도 유대인이 조상의 관습을 지킨다는 이유로 그들을 난폭하게 박해했던 시리아 왕 안티

오코스 4세 이후에는 많은 유대인이 할례를 유대인 정체성의 특별히 중요한 요소로 간주해왔다(예. 마카베오1서 1:15, 48, 50, 60).[36]

2:10 성경은 가난한 자를 공의롭게 대우하고(예. 출 22:25; 23:6), 그들을 돌보고(예. 출 23:11; 레 19:10; 23:22; 신 15:9, 11; 24:12, 15; 사 58:7, 10), 그들의 상태를 이해하라(예. 레 14:21)는 권고로 가득 차 있다. 1세기 중반은 로마 제국 동부에 기근이 폭넓게 발생한 시기였고, 특히 유대에는 가난한 사람이 매우 많았다(행 11:28). 기둥 같은 사도들은 바울과 그가 설립한 이방인 교회들이 가난한 자에게 연민을 베풀라는 성경의 가르침에 순종하기를 바랐고, 바울은 그들에게 자기가 이 성경적인 관심에 열정적으로 헌신했음을 확인시켜주었다.

응답

이 단락은 모든 시대에 복음이 무엇인지를 정확히 아는 것이 중요함을 강조하고, 특히 타문화권 선교를 수행할 때 그렇다고 한다. 우리가 복음을 다른 문화에서 전하려고 할 때 복음에 대해 갖고 있던 오해가 노출되는 경우가 많다. 디도의 할례를 고집했던 "거짓 형제들"은 그리스도에 대한 믿음에 또 하나의 요건을 덧붙였다. 기독교로 개종한 자들에게 유대인을 이방인과 구별시키는 유대인의 관습들, 특히 가장 눈에 띄고 영구적인 유대인의 표지인 할례를 지키도록 요구했던 것이다. 그들은 헬라인인 디도가 유대인이 되기를 원했다. 그러나 한편에 있던 유명 사도들과 다른 편에 있던 바울과 바나바가 복음은 할례 받은 자들만이 아니라 모든 사람을 위한 것임에 합의하고 친교의 악수를 나누었다.

36 Dunn, *Galatians*, 95.

모든 기독교 집단은 복음을 외부 사람들에게 전하는 방식에 대해 검토할 필요가 있다. 혹시 그 집단과 완전한 교제를 나누려면 그리스도에 대한 믿음과 더불어 특정한 사회 경제적, 윤리적, 언어적, 민족적 또는 정치적 요건을 갖추어야 한다고 주장하지는 않는지 살펴야 한다. 적어도 복음주의 기독교 진영에서는 이런 일이 명시적으로 일어나는 경우가 거의 없다. 모두 갈라디아서를 읽었기 때문이다. 대부분의 경우에는 우리가 그런 일에 참여하고 있는지를 모를 만큼 암묵적으로 또 미묘하게 일어나는 편이다. 촌스럽고 궁핍한 사람이나 소수 민족에 속한 사람이 우리 교회를 방문했을 때, 새 신자 담당 집사가 그의 필요를 돌볼 것으로 생각하고 따스한 인사를 건네지 않는 등 그 사람을 무시하기 쉽다. 저 사람은 장차 교인이 될 사람일까? 아니, 이런 생각조차 하지 않을 수 있다.

바울은 이 단락을 통해 기독교 모임 둘레에 그런 추가적인 속박을 두는 것 자체가 사실은 복음의 진리를 부인하는 것임을 보여준다. 우리가 복음 전파의 대상과 신자들의 모임을 우리와 비슷한 그저 편한 사람들로 국한시킨다면, 우리는 사실상 복음을 이해하지 못하고 있는 셈이다. 안디옥에 나타난 "거짓 형제들"처럼 우리는 하나님의 은혜가 지닌 급진적인, 자유를 선사하는 성격을 파악하는 데 실패했을지도 모른다. 이 은혜는 그것을 영접하고 그 은혜로 살아가는 모든 사람에게, 하나님 백성의 멤버가 되고 하나님과 완전한 화해에 이르는 것은 죄를 용서받고 죄로부터 자유로워지기 위해 그리스도를 믿는 모든 사람에게 가능함을 확신시켜주기 때문이다.

Galatians
갈라디아서
2:11-14

11 게바가 안디옥에 이르렀을 때에 책망 받을 일이 있기로 내가 그를
대면하여 책망하였노라 12 야고보에게서 온 어떤 이들이 이르기 전에
게바가 이방인과 함께 먹다가 그들이 오매 그가 할례자들을 두려워하
여 떠나 물러가매 13 남은 유대인들도 그와 같이 외식하므로 바나바도
그들의 외식에 유혹되었느니라 14 그러므로 나는 그들이 복음의 진리
를 따라 바르게 행하지 아니함을 보고 모든 자 앞에서 게바에게 이르
되 네가 유대인으로서 이방인을 따르고 유대인답게 살지 아니하면서
어찌하여 억지로 이방인을 유대인답게 살게 하려느냐 하였노라
11 But when Cephas came to Antioch, I opposed him to his face,
because he stood condemned. 12 For before certain men came from
James, he was eating with the Gentiles; but when they came he drew
back and separated himself, fearing the circumcision party.[1] 13 And
the rest of the Jews acted hypocritically along with him, so that even
Barnabas was led astray by their hypocrisy. 14 But when I saw that their
conduct was not in step with the truth of the gospel, I said to Cephas
before them all, "If you, though a Jew, live like a Gentile and not like a

Jew, how can you force the Gentiles to live like Jews?”

1 Or *fearing those of the circumcision*

단락 개관

바울이 안디옥에서 복음을 변호하다

바울은 그 자신과 유명 사도들의 관계에 대한 이야기를 마무리하면서 계속해서 유명 사도들로부터의 독립성과 자기가 전한 복음의 신적 기원을 보여준다. 바울은 그 자신의 사도적 권위와 “복음의 진리”(갈 2:5, 14)에 대한 이해를 너무도 확신한 나머지 그 진리를 변호하기 위해 홀로 게바에 대항하는 공개적인 입장을 취한다. 이 갈등에 나타난 게바와 다른 이들의 두려움과 위선은 (바울이 아니라) 그들이 인간적 권위에 의지했고 하나님보다 사람을 기쁘게 하려 했음을 보여주었다(참고. 1:10-11).

단락 개요

II. 바울이 그의 사도적 권위를 변호하다(1:10-2:14)
B. 바울이 그의 논지를 설명하다(1:13-2:14)
4. 바울이 안디옥에서 복음을 변호하다(2:11-14)

주석

2:11 바울은 순서에 따라 묘사할 때 사용하던 "그 후"를 빠뜨리고 이번에는 '그러나…할 때'로 바꾼다. 그가 이제 들려주려고 하는 사건이 대략 예루살렘 공의회와 같은 시기에 일어났음을 가리키는 듯하다. 그것은 아마 예루살렘 공의회 이후 바울과 바나바가 안디옥에서 "주의 말씀을 가르치며 전파하[는]"(행 15:35) 일을 계속 했던 시기에 발생했을 것이다.[37] '대적하다'[안티스테미(*anthistēmi*), ESV 참고]는 악과 싸우는 맥락에서 종종 나오는 강한 단어다(마 5:39; 약 4:7; 벧전 5:9).[38] 완료 분사인 '정죄 받다'[카테그노스메노스(*kategnōsmenos*), 개역개정은 '책망 받다']는 판사가 피고에게 틀림없이 유죄 판결을 내리는 은유적인 재판을 상상한다(참고. 신 25:1, 70인역).[39]

2:12-13 바울이 이제 그가 어떻게('왜냐하면') 그런 극적인 진술을 할 수 있었는지를 설명한다. 게바는 안디옥에서 이방인들과 함께 음식을 먹는 데 이미 익숙해져 있었다. "먹다가"라는 동사는 미완료 시제[쉬네스티엔(*sunēsthien*)]라서 야고보가 보낸 메신저들이 도착하기 전에 베드로가 이방인과 음식을 먹던 것이 특이한 일이 아니었음을 시사한다. 그런데 그들이 도착한 후 그는 물러가서[휘페스텔렌(*hypestellen*)] 그 자신을 그들과 떼어놓기[아포리젠(*aphōrizen*)] 시작했다. 다시금 동사들이 미완료 시제지만 이번에는 점진적인 행동을 의미한다. 바울은 베드로가 야고보의 메신저들에 대한 두려움이 그에게 가한 압력에 서서히 굴복했다고 생각한 듯하다. 거기에는 어느 정도의 자기 회의가 수반되었을 것이다(참고. 롬 15:22-23).

자기가 보낸 사람들을 통해서 베드로에게 이런 압력을 가할 의도가 야

37 참고. Lightfoot, *Galatians*, 111.

38 BDAG, s.v. ἀνθίστημι.

39 BDAG, s.v. καταγινώσκω; *BrillDAG*, s.v. καταγινώσκω.

고보에게 있었다고 생각할 필요는 없다. 야고보는 사도적 지령의 내용을 설명하는 "사도와 장로"의 편지 이후 몇 개월 동안 안디옥 교회가 어떻게 지내는지에 대해 보고하도록 그들을 보냈을 뿐이다(행 15:22-33).

그러면 무엇이 문제였는가? 유대인은 특히 안디옥에서 이방인과 종종 어울리곤 했다(Josephus, *Jewish War* 2.45, 463).[40] 하지만 게바는 아마도 유대교의 음식 규정 지키기를 멈추었다는 의미에서 '이방인처럼'(갈 2:14) 살기 시작했던 것 같다.[41] 하늘의 환상(행 10:9-16; 11:4-10)에 응답하여 그는 중요한 유대인의 정체성 표지를 내던져버린 것이다. 이 표지는 많은 유대인이 지키려고 굉장한 곤경을 겪었고(유딧 12:2), 그 때문에 때로는 많은 것을 박탈당했으며(Josephus, *The Life* 14) 심지어는 죽음까지 불사했던 것이다(마카베오1서 1:63).

야고보가 보낸 사람들은 사도의 편지(행 15:23-29)에 그리스도인 유대인이 이방인처럼 살기 시작해야 한다고 말한 내용이 없다고 생각한 나머지 마음에 거슬렸던 것 같다. 다른 상황에서는 바울이 이방인 그리스도인들에게 유대인의 도덕관념을 존중하도록 기꺼이 권면했다(롬 14:3; 14:13-15:3). 그러나 게바가 이전에는 행했던 이방인과의 교제에서 물러난 행동은 이방인 그리스도인들에게 (예루살렘 교회의 유명한 리더십을 포함한) 그리스도인 유대인과의 온전한 교제를 즐기려면 유대인이 되어야 한다는 메시지를 전달했던 것으로 보인다(참고. 갈 2:14).

게바가 왜 야고보가 보낸 사람들을 두려워했는지는 분명치 않다. 만일 여기에 나온 "할례자"가 사도행전 11:1-2의 "할례자"와 연관이 있다면, 그들은 사람들에게 이방인과의 교제에 대해 책임을 물을 권한을 갖고 있었던 것으로 보인다. 어쨌든 그 압력이 무척 강해서 바울을 제외한 안디옥의 모든 그리스도인 유대인이 그 압력에 굴복했다. "바나바까지도"(새번역)라

40 Dunn, *Galatians*, 121.

41 Moo, *Galatians*, 146.

는 표현은 바울이 상당한 실망과 개인적 고통을 느꼈다는 것을 시사한다. "위선"(외식)이라는 용어는 그들 모두 (바나바까지도) 이 압력에 무릎을 꿇는 것이 잘못임을 알았음을 암시한다.

2:14 바울이 게바에게 직접 말한다. 그는 예루살렘 공의회에서 "복음의 진리"(참고. 갈 2:5)에 동의했던 유명 사도들 중 하나였고(2:6-10), 지금은 이 진리와 상충되는 방식으로 행동하여 큰 그룹에 영향을 미친 사람이다. 권력을 가진 그룹이 외부 사람들과의 교제에서 물러나는 행위는 후자에게 전자에 합류하도록 촉구하는 미묘한 방법이다. 갈라디아에서 말썽을 피우는 거짓 교사들은 갈라디아 그리스도인들에게 이와 비슷한 짓을 저지르고 있었다(4:17).[42]

현재의 증상이 디도에게 할례를 수용하도록 압력을 가하는 것이든(2:3), 안디옥의 이방인들에게 유대인 음식법을 따르도록 압력을 주는 것이든, 그 질병은 마찬가지였다. 복음은 교회가 예전의 사회적 경계들을 허무는 새로운 창조에 관한 소식이다(3:28; 6:15). 할례와 음식법 준수를 요구하는 일은 하나님께서 복음을 통해 허물어뜨리신 사회적 경계를 다시 세우는 것이다.

응답

게바가 비유대인과의 식탁 교제에서 물러난 행동이 문제가 된 것은 그것이 복음의 본질에 대해 전달한 메시지 때문이었다. 그 행동은, 하나님께서 그리스도의 속죄 죽음을 통해 죄 많은 인류를 위해 이루신 것에 덧붙여, 사람들이 그들의 구속을 위해 무언가를 기여해야 한다는 뜻을 내포했다.

42 Barclay, *Obeying the Truth*, 59.

즉 하나님과 화해하고 의롭게 된 다른 그리스도인과 교제를 나누기 전에 그런 일을 해야 한다는 뜻을 전달한 것이다.

복음의 본질에 관한 이 그릇된 메시지는 게바의 활발한 가르침과 설교의 문제가 아니었고 심지어 어떤 극적인 행동이나 그의 입장의 문제도 아니었다. 그는 단지 그와 같지 않은 그리스도인들과의 교제에서 물러나기 시작했을 뿐이다. 설령 온갖 사람들에게 문을 열어놓은 교회일지라도, 다양한 배경을 가진 사람들을 교회 안으로 들어오게 하는 데 필요한 시간과 노력과 자원을 들이지 않음으로써 복음의 진리를 타협할 수 있다. 교회 내의 다수파와 다른 사람들로부터 물러나거나 그들을 무시할 때는 복음이 사실은 서로 비슷한 다수파만을 위한 소식이라는 메시지를 전달할 수 있다. 이 단락은 이처럼 미묘하되 흔한 문제는 복음의 심각한 왜곡이고 따라서 사도 바울의 책망을 받아 교정될 필요가 있다고 가르친다.

갈라디아서 2:15-6:10 개관

바울은 그가 전하는 복음의 신적 기원과 사도직을 변호했고 또 그의 권위를 다시 세운 만큼, 이제 성경과 경험에 근거해서 갈라디아 교인들에게 말썽을 일으키는 자들의 '다른 복음'이 참된 복음이 아니라는 것을 논증할 준비를 갖추었다. 이 본론의 두 번째 부분은 다음 네 단락으로 나뉜다.

복음의 핵심(2:15-21)

바울은 먼저 안디옥에서 자기가 홀로 게바의 행실에 맞선 것을 신학적으로 정당화하고, 이와 동시에 그리스도의 십자가 죽음을 중심으로 하는 참된 복음이 왜 갈라디아의 거짓 교사들의 '다른 복음'과 상충하는지 묘사한다. 이 대목은 편지의 논리적 중심이고 바울의 권위에 관한 논의에서 '다른 복음'에 대한 반론(3:1-5:1)으로 전환되는 지점이다.

바울이 갈라디아 신자들에게 그들의 회심을 상기시키다(3:1-5)

여기서 바울은 안디옥에서 갈라디아로 완전히 선회하여 신자들에게 직접 말하며, 그들에게 본래 전파한 복음의 중심이 예수의 십자가 죽음임을 상기시킨다. 아울러 갈라디아 신자들이 성령의 능력을 통해 경험한 것, 곧 이 복음의 진리가 기적을 통해 극적으로 확증된 것을 상기시킨다.

바울이 복음이 성경과 일관성이 있음을 보여주다(3:6–5:1)

이 긴 단락은 참된 복음과 성경의 양립 가능성에 초점을 맞춘다. 바울은 복음이 하나님으로부터 온 새롭고 권위 있는 계시임을 인정하면서도, 복음은 성경에 나온 하나님의 약속들이 성취된 것이지 성경과 모순되거나 성경을 대체하는 것이 아니라고 주장한다.

바울이 논증을 펼치는 이 단락은 네 부분으로 나뉘고, 이는 신자들이 하나님의(그리고 바울의) 자녀라는 주제를 중심으로 서로 밀접한 관계가 있다. 첫째 부분(3:6-29)은 모든 민족에 속한 신자들이 다 아브라함의 자손이라고 주장하는 한편, 둘째 부분은 그들이 유아나 종이 아니라 하나님의 성인 자녀들이라고 주장한다(4:1-11). 셋째 부분(4:12-20)에서 바울은 갈라디아 신자들에게 그의 은유적 자녀인 만큼 거짓 교사들을 위해 자기를 버리지 말라고 개인적으로 호소한다(4:19). 넷째 부분(4:21-5:1)에서는 바울이 성경에서 끌어낸 알레고리를 사용해서 종으로 태어난 아브라함의 자녀인 이스마엘이 아니라 약속의 자녀인 이삭의 역할을 수행하도록 촉구한다.

복음의 윤리적 결과(5:2–6:10)

다음으로 바울은 복음의 윤리적 결과를 강조한다. 그는 셋째 단락의 상당 부분을 하나님의 약속이 복음으로 성취된 것과 모세의 율법을 대조하는 데 할애한다. 이제는 율법이 하나님 백성에 대한 통치 헌법으로서의 역할이 종료되었다고 해서 하나님의 새로운 백성에게 윤리적 표준이 없다는 뜻이 아님을 증명한다. 오히려 참된 복음을 믿는 사람들이 성령의 능력으로 행하는 삶은 새로운 법, 곧 모세 율법이 가리키는 방향을 성취하는 법(5:13-14)을 성취하게 된다.

Galatians
갈라디아서
2:15-21

15 우리는 본래 유대인이요 이방 죄인이 아니로되 16 사람이 의롭게 되
는 것은 율법의 행위로 말미암음이 아니요 오직 예수 그리스도를 믿
음으로 말미암는 줄 알므로 우리도 그리스도 예수를 믿나니 이는 우
리가 율법의 행위로써가 아니고 그리스도를 믿음으로써 의롭다 함을
얻으려 함이라 율법의 행위로써는 의롭다 함을 얻을 육체가 없느니라
15 We ourselves are Jews by birth and not Gentile sinners; 16 yet we
know that a person is not justified[1] by works of the law but through
faith in Jesus Christ, so we also have believed in Christ Jesus, in order
to be justified by faith in Christ and not by works of the law, because
by works of the law no one will be justified.

17 만일 우리가 그리스도 안에서 의롭게 되려 하다가 죄인으로 드러
나면 그리스도께서 죄를 짓게 하는 자냐 결코 그럴 수 없느니라 18 만
일 내가 헐었던 것을 다시 세우면 내가 나를 범법한 자로 만드는 것이
라 19 내가 율법으로 말미암아 율법에 대하여 죽었나니 이는 하나님
에 대하여 살려 함이라 20 내가 그리스도와 함께 십자가에 못 박혔나

니 그런즉 이제는 내가 사는 것이 아니요 오직 내 안에 그리스도께서 사시는 것이라 이제 내가 육체 가운데 사는 것은 나를 사랑하사 나를 위하여 자기 자신을 버리신 하나님의 아들을 믿는 믿음 안에서 사는 것이라
21 내가 하나님의 은혜를 폐하지 아니하노니 만일 의롭게 되는 것이 율법으로 말미암으면 그리스도께서 헛되이 죽으셨느니라

17 But if, in our endeavor to be justified in Christ, we too were found to be sinners, is Christ then a servant of sin? Certainly not!
18 For if I rebuild what I tore down, I prove myself to be a transgressor.
19 For through the law I died to the law, so that I might live to God.
20 I have been crucified with Christ. It is no longer I who live, but Christ who lives in me. And the life I now live in the flesh I live by faith in the Son of God, who loved me and gave himself for me.
21 I do not nullify the grace of God, for if righteousness[2] were through the law, then Christ died for no purpose.

1 Or *counted righteous* (three times in verse 16); also verse 17 *2* Or *justification*

단락 개관

복음의 핵심

이 단락(갈 2:15-21)은 바울의 사도직이 예루살렘 사도들로부터 독립되어 있다는 입장(1:11-2:14)과 갈라디아의 거짓 교사들에 반하는 "복음의 진리"에 대한 그의 변호(2:15-6:10) 사이를 잇는 다리에 해당한다. 이 단락은 바울이 안디옥에서 베드로를 "대면하여 책망[할]"(2:11) 때 그에게 말한 내용의 신학적 요약인 듯 보이면서 갈라디아에서의 복음 변호를 위한 기반을

놓기도 한다.

유대인과 이방인을 막론하고 모든 사람이 너무나 죄가 많기 때문에 하나님의 율법을 지켜서 생명을 얻는 것은 불가능하다는 것이 바울의 주장이다. 이 논점은 유대인 성경과 상충되지 않고 사실은 모든 유대인이 그들의 성경을 통해 알아야 할 내용이다. 그 결과 유대인 그리스도인과 이방인 그리스도인이 그리스도의 자기희생적 사랑을 통해 하나님의 은혜를 받을 필요가 있다는 점에서는 마찬가지다. 두 집단 사이에 적대적인 담을 다시 쌓는 것은 이 좋은 소식에 위배된다.

단락 개요

III. 바울이 갈라디아에서 복음을 변호하다(1:15-6:10)
A. 복음의 핵심(2:15-21)

주석

2:15 "우리는 본래 유대인이요"라는 말은 그가 계속해서 안디옥에서 갈등을 겪는 동안 게바에게 공개적으로 말한 내용을 묘사하고 있음을 시사한다. 여기에 인용 부호가 없는 것(ESV 참고)은 바울이 축어적으로 인용하고 있지 않음을 가리킨다. 이것은 하나의 요약판이며, 이는 비유대인 민족이 특별한 의미에서 죄인이라는 관점, 게바의 행동이 암시하고 야고보가 보낸 사람들을 포함한 다른 유대인들이 견지했던 관점을 도입함으로써 시작된다. 주전 2세기의 책(*Jubilees*)은 예컨대 유대인에게 이런 가르침을 준다.

그대들을 이방인들로부터 떼어놓고 그들과 함께 먹지 말고 그들의 행실처럼 행동하지 말라. 그리고 그들과 어울리는 사람이 되지 말라. 왜냐하면 그들의 행실은 더럽혀졌고, 그들의 모든 방식은 오염되었고, 비열하고 또 혐오스럽기 때문이다.[43]

2:16 '의롭게 하다'[디카이오오(*dikaioō*)]라는 동사는 이 구절과 갈라디아의 나머지 부분(2:17; 3:8, 11, 24; 5:4)에 자주 나온다. 이는 '바로잡다, 옳게 여기다, 한 사람을 정당하게 평가하다'(참고. LSJ)라는 뜻으로, 종종 법적인 맥락에서 사용되었다. 성경 외적인 헬라어에서는 단순히 누군가를 처벌한다는 의미에서 판결을 내린다는 뜻일 수 있다. 하지만 70인역에서는 이 단어가 종종 긍정적인 사법적 의미에서 '형벌에서 면제해주다'라는 뜻을 지닌다. 예컨대 정직한 재판관은 '선물을 위해 악인을 의롭다 하지 말아야'(출 23:7, 70인역)하고, '의인[톤 디카이온(*ton dikaion*)]은 의롭다 하고 악인은 정죄해야'(신 25:1, 70인역) 한다.

여기서 바울의 주장은, 만일 재판관이 하나님이고 판결의 기준이 율법이 요구하는 바를 행하는 것("율법의 행위")이라면, 하나님께서 이에 기초해서 사람들을 "의롭다"고 선언하고 그들을 형벌에서 풀어주는 것이 불가능함을 모든 유대인이 알아야 한다는 것이다. 즉, 성경이 그것을 증언하기 때문에 그들이 반드시 알아야 한다는 것이다. 바울은 시편 143:2을 암시한다. "주의 종에게 심판을 행하지 마소서 주의 눈앞에는 의로운[칠십인역: 그대 앞에서는 '의롭게 될', 디카이오테세타이(*dikaiōthēsetai*)] 인생이 하나도 없나이다." 유대인인 시편 저자는 아무도 하나님의 법정에서 정밀 조사를 받고 우뚝 설 수 없다는 것을 알았다. 따라서 모든 유대인은 심판의 날에 생존하려면 하나님의 은혜와 자비에서 피난처를 찾아야 하고, 그리스도인 유대인은 하나님께서 그리스도의 구속적 죽음을 통해 이 은혜와 자비를 베푸셨다는

43 *Jubilees* 22:16, trans. O. S. Wintermute, in *OTP*, 2:98.

것을 알고 있다.

2:17 이 모든 것이 진실이라면 이방인과 유대인의 차이점이 한 집단은 죄를 짓고 다른 집단은 죄를 짓지 않는 점에 있지 않다는 것이 분명하다. 유대인인 "우리" 역시 복음의 진리에 의해 죄인으로 '드러난다.' 이 중요한 복음의 함의가 그리스도를 죄를 부추기는 일에 연루시킨다는 주장을 바울은 부인한다. 이는 아마 하나님께서 악인을 의롭게 하신다는 바울의 가르침이 사람들로 죄를 짓도록 부추긴다는 비난에 대한 반응일 것이다(롬 3:8; 6:1, 15, 참고. 갈 5:13).

2:18 오히려 자기가 한때 헐어버렸던 담을 다시 세우는 사람이 범법자다. 바울은 아마 모세의 율법을 '분열시키는 적대적인 담'(엡 2:14)으로 오용하는 모습을 은유적으로 표현하고 있을 것이다. 음식 계명들은 "우리가 모든 사안에서 어떤 다른 민족과도 섞이는 것을 방지하여 몸과 영혼을 순결하게 지켜주는 완전한 울타리이자 강철 담"(*Letter of Aristeas* 139)으로 묘사될 수 있었다. 이런 담을 재건하는 일은 바로 안디옥에서 게바와 그에게 미혹된 사람들이 행하던 것이었고, 이처럼 이방인인 동료 신자들과 음식을 먹지 않는 것이 그 사람을 범법자로 만든다.

2:19-20 18절에서 바울은 모든 사람에게 해당하는 원리를 묘사하기 위해 일인칭("나")과 가정법("만일")을 사용했다. 여기서는 "만일"이 없어서 그가 말하는 내용의 자서전적 성격이 더욱 확정되는 듯 보이지만, 그는 여전히 모든 사람에게 특히 율법 준수를 채택할지 여부를 고민하는 갈라디아 신자들에게 적용될 수 있는 원리를 설명한다.

바울은 3:10-13에서 율법을 죽음과 묶어놓는다. 그는 그리스도가 십자가에 죽을 때("나무에 달린", 3:13) 율법이 율법 안에 있는 모든 것을 행하지 못한 모든 사람에게 선언하는 저주를 받으셨다고 주장한다. 하지만 그리스도는 이 대속적 죽음을 통해 신자들을 그들이 마땅히 받을 저주에서 구속하셨다. 여기서 바울의 논점은 조금 더 나간다. 바울이 신자가 되었을 때, 그는 불순종하는 자에게 임하는 죽음이라는 율법의 저주(신 28:15-68; 30:15, 17-18)에서 벗어났을 뿐 아니라 순종하는 자에게 임하는 생명이라는 율법의 복(신 28:1-14; 30:15-16, 19-20)을 받기도 했다. 모세의 율법은 더 이상 이생에 대한 통제권이 없다. 이 때문에 바울은 단지 율법 '아래서' 죽는 것이 아니라 율법에 대해 죽었다고 말하는 것이고, 이것이 또한 율법에 대해 죽은 후 할례라는 모세의 율법을 채택하는 것이 일종의 노예 상태가 되는 이유다(갈 2:4).

바울은 또한 그 자신과 그리스도의 죽음의 관계는 단지 그리스도의 대속적 속죄에 의해 율법의 저주에서 구출된 것 이상이라고 말한다. 어느 의미에서 그는 십자가에서 그리스도와 함께 죽었다. 이는 새로운 삶으로 인도한 죽음이며, 그 삶은 그리스도를 존재의 중심으로 모시는 삶이다. 바울은 지금 그의 생애에 일어난 극적인 변화, 곧 하나님께서 그를 교회의 박해자에서 믿음을 전파하는 자로 바꿔놓으셨을 때 일어난 변화에 대해 말하는 중이다(1:13, 23). 율법에 대한 헌신이 당시에 많은 유대인이 그리스도를 배척하게 된 기초였듯이(롬 9:32-33), 바울도 그런 헌신을 기초로 교회를 박해했으나, 지금은 율법이 아니라 그리스도가 삶의 초점이다.

갈라디아 신자들은 변화된 바울처럼 지금은 (그들의 옛 종교 전통을 포함한, 갈 4:8-10) 회심 이전의 관심사보다 그리스도를 존재의 중심으로 모시고 있으나, 어쩐 일인지 바울이 걸어온 여정을 거꾸로 걷는 것처럼 보인다. 그들은 그리스도와 그분의 자기희생적 죽음을 중심으로 삼지 않던 삶으로 되돌아가고 있다(4:9).

2:21 하나님께 용납받기 위해 그리스도의 죽음을 모세 율법의 준수와 나란히 놓고 필요한 요소 중 하나로 삼는 것은 그리스도의 죽음을 완전히 제쳐놓는 것이다. 신자 안에 있는 그리스도의 생명은 하나님과 관계를 맺고 생명을 추구하던 모든 비기독교적인 형태의 죽음을 수반한다. 만일 모세 율법의 준수 또는 이방의 종교적 관습의 준수(4:8-9)가 하나님과의 화평과

생명을 제공할 수 있다면, 그리스도의 속죄의 죽음은 불필요했다.

응답

복음이 좋은 소식인 것은 은혜롭고 자비로운 창조주가 그분에 대한 우리의 반역을 용서하는 짐을 스스로 짊어지시고, 우리를 그 반역의 결과로부터 구원하시며, 우리에게 그분의 설계대로 살도록 생명을 주셨기 때문이다. 이 진리를 수용하고 생명의 길을 걷기 시작하려면 먼저 복음의 변혁적 효과를 경험하지 못한 사람은 자기가 하나님께 반역한 상태에 있음을 깨달아야 한다. 아무리 덕스러운 집단이라도 이 판결에서 면제되지 못한다. 예수님 당시의 성경학자들이 "어찌하여 세리 및 죄인들과 함께 먹는가"라고 비판했을 때, 그분은 "나는 의인을 부르러 온 것이 아니요 죄인을 부르러 왔노라"라고 응답하셨다(막 2:16-17). 예수님을 따르라는 부르심에 응답하는 모든 사람은 그들이 의인이 아니라 죄인임을 깨닫는 것으로 시작해야 한다. 인류의 공통점은 예수님의 구속적 죽음을 통해 죄로부터 구출될 필요가 있다는 것, 그리고 그분과의 관계를 통해 변화되고 생명을 얻을 필요가 있다는 것이다.

인종적 관습, 종교적 의례 또는 특정한 규율 등을 복음의 중심 진리와 나란히 놓고, 마치 그런 것이 하나님과 올바른 관계를 맺는 데 필요한 것처럼 주장하는 것은 완전히 '하나님의 은혜를 헛되게'(갈 2:21) 하는 것이다. 이런 추가 요소를 복음과 함께 섞은 후 그것을 그리스도인의 교제 요건으로 삼으면, 그리스도의 죽음이 복음의 중심이라는 진리가 퇴색되고 사람들을 범법에 빠지게 한다. 그리스도의 죽음에 드러난 이타적인 사랑은 신자들이 서로 사랑하여 하나가 되게 하고 적대감과 분열의 담을 다시 쌓지 못하게 한다.

Galatians
갈라디아서
3:1-5

1 어리석도다 갈라디아 사람들아 예수 그리스도께서 십자가에 못 박
히신 것이 너희 눈 앞에 밝히 보이거늘 누가 너희를 꾀더냐 2 내가 너
희에게서 다만 이것을 알려 하노니 너희가 성령을 받은 것이 율법의
행위로냐 혹은 [1]듣고 믿음으로냐 3 너희가 이같이 어리석으냐 성령으
로 시작하였다가 이제는 육체로 마치겠느냐 4 너희가 이같이 많은 괴
로움을 헛되이 받았느냐 과연 헛되냐 5 너희에게 성령을 [2]주시고 너
희 가운데서 능력을 행하시는 이의 일이 율법의 행위에서냐 혹은 듣
고 믿음에서냐

1 O foolish Galatians! Who has bewitched you? It was before your eyes
that Jesus Christ was publicly portrayed as crucified. 2 Let me ask you
only this: Did you receive the Spirit by works of the law or by hearing
with faith? 3 Are you so foolish? Having begun by the Spirit, are you
now being perfected by[1] the flesh? 4 Did you suffer[2] so many things
in vain—if indeed it was in vain? 5 Does he who supplies the Spirit to
you and works miracles among you do so by works of the law, or by
hearing with faith—

1) 또는, 믿음으로 들음에서냐 2) 헬, 수응하고

1 Or *now ending with 2* Or *experience*

단락 개관

바울이 갈라디아 신자들에게 그들의 회심을 상기시키다

바울은 이제 그 자신에서(갈 1:10-2:21) 갈라디아 신자들로(3:1-6:10), 그의 사도적 권위를 세우는 일에서 이 변덕스러운 신자들을 바로잡는 대책을 제공하는 것으로 방향을 바꾼다. 이 단락에서는 하나님께서 그들을 자기 백성으로 인도하신 것은 모세의 계명들을 지키겠다고 다짐하는 예비적 헌신을 포함하지 않았음을 상기시킨다. 그들이 복음을 듣고 믿었을 때, 성령이 그들의 공동체에서 일하기 시작하셨을 때, 하나님은 그들을 용서하시고, 죄에서 구원하시고, 그분의 백성으로 삼으셨다.

단락 개요

III. 바울이 갈라디아에서 복음을 변호하다(2:15-6:10)

B. 바울이 갈라디아 신자들에게 그들의 회심을 상기시키다(3:1-5)

주석

3:1 1:6-9 이후 처음으로 바울이 직접 갈라디아 신자들과, 거짓 교사들에게 매료된 그들의 모습에 대해 다룬다. 그는 방금 2:15-21에서 간명하게 묘사한 복음에 비추어, 율법으로 의롭게 되려는 그들의 시도(참고. 5:4)가 전혀 타당성이 없다고 주장했다. 그리스 연사들은 '홀리다'[바스카이노(*baskainō*), 새번역]라는 용어를 마법사가 누군가에게 불행을 초래하려고 하는 행위를 묘사하기 위해 사용했다. 따라서 바울이 여기서 갈라디아 신자들의 거짓 교사들에 대한 긍정적 반응에 초자연적 세력이 개입하고 있음을 암시할 가능성이 있다(참고. 고후 11:13-14; 엡 4:14; 6:11; 딤전 4:1).[44] 하지만 바울이 갈라디아 신자들을 '어리석다'고 한 후 이 용어를 사용하는 만큼, 단순히 갈라디아 신자들의 행위가 비합리적이라는 뜻으로 말할 가능성이 더 많다. 그리스도가 십자가에 못 박힌 복음의 기준으로 보면 그런 행위를 도무지 이해할 수 없다.

3:2 이제 분명해지는 사실이 있다. 안디옥에서 디도의 할례(갈 2:3-4)와 유대인이 이방인과 함께 먹는 일(2:11-14)을 둘러싼 갈등이 그랬듯이, 갈라디아에서 말썽을 일으키는 교사들이 이방인들도 모세의 율법을, 특히 유대인을 이방인으로부터 구별시키는 그 대목을 지키기 시작해야 한다고 주장하고 있다는 사실이다. 안디옥에서 야고보가 보낸 사람들과 게바와 바나바 그리고 "남은 유대인들"(2:13)이 세우고 있던 그 장벽을 이 교사들이 지금 세우고 있고, 아마 동일한 이유 때문에 그럴 것이다. 그들의 주장은, 이 이방인들이 모든 율법을 지키기 시작하기 전에는 이들이 더 이상 "이방 죄인"(2:15)이 아니라 참된 하나님 백성의 일부라고 확신할 수 없다는 것이다. 여기서 바울은 갈라디아 신자들에게, 그들이 복음을 듣고 믿었을

44 바스카이노(*baskainō*)에 관해서는 *BrillDAG*를 보라. 바울이 악한 영의 영향을 언급할 가능성에 대해서는 Moo, *Galatians*, 181을 보라.

때 하나님께서 친히 그들에게 성령을 줌으로써 자기 백성으로 받아들였음을 확증하셨다는 사실을 상기시킨다(참고. 겔 36:26-27; 37:1-14; 욜 2:28-29; 행 10:47; 11:15-18; 15:8-9). "율법의 행위"가 선행 조건이 아니었다.

3:3 이 2개의 수사적 질문 배후의 가정은 갈라디아 신자들이 복음을 '버리고'(갈 1:6의 표현을 사용해서, 개정개역은 "떠나") 최근에 그 공동체에 들어온 거짓 가르침을 받아들이고 있다는 것이다. 갈라디아 신자들이 '완전해지려고 한다'(ESV, 현대인의성경)는 묘사는 아이러니다. 왜냐하면 그들이 거짓 가르침에 매료된 것은 하나님의 영이라는 죄를 정복하는 강력한 선물로부터 무력한 "육체"로 후퇴하는 움직임이기 때문이다.

바울의 편지에 나오는 "육체"라는 용어는 종종 하나님께 죄를 짓는 인간의 약한 성향을 가리킨다(예. 2:20; 5:16-17, 19, 24). 그러나 하나님의 영은 신자가 육체에 대항해 싸울 때 그를 돕고, 그분을 기쁘게 하는 방식으로 살 수 있는 능력을 주신다(5:16). 따라서 하나님을 기쁘게 하려고 하나님의 선물인 성령을 할례와 같은 신체적 의식과 바꾸는 것은 도무지 이해할 수 없다("어리석도다", 참고. 3:1).

3:4 '괴로움을 받다'[파스코(*paschō*)]는 ESV 난외주가 가리키고 또 많은 번역가들이 동의하듯이(예. CEB, NAB, NIV, NRSV, RSV) '경험하다'라는 뜻일 수 있으나, 바울 편지들의 다른 곳에서는 '고통을 받다'라는 뜻이고 여기서도 같은 뜻인 듯하다. 바울은 갈라디아 신자들이 믿음 때문에 경험한 박해를 가리키는 듯하다(4:29, 참고. 행 13:50; 14:2, 5, 22).[45]

3:5 바울이 2절의 생각으로 되돌아간다. 갈라디아 신자들이 처음 복음을 듣고 믿었을 때, 하나님의 영이 그들 가운데서 강력한 일을 행하셨고, 이

45 참고. Moo, *Galatians*, 185.

모든 일은 모세의 율법이 요구하는 바를 행하겠다는 사전의 헌신과 별개로 발생했다는 것. 하지만 바울은 좀 더 구체적이 된다. '주다'[에피코레곤(*epichorēgōn*)]라는 용어는 누군가에게 필요한 모든 자원을 제공한다는 뜻이다. 예컨대 당시에 혼인 계약을 맺을 때 남편이 아내에게 필요한 것을 최대한 공급할 책임이 있음을 묘사했던 용어다.[46] 하나님은 갈라디아 신자들에게 필요한 것을 공급하실 능력이 있다는 것은 그들이 복음을 믿을 때 경험한 기적을 통해 분명히 드러났다(참고. 행 14:3, 8-18).

응답

이 단락은 그리스도인이 되는 데 포함되는 것과 포함되지 않는 것을 명백히 가르친다는 점에서 신학적으로 풍부하고 귀중한 대목이다. 바울의 일차적 관심사는 거기에 포함되지 않는 바를 강조하는 것이다. 갈라디아의 거짓 교사들이 복음을 왜곡하여 회심이 그 실재보다 더 복잡한 것처럼 보이게 만들었기 때문이다. 따라서 하나님께서 한 사람의 죄를 용서하고 그를 죄의 무자비한 속박에서 구속하시는 데는 사전 조건이 불필요하고 가능하지도 않다는 점을 바울이 분명히 한다. 칭의와 구속은 개인의 도덕적 또는 사회적 자질과 전혀 상관없는, 하나님의 결정이자 값없는 선물이다.

따라서 참된 회심은 단순하다. 회심은 하나님께서 예수님의 죽음(3:1)과 부활(롬 10:9)을 통해 용서하고 구속하신다는 좋은 소식을 듣고 믿는 것을 포함한다.

바울이 이 단락에서 분명히 하는 바는, 회심은 복음에 긍정적으로 반응하는 사람의 겸손이나 지적 능력이 낳은 결과가 아니라는 것이다.

46 LSJ, s.v. ἐπιχορηγέω.

Galatians
갈라디아서
3:6-29

6 아브라함이 하나님을 믿으매 그것을 그에게 의로 정하셨다 함과 같
으니라
6 just as Abraham "believed God, and it was counted to him as
righteousness"?

7 그런즉 믿음으로 말미암은 자들은 아브라함의 자손인 줄 알지어다
8 또 하나님이 [1)]이방을 믿음으로 말미암아 의로 정하실 것을 성경이
미리 알고 먼저 아브라함에게 복음을 전하되 모든 [1)]이방인이 너로 말
미암아 복을 받으리라 하였느니라 9 그러므로 믿음으로 말미암은 자
는 믿음이 있는 아브라함과 함께 복을 받느니라
7 Know then that it is those of faith who are the sons of Abraham. 8 And
the Scripture, foreseeing that God would justify[1] the Gentiles by faith,
preached the gospel beforehand to Abraham, saying, "In you shall all
the nations be blessed." 9 So then, those who are of faith are blessed
along with Abraham, the man of faith.

10 무릇 율법 행위에 속한 자들은 저주 아래에 있나니 기록된바 누구
든지 율법 책에 기록된 대로 모든 일을 항상 행하지 아니하는 자는 저
주 아래에 있는 자라 하였음이라 11 또 하나님 앞에서 아무도 율법으
로 말미암아 의롭게 되지 못할 것이 분명하니 이는 의인은 믿음으로
살리라 하였음이라 12 율법은 믿음에서 난 것이 아니니 율법을 행하는
자는 그 가운데서 살리라 하였느니라 13 그리스도께서 우리를 위하여
저주를 받은바 되사 율법의 저주에서 우리를 속량하셨으니 기록된바
나무에 달린 자마다 저주 아래에 있는 자라 하였음이라 14 이는 그리
스도 예수 안에서 아브라함의 복이 이방인에게 미치게 하고 또 우리
로 하여금 믿음으로 말미암아 성령의 약속을 받게 하려 함이라

10 For all who rely on works of the law are under a curse; for it is
written, "Cursed be everyone who does not abide by all things written
in the Book of the Law, and do them." 11 Now it is evident that no
one is justified before God by the law, for "The righteous shall live by
faith."[2] 12 But the law is not of faith, rather "The one who does them
shall live by them." 13 Christ redeemed us from the curse of the law by
becoming a curse for us—for it is written, "Cursed is everyone who is
hanged on a tree"— 14 so that in Christ Jesus the blessing of Abraham
might come to the Gentiles, so that we might receive the promised
Spirit[3] through faith.

15 형제들아 내가 사람의 예대로 말하노니 사람의 언약이라도 정한
후에는 아무도 폐하거나 더하거나 하지 못하느니라 16 이 약속들은 아
브라함과 그 [2)]자손에게 말씀하신 것인데 여럿을 가리켜 그 [2)]자손들
이라 하지 아니하시고 오직 한 사람을 가리켜 네 [2)]자손이라 하셨으니
곧 그리스도라 17 내가 이것을 말하노니 하나님께서 미리 정하신 언약
을 사백삼십 년 후에 생긴 율법이 폐기하지 못하고 그 약속을 헛되게

하지 못하리라 18 만일 그 유업이 율법에서 난 것이면 약속에서 난 것
이 아니리라 그러나 하나님이 약속으로 말미암아 아브라함에게 주신
것이라
15 To give a human example, brothers:[4] even with a man-made
covenant, no one annuls it or adds to it once it has been ratified. 16 Now
the promises were made to Abraham and to his offspring. It does not
say, "And to offsprings," referring to many, but referring to one, "And
to your offspring," who is Christ. 17 This is what I mean: the law, which
came 430 years afterward, does not annul a covenant previously ratified
by God, so as to make the promise void. 18 For if the inheritance comes
by the law, it no longer comes by promise; but God gave it to Abraham
by a promise.

19 그런즉 율법은 무엇이냐 범법하므로 더하여진 것이라 천사들을 통
하여 한 중보자의 손으로 베푸신 것인데 약속하신 [2)]자손이 오시기까
지 있을 것이라 20 그 중보자는 한 편만 위한 자가 아니나 하나님은 한
분이시니라
19 Why then the law? It was added because of transgressions, until the
offspring should come to whom the promise had been made, and it was
put in place through angels by an intermediary. 20 Now an intermediary
implies more than one, but God is one.

21 그러면 율법이 하나님의 약속들과 반대되는 것이냐 결코 그럴 수
없느니라 만일 능히 살게 하는 율법을 주셨더라면 의가 반드시 율법
으로 말미암았으리라 22 그러나 성경이 모든 것을 죄 아래에 가두었
으니 이는 예수 그리스도를 믿음으로 말미암는 약속을 믿는 자들에게
주려 함이라

21 Is the law then contrary to the promises of God? Certainly not! For
if a law had been given that could give life, then righteousness would
indeed be by the law. 22 But the Scripture imprisoned everything under
sin, so that the promise by faith in Jesus Christ might be given to those
who believe.

23 믿음이 오기 전에 우리는 율법 아래에 매인 바 되고 계시될 믿음의
때까지 갇혔느니라 24 이같이 율법이 우리를 그리스도께로 인도하는
초등교사가 되어 우리로 하여금 믿음으로 말미암아 의롭다 함을 얻게
하려 함이라 25 믿음이 온 후로는 우리가 초등교사 아래에 있지 아니
하도다 26 너희가 다 믿음으로 말미암아 그리스도 예수 안에서 하나님
의 아들이 되었으니 27 누구든지 그리스도와 합하기 위하여 [3)]세례를
받은 자는 그리스도로 옷 입었느니라 28 너희는 유대인이나 헬라인이
나 종이나 자유인이나 남자나 여자나 다 그리스도 예수 안에서 하나
이니라 29 너희가 그리스도의 것이면 곧 아브라함의 [2)]자손이요 약속
대로 유업을 이을 자니라

23 Now before faith came, we were held captive under the law,
imprisoned until the coming faith would be revealed. 24 So then, the law
was our guardian until Christ came, in order that we might be justified
by faith. 25 But now that faith has come, we are no longer under a
guardian, 26 for in Christ Jesus you are all sons of God, through faith.
27 For as many of you as were baptized into Christ have put on Christ.
28 There is neither Jew nor Greek, there is neither slave[5] nor free, there
is no male and female, for you are all one in Christ Jesus. 29 And if
you are Christ's, then you are Abraham's offspring, heirs according to
promise.

1) 또는 족속 2) 헬, 씨 3) 헬, 또는 침례

1 Or *count righteous*; also verses 11, 24 *2* Or *The one who by faith is righteous will live* *3* Greek *receive the promise of the Spirit* *4* Or *brothers and sisters* *5* For the contextual rendering of the Greek word *doulos*, see Preface

단락 개관

율법이 아닌 믿음이 아브라함의 자손을 규정짓다

바울은 갈라디아서 3:1-5에서 개진한 갈라디아 교인의 성령 체험에 근거한 논증을 이제 성경에 근거한 논증, 곧 모세 율법에 대한 순종이 아니라 믿음이 하나님 백성의 중요한 경계표지라는 논증으로 균형을 맞춘다. 그는 왜 모세의 율법이 아니라 복음에 대한 믿음이 창세기에서 아브라함에게 주신 하나님의 약속을 성취하는지 그 두 가지 이유를 제시한다.

첫째, 하나님은 아브라함에게 그를 통해 열방 내지는 이방인들[에트네(*ethnē*)는 둘 중 하나를 의미할 수 있다]에게 복을 주시겠다고 약속하셨고, 이방인은 이방인으로 남아 있으면서도 복음에 대한 믿음으로 아브라함의 자손이 될 수 있다(갈 3:6-9). 그들이 만일 "율법의 행위"를 택한다면 유대인이 되고, 따라서 열방에 복을 주시겠다는 약속은 성취되지 않은 채 남게 된다.

둘째, 모세의 율법을 통해 생명과 복을 구하면 반드시 율법의 저주를 초래하게 되는 것은 아무도 율법에 완전히 순종할 수 없기 때문이다(10-14절). 그런 방식으로 복과 생명을 받으려면 율법에 대한 완전한 순종이 요구된다. 그래서 성경은 하나님과의 올바른 관계가 율법에 대한 순종이 아니라 그리스도의 속죄의 죽음에 대한 믿음을 통해 온다는 것을 내다본다. 유대인과 이방인 모두 이런 방식으로만 생명을 얻을 수 있고, 그러면 이방인이 아브라함으로부터 받을 것이라고 약속하신 복이 결국 성취된다.

다음으로 바울은 그의 논증에 대한 반론을 예상한다(19-25절). 모세의 율법은 하나님께서 아브라함에게 약속하신 이후에 왔으므로, 어쩌면 하나님이 시내산 언약으로 아브라함과 맺은 언약을 수정하려고 하셨을지 모른다. 그러나 바울은 사람의 언약조차 위반될 수 없다고 지적하고, 하나님께서 아브라함과 언약을 맺으신 만큼 그 조건은 절대로 깨질 수 없다고 한다. 모세의 언약은 하나님께서 아브라함에게 주신 약속, 즉 그에게 셀 수 없는 자손을 주겠다, 그의 자손에게 땅을 주겠다, 그를 통해 열방에 복을 주시겠다는 약속을 수정할 수 없다. 다음으로 바울이 주장하는 바는 이것이다. 율법의 목적은 아브라함의 언약을 수정하는 것이 아니라 하나님께 반역하려는 인간의 성향을 보여주고 그 악하고 예속하는 결과를 분명히 드러내는 한시적인 도구로 사용되는 것이다.

바울은 갈라디아 신자들의 회심으로 되돌아감으로써(참고. 1-5절) 이 논증을 끝낸다. 이번에는 그 회심을 그리스도와의 연합으로, 그 결과를 상호간의 연합으로 묘사한다. 죄성을 가진 인간들이 적대감을 조성하려고 이용한 온갖 경계선들을 가로지르는 연합(26-29절)으로 묘사하는 것이다. 바울은 그들이 그리스도처럼 하나님께서 아브라함을 통해 열방에 주겠다고 약속하신 그 복의 수령자들이라고 주장한다.

단락 개요

III. 바울이 갈라디아에서 복음을 변호하다(2:15-6:10)

C. 바울이 복음이 성경과 일관성이 있음을 보여주다(3:6-5:1)

1. 율법이 아닌 믿음이 아브라함의 자손을 규정짓다(3:6-29)

주석

3:6 문법적으로 보면 이 절은 앞선 수사적 질문의 일부기는 하지만, 논증의 새로운 단락을 시작한다. 이는 29절까지 계속되는 논증을 지배할 아브라함에 대한 언급이 분명히 보여준다.

바울은 갈라디아 신자들의 회심이 모세 율법의 행위와 별개로 일어났지만 성경과 상반되는 방식으로 일어난 것이 아님을 보여준다. 오히려 그들이 믿음으로 하나님 백성이 된 것은 하나님께서 유대 민족의 가장 중요한 족장인 아브라함에게 주신 약속의 성취다.

바울은 갈라디아 신자들의 믿음이 창세기 15:6에 나오는 아브라함의 믿음과 동일하다고 주장함으로써 시작한다. 바울의 인용문이 그 본래 문맥에서는 아브람의 신뢰, 즉 하나님께서 불가능한 듯 보이는 일을 행하시고, 아브람에게 셀 수 없는 자손을 주겠다는 약속을 이루실 것을 믿었음을 묘사한다. '여기다'[로기조마이(*logizomai*), 개정개역은 '정하다']라는 단어는 한 값을 다른 값과 동등하게 여기고, 어떤 것을 다른 것으로 여기는 것을 가리키는 수학적 용어다. 보통은 사람들이 의로운 행위를 의로움으로 여겼지만(참고. 마카베오1서 2:52), 여기서는 하나님께서 그분의 신실하심에 대한 아브람의 의존을 의로움으로 여기신다.

우리는 하나님께서 아브람의 믿음을 의로운 행위로 간주해서 그를 의롭게 여기신 것이 아닐까 생각할지 모른다. 그러나 바울은 방금 믿음은 행위가 아니라고 주장했다(갈 3:2, 5, 참고. 롬 3:27; 4:2, 6; 9:32). 따라서 하나님께서 아브람을 의롭게 여기신 것은 그가 옳은 일을 했기 때문이 아니라 하나의 선물로 그렇게 하신 것이다.

3:7 "그런즉" 만일 하나님께서 아브라함을 오직 믿음으로 의롭게 하셨다면, 그분은 다른 사람들 역시 오직 믿음으로 의롭게 하실 것이다. 그런데 믿음으로 의롭게 된 모든 사람이 아브라함의 자손이 되는 것은 어째서 덜 분명한가? 바울이 8-9절에서 설명하겠지만, 그의 생각을 암시하는 것

은 바울이 창세기 15:6에 나오는 "아브람"이라는 이름을 창세기 17:5에서 하나님께서 주시는 "아브라함"이라는 이름으로 대체하는 장면이다. 거기서 하나님은 이름을 바꾸는 이유가 장차 아브람을 "여러 민족의 아버지"로 만들 것이기 때문이라고 말씀하신다. ESV 난외주가 말하듯이, 아브라함은 '허다한 무리의 아버지'라는 뜻이다. 그러므로 "아브라함"이라는 이름은 이미 하나님께서 어떻게든지 그를 많은 종족의 아버지로 만듦으로써 셀 수 없는 자손을 주겠다는 약속(창 15:5)을 이루실 것을 암시한다.

3:8 바울은 이제 창세기에 여러 번 나오는 약속(12:3; 18:18; 22:18; 26:4, 참고. 28:14)을 사용해서 이 추론을 약간 다른 방식으로 설명한다. 만일 아브라함이라는 인물이 모든 나라들로 복을 받게 할 도구라면, 그 복은 모세 율법의 준수와 별개로 그들의 믿음을 통해 임해야 한다. 모세의 율법을 채택하는 것은 유대인이 되는 것이고, 만일 열방이 유대인처럼 된다면 아브라함은 오직 유대인의 아버지로 남을 뿐 많은 나라의 아버지가 되지 못할 테고, 결국 땅의 모든 나라들이 복을 받게 하는 도구가 되지 못할 것이다(참고. 롬 4:13-17).

3:9 "그러므로"는 8절에 나오는 약속의 결과를 보여준다. 하나님은 아브라함을 통해 이방인에게 복을 주시겠다고 약속하신 만큼 아브라함의 믿음을 닮은 믿음을 가진 이방인에게 복을 주신다. 믿는 이방인은 이방인으로 남으면서도 믿음을 통해 의롭게 되는데, 이는 아브라함이 믿음으로 의롭게 된 것과 같고, 이런 의미에서 '아브라함 안에서'(개정개역은 "아브라함과 함께") 복을 받은 셈이다.

3:10 모세의 율법이, 하나님께서 아브라함을 통해 땅의 모든 나라에 복을 주시는 도구가 될 수 없는 또 하나의 이유가 있다. 그 율법이 아무에게도 복의 근원이 될 수 없는 이유는 그것이 모든 계명을 지키지 못하는 이에게 저주를 선언하기 때문이다(신 27:26, 참고. 신 28:58-59; 레 26:14-16). 아무도

이 기준을 충족할 수 없으므로, 모세의 율법에 대한 순종을 복에 이르는 길로 여기는 것은 사실상 막다른 골목과 다름없다고 바울은 생각한다(참고. 롬 9:30-10:4).

성경을 잘 알고 신명기 27:26의 문맥을 이해하는 바울의 독자라면 누구나 기억하듯이, 그 본문은 순종에 대한 복과 불순종에 대한 저주의 자세한 목록 바로 앞에 나온다. 복의 목록은 짧고 일반적인 반면(신 28:1-14), 저주에 대한 묘사는 이스라엘 역사의 요약처럼 들린다(28:15-68).[47] 하나님의 율법은 쉽게 순종할 수 있는데도 불구하고(30:11-14) 아무도 그 율법에 완전히 순종하지 못했고, 그래서 하나님께서 베푸시는 구원의 자비가 없으면 누구도 율법의 저주를 피할 수 없다.

3:11 하지만 성경의 명백한 뜻에 따르면, 하나님은 사람들로 하여금 율법을 통해 생명을 얻게 하실 의도가 없었다고 바울이 주장한다. 그 대신 성경은 믿음으로 의롭게 된 사람들이 살 것이라는 개념을 지지한다는 것을 보여주려고 하박국 2:4을 인용한다. 바울이 인용하는 본문은 본래 하박국의 불평, 곧 하나님께서 이스라엘보다 더 악한 나라가 침략하게 해서 이스라엘의 불의를 처벌하신다는 불평에 대해 주신 응답의 일부다. 하나님은 "악인이 자기보다 의로운 사람을 삼키는데도 잠잠하[신]"(합 1:13) 것처럼 보인다. 이에 대한 응답으로, 하나님은 하박국에게 하나님의 공의를 현재의 상황으로 판단하지 말고 그분의 일을 끝내시도록 인내하며 기다리라고 권면하신다. 그러면 마침내 "물이 바다를 덮음같이 여호와의 영광을 인정하는 것이 세상에 가득[하게]" 될 것이다(2:14). 의로운 사람은 하나님에 대한 한결같은 믿음으로 살 것이라고 주님이 말씀하신다(2:4).

근본적인 차원에서는, 바울이 그 인용문을 사용하는 의도가 하박국의

47 참고. Bruce, *Galatians*, 158-159.

의도와 동일하다. 둘 다 하나님과 올바른 관계에 있는 사람을 묘사하는데, 그 사람은 하나님께서 미래를 돌보실 것으로 신뢰하기 때문이다. 하지만 바울의 논증에서는 그 인용문이 추가적인 의미를 갖고 있다. 바울은 '살다'라는 용어를, 모세의 율법 안에서 그렇듯이, "사망"과 "저주"의 반대말로 사용하는 것 같다(신 30:19). "의인"이라는 표현은 하나님과 올바른 관계를 맺는 사람을 가리키고, "믿음으로"는 의로운 사람이 어떻게 의롭게 되는지를 묘사하기 위해 "의인"을 수식한다(참고. 갈 2:16; 3:6, 8, 24; 5:5).

즉 바울은 성경의 중요한 한 주제를 요약하기 위해 하박국의 본문을 사용한다(예. 창 15:6; 시 143:2). 아무도 율법을 행하는 것으로는 하나님과 올바른 관계를 맺을 수도, 심판의 날에 닥칠 형벌을 피할 수 없다. 사람이 하나님과 화평한 관계를 맺으려면 율법에 대한 순종이 아닌 다른 길, 곧 오직 하나님께서 은혜롭게 제공하시는 길을 믿음으로써만 가능하고, 그런 의미에서 "살" 수 있다.

3:12 이 논점을 분명히 하기 위해, 바울은 율법 자체를 이용해서 율법이 인생에게 제공하는 유일한 길을 묘사한다. 레위기 18:5은 율법을 행하는 사람들에게 생명을 주지만, 바울이 갈라디아서 2:16과 3:10에서 이미 말했듯이, 아무도 그 생명의 약속을 받을 만큼 율법대로 행할 수 없다. 이는 레위기 자체가 순종에 대해 제시하는 복의 짧고 일반적인 목록(레 26:3-13)과 불순종에 대해 제시하는 저주의 길고 자세하며 예언적인 목록(레 26:14-39)으로 확증하는 사항이다.

3:13 하나님께서 율법에 불순종한 모든 사람에게 임하는 율법의 저주로부터 그들을 구원하시는 대책은 십자가에서 일어난 그리스도의 대속적 죽음이다. 그리스 연사들은 누군가를 노예 상태에서 사들이는 것을 묘사하기 위해 '구속했다'[엑사고라조(*exagorazō*)]라는 용어를 사용했다. 나중에 바울은 그리스도가 율법 아래 있는 자들을 구속했을 때 그들로 하여금 노예 상태를 떠나 아들이 되도록 할 수 있었다고 주장할 것이다(갈 4:4-7).[48] 그러므

로 바울이 여기서 노예 상태를 명시적으로 언급하지는 않지만, 아마 그것을 불순종으로 인한 율법의 사형 선고에 대한 은유로서 염두에 두고 있을 것이다(참고. 롬 1:32).

그리스도는 신자들을 대신하여 율법의 저주를 견딤으로써 그들을 저주로부터 구속하셨다. 십자가에서의 죽음이 그들의 죽음을 대신했다. "하나님이 죄를 알지도 못하신 이를 우리를 대신하여 죄로 삼으신 것은 우리로 하여금 그 안에서 하나님의 의가 되게 하려 하심이라"(고후 5:21).

바울은 자기 입장을 뒷받침하기 위해 모세 율법의 한 본문, 곧 나무에 달린 자는 하나님께 저주를 받았다고 묘사하는 본문(신 21:23)을 인용한다. 그 본래의 문맥을 보면, 신명기 21:23은 죽은 몸을 나무[히브리어로 에츠(*'ets*); 헬라어로 크쉴론(*xylon*)]에 매달아서 노출시키는 것을 가리킨다. 이 율법은 처형된 죄수의 시체를 노출시키는 고대 근동의 관습을 묘사하는 듯 보인다(예. 창 40:19; 에 5:14). 하나님의 저주는 한 사람의 죽은 몸에 머물지 않고, 그 사람이 지은 죄 때문에 살아 있는 사람에게 머물러 있다.

처형된 죄수의 노출된 몸은 나무에 오랫동안 걸어놓으면 안 되었다(신 21:23; 수 10:27). 땅이 더럽혀지기 때문이다. 하나님께서 그분의 백성에게 땅을 주신 것은 행복하고 만족스러운 삶을 영위하게 하려는 것인데, 하나님에 대한 반역, 형벌 그리고 죄수의 부끄러운 노출은 인간이 그 이상에서 얼마나 멀리 탈선했는지를 입증했다. 죽은 몸의 노출과 땅의 오염을 피하기 위한 빠른 처치는 이런 신학적 진리를 입증한다.[49]

십자가 처형은 그런 관습과 달랐다. 왜냐하면 죄수가 노출과 출혈, 질식과 신체적 트라우마로 죽기 전에 산 채로 십자가에 매달려 있었기 때문이다. 하지만 1세기 유대 그리스도인들은 십자가 처형과 높은 나무 위에 죽

48 LSJ, s.v. ἐξαγοράζω.

49 J. G. McConville, *Deuteronomy*, ApOTC 5 (Downers Grove, IL: IVP Academic, 2002), 332-333. 《AOTC 신명기》(부흥과개혁사).

은 죄수의 몸이 노출된 모습 간의 유사점을 놓치지 않았다. 그들은 종종 예수의 십자가 처형을 나무에 매달린 모습으로 말하곤 했다(크쉘론, 행 5:30; 10:39; 13:29; 벧전 2:24). 즉 바울이 예수의 십자가 죽음을 처형된 죄수에 대한 율법의 저주 또는 예수 죽음의 대속적인 성격과 연관시킨 최초의 인물이었을 가능성은 거의 없다. 만일 예수가 자기의 죄 때문에 죽지 않았다면(눅 23:4, 14-15, 22, 41, 47), 그분은 다른 이들을 대신해서 또 그들을 위해 율법이 내린 죽음의 형벌을 당했던 것이 틀림없다(예. 막 10:45; 벧전 2:22-24).

3:14 바울은 이제 한 바퀴 돌아서 주된 주장으로 돌아간다. 의롭게 되고 아브라함의 가족 및 하나님 백성의 일원이 되는 것은 복음 메시지를 믿는 (이방인을 포함한) 모든 사람에게 주어진다(6절)는 주장이다. 7-13절에 나오는 그의 논증은 두 단계로 진행되었다.

첫째, 아브라함을 통해 열방에 복을 주시겠다는 하나님의 약속은 이방인들이 믿음으로 하나님의 백성에 포함되는 경우에만 성취될 수 있었다. 율법으로 포함시키는 것은 그들을 유대인으로 만들 테고, 따라서 그들은 더 이상 그 약속의 대상인 '열방'이 아님을 바울이 보여주었다(7-9절). 둘째, 율법을 지킴으로써 생명을 구하는 일은 어쨌든 유대인과 이방인 모두에게 막다른 골목과 같다는 것을 논증했다(10-14절). 아무도 모든 율법에 순종할 수 없기 때문에 그런 수단으로는 복이 아니라 저주만 임할 뿐이다(10, 12절). 이 곤경에서 벗어나는 유일한 길은 예수의 대속적인 죽음, 즉 율법의 저주를 받을 필요가 없는데도 마땅히 받아야 할 사람들을 위해 그 저주를 받아들인 속죄의 죽음을 통과하는 것이다(11, 13절).

이제 14절에서 바울은 하나님께서 왜 역사를 이런 식으로 기획하셨는지 설명하면서 두 가지 이유를 제시한다.

첫째, 하나님은 아브라함 안에서 "모든 이방인"에게 복을 주겠다고 하신 약속을 성취하기 위해 이 일을 행하셨다(3:8, 참고. 창 12:3; 17:5; 18:18). 둘째, 하나님은 이스라엘에게, 그리고 장차 이스라엘이 회복될 때 모든 민족에게 그분의 영을 부어주겠다는 약속을 성취하기 위해 이 일을 행하셨다

(갈 3:2-3, 5; 겔 36:26-27; 37:1-14, 욜 2:28-29). 여기서 "우리"는 3:1-5에 나오는 갈라디아 신자들처럼 복음에 대한 믿음으로 성령을 받는 사람들 가운데 바울 자신과 다른 유대 그리스도인들을 포함한다.

3:15 "형제들"[아델포이(*adelphoi*)]이라는 단어는, 다른 곳에서 그러듯이(예. 갈 6:1), 새로운 대목(15-18절)이 시작된다는 신호다. 바울의 새로운 논점은 하나님께서 아브라함에게 주신 언약적 약속이 그리스도 안에서 성취되었고, 모세의 언약보다 우위에 있다는 것이다.

성경외적 헬라어에서는 "언약"[디아테케(*diathēkē*)]으로 번역된 용어가 '유언'을 의미하는 경우가 가장 많다. 하지만 이 의미가 바울의 논증에 들어맞지 않는 것은, 유언장을 만든 사람은 그것이 비준된 뒤에도 바꿀 수 있기 때문이다.

그래서 바울이 말하는 "언약"은 70인역과 바울의 편지 다른 곳에서 줄곧 가리키는 의미를 지닐 가능성이 많다. 사람들 간의 언약은 하나님께 호소하는 맹세로 봉인되었고 따라서 위반될 수 없었다. 심지어 언약의 한쪽 편이 동의를 얻으려고 거짓말을 했더라도 마찬가지였다(수 9:15, 19-20).[50] 바울은 성경에 나오는 그런 많은 인간 언약들에 대해 친숙했을 것이다(예. 창 21:27-32; 31:44; 삼상 18:3).[51] 따라서 그런 인간 언약의 위반될 수 없는 성격과 하나님이 당사자인 언약의 더욱 위반될 수 없는 성격을 비교하기 시작한다. 하나님께서 아브라함과 맺으신 언약은 바로 그런 언약이었다.

3:16 바울은 이 언약을 '아브라함과 그 자손에게 한 약속들'로 묘사한다. 하나님께서 창세기 내러티브에서 아브라함에게 많은 약속을 하시지만, 그 모든 약속은 2개의 기본 약속과 직접적인 관계가 있다. 아브라함과 그의

50 Scott W. Hahn, "Covenant, Oath, and the Aqedah, Διαθήκη in Galatians 3:15-18," *CBQ* 67 (2005): 84.

51 같은 글, 83.

자손이 "땅"을 받을 것이라는 약속과 많은 나라들에 복이 주어지는 도구가 될 것이라는 약속이다(창 12:7; 13:15; 15:18; 17:8; 21:15-18).

70인역에서는 "땅"과 관련해 아브라함과 그 자손에게 주신 약속이 '세계'를 포함하는 것으로 해석될 수 있다. 헬라어 단어 '게'(*gē*)가 전자와 후자 모두의 뜻을 포함하기 때문이다. 바울은 하나님께서 아브라함에게 그분의 언약적 약속을 주신 것을, 아브라함과 그 자손을 통해 지구상의 모든 나라와 온 세계에 복을 주시겠다고 약속하신 것으로 이해하는 듯하다.[52]

이어서 바울은 한 걸음 더 나아가 "자손"이라는 용어가 복수가 아니라 단수라고 말한다. "자손"으로 번역된 헬라어 단어[스페르마(*sperma*)]는 '씨앗'을 의미한다. 이 단어는 많은 씨앗(예. "그는 들판에 씨앗을 심었다") 혹은 단 하나의 씨앗을 가리킬 수 있고, 그 단일한 씨앗은 복수로 묘사될 수 있다(예. "그는 들판에 씨앗들을 심었다"). 창세기 내러티브는 그 용어를 집합적 의미에서 사용하는 듯 보이지만, 바울은 그것이 단수라고 말하면서 단일한 인물인 그리스도를 예시한다고 믿는다.

이 진술의 온전한 의미가 여기서는 분명하지 않지만, 나중에(갈 3:29) 바울이 단일한 인물인 그리스도는 사실상 단일한 인물 이상이라고 말할 것이다. 그리스도인이 믿음으로 그분과 연합되어 있기 때문에 그분은 모든 하나님의 백성을 대표한다. 따라서 ("자손"이라는 의미에서) '씨앗'이 지닌 단수적 및 집합적 의미는 그리스도가 씨앗이라는 말의 이중적 의미를 표현한다. 하지만 현재로서는 바울이 아브라함에게 주신 약속의 성취와 그리스도를 연결하려고 이런 주장을 하는 것으로 만족한다.

3:17 바울은 앞의 주장이 치밀하고 어렵다는 것을 알고 그의 요점을 명백하게 진술한다("내가 이것을 말하노니"). 모세의 율법, 곧 하나님께서 아브라함과 언약을 맺은 지 오랜 후 시내산에서 이스라엘에게 주신 그 율법은 아

52 참고. Das, *Galatians*, 350.

브라함의 언약을 무효로 만들 수 없었다. 만일 하나님께 대한 맹세로 맺은 사람의 언약이 위반될 수 없다면(3:15), 하나님을 당사자로 삼고 그분과 맺은 언약은 얼마나 더 그렇겠는가! 그래서 갈라디아의 거짓 교사들은 하나님께서 아브라함과 맺은 다민족적이고 범세계적인 언약을 하나님께서 모세 율법을 통해 이스라엘과 맺으신 인종적이고 민족적인 언약에 종속시킬 수 없는 것이다. 아브라함의 언약이 먼저 맺어진 만큼 훗날의 어떤 언약도 그것을 무효로 만들 수 없다.

3:18 바울은 이제 모세 율법의 지속적 타당성이, 아브라함에게 주신 하나님의 약속을 폐기할 수 없는 이유를 설명한다. 그가 "유업"이라는 단어를 사용하는 것을 보면 앞의 7-9절에서 제기된 질문을 잊지 않았음을 알 수 있다. "누가 아브라함의 자손인가?" 또는 창세기 내러티브를 인용하면, "누가 아브라함의 상속자가 될 것인가?"와 "아브라함은 이 땅을 유산으로 받을 것인가?"(창 15:4, 8)라는 질문이다. 아브라함과 그의 씨앗에게 주신 약속, 즉 아브라함이 땅을 유산으로 받고 그들을 통해 많은 나라가 복을 받을 것이라는 약속은 인종 중심적인 모세의 율법을 통해서는 이루어질 수 없다. 만일 이방인이 모세의 율법을 채택하도록 강요당한다면, 그들은 유대인이 되고 아브라함의 복은 열방으로 흘러가지 못한다(갈 3:14).

3:19-20 이는 자연스럽게 "그러면 하나님께서 왜 율법을 주셨는가?"하는 질문을 제기한다. 율법은 아브라함 언약의 목적과는 질적으로 다른 별도의 한시적 목적을 갖고 있었다는 것이 바울의 답변이다.

바울은 이 점을 세 단계로 설명한다.

첫째, 율법은 '범죄들 때문에' 덧붙여주신 것이라고 한다. 율법이 하나님의 뜻을 명백하게 또 구체적으로 만들어서 그 뜻을 위반하는 것이 터무니없는 잘못임을 부각시킨다는 뜻이다. 달리 말하면, 율법은 인간들이 하나님을 향해 얼마나 반역적인 존재인지를 입증했다는 것이다(참고. 롬 3:20; 5:20; 7:5, 7, 13; 고후 3:7).

둘째, 율법은 그 "자손"이 올 때까지만 하나님의 백성을 다스렸다. 바울이 이미 갈라디아서 3:16에서 말했듯이, 그리스도가 이 "자손"이다.

셋째, 하나님께서 율법을 주실 때 천사들을 중개자로 삼으신 것은 율법의 한시적이고 종속적인 성격을 확증한다. 천사들의 중개(참고. 신 33:2; 행 7:38, 53; 히 2:2)가 어째서 이 점을 입증하는지는 분명치 않다. 바울이 마음속으로 복음으로 인한 하나님께 직접 나아감(고후 3:16-18, 엡 2:18, 참고. 롬 5:2)과 율법으로 드러나는 죄로 인한 하나님과 인간 사이의 거리감(고후 3:7-8, 12-13; 히 12:18-21)을 비교하고 있을지 모른다.

이에 덧붙여 바울이 천사들의 중개와 하나님의 하나 됨(갈 3:20)을 거론한 이유는 애매모호하다. 하지만 이런 뜻일 수 있다. 하나님께서 아브라함에게 주신 약속이 복음을 통해 성취될 때(특히 복음이 이방인들에게 전파될 때)의 주변 상황이 율법이 주어질 때보다 오직 한 하나님, 모든 사물과 사람의 창조주가 계시다는 것을 더 잘 입증한다는 뜻(참고. 롬 3:29-30).

3:21-22 율법을 주실 때 천사들이 개입했다고 해서 율법이 하나님이 아니라 천사들로부터 왔다는 뜻은 아니다. 또한 율법이 아브라함의 언약 및 그 성취와 어긋나게 작동한다는 뜻도 아니다. 율법은 거짓말하지 않는다. 율법은 하나님의 뜻을 담고 있고, 만일 사람들이 율법을 지킬 수 있다면 하나님은 그들이 하나님과 올바른 관계에 있다고 인정하실 테고 그것을 기반으로 생명을 주실 것이다. 그러나 이것이 율법의 목적이 아니다. 오히려 하나님의 의도는 율법이 모든 것을 죄 아래 가둠으로써 아브라함의 언약을 뒷받침하는 것이었다.

바울이 "율법"을 거론하다가 "성경"을 거론하는데, 이는 성경이 한결같이 그러듯이 율법이 하나님의 말씀이고 그분의 뜻을 표현한다는 점을 강조하기 위해서일 것이다. 율법 아래 가둬졌다는 표현은 그의 확신, 즉 죄 많은 사람이 성령의 능력과 별개로 율법을 만날 때는 죄와 율법이 합해져 하나님께 대한 반역을 더 많이 일으킨다는 확신에서 나온다(롬 5:20; 7:5-6, 8-11, 21-23). 바울은 지금 아담이 하나님의 계명을 만난 것(5:15-21) 또는 그 자신이 회심하기 전에 율법에 대한 열정으로 하나님을 순종하지 않고 교회를 박해했던 모습을 생각할지도 모른다(갈 1:13-14; 빌 3:6).

하지만 하나님의 뜻과 죄 많은 인간의 만남은 아브라함과 맺은 언약이 복음을 믿는 사람들을 통해 성취되는 하나님의 목적을 이룬다. 왜냐하면 그것은 율법을 지킴으로써 의로움과 생명을 얻으려는 모든 시도가 헛되다는 것을 너무도 분명하게 입증하기 때문이다. 바울이 로마서 7:13에서 말하듯이, 죄가 선한 것(하나님의 계명)을 도구로 삼아 인간을 죽게 만든 것은 "죄를 죄로 드러나게"(새번역) 하고 "죄를 극도로 죄답게 되게"(새번역) 하기 위해서다.

3:23-25 바울은 그리스-로마의 일상생활에서 예화를 끌어와서 21-22절의 논점을 되풀이한다. "초등교사"[파이다고고스(*paidagōgos*), 후견인]는 부유한 가족이 자기네 자녀를 돌보게 했던 종, 자녀에게 기본적인 교육과 도덕적 지침을 제공하고 특히 그들을 위험으로부터 보호하게 했던 종이다. 일부 자녀들은 훗날 후견인에게 고마움을 표시하기도 했으나, 그 교사들은 문학과 예술 작품에서 종종 늙고 신경질적이며 가혹한 인물로 나오기도 한다. 바울은 율법이 신자들을 포로로 붙잡고 가두는 맥락에서(23절) 말하고 있는 만큼, 후견인의 한시적인 역할뿐만 아니라 이 흔한 인물의 부정적인 모습을 염두에 두고 있을 것이다.[53]

그렇다면 바울의 논점은, 21-22절에 나온 것과 같이, 아브라함에게 주신 하나님의 약속이 이신칭의(믿음으로 의롭게 되는 것)의 복음을 통해 성취되는 길을 율법이 예비했다는 것이다. 율법은 인간의 본성에 죄의 물결이 얼마나 깊이 흐르는지, 그리고 율법으로 생명을 얻으려는 것이 얼마나 헛된 일인지를 증명했다. 이것이 하나님께서 의도하신 율법의 역할이고, 율법은

53 Norman H. Young, "*Paidagogos*: The Social Setting of a Pauline Metaphor," *NovT* 29/2(1987): 151-169.

그것을 훌륭하게 수행했다. 그러나 자녀가 성장하면서 늙고 엄격한 후견인의 돌봄이 불필요해지듯이, 복음을 받아들인 사람들은 율법이 필요 없을 만큼 성숙해진다.[54] 그들은 또한 인간을 죄의 노예로 삼는 죄 많은 본성과 율법 간의 극심한 충돌도 피하게 된다.

3장

3:26 이 단락의 초반부(1-5절) 이후 처음으로, 바울이 논증의 실질적 결과를 깨닫게 하려고 다시금 갈라디아 신자들("너희")에게 직접 눈길을 돌린다. 갈라디아의 이방인 신자들이 더 이상 율법 아래 있지 않은 것은 그들이 "다 믿음으로 말미암아…하나님의 아들이 되었[기]" 때문이다(26절). 그들은 아브라함의 아들(3:7)일 뿐만 아니라 하나님의 아들(1:16)인 그리스도와의 연합을 통해 하나님의 아들이 되었다. 이스라엘 백성은 때때로 성경에서 하나님의 은유적인 "자식"(예. 사 1:2) 또는 집합적으로 그분의 "아들"(예. 출 4:22)로 나온다.[55] 그래서 바울은 갈라디아 신자들을 "하나님의 아들"로 부름으로써 그들의 신분이 모세의 율법과는 별개로 하나님 백성의 정식 멤버임을 강조한다(참고. 갈 4:1-7).

3:27-29 갈라디아 신자들이 "그리스도 예수 안에" 있고 "하나님의 아들"(3:26)인 이유는 그들이 복음을 듣고 믿었을 때 그리스도와의 연합했기 때문이다. '세례를 받다'[밥티조(*baptizō*)]라는 단어는 '담그다'(예, 왕하 5:14, 70인역), '의례적으로 씻다'(막 7:4; 유딧 12:7; 집회서 34:25) 또는 '완전히 잠그다'(예. Josephus, *Jewish Antiquities* 15.55)라는 뜻이다. 이 단어가 여기서 문자적으로 기독교의 세례 의식을 가리킬 가능성이 있으나, 바울의 주된 관심사는 갈라디아 신자들이 은유적으로 '그리스도 안에' 잠기는 것에 있다. 이어서

54 다음 책에서 "후견인"과 아기 돌보는 사람 간의 유사점을 보라. Thomas R. Schreiner, *Galatians*, ZECNT (Grand Rapids, MI: Zondervan, 2010), 248. 《강해로 푸는 갈라디아서》(디모데).

55 Dunn, *Galatians*, 202.

바울은 "그리스도를 옷으로 입[었다]"(새번역)고 설명함으로써 이런 뜻을 분명히 나타낸다. 그들은 그리스도의 속죄의 죽음에 관한 복음을 "믿음"으로써(갈 3:26) 그리스도와 연합한 것이다.

그리스도와의 연합은 그들을 새로운 사람으로 만들고, 바울은 이를 나중에 '새로운 창조'(6:15, 참고. 고후 5:17)라고 부를 것이다. 인간의 불평등과 사회적 분열을 조장했던 옛 범주들이 신자들에게서는 해체되고 만다(참고. 엡 2:13-18).

그리스도와의 연합은 또한 갈라디아 신자들을 아브라함의 "자손" 내지는 '씨앗'으로 만들기도 한다. 그리스도가 아브라함의 "자손"이고(갈 3:16) 그들은 그분과 하나이기 때문이다. 이는 그들이 하나님의 아들(3:26)일 뿐 아니라 아브라함의 아들(3:7)이기도 하다는 뜻이다. 이는 그들을, 하나님께서 아브라함과 그의 자손에게 '세계'를 유산으로 받을 것이라고 하신 그 약속의 상속자들로 만든다(창 12:7; 13:15; 15:18; 17:8).

응답

이 단락은 다양한 문화를 가진 세계가 하나님께 얼마나 중요한지를 상기시키고, 나아가 범세계적인 복음 전파를 촉구한다. 바울에 따르면, 하나님께서 아브라함과 맺으신 위반될 수 없는 언약은 그와 그의 자손을 모두 포함한다(갈 3:14). 또한 아브라함의 자손은 그리스도(16절) 및 믿음으로 그분과 연합된 사람들(29절) 모두로 판명된다. 그 "약속들"은 장차 아브라함이 수많은 자손들을 갖게 되고 그의 자손이 땅을(또는 16절 주석에 나오듯이 '세계'를) 유산으로 받게 된다는 것이다(창 15:5, 18). 바울은 교회의 운명이 언젠가 새로운 창조 세계에 거할 새로운 인류의 다민족적이고 다문화적인 공동체에 있다고 말하는 듯하다.

바울이 갈라디아의 사태로 경각심을 갖게 되었듯이, 많은 나라 출신의 다양한 사람들이 교회를 이루는 것은 단지 마지막 날에만 나타날 모습이 아니다. 하나님은 교회가 현재 이런 모습을 보여주기 원하신다. 이런 일은 교회가 복음을 들고 다양한 종족들과 문화로 나가서 그들을 하나님의 백성으로 영접할 때에만 일어날 수 있다.

따라서 아브라함의 자손이 수많은 다민족 사람들을 포함할 것이라는 바울의 주장에는 교회에게 열방을 복음화하라는 요청이 내재되어 있다. 이런 요청은 예수님의 대위임령(마 28:18-20)으로 시작된 것이 아니다. 오히려 그 위임령은 성경에 줄곧 나오는 하나님의 중요한 관심사를 요약한다. 그 위임령이 창세기 내러티브의 '모든 민족'(창 18:18; 22:18, 참고. 26:4)이라는 어구를 반영하듯이, 하나님께서 아브라함에게 주신 약속의 성취를 위해 선택하신 도구는 바로 보편 교회다. 보편 교회가 행하는 복음 전파의 뒷면은 개별적인 교회들이 하나님께서 복음을 통해 평화롭게 살도록 부르시는 다양한 인간들에게 복음을 증언하는 것이다. 우리의 지역 교회는 문화적 기원, 젠더 또는 사회경제적 신분의 차이가 더 이상 공개적인 적대감이나 은밀한 인종 차별의 플랫폼이 되게 해서는 안 된다. 오히려 교회는 모든 인간의 평등성과 복음이 만들어내는 연합과 평화를 증언하는 곳이 되어야 한다(갈 3:28).

이 단락은 또한 인간의 심각한 죄와 더불어 하나님께서 그 아들의 죽음을 통해 인류로 하여금 죄를 극복하도록 하신 값비싼 대책을 다룬다. 3:10-13에서 바울은 이방인이든 유대인이든 모세 율법을 지키는 것이 의로움, 생명 또는 아브라함의 가족으로 가는 길이 될 수 없는 것은 아무도 율법을 완전히 지킬 수 없기 때문이라고 설명한다. 율법의 목적은 인간의 죄성과 인간 스스로 하나님께 대한 반역을 치료할 능력이 없음을 증명하는 것이었다(엡 3:19-25). 율법이 인류에게 정당하게 선언한 저주에 대한 유일한 해결책은 그리스도의 대속적 죽음이며, 이는 율법의 저주를 삼키고 그분의 백성을 죄의 노예 상태에서 구출한 죽음이다(갈 3:13).

이 단락을 읽을 때 우리는 하나님께서 십자가에서 우리를 위해 이루신 일로 인해 감사해야 마땅하다. 아울러 죄로부터의 구원은 우리가 스스로 행하는 일이 아니라 하나님께서 이미 우리를 위해 그리스도의 죽음을 통해 이루신 일임을 상기해야 한다. 성령(1-5, 14절)과 그리스도와의 연합(27절) 역시 신자가 죄의 능력을 이기도록 돕는 데 그 나름의 역할이 있지만, 그리스도의 죽음이 죄에 대한 율법의 형벌을 지불했고 신자와 하나님과의 화평한 관계를 이루었다.

Galatians
갈라디아서
4:1-11

4장

¹ 내가 또 말하노니 유업을 이을 자가 모든 것의 주인이나 어렸을 동
안에는 종과 다름이 없어서 ² 그 아버지가 정한 때까지 후견인과 청지
기 아래에 있나니 ³ 이와 같이 우리도 어렸을 때에 이 세상의 1)초등학
문 아래에 있어서 종노릇 하였더니 ⁴ 때가 차매 하나님이 그 아들을
보내사 여자에게서 나게 하시고 율법 아래에 나게 하신 것은 ⁵ 율법
아래에 있는 자들을 속량하시고 우리로 아들의 명분을 얻게 하려 하
심이라 ⁶ 너희가 아들이므로 하나님이 그 아들의 영을 우리 마음 가운
데 보내사 아빠 아버지라 부르게 하셨느니라 ⁷ 그러므로 네가 이 후로
는 종이 아니요 아들이니 아들이면 하나님으로 말미암아 유업을 받을
자니라

1 I mean that the heir, as long as he is a child, is no different from a
slave,[1] though he is the owner of everything, 2 but he is under guardians
and managers until the date set by his father. 3 In the same way we also,
when we were children, were enslaved to the elementary principles[2] of
the world. 4 But when the fullness of time had come, God sent forth his
Son, born of woman, born under the law, 5 to redeem those who were

under the law, so that we might receive adoption as sons. 6 And because
you are sons, God has sent the Spirit of his Son into our hearts, crying,
"Abba! Father!" 7 So you are no longer a slave, but a son, and if a son,
then an heir through God.

8 그러나 너희가 그때에는 하나님을 알지 못하여 본질상 하나님이 아
닌 자들에게 종노릇 하였더니 9 이제는 너희가 하나님을 알 뿐 아니라
더욱이 하나님이 아신 바 되었거늘 어찌하여 다시 약하고 천박한 초
등학문으로 돌아가서 다시 그들에게 종노릇 하려 하느냐 10 너희가 날
과 달과 절기와 해를 삼가 지키니 11 내가 너희를 위하여 수고한 것이
헛될까 두려워하노라

8 Formerly, when you did not know God, you were enslaved to those
that by nature are not gods. 9 But now that you have come to know
God, or rather to be known by God, how can you turn back again to
the weak and worthless elementary principles of the world, whose
slaves you want to be once more? 10 You observe days and months and
seasons and years! 11 I am afraid I may have labored over you in vain.

1) 헬, 스토이케이아. 고대의 우주관과 운명론 등

1 For the contextual rendering of the Greek word *doulos*, see Preface; also verse 7
2 Or *elemental spirits*; also verse 9

단락 개관

신자는 하나님의 양자다

바울은 갈라디아 신자들이 모세의 율법 아래 들어오지 않고도 이미 아브

라함의 아들(3:7)과 자손(3:29)이라는 견해를 피력했다. 그리고 3:26에서 말했듯이, 그들은 또한 "하나님의 아들"인데, 이는 이스라엘이 하나님의 백성으로서 그분의 아들(출 4:22-23; 호 11:1)이라는 성경적 주제를 반영한다. 바울은 아브라함에게 많은 자손을 주시고, 그를 통해 열방에 복을 주시고, 그의 상속자들에게 땅을 주시겠다는 하나님의 약속과, 갈라디아 신자들이 이방인으로서 하나님의 백성이 된 것은 직접적인 관계가 있다고 주장한다. 그들이 곧 아브라함이 받은 약속을 성취하는 수많은 자손, 복받은 나라 그리고 땅의 상속인이다. 하나님께서 율법을 주신 것은 이런 약속이나 성취와 경쟁하게 하기 위해서가 아니라 유대인을 포함해 모든 사람이 죄인이고 그리스도를 믿을 필요가 있음을 보여주기 위해서다.

이 새로운 단락에서 바울은 갈라디아서 3:15-29의 요점을 다시 설명하고(4:1-7) 이 점을 구체적으로 갈라디아의 상황에 적용할 것이다(8-11절). 그들이 시계를 거꾸로 돌려 모세의 율법이 하나님의 백성을 규정짓고 다스렸던 한시적 기간으로 되돌아가려 한다면, 이는 자신의 회심을 무의미하게 여기고(11절, 참고. 2:21; 3:4), 다시금 불순종에 대한 율법의 저주 "아래" 고생하는 것에 만족한다는 뜻이다. 모세의 율법 "아래" 있는 상황은 그들이 복음을 믿기 전에 따랐던 우상의 종교 "아래" 있던 상황과 다를 바가 없기 때문이다(4:2-3, 9-10).

단락 개요

III. 바울이 갈라디아에서 복음을 변호하다(2:15-6:10)
　C. 바울이 복음이 성경과 일관성이 있음을 보여주다(3:6-5:1)
　　2. 신자는 하나님의 양자다(4:1-11)

주석

4:1-2 "내가…말하노니"는 바울이 이제 모세의 율법과 하나님께서 아브라함에게 주신 약속 간의 일시적 관계와 관련해 3:15-29에서 개진한 논점을 다시 설명하겠다는 것이다. 예수님이 비유를 들 때 종종 과장법을 사용하셨듯이, 바울도 여기서 과장법을 사용한다. 로마 세계에서는 큰 사유지의 어린 상속자와 그들의 종 사이에 뚜렷한 차이가 있었으나, 바울은 양쪽 모두 자유가 없는 것을 부각시킴으로써 자신의 논점을 강조한다.

여기서 "후견인"[에피트로포스(*epitropos*)]이란 왕좌의 정당한 상속자가 성숙한 시기에 이를 때까지 정부를 운영하는 책임을 맡은 성인을 말한다(Herodotus, *Histories* 9.10; Philo, *On Dreams* 1.107).[56] "청지기"[오이코노모스(*oikonomos*)]는 보통 큰 사유지의 행정 담당자로서 종종 다른 종들의 노동을 감독한 종이었다(눅 12:42; 16:1, 3).[57] "정한 때"[프로테스미아(*prothesmia*)]라는 표현은 세금을 지불하기로 정한 날과 같이 미리 정한 때를 가리키고, 종종 법적인 함의를 지닌다(Josephus, *Jewish Antiquities* 12.201).[58]

바울이 이 세 가지 용어를 사용하는 이유가 있다. 잘 알려진 특정한 법적 관습을 언급하기 위해서가 아니라, 큰 사유지의 상속자가 다른 사람의 권위 아래 살다가 마침내 공식적으로 정한 때가 되면 자유를 얻어서 그 사유지를 주관하게 되는 그림을 그리기 위해서다. 그런 어린 상속자가 "후견인과 청지기 아래에[휘포(*hypo*)]" 있었던 것처럼, 그리스도인은 그리스도의 때가 이르기 전에 "후견인"(파이다고고스, 갈 3:25)과 "율법 아래에(휘포)"(3:23) 있었던 것이다(참고. 4:4a).

56 BDAG, s.v. ἐπίτροπος.

57 BDAG, s.v. οἰκόνομος; LSJ, s.v. οἰκόνομος.

58 BDAG, s.v. προθεσμία.

4:3 바울은 이제 이 예시를 그 자신과 갈라디아 그리스도인 모두("우리")에게 적용한다("이와 같이"). 한때는 그들 모두가 1-2절의 예시에 나오는 어린 종에 해당했다. 바울은 그들의 상태를 "이 세상의 초등학문(the elementary principles of the world) 아래에 있어서 종노릇" 한 것으로 묘사한다. 바울은 죄와 율법 그리고 율법에 불순종하는 이들에 대한 저주 간의 연계성을 묘사하기 위해 노예 상태 및 노예 상태에서의 구속 이미지를 사용한다. 그래서 5절에서 그리스도가 사람들을 율법이 그 교훈을 위반하는 이들에게 선언하는 저주로부터 구속하시는 것을 묘사하기 위해, 3:13에서 썼던 "구속하다"(엑사고라조)라는 동사를 사용해 하나님께서 "율법 아래에 있는 자들을 속량하[려고]" 그 아들을 보내셨다고 말한다. 3:13 주석이 언급하듯이, 그리스 연사들은 사람늘이 노예 상태에서 사는 것을 설명하기 위헤 이 동사를 사용했다. 따라서 율법의 노예가 된다는 것은 율법이 그것을 위반하는 이들에게 내리는 정당한 사형 선고 아래에 있다는 것이다.

그런데 여기서 바울은 율법의 노예 상태가 아니라 "이 세상의 초등학문"에 '대한' 노예 상태, 보다 문자적으로 그 "아래"(휘포) 있는 것에 대해 말한다. 이 어구의 뜻은 모호하지만 바울의 요점을 이해할 수 있을 만큼 명료하다. 바울이 4:8-10에서 '원소들'(elements, 개역개정은 "초등학문")이라는 단어를 사용하고 골로새서 2:20에서 다시 이 어구를 사용하는 것을 감안하면, 이 표현은 비기독교적인 의례 행습과 밀접한 관계가 있는 듯하다. 그리스 연사들은 '원소들'[스토이케이아(*stoicheia*)]로 번역된 용어를 이 세계를 구성하는 기본 요소들을 가리키는 데 사용했다.[59] 고대에는 그 요소들을 흙과 물, 바람과 불로 생각했고(Diogenes Laertius, *Lives of Eminent Philosophers* 7.137), 때로는 이런 요소들이 예배의 대상이었다. 바울과 비슷한 시대에 살았던 유대인 철학자 필로(Philo)는 사람들이 불을 헤파이스토스 신, 바람을 헤라 신, 물을 포세이돈 신, 흙을 데메테르 신과 연관을 지었다고 썼다(*On the*

59 BDAG, s.v. στοιχεῖον.

Contemplative Life 3). 따라서 바울은 우상숭배 아래서의 노예 상태를 율법이 죽음으로 정죄하고 저주하는 죄악된 행위의 일차적인 예로 드는 것 같다.

그런데 바울은 왜 유대인 그리스도인들("우리")도 복음을 믿기 전에는 이런 상태에 있었다고 말하는가? 그리스도가 오시기 전 모세의 율법에 따라 살았던 유대인은 하나님께서 원하시는 것만 행했지만 그럼에도 율법 전체를 지킬 수 없었다(갈 3:10-13). 바울이 이미 2:16에서 말했듯이, "율법의 행위로써는 의롭다 함을 얻을 육체가 없[다]"는 것을 알았기 때문이다(참고. 시 143:2). 이방의 우상 숭배자들처럼 그들 역시 율법의 저주 아래 있었기에 난치병 같은 은유적 노예 상태에서 구속될 필요가 있었다. 바울은 지금 모세 율법의 준수와 이방의 우상숭배를 동일시하는 것이 아니라, 모세의 율법과 이방 종교 모두 사람을 죄에서 구출할 수 없는 양자의 무능력을 동일시하고 있는 것이다.

4:4 "때가 차매"는 4:1-2의 예시에 나오는 "아버지가 정한 때"에 해당한다. 세상이 그 역사상 딱 맞는 시점에 이르렀을 때(참고. 롬 5:6) 하나님께서 "그 아들을 보내[셨다]." 이 진술은 하나님의 아들이 성육신 이전에 존재했음을 암시하고, 모든 신자가 "하나님의 아들들"이지만(갈 3:26) 그리스도는 영원한, 유례없는 의미에서 하나님의 아들임을 밝힌다.

나아가 하나님의 아들이 인간의 육체를 입었을 때, 그분은 모든 인간("여자에게서 나게")과 특히 유대인("율법 아래에 나게") 둘 다와 동일시되었다. 그분이 율법 아래에 태어났다는 것은 마땅히 율법의 저주를 받아야 했다는 뜻이 아니라 율법의 저주를 '경험했다'는 뜻이다(참고. 3:13). 이는 율법이 경고했고 또 하나님에 대한 반역이 초래했던 불의한 세상에서 사는 것을 포함한다(레 26:14-39; 신 28:15-68).

4:5 하나님께서 그 아들을 보내신 목적은 "율법 아래에" 있는 사람들을 구원하시기 위해서다. 다시금 이 어구는, 3:13의 표현('속량하다')을 반영한 것이 보여주듯 율법의 저주 아래 존재하는 것을 가리킨다. 바울은 '율법에

따라 사는 삶'이라는 유대인의 표현을 사용할 뿐만 아니라 시편 143:2의 말씀("주의 눈앞에는 의로운 인생이 하나도 없나이다")을 충분히 아는 가운데 그렇게 진술한다(참고. 갈 2:16). 그가 이 경험을 모든 인간의 것으로 보편화시킨 결과, 그리스도의 구속 사역은 모세의 율법 아래 살지 않았던 이방인 신자들까지 포함한다. 첫눈에는 이것이 이상하게 보일지 모른다. 그러나 만일 하나님께서 선택하신 백성이 율법에 나타난 그분의 완전한 뜻을 지킬 능력이 없었다면, 그들 자신의 양심, 그것도 종종 틀리기 쉬운 양심밖에 없는 이방인들 역시 하나님의 저주 아래 있다는 것은 굳이 말할 필요가 없다(참고. 롬 1:32; 2:14-16).

그리스도가 사람들을 죄의 노예 상태와 그 결과로부터 구원하시면, 그들의 은유적 신분이 미성숙한 자녀와 종(갈 3:24-25; 4:1-2)에서 입양된 아들로 바뀐다. '아들로 입양된다'(ESV 참고)는 표현은 히브리 성경이나 70인역에는 나오지 않는다. 하지만 이스라엘이 하나님의 "아들"이라는 개념은 구약에 두드러지게 나오고, 바울이 '아들로 입양된다'(참고. 롬 9:4)는 표현을 사용할 때는 그 개념을 염두에 두는 듯하다. 만일 그리스도인이 하나님의 양자라면, 그들은 이스라엘과 연속선상에 있고, 암묵적으로 갈라디아의 이방인 신자들도 하나님의 백성이 되려면 다름 아닌 그분에 대한 믿음이 필요한 것이다.

4:6 신자의 양자 신분은 그리스도의 영원한 아들 신분과 밀접한 관계가 있다. 믿음을 통해, 신자들은 그리스도 안에 잠기고 그분으로 옷 입게 되었기 때문에 그리스도처럼 하나님의 "아들"(갈 3:26-27)이다. 이 진실의 증거는 그리스도의 영이 갈라디아 신자들의 삶에서 일하시는 것이다. 하나님께서 그분의 백성을 죄의 노예 상태에서 구원하기 위해 그 아들을 '보내셨던'[엑사페스테일렌(*exapesteilen*)] 것처럼(4:4) 또한 그들을 돕기 위해 그의 영을 '보내셨다'(엑사페스테일렌, 참고. 3:5). 성령으로 인한 신자와 그리스도의 연합은 너무나 친밀해서 그들은 그리스도가 하나님과 맺는 사랑의 가족관계와 똑같은 관계를 맺게 된다. 이는 그리스도로 하여금 어려운 때에 아람어[아

바(*Abba*)]로 하나님을 부를 수 있게 하신 바로 그 관계며, 당시 유대인 자녀가 자애로운 아버지에게 도움을 청했던 그 방식이다(막 14:36; 롬 8:15).

4:7 바울은 이제 한 바퀴 돌아서 상속의 개념, 곧 1절에서 시작했고 이를 앞의 단락(갈 3:29)과 연결했던 그 개념으로 되돌아간다. 만일 갈라디아 신자들이 믿음을 통해 하나님의 아들이 되고 그리스도와 연합하게 되었다면, 그들 역시 하나님께서 아브라함에게 약속하신 유산을 받게 될 것이다. 그들은 하나님의 다민족적 백성의 일부고 하나님께서 아브라함에게 주신 약속에 따라 '땅'을 유산으로 받을 것이다(3:16). 달리 말하면 그들은 하나님께서 구원의 목표로 삼으신 새로운 창조의 일부가 될 것이다(6:15).

4:8 바울은 이제 새로운 대목을 시작해서 방금 개진한 논증을 갈라디아 신자들의 문제에 직접 적용한다. 그들이 거짓 교사들과 그들의 주장, 곧 하나님의 백성이 되려면 모세의 율법을 받아들여야 한다는 주장에 매혹된 것에 적용하는 것이다. 먼저 그들이 거짓 신을 숭배하다가 유일하신 참 하나님을 예배하는 것으로 전환한 사건을 간명하게 묘사한다.

바울은 예전 우상숭배가 그들을 "종노릇하[게]" 했다고 말한다. 이는 그들이 "세상의 초등학문" 아래서 종노릇했었다고 말한 3절을 반영하는 표현이다(참고. 4:3 주석). 우상숭배가 종노릇인 것은 그것이 죄악된 것이고 율법의 저주와 하나님의 진노를 초래할 뿐이기 때문이다(참고. 롬 1:18-32).

이런 이방 신들이 사람들을 "종노릇하게" 한다는 개념이 그것들을 진짜 신으로 암시할지 몰라서, 바울은 그것들이 "하나님이 아닌 자들"임을 강조하기 위해 흔한 구약 관용구를 사용한다(대하 13:9; 사 37:19; 렘 2:11). 고린도전서 10:19-20에서는 이방의 우상들 가운데 작용하는 세력이 본질상 귀신이라고 말한다.

4:9 "이제는"은 갈라디아 그리스도인들의 회심에 대한 묘사를 시작하는 말이다. 그는 그들의 새로운 존재를 '하나님을 아는' 상태로 거론했다가 즉

시 '하나님이 (그들을) 알아주시는' 상태로 수정한다(참고. 고전 8:3, 13:12). 복음의 진리를 포용하는 것은 유일하신 하나님, 곧 그 아들 예수 그리스도를 통해 스스로를 계시하신 하늘과 땅의 창조주가 계시다는 것을 아는 지식(참고. 고전 8:1-6)을 수반하지만, 바울은 인간이 하나님과의 관계에서 주도권을 쥐는 것 같은 암시에 대해 언제나 민감하다. 그 관계는 하나님에 대한 영리한 추론이나 완전한 지식에 달려 있지 않다(참고. 고전 8:7). 하나님과의 화해와 그분 백성의 일부가 되는 것과 관련해 더욱 중요한 것은 바로 하나님께서 그들을 아시는 것이다.

갈라디아 신자들이 하나님과의 은혜로운 관계를 저버리고 억압적인 우상숭배로 되돌아가려는 것을 바울은 도무지 이해할 수 없다. 그들이 취하는 발걸음에 바울이 얼마나 충격을 받았는지는 "다시"에 해당하는 헬라어 단어들[에피스트레페테(*epistrephetē*), 팔린(*palin*), 팔린, 아노텐(*anōthen*)]을 거듭 사용한 것으로 뚜렷이 나타난다.

4:10 갈라디아 신자들이 지금 모세 율법에 관심을 두는 것과 예전 우상숭배 사이의 공통분모는 달력이 양자의 종교 제도에서 차지하는 두드러진 위치다. '지키다'[파라테레오(*paratēreō*)]라는 동사는 '관습이나 전통을 신중하게 지키다, 빈틈없이 지키다'라는 뜻이고, 1세기 유대인 역사학자 요세푸스는 이 단어를 안식일 준수를 가리키는 데 사용했다(*Jewish Antiquities* 3.91, 14.264).[60] 안식일에 관한 계명을 지키는 것과 더불어 월삭("달"), 유대교 명절들("절기") 그리고 안식년을 지키는 것 역시 유대교에서 중요했다(참고. 레 25:1-22; 대상 23:31; 대하 2:4; 31:3; 느 10:33; 호 2:11).[61] 그런 것을 지키는 날이 언제인지를 둘러싼 논쟁은 바울 당시의 유대교에 흔했고, 일부 유대인이

60 BDAG, s.v. παρατηρέω.

61 물론 안식년을 지키는 일은 갈라디아 남부와 같은 디아스포라 환경에서는 중요하지 않았을 테지만(Dunn, *Galatians*, 228), 말썽꾼들이 아마 유대 출신이라서 거기에 사는 많은 유대인은 여전히 안식년을 빈틈없이 지켰을 것이다(Josephus, *Jewish Antiquities* 14.202, 475).

이런 관습을 얼마나 중요하게 여겼는지를 여실히 보여준다.[62]

갈라디아인 같은 비유대인들은 때때로 불의 '원소'를 점유하던 행성들과 별들이 사람과 사건의 운명을 좌우하는 살아 있는 존재라고 생각했다.[63] 이에 덧붙여 로마의 달력은 종교적 명절 표시로 가득 차 있었다.[64] 따라서 바울은 갈라디아 신자들이 유대교 달력을 지키기 시작하는 모습과 그들이 복음을 믿기 전에 한때 비유대교 달력의 종교적 명절을 지켰던 모습 사이의 유사점을 보고 있다.

4:11 이 구절은 과도적 진술이다. 한편으로 이 구절은 갈라디아 신자들이 아브라함에게 주신 하나님의 약속이 모세의 율법보다 우선한다는 그의 말(갈 3:6-4:7)을 이해하는 데 바울이 왜 그토록 큰 관심을 품고 있는지(4:8-10) 설명해준다. 다른 한편으로 이 구절은 12-20절에 나오는 개인적인 호소를 내다본다.

바울의 두려움에 대한 언급은 9절에 나오는 '돌아가다'(에피스트레페테)와 '원하다'[텔레테(*thelete*), ESV 참고]라는 동사의 현재 시제 이면에 존재하는 현실을 반영한다. 갈라디아 신자들은 지금 돌아가서 다시 종이 되고 싶어 하는 과정 가운데 있다. '헛되다'라는 표현은 바울의 선교가 갈라디아 남부에서 겪은 큰 어려움(참고. 4:19, 행 13:50; 14:2, 5, 19)을 가리키고, 갈라디아 신자들이 현재의 길을 계속 걸을 경우에 겪을 고난이 무의미하다(갈 3:4)는 말을 반영한다. 만일 갈라디아 신자들이 시계를 거꾸로 돌려서 회심 이전의 노예 상태로 되돌아간다면, 바울의 고난과 그들의 고난 모두 헛된 일이 되고 만다.

62 Dunn, *Galatians*, 228.

63 Diogenes Laertius, *Lives of Eminent Philosophers* 7.132-139; Roger Beck, "Astrology," in OCD, 187-188.

64 Das, *Galatians*, 444.

응답

이 단락의 가장 놀라운 측면, 그리고 모든 시대의 그리스도인에게 주는 가장 분명한 도전은 우상숭배와 모세 율법의 오용을 동일시한다는 점이다. 바울은 율법 자체에 대해서는 흠을 찾지 않는다. 그는 율법을 "거룩하고 의로우며 선[하다]"(롬 7:12)고 생각한다. 하나님은 죄성의 깊이를 증명할 뿐 아니라(갈 3:19) 신자들이 어떻게 살아야 하는지 그 지침을 제공하기 위해 율법을 주셨다(예. 5:13-14; 롬 13:8-10; 15:4; 고전 5:13; 9:8-10; 엡 6:1-2). 바울은 할례, 안식일의 휴식 또는 음식 규정을 지키는 사람들조차 문제시하지 않았고(롬 4:11; 14:2-3, 5-6), 그 자신도 때로는 유대인으로서 율법의 어떤 부분들을 지키기도 했다(행 16:3; 21:20-26; 고전 9:20).

갈라디아에서 일어난 문제는 거짓 교사들이 율법 준수를 강요하는 것과, 갈라디아 신자들조차 하나님의 백성이 되려면 그리스도에 대한 믿음과 더불어 갖추어야 할 조건으로 그것을 받아들이고 있다는 것이다. 그들은 성경처럼 거룩하고 의로우며 선한 어떤 것을 오용한 나머지 죄로부터의 구원, 성령을 통한 능력, 믿음으로 그리스도와의 연합 등 하나님의 선물들이 충분하다는 진리를 약화시키고 있다. 이처럼 본래 선한 것을 오용해서 하나님의 은혜와 선하심을 깎아내리는 것을 바울은 다른 신들을 숭배하는 배교와 동일시한다.

그런즉 이 단락은 모든 시대의 그리스도인에게 하나님께서 이미 그들을 위해 그리스도 안에서 은혜롭게 이루신 일에서 위로를 찾도록 도전한다. 그분은 그들의 죄를 용서하셨다. 그분은 본래의 설계대로 새로운 피조물이 되도록 성령의 능력을 통해 그들을 변화시키기 시작하셨다. 그들을 가족으로 입양하셨다. 이 대단한 선물은 그들의 삶을 변화시키고 영향을 주어서 그들이 점점 더 "성령을 따라 행하[게]" 할 것이고(갈 5:16), 하나님은 이 일을 이루기 위해 성경, 기도, 공동 예배, 남을 섬기는 것과 같은 다른 좋은 선물들을 사용하실 것이다. 하지만 성경읽기, 기도하기, 다른 사람들과 예배하기, 봉사 등으로 하나님의 은총을 얻으려고 하는 것은 복음의 거울 이미지에 불과한 개인적 신학을 드러낼 뿐이다. 이런 개인적 신학은 거울 이미지같이 진짜처럼 보이지만 사실은 실체가 없다. 그렇게 하는 것은 마치 하나님을 뇌물로 매수해서 우리의 뜻을 행하시게 할 수 있는 것처럼 이방의 마법적 신관(神觀)을 취하는 것이다.

하나님은 값없이 그분의 백성 하나하나를 가족으로 입양하셨다. 아버지 하나님은 백성을 구속하기 위해 아들 하나님을 '보내셨고', 아들 하나님은 아버지의 배려를 확신시키기 위해 성령 하나님을 '보내셨다'(4:4, 6). 우리는 그분의 은총을 얻으려고 어떤 것도 할 필요가 없다. 그분은 이미 우리 편에 계시기 때문에 그 사랑에 감사하면서 살기만 하면 된다.

Galatians
갈라디아서
4:12-20

12 형제들아 내가 너희와 같이 되었은즉 너희도 나와 같이 되기를 구
하노라 너희가 내게 해롭게 하지 아니하였느니라 13 내가 처음에 육
체의 약함으로 말미암아 너희에게 복음을 전한 것을 너희가 아는 바
라 14 너희를 시험하는 것이 내 육체에 있으되 이것을 너희가 업신여
기지도 아니하며 버리지도 아니하고 오직 나를 하나님의 천사와 같이
또는 그리스도 예수와 같이 영접하였도다 15 너희의 복이 지금 어디
있느냐 내가 너희에게 증언하노니 너희가 할 수만 있었더라면 너희의
눈이라도 빼어 나에게 주었으리라 16 그런즉 [1]내가 너희에게 참된 말
을 하므로 원수가 되었느냐 17 그들이 너희에게 대하여 열심 내는 것
은 좋은 뜻이 아니요 오직 너희를 이간시켜 너희로 그들에게 대하여
열심을 내게 하려 함이라 18 좋은 일에 대하여 열심으로 사모함을 받
음은 내가 너희를 대하였을 때뿐 아니라 언제든지 좋으니라 19 나의
자녀들아 너희 속에 그리스도의 형상을 이루기까지 다시 너희를 위하
여 해산하는 수고를 하노니 20 내가 이제라도 너희와 함께 있어 내 언
성을 높이려 함은 너희에 대하여 의혹이 있음이라

12 Brothers,[1] I entreat you, become as I am, for I also have become
as you are. You did me no wrong. 13 You know it was because of a
bodily ailment that I preached the gospel to you at first, 14 and though
my condition was a trial to you, you did not scorn or despise me, but
received me as an angel of God, as Christ Jesus. 15 What then has
become of your blessedness? For I testify to you that, if possible, you
would have gouged out your eyes and given them to me. 16 Have I then
become your enemy by telling you the truth?[2] 17 They make much of
you, but for no good purpose. They want to shut you out, that you may
make much of them. 18 It is always good to be made much of for a good
purpose, and not only when I am present with you, 19 my little children,
for whom I am again in the anguish of childbirth until Christ is formed
in you! 20 I wish I could be present with you now and change my tone,
for I am perplexed about you.

1) 또는 내가 정당히 너희를 대접하므로

1 Or *Brothers and sisters;* also verses 28, 31 *2* Or *by dealing truthfully with you*

단락 개관

갈라디아 신자들을 향한 개인적 호소

이제까지 편지의 곳곳에서 바울은 갈라디아 신자들에게 개인적으로 말해왔는데, 이는 항상 어떤 교리적 사항이나 주장을 납득시키기 위해서였다(갈 1:6-9; 2:5; 3:1-5, 27-29; 4:6-11). 이제 그는 갈라디아 신자들에게 큰 상처를 받은 친구로서 말한다.

그는 먼저 갈라디아에서 처음 복음을 전했을 때 서로 맺었던 관계를 상기시킨다(4:12-14). 바울은 그들 가운데 지낼 때 유대인으로 살기를 포기했고(12절, 참고. 고전 9:21a), 그가 사람들에게 두려움을 불러일으킬 질병에 걸렸을 때도 그들은 바울을 멸시하지 않았다(갈 4:13-14a). 대신 그를 매우 존경하는 태도로 대했다(14b절).

이어서 그는 그들의 관계가 비틀거리게 된 것에 깜짝 놀라고 당황스럽다는 말로 전환한다. 한때는 서로 행복해 하는 가장 좋은 친구였는데(15절) 지금은 바울이 그들의 적이 되고 말았다(16절).

이 단락의 중심 목적은 그 다음에 나오는 17-18절에 있다. 거짓 교사들이 문제다. 그들은 갈라디아 신자들과의 관계에 대해 무척 열정적이지만, 그 열징은 훌륭한 동기에서 나오는 것이 아니라 이상한 방식으로 표출되고 있다. 갈라디아 신자들이 자신들의 말대로 할 때까지 식탁 교제에서 배제시키고 있는 것이다.

이 단락은 갈라디아 신자들이 다시 영적으로 성숙해지는 모습을 보고 싶은 갈망을 부드럽게 표현하는 말(19절)과, 그들이 다시 친구가 되기를 바라는 가운데 그들을 향한 선한 믿음의 가지를 뻗치는 혼동의 말(20절)로 마무리된다.

단락 개요

III. 바울이 갈라디아에서 복음을 변호하다(2:15-6:10)

C. 바울이 복음이 성경과 일관성이 있음을 보여주다(3:6-5:1)

3. 갈라디아 신자들을 향한 개인적 호소(4:12-20)

주석

4:12 바울이 이제 갈라디아 신자들에게 방향을 돌려서 자기가 그들과 같이 되었으니 그들도 그와 같이 되라고 호소한다. 이는 바울이 이방인 가운데 있을 때 모세 율법의 준수를 기꺼이 포기한 것(고전 9:21a), 그가 이고니온, 루스드라, 더베 그리고 비시디아 안디옥에서 복음을 전할 때 틀림없이 행했던 일(행 13:4-14:25)을 가리키는 듯하다. 바울은 이제 갈라디아 신자들이 스스로 모세의 율법을 포기하는 것으로 보답하기를 원한다.

"너희가 내게 해롭게 하지 아니하였느니라"는 난해한 표현이고 지금으로서는 알 수 없는 상황을 설명하는 말일 수 있다.[65] 하지만 이는 바울이 그들 가운데 있을 때 그들이 보여준 친절을 묘사하는 13-14절을 도입하는 수사적 진술일 수도 있다.

4:13-14 이 문장의 배후에 있는 상황은 알 수 없다. 분명한 점은 모종의 신체적 질병을 계기로 바울이 갈라디아에서 복음을 전했다는 것이며, 아마 그 문제가 발생해서 바울이 더 이상 여행할 수 없었을 것이다.[66] 이 질병 내지는 장애가 심했던 것이 틀림없는데, 그것이 그들에게 하나의 "시험"[페라스모스(*perasmos*)], 곧 그를 배척할 만한 유혹거리가 되었다고 바울이 말하기 때문이다.

고대 그리스-로마 세계는 잔인했고, 고통을 받는 사람들이 종종 조롱과 침 뱉음을 당하곤 했다(참고. 막 10:34; 14:65; 15:17-20; 눅 23:11).[67] 분명한 질병이나 장애를 가진 사람을 만날 때는 악한 영을 격퇴하기 위해 침을 뱉는

65 Lightfoot, *Galatians*, 174.

66 전치사 디아(*dia*)를 "…로 말미암아"로 번역한 것에 관해서는 BDAG. s.v. διά B2a를 보라.

67 신체적 장애자들에 대한 고대 사회의 잔인한 속성에 관해서는 다음 책을 보라. Jerry Toner, *Popular Culture in Ancient Rome* (Cambridge, UK: Polity, 2009), 97-98, 134-135.

것이 흔했고, '조롱하다'로 번역된 헬라어 단어[엑수테네오(*exoutheneō*)]와 '멸시하다'로 번역된 단어[에크프튀오(*ekptyō*)]가 그런 행위를 가리킬 수 있다.[68] 그러나 갈라디아 신자들은 바울에 대해 그런 자기 탐닉적이고 자기 보존적인 행위를 저지르고 싶은 유혹에 굴복하지 않았다. 그들은 바울을 귀신이 아니라 천사처럼 대우했다.

4:15 "복"[마카리스모스(*makarismos*)]으로 번역된 용어는 누군가 또는 어떤 것을 '행복하다'고 '선언하는 것'을 말한다(LSJ). 여기서는 갈라디아 신자들이 스스로에게 부여했거나 바울이 그들에게 부여한 행복을 가리키고, 바울이 그들에게 처음 복음을 전했을 때 그들과 누린 행복한 친구 관계를 표현한다.

바울과의 관계가 너무 좋았기에, 그들은 그를 돕기 위해서라면 무슨 일이든 했을 것이다. 이것이 갈라디아 신자들이 필요하다면 그를 위해 눈이라도 빼어 주었을 것이라는 말의 뜻이다. 우정의 행위로 자기 눈을 희생하는 것은 바울의 문화에서 잘 알려진 모티브였다(예. Lucian, *Toxaris, or Friendship* 40-41).[69]

4:16 "그런즉"은 바울이 이 질문을 하는 목적이 예전에 누렸던 행복한 관계가 그들이 적개심을 품게 된 원인이었는지 묻기 위한 것임을 가리킨다. 이 말은 바울이 수사적으로 또 아이러니하게 질문을 던지는 경우에만 이해할 수 있다. 그래야만 바울이 그들에게 참된 말을 한다는 언급이 확증될 수 있기 때문이다. 서로 진실을 말하는 것, 특히 복음의 진리를 말하는 것(갈 2:5, 14)은 서로를 지지한다는 표시다(참고. 엡 4:15, 25). 이것이 바울이 갈라디아 사람들을 처음 방문했을 때(갈 4:13)부터 현재까지 행해왔던 일인

68 BDAG, s.vv. ἐκπτύω, ἐξουθενέω.

69 Betz, Galatians, 228; BDAG, s.v. ἐξορύσσω.

데, 어쩐 일인지 이것이 또한 그를 그들의 적으로 만들기도 했다.

4:17 "열심을 내[다]"로 번역된 헬라어 동사[젤로오(*zēloō*)]는 바울이 고린도 후서 11:2에서 고린도 교인들의 애정을 보호하려는 그의 열정과 젊은 여자의 후견인이 그녀의 애정을 약혼자에게 집중하게 하려는 열정과 비교할 때 사용한 단어다. 그러나 그 경우에 품었던 바울의 열정과는 달리, 갈라디아 신자들을 향한 갈라디아 거짓 교사들의 열정은 결코 고결하지 않다. 오히려 이 말썽꾼들은 갈라디아 신자들을 식탁 교제에서 배제시키려고 하는 듯하다(참고. 갈 2:12). 첫눈에는 이것이 갈라디아 신자들로 그들을 열정적으로 따르게 하려는 이상한 전략처럼 보일지 모른다. 그러나 사회적 배제는 사람들로 하여금 그들을 배제시키는 그룹에 들어가기 원하도록 유도하는 강력한 도구가 될 수 있다. 그것이 아마 거짓 교사들의 목적일 것이다.[70]

4:18 훌륭한 대의를 갖고 있는 한 다른 이들이 갈라디아 신자들을 열정적으로 따르는 것에 바울이 반대할 이유는 전혀 없다(참고. 고전 3:5-9). 바울은 그들 가운데 있었을 때 훌륭한 대의를 품고 그들을 따랐지만, 그가 떠난 후에 갈라디아 신자들을 열정적으로 따른 다른 이들은 훌륭한 대의보다 못한 것을 품고 있었다. "…때뿐 아니라"라는 어구는 그가 떠난 후 갈라디아 신자들의 배신에 역겨움을 느낀다는 의미다.[71]

4:19 바울은 여기서 외치는 소리로 갈라디아 신자들에게 직접 말한다. 이는 아마 앞의 문장(ESV)이나 뒤의 문장(NIV)과 관계없이 독자적으로 외치는, 감정이 실린 불완전한 표현(NASB, RSV)일 것이다. 바울은 자주 자기가 양육한 신자들을 그의 "자녀들"로 부르고(예. 고전 4:14, 17; 몬 1:10), 여기서는

70 Barclay, *Obeying the Truth*, 59.

71 참고. Bruce, *Galatians*, 212; Moo, *Galataians*, 288.

그 은유를 확대해서 그 자신을 어머니, 곧 갈라디아 그리스도인들을 낳았으나(참고. 살전 2:7) 지금은 다시 해산의 고통과 위험을 겪어야 하는 어머니로 상상한다. 어느 의미에서 이 편지는 하나님의 은혜에 관한 근본 진리들과 율법의 행위와 상관없는 이신칭의를 결코 놓치면 안 되었을 사람들에게 복음을 다시 선포하는 글이다.

이 구절의 마지막 절에서 바울은 은유를 극적으로 바꾸어 갈라디아 신자들을 그 속에서 새로운 생명이 빚어지는 임신부로 상상한다. 바울 당시의 그리스 연사들은 보통 '이루다'[모르포오(*morphoō*)]로 번역된 용어를 엄마의 태내에서 자녀가 만들어지는 것을 가리키는 데 사용했다(예. Philo, *On the Special Laws* 3.117). 갈라디아 신자들이 믿음으로 그리스도와 연합했다는 것(갈 3:26-27)은 그들이 그리스도 안에 거할 뿐만 아니라 그리스도 역시 성령의 능력으로 그들 안에 거하신다는 것(4:6, 참고. 2:20; 엡 3:16-17)을 의미한다. 바울은 이 과정이 성숙한 수준에 이를 때까지 갈라디아 신자들과 계속 일할 생각이다.

4:20 그리스 연사들은 '당황하다'[아포레오(*aporeō*), 새번역]로 번역된 용어를 사람들이 곤경에 빠져서 무슨 일이 일어나고 있는지 이해할 수 없는 상황(예. 눅 24:4; 요 13:22) 또는 그들이 다음에 할 일을 모르는 상황(예. 행 25:20)을 묘사하는 데 사용했다. 바울은 그가 감독하던 교회들에 대해 이런 감정을 자주 느꼈던 것 같다(고후 4:8).

갈라디아서 4:12-19 곳곳에서 바울의 목소리가 다소 거칠었는데(예. 12, 16, 19절), 이는 바울이 사랑하는 친구들에게 사용하고픈 말투가 아니다. 만일 그들이 얼굴을 마주보며 말할 수 있다면(참고. 요삼 1:13-14), 그는 구두적인 방식과 비구두적인 방식으로 자신의 염려를 전달하면서 경각심을 불러일으켰을 것이고, 그의 '말투'도 덜 거칠었을 것이다.[72]

72 참고. Bruce, *Galatians*, 213.

응답

이 단락은 기독교가 단지 일단의 교리가 아니라 서로 지지하는 관계들의 복잡한 그물망이라는 것, 그리고 후자의 중심이 살아 계신 그리스도와의 관계가 성숙하는 것임을 상기시켜준다. 기독교 신앙의 이 중요한 측면 때문에 바울이 이 지점에서 신학적, 석의적 그리고 교육적 논증을 펼치는 것이다. 그는 자신이 그토록 많은 감정적 에너지를 쏟아 부었던 예전의 친구들이 지금은 그를 적으로 여기는 것 같아서 얼마나 괴로운지 표현한다.

그리스도들 간의 관계가 불편해질 때, 특히 문제의 근원이 교리적 이견일 경우에는 이 단락에 나온 바울의 태도가 하나의 모델을 제공한다. 거짓 교사들이 그 자신과 갈라디아 신자들의 관계에 많은 긴장을 유발했음에도 불구하고, 바울은 그들을 포기하지 않는다. 오히려 기꺼이 감정적 스트레스를 겪으면서 그들과의 친구 관계를 새롭게 하고 그들의 영적 성장을 격려하는 힘겨운 일을 감당한다(4:19a). 더구나 그는 "그리스도"의 형상이 그들 속에 '이루어질' 것을 확신하는데, 이는 심각한 문제를 가진 다른 그리스도인들에 대해서도 종종 품는 확신이다(예. 고전 1:8; 빌 1:6; 몬 1:21). 우리와 다른 그리스도인과의 관계가 교리적 차이로 인해 삐걱거리기 시작한다면 우리 역시 끈질기게 화해하려고 노력해야 한다. 더불어 그리스도가 참으로 그들 속에 계시다면 그들의 믿음과 성숙에 대한 이해가 계속 자랄 것을 신뢰해야 한다.

Galatians

갈라디아서

4:21-5:1

4:21 내게 말하라 율법 아래에 있고자 하는 자들아 율법을 듣지 못하였
느냐 22 기록된바 아브라함에게 두 아들이 있으니 하나는 여종에게서,
하나는 자유 있는 여자에게서 났다 하였으며 23 여종에게서는 육체를
따라 났고 자유 있는 여자에게서는 약속으로 말미암았느니라 24 이것
은 비유니 이 여자들은 두 언약이라 하나는 시내산으로부터 종을 낳
은 자니 곧 하갈이라 25 이 하갈은 아라비아에 있는 시내산으로서 지
금 있는 예루살렘과 같은 곳이니 그가 그 자녀들과 더불어 종노릇 하
고 26 오직 위에 있는 예루살렘은 자유자니 곧 우리 어머니라 27 기록
된바

> 잉태하지 못한 자여 즐거워하라 산고를 모르는 자여 소리 질러 외치라 이는 [1]홀로 사는 자의 자녀가 남편 있는 자의 자녀보다 많음이라

하였으니 28 형제들아 너희는 이삭과 같이 약속의 자녀라 29 그러나 그
때에 육체를 따라 난 자가 성령을 따라 난 자를 박해한 것같이 이제도
그러하도다 30 그러나 성경이 무엇을 말하느냐 여종과 그 아들을 내쫓
으라 여종의 아들이 자유 있는 여자의 아들과 더불어 유업을 얻지 못

하리라 하였느니라 31 그런즉 형제들아 우리는 여종의 자녀가 아니요
자유 있는 여자의 자녀니라

4:21 Tell me, you who desire to be under the law, do you not listen
to the law? 22 For it is written that Abraham had two sons, one by a
slave woman and one by a free woman. 23 But the son of the slave was
born according to the flesh, while the son of the free woman was born
through promise. 24 Now this may be interpreted allegorically: these
women are two covenants. One is from Mount Sinai, bearing children
for slavery; she is Hagar. 25 Now Hagar is Mount Sinai in Arabia;[1]
she corresponds to the present Jerusalem, for she is in slavery with
her children. 26 But the Jerusalem above is free, and she is our mother.
27 For it is written,

"Rejoice, O barren one who does not bear;
break forth and cry aloud, you who are not in labor!
For the children of the desolate one will be more
than those of the one who has a husband."

28 Now you,[2] brothers, like Isaac, are children of promise. 29 But just as
at that time he who was born according to the flesh persecuted him who
was born according to the Spirit, so also it is now. 30 But what does
the Scripture say? "Cast out the slave woman and her son, for the son
of the slave woman shall not inherit with the son of the free woman."
31 So, brothers, we are not children of the slave but of the free woman.

5:1 그리스도께서 우리를 자유롭게 하려고 자유를 주셨으니 그러므로
굳건하게 서서 다시는 종의 멍에를 메지 말라

5:1 For freedom Christ has set us free; stand firm therefore, and do not
submit again to a yoke of slavery.

1) 헬, 광야의 자녀가

1 Some manuscripts *For Sinai is a mountain in Arabia 2* Some manuscripts *we*

단락 개관

성경에서 끌어낸 알레고리

바울이 이제 개인적 호소(갈 4:12-20)에서 성경에 근거한 호소로 전환한다. 그는 수사적 질문(21절)으로 시작해서 장세기 16-21장에 나오는 하갈과 사라의 이야기를 비교하고, 복음이 도래한 현재 율법의 지위를 논한다(갈 4:22-26). 이런 비교를 확증해주는 본문을 이사야 54:1과 그 구절의 더 넓은 맥락에서 찾는데, 그것은 장차 다인종적인 백성이 아브라함에게 주신 하나님의 약속을 성취할 때를 내다보는 단락이다(갈 4:27).

이 단락은 이 성경적 강해를 갈라디아의 상황에 적용하는 것으로 끝난다(4:18-5:1). 바울이 갈라디아 그리스도인들에게 촉구하는 바는, 그들이 방금 성경에서 들은 말씀(참고. 4:21)으로 말미암아 그들 가운데 있는 거짓 가르침을 배격하고, 그리스도의 죽음이 그들을 노예 상태에서 산 결과로 얻게 된 자유 안에 굳게 서라는 것이다(참고. 3:13; 4:5).

단락 개요

III. 바울이 갈라디아에서 복음을 변호하다(2:15-6:10)
C. 바울이 복음이 성경과 일관성이 있음을 보여주다(3:6-5:1)
4. 성경에서 끌어낸 알레고리(4:21-5:1)

주석

4:21 '바라는 너희'[호이 텔론테스(*hoi thelontes*)]의 현제 시제는 9절의 현재 시제('돌아가다', '원하다')와 함께 거짓 교사들이 얼마나 설득력 있었는지 보여준다. 갈라디아 신자들은 율법의 권위와 그 저주 "아래" 들어가서 배교하기 직전에 있다(참고. 3:10). 그러나 이런 열망은 율법 자체가 가르치는, 하나님의 백성을 위한 "후견인" 역할의 한시적 성격(3:24)과 일관성이 없다.

4:22 바울은 이제 아브라함에게 주신 하나님의 약속이 이미 성취되기 시작한 뒤에 모세의 율법이 실제로 그 권위 아래 들어오는 것에 대해 말하는 것으로 눈을 돌린다. 바울은 이스마엘과 이삭 그리고 그들 및 그들의 어머니(하갈과 사라) 간의 다툼에 관한 이야기(창 16:1-16; 17:15-21; 18:9-15; 21:1-21)를 다시 들려줌으로써 이를 증명한다. 첫 번째 진술은 이스마엘의 어머니인 하갈은 여종이었던 반면 이삭의 어머니인 사라는 자유로운 여자였다는 것이다. 노예 상태와 자유 간의 대조는 갈라디아서 2:4을 상기시키는데, 거기서 바울은 거짓 형제들에게 이방인 그리스도인들이 유대인이 되어야 한다는 입장의 옹호자라는 딱지를 붙인다. 이 거짓 형제들이 "우리가 가진 자유를 엿보고 우리를 종으로 삼고자" 했기 때문이다.

4:23 두 자녀 모두 아브라함의 아들이었으나 중요한 차이점이 그들을 갈라놓았다. 하갈은 하나님의 개입 없이 정상적인 방법으로 이스마엘을 임신했다(창 16:4a). "육체"라는 용어는 신적이 아닌 인간적인 것, 곧 인간 조건과 함께하는 신체적 및 도덕적인 연약함을 지닌 것을 말한다(갈 1:16; 2:16; 4:13-14). 바울은 이미 갈라디아 신자들이 모세 율법의 권위 아래 들어옴으로써 "육체"와 동조하고 있다고 말한 바 있다(3:3).

반면에 사라는 하나님의 개입(창 17:17, 19; 18:14; 21:1)을 통해 늙은 나이에 임신해서(17:17; 18:11-13; 21:2) 하나님의 약속을 성취했다(21:1). 바울은 이미 갈라디아 신자들과 같은 이방인 신자들은 "천하 만민"이 "그[아브라함]로 말미암아 복을 받게 될 것"이라는 하나님의 약속(18:18, 참고. 갈 3:16)이 성취된 실체라는 입장을 개진한 바 있다.

4:24a 바울의 시대에 한 본문을 알레고리적으로[알레고루메나(*allēgoroumena*)] 해석한다는 것은 그 문자에 한 가지 뜻 이상을 부여하는 것을 의미했다. 한 방식으로 읽으면, 어떤 용어나 표현이 신, 사람 또는 사물을 가리킬 수 있으나 더 큰 문자 패턴의 일부로서는 덜 분명한 어떤 것을 가리킬 수 있었다. 4:29에 나오는 "그때에"라는 어구는 바울이 이스마엘과 이삭 이야기의 역사성을 믿는다는 것을 보여주지만, 그는 또한 거기서 역사상 하나님의 구원 사역의 패턴과 어울리는 한 패턴을 보고 있다.

4:24b-25 바울은 하갈과 사라를 두 가지 상징으로 여긴다. 전자는 하나님께서 시내산에서 이스라엘과 맺으신 언약(출 19:5; 24:7)을 상징하는 인물로, 후자는 하나님께서 아브라함에게 많은 자손을 주고, 그를 통해 열방에 복을 주고, 그의 자손에게 땅을 주겠다며 맺으신 언약(창 15:18; 17:2-21, 참고. 18:18; 22:15-18)을 상징하는 인물로 본다. 하갈은 종이자 '아라비아 사람들'의 선조인 이스마엘의 어머니였다(Josephus, *Jewish Antiquities* 1.214). '아라비아'는 시내산이 위치한 지역이었다. 그래서 하갈을 통해, 바울은 시내산에서 맺은 하나님과 이스라엘의 언약을 노예 상태와 연결할 수 있는 것이다.

다음으로 바울은 시내 언약 아래 종이 된 사람들을 '현재의 예루살렘'과 동일시한다. 예루살렘은 "거짓 형제들"이 "그리스도 예수 안에서 우리가 가진 자유를 엿보고" 디도와 같은 이방인 신자들을 "종으로 삼고자"(갈 2:4) 했던 장소였다. 그곳은 또한 이방인 그리스도인들로 유대 관습을 채택하도록 강요하는 방편으로 안디옥에서 유대인 그리스도인을 이방인 그리스도인과 격리시키려 했던 "야고보에게서 온 어떤 이들"(2:12)의 출신 도시였다. (율법의 규정들을 순종하지 않은 모든 사람에게 저주를 내리는, 3:10) 모세 율법의 재도입 그리고 "야고보에게서 온 사람들"과 갈라디아의 거짓 교사들이 취한 강요 전술(참고. 4:17)이 아마 바울로 하여금 '현재의 예루살렘'을 노예 상태와 동일시하게 만들었을 것이다.

4:26 새로운, 하늘의 예루살렘은 때대로 유대교와 초기 기독교 문헌에 장차 하나님께서 그분의 창조 세계와 백성을 회복시키실 것에 대한 상징으로 나온다(예. 히 11:16; 계 21:2; 에녹2서 55:3; 에스드라2서 10:25-28). 바울은 여기서 하나님께서 이제 교회에서 이런 기대를 성취하기 시작하셨다고 주장한다.

"예루살렘"이라는 단어의 문법적 성은 헬라어에서 여성이다. 그래서 바울은 예루살렘을 쉽게 어머니와 동일시하고, 이 경우에 어머니는 사라다. 복음을 믿는 다인종적인 사람들은 이삭의 자손들, 즉 하나님께서 아브라함과 사라에게 약속한 후 기적적으로 주신 자녀, 그분이 아브라함에게 준 언약을 성취하실 도구(창 17:19; 21:12)가 된 자녀의 자손들이다. 이 은유적인 도시가 '자유로운' 것은 그 도시가 더 이상 불순종한 자에게 임하는 율법의 저주 아래 있지 않기 때문이고(갈 3:10, 13, 22-24; 4:2, 5), 또한 이 '도시' 속의 아무도 또 다른 나라의 인종적 관습을 좇으라고 강요받지 않기 때문이다(참고. 계 21:24-26).

4:27 바울은 그가 방금 "위에 있는 예루살렘"에 관해 개진한 논점을 이사야서 54:1에서 인용한 글로 뒷받침한다. 이 본문에서도 하나님의 백성이 은유적 어머니가 되는데, 이 어머니는 한때 불임이었으나 지금은 많은 자

녀를 갖고 있다.

이 이사야 구절은 그 본래의 문맥상 이스라엘의 종말론적 회복의 시기, 곧 그녀의 "장막터"가 넓어지고 그 "자손"이 "열방"을 차지하게 될 그때를 내다보았다(사 54:2-3). 이 어구는 아브라함의 자손들이 땅을 유산으로 받을 것이고(창 15:7) 아브라함은 "여러 민족의 아버지"가 될 것(17:4-8)이라는 하나님의 약속을 상기시킨다. 바울이 이사야 54:1을 인용할 때는 이 넓은 문맥을 염두에 두고 있는 듯하다. 그 구절은 그의 해석, 곧 복음이 이방인에게 전파되는 것이 하나님께서 아브라함에게 주신 약속의 성취라는 해석을 확증한다. 따라서 어느 의미에서는 이사야 54:1의 인용문이 하갈과 사라 이야기에 대한 바울의 해석을 지지해준다.

4:28 바울이 이제 창세기 16-21장에 대한 그의 비유적 해석을 갈라디아 그리스도인들에게 직접 적용한다. 정상적인 방법으로("육체를 따라") 태어난 이스마엘과 달리, 이삭은 하나님의 개입을 통해 태어났다(갈 4:23). 마찬가지로 갈라디아의 이방인 신자들은 아브라함에게 수많은 자손을 주고, 그를 통해 열방에 복을 주고, 그의 자손들에게 땅을 주겠다는 하나님의 약속이 성취된 결과다.

4:29 창세기 21:9은 이스마엘이 어린 시절의 어느 시점에 '웃고 있는' 모습을 사라가 보았다고 기록한다. 바울은 이것을 이스마엘이 이삭을 '놀리고 있는'(JPS) 또는 괴롭히는 모습으로 이해한다.

이제까지는 '박해하다'라는 동사가 바울이 유대 전통에 대한 열광적 헌신 때문에(갈 1:13-14, 참고. 빌 3:6) 교회를 박해했던 모습(갈 1:13, 23)을 가리키는 단어였다. 여기서 바울이 언급하는 박해는 아마 갈라디아 신자들이 모세의 율법에 순종하지 않으면 그들을 식탁 교제에서 배제시키겠다고 했던 거짓 교사들의 횡포(4:17, 참고. 2:14)를 가리킬 것이다.

4:30 바울은 이스마엘이 이삭을 박해하는 모습에 대한 사라의 반응(창

21:10)을 인용하면서 그것을 바울 당시에 맞추기 위해 70인역에서 소수의 대명사만 제거한다. 그는 명시적으로 말하지는 않지만 다음과 같은 뜻으로 말한다. 하나님께서 아브라함이 사라의 말대로 하갈과 이스마엘을 가족에서 내쫓기 원하셨던 것처럼(21:10, 12), 갈라디아 신자들도 그들 가운데서 말썽꾼들을 "다른 복음"와 함께 배척해야 한다는 것이다(참고. 갈 1:6-7).

4:31-5:1 바울과 갈라디아 신자들 모두("우리"), 그리고 암묵적으로 복음을 믿는 모든 사람은 더 이상 율법의 노예 상태에, 불순종하는 자에게 임하는 그 저주 아래에 있지 않다(3:10, 13, 22-24; 4:2, 5). 그들은 또한 하나님의 백성에 속하기 위해 모세 율법을 채택하여 유대인이 될 의무도 없다(2:14; 4:17).

바울은 5:1에서 갈라디아 신자들의 현재 상황을 위해 이 원리로부터 자명한 결론을 이끌어낸다. 그리스도가 구속적 죽음을 통해 갈라디아 신자들을 율법의 저주 아래 있는 '노예 상태'에서 자유롭게 해주었다(3:13; 4:5). 그러므로 갈라디아 신자들은 그들 자신을, 밭을 가는 짐승처럼, 율법의 저주의 억압과 그들에게 유대인이 되어야 한다는 거짓 교사들의 주장 아래 두어서는 안 된다. "다시는"은 4:9을 가리키고, 갈라디아 신자들에게 구원 역사의 이 단계에서 율법을 선택하는 것은 그것을 우상으로 삼고 마치 그들이 회심 이전의 종교적 의례로 되돌아가는 것처럼 율법의 저주 아래 들어가는 것임을 상기시킨다.[73]

73 예. Lightfoot, *Galatians*, 185; Dunn, *Galatians*, 262.

응답

이 단락은 모든 시대의 신자들에게 그리스도 안에 있는 자유를 열심히 지키도록 촉구한다. 바울이 5:13("그 자유로 육체의 기회를 삼지 말고")에서 분명히 지적하듯이, 이는 나쁜 짓을 할 자유가 아니라 우리가 앞서 언급한 주장에 순종하지 않으면 하나님을 불쾌하게 할 것이라는 일체의 주장(복음 바깥에 있는)에서의 자유다. 그리스도의 죽음이 자기를 죄의 노예 상태에서, 그리고 죄인에게 임하는 율법의 정당한 저주에서 벗어나게 했다고 믿는 신자들은 하나님의 진노에서 해방되었다는 확신으로 굳게 서야 한다.

동료 그리스도인이 선의로 다양한 시스템, 즉 '경건한' 자녀 양육, 재정관리, 성경 암송, 기도, 선교에의 참여 또는 건강관리 방법 등을 추천할 때, 우리는 그것이 성경과 상식에 부합하는지 여부를 판단해야 한다. 그것들이 하나님께서 우리를 더 사랑하시게 만드는 활동이라고 상상하면서 참여해서는 안 된다. 만일 우리가 스스로 그런 활동을 자랑하면서 속으로 그것들에 참여하지 않는 이들을 정죄한다면, 갈라디아 신자들이 바울에게 큰 괴로움을 안겨준 것과 같은 위험한 길을 걷고 있는 것이다.

Galatians
갈라디아서
5:2-15

2 보라 나 바울은 너희에게 말하노니 너희가 만일 할례를 받으면 그리
스도께서 너희에게 아무 유익이 없으리라 3 내가 할례를 받는 각 사람
에게 다시 증언하노니 그는 율법 전체를 행할 의무를 가진 자라 4 율
법 안에서 의롭다 함을 얻으려 하는 너희는 그리스도에게서 끊어지고
은혜에서 떨어진 자로다 5 우리가 성령으로 믿음을 따라 의의 소망을
기다리노니 6 그리스도 예수 안에서는 할례나 무할례나 효력이 없으
되 사랑으로써 역사하는 믿음뿐이니라

2 Look: I, Paul, say to you that if you accept circumcision, Christ will
be of no advantage to you. 3 I testify again to every man who accepts
circumcision that he is obligated to keep the whole law. 4 You are
severed from Christ, you who would be justified[1] by the law; you have
fallen away from grace. 5 For through the Spirit, by faith, we ourselves
eagerly wait for the hope of righteousness. 6 For in Christ Jesus neither
circumcision nor uncircumcision counts for anything, but only faith
working through love.

7 너희가 달음질을 잘 하더니 누가 너희를 막아 진리를 순종하지 못하
게 하더냐 8 그 권면은 너희를 부르신 이에게서 난 것이 아니니라 9 적
은 누룩이 온 덩이에 퍼지느니라 10 나는 너희가 아무 다른 마음을 품
지 아니할 줄을 주 안에서 확신하노라 그러나 너희를 요동하게 하는
자는 누구든지 심판을 받으리라 11 형제들아 내가 지금까지 할례를 전
한다면 어찌하여 지금까지 박해를 받으리요 그리하였으면 십자가의
걸림돌이 제거되었으리니 12 너희를 어지럽게 하는 자들은 스스로 베
어 버리기를 원하노라

7 You were running well. Who hindered you from obeying the truth?
8 This persuasion is not from him who calls you. 9 A little leaven
leavens the whole lump. 10 I have confidence in the Lord that you will
take no other view, and the one who is troubling you will bear the
penalty, whoever he is. 11 But if I, brothers,[2] still preach[3] circumcision,
why am I still being persecuted? In that case the offense of the cross
has been removed. 12 I wish those who unsettle you would emasculate
themselves!

13 형제들아 너희가 자유를 위하여 부르심을 입었으나 그러나 그 자
유로 육체의 기회를 삼지 말고 오직 사랑으로 서로 종노릇 하라 14 온
율법은 네 이웃 사랑하기를 네 자신같이 하라 하신 한 말씀에서 이루
어졌나니 15 만일 서로 물고 먹으면 피차 멸망할까 조심하라

13 For you were called to freedom, brothers. Only do not use your
freedom as an opportunity for the flesh, but through love serve one
another. 14 For the whole law is fulfilled in one word: "You shall love
your neighbor as yourself." 15 But if you bite and devour one another,
watch out that you are not consumed by one another.

1 Or *counted righteous* *2* Or *brothers and sisters*; also verse 13 *3* Greek *proclaim*

단락 개관

율법을 따를 때의 결과

바울이 갈라디아 신자들에게 호소하는 모습이 갈라디아서 4:8 이후 그의 논증을 지배해왔다. 그 구절은 바울이 아브라함에게 주신 약속과 모세 율법 간의 대비를 거짓 가르침에 적용하기 시작한 지점이다. 4:21-31의 보다 해석학적인 논증조차 자유 안에 굳게 서라는 호소로 마무리되었다. 그리스도의 구속적 죽음이 갈라디아 신자들을 율법의 저주 또는 모든 문화적 강압으로부터 구하고 얻어낸 그 자유 안에 서야 한다는 말이다(5:1).

바울은 이제 갈라디아 신자들에게 율법에서의 자유 안에 굳게 서지 않을 경우(참고. 1절) 그 공동체에 닥칠 그리고 계속 영향을 미칠 결과를 제시함으로써 거짓 가르침을 배격하도록 호소한다. 이 거짓 가르침을 받아들인다는 것은, 그리스도가 이루신 속죄의 죽음이라는 하나님의 은혜로운 선물이 하나님께서 이루려고 하셨던 칭의의 과업에 적합하지 않다는 것을 의미한다(2-6절). 이는 또한 심판의 날에 하나님 앞에서 의롭게 되는 최종 목표를 향해 걷는 모든 발걸음을 멈추게 한다(7-12절). 더구나 믿음으로 의롭게 된다는 복음을 계속 견지하면 율법의 핵심이 성취될 테지만, 거짓 가르침의 결과는 서로 싸우고 분열되는 것뿐이다(13-15절).

마지막 대목(13-15절)은 과도적인 성격을 지닌다. 이는 이 단락으로 전환하게 한(1절) 율법에서의 자유라는 주제로 되돌아가는 한편, 다음 단락의 중요한 주제, 곧 사랑은 율법의 성취라는 주제를 가리킨다(5:16-6:10, 참고. 5:18, 22, 23; 6:2).

단락 개요

III. 바울이 갈라디아에서 복음을 변호하다(2:15-6:10)
D. 복음의 윤리적 결과(5:2-6:10)
1. 율법을 따를 때의 결과(5:2-15)

5장

주석

5:2-3 이 두 구절에 나온 바울의 경고가 중요하다는 것은 다음 두 가지 사실로 알 수 있다. 하나는 "보라"라는 표현이고, 다른 하나는 강조체로 바울 자신을 가리키는 것(참고. 고후 10:1)과 두 번째 문장에서 경고를 반복한다는 사실이다(참고. 갈 1:9). 이방인의 할례를 수용하는 것은 유대교로 완전히 개종하고 유대교 율법을 생활 방식으로 따르겠다는 표징이었다(예. Josephus, *Jewish War* 2.454; *Jewish Antiquities* 20.36-48).

바울의 관점에서 보면 그런 발걸음은 다음 두 가지를 가리키는 신호다. 하나는 그리스도의 죽음이 신자를 율법의 저주에서 구속할 능력이 있음을 믿지 못한다는 것이고, 다른 하나는 율법을 지켜서 그것으로 생명을 얻을 수 있는 자신의 능력을 믿는다는 것이다. 그러나 바울은 이미 율법은 그것을 지켜서 생명을 얻기 원하는 사람에게 완전한 순종을 요구한다고 길게 논증했다(3:10, 12). 이는 어떤 인간도 행할 수 없는 일일 뿐 아니라(2:16; 3:11) 하나님께서 율법을 줄 때 의도하신 일이 아니기도 하다(2:21; 3:21). 하나님께서 율법을 주신 것은 인간 죄성의 깊이를 보여주고, 유대인과 이방인 모두 복음을 믿음으로써 아브라함에게 주신 약속의 성취를 준비시키기 위해서였다(3:22).

5:4 로마서 7:2, 6에서는 바울이 여기서 "너희는…에게서 끊어지[다]"[카테르게데테 아포(*katērgēthēte apo*)]로 번역된 헬라어 구문을 사용해서 신자들이 율법에서 자유롭게 되거나 풀려나는 것을 거론한다. 이 표현은 전치사의 목적어가 동사의 주어에 아무런 영향을 주지 않는다는 뜻이다. 따라서 바울은 방금 갈라디아서 5:2-3에서 모세 율법을 채택하는 사람에 관해 말했던 내용을 강조하기 위해 이 어구를 사용하는 셈이다. 즉 그 사람은 그리스도가 아닌 율법을 선택한 만큼 이는 그리스도를 완전히 배척하는 것과 다름없다는 뜻이다.

바울은 그 이유를 마지막 구절("너희는…은혜에서 떨어진 자로다")로 설명한다. 하나님은 은혜롭게 그리스도와 그분의 죽음을 베푸시되, 죄를 다루고 온갖 유형의 인간들을 자기 백성으로 삼기에 완벽한 수단으로 그렇게 하셨다(1:4; 3:13-14; 4:5). 이 선물을 받아들이면서 그에 덧붙여 유대교로의 개종을 고집하는 것은, 하나님의 선물을 검토한 후 그것이 하나님께서 이루겠다고 말씀하신 과업에 부적합하다고 판단하는 것이다. 이는 속죄의 죽음이라는 하나님의 선물에 미지근한 반응을 보임으로써 하나님에 대한 불신을 나타내는 셈이다.

5:5 4절에서 바울은 갈라디아 신자들이 그리스도의 죽음에 모세 율법의 준수를 더하는 데 관심을 둔 것을 "율법으로 의롭게 되려고[디카이우스테(*dikaiousthe*)]하는 사람"(새번역)의 특징으로 묘사했다. 그는 이제 이 동사와 어원이 같은 명사 "의"[디카이오쉬네(*dikaiosynē*)]를 사용해 하나님 앞에서 신자의 올바른 자세를 묘사한다. 신자들은 최후 심판 날에 받을 형벌로부터 자유롭다는 하나님의 판결을 기다리고 있다.[74] 그들이 소망을 품고 이 판결을

74 이곳과 다음 대목에 나오는 "의"에 대해 이해하려면 다음 글을 보라. Douglas J. Moo, "Justification in Galatians," in *Understanding the Times: New Testament Studies in the 21st Century; Essays in Honor of D. A. Carson in the Occasion of His 65th Birthday*, ed. Andreas Köstenberger and Robert W. Yarbrough (Wheaton, IL: Crossway, 2011), 186-190.

기다리고 있을지라도, 그들 가운데 성령의 현존이 증언하듯이, 그 실현은 의심의 여지가 없다(참고. 3:2-5, 14; 4:6, 29).

바울은 종종 신자들의 칭의에 대해 과거 시제로 말하곤 한다(예. 3:6; 롬 5:1; 고전 6:11). 왜냐하면 그들이 좋은 소식을 처음 믿을 때, 즉 그리스도의 속죄의 죽음이라는 하나님의 선물이 그들을 마땅히 받을 형벌에서 구출해서 하나님과 화해시켰다는 소식을 믿을 때 일어난 일이기 때문이다(갈 3:6; 5:1). 그는 미래에 있을 칭의를 내다보면서, 신자들은 장차 임할 하나님의 진노로부터 구원받을 것이 확실하지만 그것은 최후의 날에야 완전히 실현될 것임을 다시 생각하는 듯하다. 그러므로 그날이 될 때까지 그리스도의 구속 사역이라는 하나님의 선물을 계속 신뢰하는 것이 중요하다.

5:6 일부 갈라디아 신자들이 이미 할례를 받았을 가능성을 고려하여, 바울은 신체적 수술 자체는 문제가 아니라는 것을 분명히 한다. 할례를 받지 않은 것에 본인의 신뢰를 두는 것은 할례에 신뢰를 두는 것만큼 문제가 되기 때문이다. 로마서에서 바울은 자기가 할례를 받지 않았다고 해서 교만해진 일단의 이방인들을 바로잡는다(롬 11:18, 20). 하나님과 올바른 관계를 맺는 것은 "믿음"의 문제, 즉 하나님께서 은혜롭게도 그분의 백성에게 화해와 생명을 베푸는 수단으로 그리스도의 속죄의 죽음을 주셨다고 믿는 "믿음"의 문제다. 그것은 할례 또는 무할례 같은 인간적 자격의 문제가 아니다. 의롭게 하는 믿음의 진정성은 남을 사랑하는 방식으로 뚜렷이 나타나고, 그런 사랑은 "성령의 열매"라고 바울이 나중에 말할 것이다(갈 5:22, 참고. 5절에 나오는 "성령으로").

5:7 이는 바울이 1-6절에서 초점을 둔 사실, 곧 갈라디아 신자들이 복음에 헌신한 채 인내하고 있다는 사실과 일관성이 있다. 바울은 그들이 마지막 날의 결승선을 향해 잘 나가다가 지금은 '방해받고' 있는 모습을 묘사하기 위해 운동 경기의 은유를 사용한다. '방해받다'로 번역된 헬라어 용어는 '자르다'[콥토(*koptō*)]와 '안'[엔(*en*)]이라는 뜻의 두 단어로 구성되어 있다. 이

그림은 달리기에서 누군가가 다른 누군가에게 '끼어들어' 그의 경주를 방해하는 모습이다.[75]

의롭게 하는 믿음은 일단의 교리에 지적으로 동의하는 것 이상이다. 이는 '진리를 순종하는 것'이라는 어구가 분명히 보여준다. 의롭게 하는 믿음은 복음을 주신 은혜로운 하나님을 향해 인생의 방향을 완전히 바꾸는 것이다(참고. 2:20; 롬 1:5; 10:16; 15:18; 16:26).

5:8 "권면"[설득, 페이스모네(*peismonē*)]이라는 용어는 바울이 방금 7절 끝에서 사용한 '순종하는'[페이테스타이(*peithesthai*)]이라는 용어와 밀접한 관계가 있다. 따라서 복음의 진리에 헌신한 삶과 갈라디아 신자들이 모세 율법에 헌신했다고 간주하는 삶을 암묵적으로 대조한다. 하나님을 "너희를 부르신 이"라고 부르는 것은, 바울이 이 편지의 서두에서 갈라디아 신자들이 "그리스도의 은혜로 너희를 부르신 이를 이같이 속히 떠[난]"(갈 1:6, 참고. 1:15) 것에 깜짝 놀라는 모습을 상기시킨다. 갈라디아 신자들이 의롭다고 여겨질 최후의 날을 향한 발걸음을 늦춘 "다른 복음"은, 복음의 중심인 하나님의 은혜에 대한 믿음을 약화시키고 인간의 행위와 인종을 판결을 결정하는 중요한 요소로 치켜세웠다.

5:9 이 흔한 유비(참고. 고전 5:6, Plutarch, *Roman and Greek Questions* 109)의 뜻은 자명하지만, "적은 누룩"이 거짓 선생들인지 또는 그들의 거짓 가르침인지는 분명치 않다.[76] 만일 거짓 가르침을 염두에 두고 있다면, "적은 누룩"은 할례 같은 모세 율법의 요소들을 채택함으로써 하나님의 은혜에 대한 믿음을 약화시키는 모든 시도를 묘사할 것이다.

75 CL, s.v. ἐγκόπτω.

76 다른 곳에서의 유비의 사용에 관해서는 다음 자료를 보라. BDAG, s.v. ζύμη; Dunn, *Galatians*, 276.

5:10 바울은, 다른 곳에서는 깜짝 놀라는 표정을 지음에도 불구하고, 하나님께서 갈라디아 신자들을 복음으로 돌아오게 하고 그들을 "요동하게 하는 자"를 심판하실 것을 믿는다. 바울은 그의 교회나 신자 개개인이 결국에는 빙 돌아서 올바른 관점에 도달할 것이라는 믿음을 종종 드러낸다(고전 1:8; 빌 1:6; 3:15; 몬 1:21). 한 말썽꾼(단수)에 대한 언급은 다른 곳에서 거짓 교사들을 언급하는 복수형(갈 1:7; 4:17; 6:12-13)과 대조를 이루지만, 바울은 아마 이방인 그리스도인에게 모세의 율법을 지켜야 한다고 가르치는 사람이면 누구든지 가리키려고 단수형을 사용했을 것이다.

5장

5:11 거짓 교사들은 아마 바울이 그의 독자들을 기쁘게 하려고 복음 전파의 내용을 바꾸고 있다고 비난했을 것이다. 바울은 사람들을 거슬리게 하지 않으려고 그의 행위를 조정한 것인데(참고. 고전 9:19-23; 10:32-33), 거짓 교사들은 바울이 전파하는 소식의 내용을 바꾸었다고 주장하기 위해 그의 행습에 대해 거짓말했을 것이다. 바울이 "지금까지" 할례를 전한다는 혐의를 언급한 것을 보면 한때는 할례의 중요성을 선전했다는 것을 인정하는 셈이다. 이는 바울이 회심하기 전에 품었던 율법, 특히 할례의 율법에 대한 열정을 말할 것이다(빌 3:4b-6, 참고, Josephus, *Jewish Antiquities* 20.43-45).

할례를 전파하는 것이 어째서 십자가에 대한 거부감을 제거하고 박해를 누그러지게 하는 것인가? 유대교는 바울이 활동했던 여러 문화에 친숙한 고대 종교였고, 십자가는 중범죄를 암시하는 끔찍하고 부끄러운 죽음이자 최하위 계급을 위해 준비된 형틀이었다.[77] 그리스도인으로 자처하는 사람들은 할례를 전파하고 십자가를 경시하는 만큼 그들의 메시지를 이방인과 유대인 모두에게 더욱 친숙하고 덜 반대할 만한 것으로 만들 수 있었다(참고. 고전 1:23).

77 Martin Hengel, *Crucifixion in the Ancient World and the Folly of the Message of the Cross* (Philadelphia: Fortress, 1977), 46-63.

5:12 "자기의 그 지체를 잘라 버리[다]"[아포콥토(*apokoptō*), 새번역]로 번역된 동사는 종종 절단을 가리킨다. 바울이 여기서 이 동사를 사용하듯이 70인역은 보다 문자적인 히브리어 어구 "음경이 잘린 자"(신 23:1)를 번역하는 데 사용할 수 있었다. 바울의 표현이 첫눈에는 잔인한 욕설처럼 보이지만 문화적 및 문학적 맥락을 살펴보면 이런 인상이 완화된다. 두 가지 고려 사항이 특히 중요하다.

첫째, 이 동사의 가장 기본적인 뜻은 '자르다'(cut off, 70인역 삼하 10:4 ; Plutarch, Nicias 26.3)이고, 바울은 갈라디아서 5:7에 나오는 비슷한 단어 '끼어들다'[cut in, 엔콥토(*enkoptō*)]를 갖고 말장난하고 있다.[78] 따라서 이 문장의 일차적인 뜻은 갈라디아 그리스도인들에게 '끼어들어서' 믿음의 진보를 방해한 자들이 갈라디아 신자들과의 접촉을 "스스로 베어버리기를" 바울이 바란다는 것이다.

둘째, 70인역이 이 용어를 절단을 가리키는 데 주로 사용하고 특히 신명기 23:1에서 사용된 것을 고려하면, 바울이 지금은 절단으로 여겨지는 할례(참고. 빌 3:2)를 염두에 두고 있다고 유추할 수 있다. 수신자들의 문화적 맥락은 로마 황제 클라우디우스가 후원하던 연례행사에서 여신 시빌레(Cybele)의 열광적인 남성 광신자들이 자신의 성기를 잘라내곤 하던 시대였다.[79] 당시의 문화적 맥락에서는 성기 절단에 대한 바울의 언급이 그런 의식을 끔찍하게 보는 현대의 문화적 맥락에서 우리가 느끼는 만큼 그리 거슬리지 않았다.

이런 각도에서 보면, 거짓 교사들이 할례를 고집하는 모습은 이방 종교적 행습의 몰상식한 절단과 유사하다는 뜻이다(참고. 갈 4:9-10). 그런 행습과 마찬가지로 신적 능력을 통제하려는 인간의 노력은 헛되다.

78 아포콥토(*apokoptō*)의 뜻에 관해서는 LSJ와 *BrillDAG*를 보라.

79 Lightfoot, *Galatians*, 207-208; Das, *Galatians*, 542.

5장

5:13-14 '왜냐하면'(ESV 참고, 개정개역에는 없음)은 갈라디아 그리스도인들이 왜 할례(참고. 12절)와 모세의 율법 전체(2-3절)를 채택하면 안 되는지 그 이유를 설명하겠다는 것이다. 그들을 자신의 백성으로 '부르신' 하나님은 "그리스도의 은혜로"(1:6), 즉 과분한 선물로서 그리고 더 이상의 조건 없이 그렇게 하셨다. 그러므로 그들은 모세의 율법을 채택하여 유대인이 되어야 한다는 주장에서 자유로운 셈이다.

그렇다고 해서 원하는 일이면 무엇이든 행할 자유가 있다는 뜻이 아니다. 그들은 여전히 "육체 가운데"(2:20) 살고 있고, 하나님의 영이 길들이지 않은 "육체"는 하나님께 불순종하도록 밀어붙일 것이다(참고. 2:16; 3:3; 4:23, 29; 5:16). 오히려 율법으로부터의 자유는 역설적으로 사랑의 유대 안에서 서로에게 종이 되도록 이끌어준다(참고. 5:6). 은혜로 하나님의 백성에 속한 결과 생겨난 사랑은 사실상 레위기 19:18에 표현된 모세 율법의 핵심 요건을 충족시킨다(참고. 막 12:31; 롬 13:9; 약 2:8).

5:15 사랑의 섬김과 대조를 이루는 것은 그리스-로마 세계에서 너무나 흔했던 악한 경쟁적 행동이다.[80] '물다'와 '먹다'로 번역된 용어들이 암시하듯이, 바울은 이런 행위를 동물의 행태에 비유하는 중이다(예. Demosthenes 25.40).[81] 이 비유 뒤에는 갈라디아의 거짓 가르침이 낳은 결과 중 하나가 있을 것이다. 의견 불일치와 분열이 예루살렘에서 디도를 둘러싸고, 안디옥에서 이방인과의 식탁 교제를 둘러싸고 일어났듯이(갈 2:11-14), 갈라디아에서도 발생했던 것이다.

80 이에 관해서는 Toner, *Popular Culture in Ancient Rome*, 11-53, 특히 52-53을 보라.

81 "그런데 피고는 무엇인가? '그는 민주주의 경비견이다'라고 그의 친구들이 외친다. 좋다, 그런데 어떤 종류의 개인가? 그가 늑대로 비난하는 자들은 결코 덥석 물지[다크네인(*daknein*)] 않지만, 그가 지키는 체하는 양을 잡아먹는[카테스티에인*katesthiein*] 개다." *Demosthenes with an English Translation*, trans. A. T. Murray, 3 vols., LCL(Cambridge, MA: Harvard University Press, 1939), 3:539, 541.

응답

이 단락은 하나님께서 우리와 화해하려고 취하시는 은혜로운 주도권이 기독교의 초점이라고 주장한다. 거짓 교사들은 갈라디아 신자들에게 그리스도에 대한 믿음에 유대교 행습을 더해야 한다고 말하고 있었고, 이것은 그들이 하나님의 은총 아래 있음을 확보하기 위한 작은 발걸음처럼 보였을 것이다. 그저 손해 보지 않도록 양다리를 걸치는 문제라고 말이다.

그러나 바울은 완전히 정반대의 견해를 취한다. 하나님의 은총을 얻으려면 율법의 계명 중 하나(할례)가 필요하다는 주장을 받아들이는 일은 그리스도를 완전히 배척하는 것이다(5:2-3). 그것은 복음을 전혀 다른 무엇으로 만들고(1:6), 이교주의에 빠지는 것이다(5:12, 참고. 4:9). 의롭게 하는 믿음은 다음 진리를 완전히 신뢰하는 것이다. 우리가 비록 하나님께 반역하는 성향을 지닌 죄 많은 피조물일지라도(2:16; 5:13), 하나님께서 그리스도의 죽음을 통해 율법의 저주를 제거하셨고(3:13) 그분의 설계대로 사랑하는 사람들로 변화시키기 시작하셨다는 진리다(3:27-29; 6:15). 이 모든 일은 하나님의 값없는 선물로 그리고 그분의 주도로 일어난다. 그래서 바울은 이 진리로부터 탈선하는 것을 은혜에서 떨어져 나가는 것이라 말하고(5:4), 갈라디아 신자들을 "자유"로 부르심을 받은 자들이라 부르는 것이다(13절). 하나님께 다리를 걸치려고 이 복음의 핵심 진리에 다른 종교적 요소(성지 순례, 정례적인 종교 행위, 헌금, 선교사 후원 또는 다른 선행들)를 더할 때마다, 우리는 기독교로부터 걸어 나와서 다른 종교로 들어가는 것이다. 이는 이런 요소들이 잘못이라는 의미(이것 역시 이단이다!)가 아니라, 만일 이런 것을 행하는 우리의 동기가 하나님의 은총을 얻기 위한 것이라면, 우리의 동기가 "다른 복음"(바울이 1:6-7에서 말하듯이, 이는 아예 복음이 아니다)에 기반을 둔 그릇된 것이라는 의미이다.

마르틴 루터(Martin Luther)는 5:2에 나오는 할례에 대한 바울의 접근에 대해 다음과 같은 현명한 주석을 썼다. "바울은 그 행위 자체를 논의하는 것이 아니다. 그에 대한 믿음이나 의로움을 덧붙이지 않는다면 그 자체는 전혀 잘못이 아니기 때문이다. 반면에 그는 그 행위가 어떻게 이용되는지를, 말하자면 그 행위에 믿음과 의로움이 더해지는 것을 논의하고 있다… 그는 행위 자체가 아무것도 아니라고 말하는 게 아니라, 행위에 대한 믿음과 행위에 기반을 둔 의로움은 그리스도를 소용없는 존재로 만든다고 말하는 것이다."[82]

그런즉 이 단락은 모든 시대의 그리스도인에게 다음의 진리, 즉 하나님께서 그들을 사랑하시고, 그들을 위한 그리스도의 죽음을 통해 그리고 그들을 변화시키는 성령의 사역을 통해 사랑을 보여주셨다는 것을 알면서 살라고 권면한다. 이 진리에 대한 믿음은 사랑으로 나타나기 마련이고, 그런 사랑은 결국 율법을 성취하게 되지만(6, 14절), 우리가 (아무리 선하고 고귀할지라도) 종교적 행위를 실천한다고 하나님의 사랑을 얻게 되는 것은 아니다.

82 Martin Luther, *Lectures on Galatians, 1535; Chapters 5-6, Lectures on Galatians, 1519, Chapters 1-6*, Luther's Works, ed. Jaroslav Pelikan and Walter A. Hansen, vol. 27 (St. Louis, MO: Concordia, 1964), 10-11.

Galatians
갈라디아서
5:16-6:10

5:16 내가 이르노니 너희는 성령을 따라 행하라 그리하면 육체의 욕심
을 이루지 아니하리라 17 육체의 소욕은 성령을 거스르고 성령은 육체
를 거스르나니 이 둘이 서로 대적함으로 너희가 원하는 것을 하지 못
하게 하려 함이니라 18 너희가 만일 성령의 인도하시는 바가 되면 율
법 아래에 있지 아니하리라 19 육체의 일은 분명하니 곧 음행과 더러
운 것과 호색과 20 우상 숭배와 주술과 원수 맺는 것과 분쟁과 시기
와 분 냄과 당 짓는 것과 분열함과 이단과 21 투기와 술 취함과 방탕함
과 또 그와 같은 것들이라 전에 너희에게 경계한 것 같이 경계하노니
이런 일을 하는 자들은 하나님의 나라를 유업으로 받지 못할 것이요
22 오직 성령의 열매는 사랑과 희락과 화평과 오래 참음과 자비와 양
선과 충성과 23 온유와 절제니 이 같은 것을 금지할 법이 없느니라
24 그리스도 예수의 사람들은 육체와 함께 그 정욕과 탐심을 십자가
에 못 박았느니라

5:16 But I say, walk by the Spirit, and you will not gratify the desires of
the flesh. 17 For the desires of the flesh are against the Spirit, and the
desires of the Spirit are against the flesh, for these are opposed to each

other, to keep you from doing the things you want to do. 18 But if you
are led by the Spirit, you are not under the law. 19 Now the works of the
flesh are evident: sexual immorality, impurity, sensuality, 20 idolatry,
sorcery, enmity, strife, jealousy, fits of anger, rivalries, dissensions,
divisions, 21 envy,[1] drunkenness, orgies, and things like these. I warn
you, as I warned you before, that those who do[2] such things will not
inherit the kingdom of God. 22 But the fruit of the Spirit is love, joy,
peace, patience, kindness, goodness, faithfulness, 23 gentleness, self-
control; against such things there is no law. 24 And those who belong to
Christ Jesus have crucified the flesh with its passions and desires.

25 만일 우리가 성령으로 살면 또한 성령으로 행할지니 26 헛된 영광을
구하여 서로 노엽게 하거나 서로 투기하지 말지니라
25 If we live by the Spirit, let us also keep in step with the Spirit. 26 Let
us not become conceited, provoking one another, envying one another.

6:1 형제들아 사람이 만일 무슨 범죄한 일이 드러나거든 신령한 너희
는 온유한 심령으로 그러한 자를 바로잡고 너 자신을 살펴보아 너도
시험을 받을까 두려워하라 2 너희가 [1)]짐을 서로 지라 그리하여 그리
스도의 법을 성취하라 3 만일 누가 아무것도 되지 못하고 된 줄로 생
각하면 스스로 속임이라 4 각각 자기의 일을 살피라 그리하면 자랑할
것이 자기에게는 있어도 남에게는 있지 아니하리니 5 각각 자기의 짐
을 질 것이라
6:1 Brothers,[3] if anyone is caught in any transgression, you who are
spiritual should restore him in a spirit of gentleness. Keep watch on
yourself, lest you too be tempted. 2 Bear one another's burdens, and so
fulfill the law of Christ. 3 For if anyone thinks he is something, when

he is nothing, he deceives himself. 4 But let each one test his own work,
and then his reason to boast will be in himself alone and not in his
neighbor. 5 For each will have to bear his own load.

6 가르침을 받는 자는 말씀을 가르치는 자와 모든 좋은 것을 함께 하
라 7 스스로 속이지 말라 하나님은 업신여김을 받지 아니하시나니 사
람이 무엇으로 심든지 그대로 거두리라 8 자기의 육체를 위하여 심는
자는 육체로부터 썩어질 것을 거두고 성령을 위하여 심는 자는 성령
으로부터 영생을 거두리라 9 우리가 선을 행하되 낙심하지 말지니 포
기하지 아니하면 때가 이르매 거두리라 10 그러므로 우리는 기회 있는
대로 모든 이에게 착한 일을 하되 더욱 믿음의 가정들에게 할지니라
6 Let the one who is taught the word share all good things with the one
who teaches. 7 Do not be deceived: God is not mocked, for whatever
one sows, that will he also reap. 8 For the one who sows to his own
flesh will from the flesh reap corruption, but the one who sows to the
Spirit will from the Spirit reap eternal life. 9 And let us not grow weary
of doing good, for in due season we will reap, if we do not give up.
10 So then, as we have opportunity, let us do good to everyone, and
especially to those who are of the household of faith.

1) 또는 무거운 짐을

1 Some manuscripts add *murder* *2* Or *make a practice of doing* *3* Or *Brothers and sisters*; also verse 18

단락 개관

참된 복음의 열매

5:16-6:10에서 바울은 기독교 공동체(그리고 이 공동체와 접촉하게 된 모든 사람, 6:10)가 그리스도께서 신자들에게 주신 자유(참고. 5:1, 13-14) 안에 굳게 설 때 따르는 유익한 결과에 초점을 맞춘다. 바울이 이미 앞 단락을 결론짓는 대목(5:13-15)에서 말했듯이, 이 자유는 아무것이나 할 수 있는 자유가 아니라 사랑으로 남을 섬기는 자유, 결국에는 모세 율법의 깊은 뜻을 성취하는 자유다. 바울은 5:16에서부터 신자들이 남을 사랑하도록 인도하고 그들에게 능력을 주는 성령의 역할에 초점을 둘 것이다(5:16-18, 22, 25; 6:1, 8). 하나님의 선물인 성령을 따라 사는 삶은 현재 갈라디아 교회들에 나타나는 분열(5:15), 하나님 은혜에 대한 열정 부족(5:2-12)과 대조를 이룬다.

이 단락은 바울이 갈라디아에 있는 "형제들[과 자매들]"에게 직접 말하는 구절(6:1)에 의해 두 부분으로 나뉜다.

첫째 부분(5:16-26)은 성령의 인도를 받는 삶이 어떤 모습인지 개관한다. 이 부분은 처음(16절)과 중간(18절)과 끝 무렵(25절)에 하나님의 영과 함께하는 삶에 대한 언급으로 구두점이 찍힌다. 신자들은 성령과 함께 '걷고', '성령의 인도를 받고', '보조를 맞추게' 된다. 여기서 우리는 인간이 하나님의 영과 협력하는 것에 대한 강조(16절)와 성령의 주도적인 인도와 능력 부여(18, 25절) 간의 균형을 보게 된다. 성령의 인도를 경험하는 것은 주관적일 수 있는 만큼, 바울이 열거한 두 가지 대조적인 목록("육체의 일"과 "성령의 열매")은 어느 한쪽에 굴복할 때의 결과를 묘사한다. 이는 누군가가, 예컨대 '분노의 폭발'(20절)을 성령의 인도로 돌리거나, 거꾸로 육체에 굴복하는 성향을 다른 사람의 '친절'(22절) 때문으로 돌리는 것을 막아준다. 두 목록은 사회적 조화를 파괴하는 혹은 격려하는 속성들로 가득 차 있다.

둘째 부분(6:1-10)은 성령의 인도를 받는 삶이 갈라디아 교회에서 어떤 모습으로 나타날 것인지 구체적으로 개관한다. 바울은 그 공동체의 '영적'

지도자들에게 앞에서 묘사한 경쟁적이고 공격적이며 자기주장을 내세우는 행위(5:15, 26)가 아니라, 어쩌다 실패한 신자들이 다시 성령과 함께하는 길로 돌아가도록 부드럽게 돕는 짐을 짊어지라고 권면한다(6:1-5). 바울은 그 공동체에 속한 정통적인 그리스도인 교사들을 잘 돌보되, 신자들이 모든 사람의 선을 위해 행해야 하는 아름답고 유익한 일의 본보기로서 그렇게 하라는 권고로 이 부분을 마무리한다(6-10절).

단락 개요

III. 바울이 갈라디아에서 복음을 변호하다(2:15-6:10)
D. 복음의 윤리적 결과(5:2-6:10)
2. 참된 복음의 열매(5:16-6:10)

주석

5:16 "[그러나] 내가 이르노니"는 바로 앞의 대목(13-15절, 참고. 4:1)을 더욱 상세히 설명할 것임을 나타낸다. 율법에서의 자유를 육체의 기회로 삼지 않고 남을 사랑하는 기회로 삼는 것(5:13)이 어떻게 가능할까? '성령을 따라 걸을' 때 가능하다. '걷다'는 한 사람의 삶에 대한 접근을 묘사하는 흔한 은유다(예. 왕하 20:3; Arrian, *Discourse of Epictetus* 1.18.20). 즉 여기서 바울은 신자들에게 하나님의 영 안에서 걷도록 권면한다. 그 영은 그들이 하나님의 백성에 속해 있고(갈 3:1-5) 하나님의 자녀(4:6)임을 보여주실 뿐만 아니라 하나님의 창조 목적에 따라 살도록 도와주기 위해(참고. 5:5) 그들 가운데 강력한 능력으로 임재하시기 때문이다.

5:17 갈라디아 신자들이 '성령을 따라 걸을'(5:16) 필요가 있는 이유는 신자마다 육체 가운데 살고(2:20), 또한 성령을 받았으며(3:2, 5; 4:6; 5:5), 육체와 성령이 서로 대적하기 때문이다. ESV는(개역개정도) 그 갈등의 목적이 신자들로 하여금 원하는 것을 못하게 하려는 것이라고 번역한다. 이것이 헬라어 구문[히나(*hina*) + 가정법]의 가장 일반적인 뜻이기는 하지만, 동일한 구문이 때로는 어떤 행동의 결과를 언급하기도 하는데, 여기서는 후자일 개연성이 있다.[83] 육체와 성령이 대적한 결과, 신자들 마음속 깊이 행하기 원하는 올바른 일이 그들에게 하나의 몸부림이 되곤 한다. 이 때문에 바울이 성령 안에서 걷고 성령과 보조를 맞추도록 권면하는 것이다(5:16, 25, 참고. 롬 8:1-14).

5장

5:18 성령은 죄가 율법을 이용해 신자들을 속박시킨 상태(3:23)에서 자유롭게 했다. 로마서 7:13-25에 나오는 비참한 사람의 절망적인 몸부림은 더 이상 그들의 모습이 아니다. 그들은 이제 죄의 유혹에 저항할 수 있다(항상 그렇게 하지는 않겠지만, 참고 롬 8:14).

5:19-21 갈라디아 교회들의 문제 중 하나는 죄의 정의(定義)였다. 거짓 교사들은 유대인과 이방인 사이의 식탁 교제가 유대인에게 죄악된 것이고(2:12-13), 유대교에 끌렸으나 할례를 무시한 이방인은 죄를 짓고 있다고 가르친 것 같다(참고. Josephus, *Jewish Antiquities* 20.44-45). 죄의 정의를 명백히 하려고 그것은 "분명하[다]"고 바울이 말한다. 이는 무엇이 죄에 속하는지가 모든 문화에 인식되고 있다는 뜻이다(참고. 5:23; 롬 1:32).[84]

그는 이어서 15가지 죄를 악덕 목록으로 나열한다. 이 목록은 네 부분으로 나뉜다. 성적인 죄("음행", "더러운 것", "호색"), 종교적인 죄("우상 숭배", "주

83 Daniel B. Wallace, *Greek Grammar Beyond the Basics: An Exegetical Syntax of the New Testament* (Grand Rapids, MI: Zondervan, 1996), 472-473; BDAG, s.v. ἵνα 3.

84 Bruce, *Galatians*, 246.

술"), 사회적인 죄("원수 맺는 것", "분쟁", "시기", "분 냄", "당 짓는 것", "분열함", "이단", "투기") 그리고 과도함의 죄("술 취함", "방탕함")다. 이 목록이 대표적 성격을 지니고 있음은 "그와 같은 것들"이라는 어구가 분명히 가리킨다.

이런 푯말이 달린 길을 내려가는 사람은 성령이 아니라 육체 안에서 걷는 것이고, 그 길은 하나님 나라 바깥에서 끝난다. 하나님 나라를 '상속 받는다'는 개념은 바울의 주장, 곧 갈라디아 신자들이 바로 하나님의 양자이자 아브라함에게 주신 약속(그분의 자손이 땅을 상속받을 것이다)의 상속자들이라는 주장(3:25-4:7)을 상기시켜준다. 바울이 방금 묘사한 대로 무정하고 사회적으로 악한 방식으로 사는 것은 그 사람이 성령을 받지 않았고, 하나님의 자녀가 아니며, 하나님 나라를 상속받지 못할 것임을 드러낸다.

5:22-24 그런 "육체의 일"(5:19)과 대조를 이루는 것은 성령의 "열매"다. 여기서 "열매"는 수확 같은 유용하고 유익한 것을 가리킨다(예. 막 4:7-8). 처음 세 가지 속성("사랑", "희락", "화평")은 종종 평안한 느낌과 연관이 있다. 하지만 육체의 "일"과 성령의 "열매" 간의 병행 관계는 바울이 능동적인 미덕들을 염두에 두고 있음을 시사한다.[85] "사랑"은 남들에게 유익을 준다(참고. 갈 5:5-6, 13-14). "희락"(기쁨)은 고난을 받는 가운데 생긴다(참고. 골 1:11). "화평"은 "분 냄과 당 짓는 것과 분열함과 이단"보다 강하다(참고. 갈 5:20). "오래 참음", "자비", "양선", "충성" 그리고 "온유"는 자연스럽고 육신적인 반응이 가혹함, 보복, 포기일 경우에 뚜렷이 드러난다(고후 6:6; 골 3:12-13; 딤후 2:25, 4:7).

"절제"[엔크라테이아(*enkrateia*)]로 번역된 헬라어 단어는 바울의 편지 중에 여기에만 나오지만[ESV는 딤전 2:9, 15; 딤후 1:7에 나오는 다른 헬라어 단어들을 '절제'(self-control)로 번역한다, 참고. 갈 3:3], 이는 다른 모든 미덕의 저변에 깔린 미덕이다. 이는 성령의 능력으로 열매들을 얻게 되지만, 그 열매들이 삶 속에

85 참고. Das, *Galatians*, 578-580.

드러날 때 신자가 수동적 역할을 하는 게 아님을 상기시켜준다.

"이 같은 것을 금지할 법이 없느니라"는 말은 이런 것들이 널리 귀하게 여겨지는 미덕임을 주장한다. 누구든지 이런 미덕들의 진가를 인정하고 이해하기 위해 굳이 모세의 율법을 채택해서 유대인처럼 될 필요가 없다.

5:24 십자가에 못 박힌 그리스도와의 연합(참고. 2:19-20)은 육체의 악한 충동을 극복하는 수단으로서 모세의 율법과 대조적인 위치에 있다(5:23). 하나님께서 그리스도의 죽음을 통해 그들을 죄로부터 구원하셨다는 좋은 소식을 믿는 사람들은, 불순종하는 자에게 임하는 율법의 저주에서 풀려났을 뿐 아니라(3:13; 4:5) 하나님을 향해 방향이 바뀐 삶을 즐거워한다. 바울은 이 방향 전환을 본인의 예전 생활 방식을 그리스도와 함께 십자가에 못 박은 것으로 은유적으로 묘사한다(2:19-20, 참고. 6:14; 롬 6:6). 그리고 이는 "육체의 일"(갈 5:19-21)에 등을 돌리고 그 대신 "성령의 열매"를 맺는 것(5:22-23)을 포함한다는 점을 분명히 한다.

5:25 바울은 자기가 시발점으로 삼았던 생각으로 되돌아가서 이 단락을 마무리한다. 바로 '성령을 따라 걸을' 또는 '성령에 의해 살아갈' 필요성이다. 성령과 '보조를 맞추다'[스토이케오(*stoicheō*), ESV 참고]라는 은유는 16절에 나오는 '걷는 것'의 개념에 변화를 준 듯 보인다. 또는 바울이 성령의 인도를 따른다는 생각을 전달하려는 것일 수도 있다. 마치 로마서 4:12이 말하듯이 복음을 믿는 사람들은 "우리 조상 아브라함이…가졌던 믿음의 자취를 따르는(스토이케오) 자들"인 것처럼 말이다. 어느 경우든, 성령과 보조를 맞춘다는 것은 단지 본인이 옳다고 느끼는 일을 행하는 문제가 아니라 바울이 갈라디아서 5:22-23에서 묘사한 방식으로 살아갈 때 성령의 인도를 따라가는 문제다.

5:26 25절이 16절의 생각으로 되돌아가듯이, 여기서 바울은 앞 단락(2-15절)의 끝인 15절의 생각으로 되돌아간다. 이 문장과 15절은 거짓 가

르침이 갈라디아 교회에게 미친 영향 중 하나를 언급하는 듯하다.

'잘난 체하기'[케노독소스(*kenodoxos*), 새번역], '싸움 걸기'[프로칼레오(*prokaleō*), 공동번역] 그리고 '질투하기'[프토네오(*phthoneō*), 새번역] 등은 질투심 때문에 다른 사람들에게 싸움을 거는 자랑꾼의 행실을 묘사한다. 풍자 작가이자 문화 비평가였던 사모사타의 루키안(Lucian)은 바울보다 한 세기 후에 글을 썼으나 여전히 바울의 문화적 세계에 속한 인물이다. 그는 대화록 《심포지움》, 《라피타이》에서 철학자들의 교만과 위선을 풍자하기 위해 '싸움을 걸다'와 '질투하다'를 함께 사용한 바 있다. 배경은 손님 중에 많은 철학자들이 섞인 결혼 피로연이다. 한 장면에서 냉소주의 철학자 한 명이 모든 사람을 주목시키는 어릿광대의 능력을 '질투하기'(프토네오) 시작하고 마침내 상대방에게 '싸움을 건다'(프로칼레오).

거짓 교사들이 갈라디아에 왔을 때 신학적 논쟁이 벌어졌을 테고, 그 논쟁이 진행되는 동안 서로 자기가 잘났다고 우기는 분파적인 경쟁 분위기가 생겨났을 것이다. 이런 자만심이 질투와 분열을 낳는 모습은 성령과 보조를 맞추는 삶과 성령의 열매("사랑과 희락과 화평과 오래 참음과 자비와 양선과 충성과 온유와 절제", 5:22-23)를 맺는 것과 정반대라고 바울이 말한다.

6:1 문장의 서두에 나오는 "형제들아"는 새로운 대목이 시작된다는 신호(참고. 3:15)다. 이 대목은 5:26의 경쟁적이고 공격적인 행위와 대조를 이루는 5:22-23의 행위를 좀 더 구체적으로 묘사한다. 경쟁적이고 공격적인 사람은 스스로를 드러내기 위해 남의 실패를 이용하지만, 여기서 바울이 묘사하는 기독교 공동체의 모습은 그와 전혀 다르다.

'붙잡히다'["caught", 프로렘프테(*prolēmphthē*), ESV 참고)]로 번역된 수동태 동사로 보건대 그 행동의 주어가 무엇인지는 불분명하다. 바울은 어떤 사람이 범죄를 저지르는 모습을 '다른 그리스도인들'이 붙잡은 것을 묘사하는가, 아니면 '범죄 자체'가 그 사람을 붙잡는 모습을 묘사하는가? 바울의 요점에 비추어 생각하면 범죄 자체가 누군가를 붙잡는 모습을 묘사할 가능성이 더 많다. 이 가련한 사람을 돕는 이들은 스스로 범죄를 경계해야 한다는 바울의 경고가 이런 독법을 확증하는 듯 보인다.[86] 바울은 두 절 모두에서 범죄를 주된 행위자로 의인화하고 있다.

마태와 마가는 여기서 '바로잡다'[카타르티조(*katartizō*)]로 번역된 용어를 어부가 그물을 손질해서 온전하게 회복시키는 모습을 묘사하는 데 사용한다(마 4:21; 막 1:19).[87] 바울은 기독교 공동체 내에서 성령과 보조를 맞춰 걷는 이들이 잘못을 범한 형제나 자매로 다시 그 공동체의 멤버가 되도록 열심히 돕는 모습을 묘사하고 있다(참고. 고후 2:5-8; 딤후 2:24-26).

6:2 이처럼 회복시키려는 노력은 남의 짐을 짊어지는 본보기다. 죄에 빠진 이들의 영적 상태를 회복시키려면 인내와 시간과 감정적 투자가 필요하기 때문에, 바울은 이를 다른 사람의 짐을 지는 것으로 묘사하는 것이다(참고. 고후 11:28-29; 고전 9:19-23; 10:31-11:1). 그는 또한 그런 일을 "그리스도의 법"을 성취하는 것으로 말하는데, 이는 앞에서 율법을 이웃 사랑의 계명으로 요약한 구절(갈 5:14)로 되돌아가게 한다. 이 요약 역시 모세 율법의 핵심에 관한 그리스도의 가르침(막 12:31, 참고. 마 22:39)을 잘 반영한다.

6:3 바울은 방금 말한 방식으로 그리스도인이 사랑으로 서로를 지지해야 하는 이유를 설명하기 위해 5:26에서 묘사한 교만한 태도로 되돌아간다. 그리스도인이 그렇게 해야 하는 이유는 그런 행습이 그리스-로마 세계에서 너무도 중시되던 기만적인 개념과 완전히 상반되기 때문이다. 당시에는 자기가 잘났다는 것을 보여주려면 남들 위에 군림하는 능력, 사회에서 영광을 받는 모습, 자기를 내세우는 태도(참고. 고후 10:12)가 필요했다. 신자들이 만일 그리스도와 함께 부끄러운 십자가의 죽음을 겪었고 그리스도에 대한 믿음으로 산다고 하면(갈 2:20, 참고. 5:24), 영광과 권력을 얻기 위한 세

86 이 동사를 이렇게 이해하는 견해를 보려면 Das, *Galatians*, 601-602를 참고하라.

87 BDAG, s.v. καταρτίζω.

상의 공격적 방법 역시 그들에게는 십자가에 못 박혔고 그들 역시 세상에 대해 못 박혔다(6:14b). 그들은 오로지 그리스도의 십자가만 자랑할 뿐이다(6:14a, 참고. 빌 1:21a).

6:4 이 진술의 더 넓은 맥락이 가리키듯이, 바울은 지금 사람들에게 타인보다 그들 자신에 관해 자랑하라고 격려하는 게 아니다. 그런 생각은 자만과 질투를 피하라는 5:26의 강조점과 모순된다. 또한 바울이 다른 곳에서 주는 훈계("아무 일에든지 다툼이나 허영으로 하지 말고 오직 겸손한 마음으로 각각 자기보다 남을 낫게 여기고" 빌 2:3; "서로 우애하고 존경하기를 서로 먼저 하며" 롬 12:10)에서 멀리 벗어날 것이다. 오히려 바울이 사용하는 전치사 [in, 에이스(*eis*)]는 '대하여'라는 뜻이고, 그는 본인에 대한 자신감의 기초를 본인의 "일"에 대한 냉정하고 진실한 평가에 두라고 강조하고 있다.

6:5 미래 시제("질 것이라")는 최후의 심판(참고. 갈 5:10)을 가리키며, 이는 각 사람이 스스로를 남들과 비교해서 자랑하기보다 그 자신에 대해 신경을 써야 하는 이유다. 갈라디아서 6:3-5에 나오는 생각의 흐름은 로마서 14:10-12의 흐름과 비슷하다. 거기서 바울은 로마의 그리스도인에게 서로를 심판하는 자리에 앉거나 서로를 멸시하지 말라고 권면하면서 "우리는 각각 자기 일을 하나님께 사실대로 아뢰어야 할 것"(새번역)이기 때문이라고 한다.

6:6 헬라어 본문을 보면 바울이 한 단어[데(*de*)]로 주제를 살짝 바꾸는 듯하다. 이를 번역가들이 때로는 '그럼에도 불구하고'(NIV) 또는 '그런데'("now", NET)로 번역하지만 대다수 번역본(ESV 포함)은 아예 번역하지 않는다. 바울은 3-5절에서 주로 기독교적 사고방식 내지는 태도에 관해 말했지만, 이제는 선행의 실천이 중요하다는 점으로 되돌아갈 것이다(참고. 1-2절).

바울이 이 권고에서 두 번 사용하는 가르침[카테케오(*katēcheō*)]이라는 용어는 고대 문헌에 어떤 주제에 관한 '정보를 주다'라는 뜻으로 나온다(예. Josephus, *The Life* 366). 그러나 바울의 편지들에서는 언제나 유대교 또는 기독교의 가르침을 가리킨다(롬 2:18; 고전 14:19). 이 문맥에 나오는 '나누다', '심다', '거두다' 등의 용어가 보여주듯이, 바울의 권고는 물질적 지원과 관련이 있다(참고. 갈 6:7-9; 롬 12:13; 15:27; 고전 9:11; 고후 9:12-14; 빌 4:15-17).[88] 고대에는 학생 또는 그의 가족이 보통 그의 선생을 지원했고, 바울은 교회 지도자들이 교회로부터 지원받는 것에 찬성하는 만큼(고전 9:4-12; 딤전 5:17-18) 이 가르침에 놀라운 점은 없다. 바울이 이 교훈을 강조하는 이유는 거짓 교사들이 그토록 큰 영적 손상을 입힌 상황에서 정통 기독교 가르침에 특히 주목할 필요가 있었기 때문일 것이다.

6장

6:7 바울이 "자기를 속이지 마십시오"(새번역)라는 명령을 다른 곳에서 사용할 때는 심각한 죄악들에 대해 경고하는 대목, 즉 너무나 심각해서 그런 죄를 범하는 자들은 하나님 나라를 상속받을 수 없거나(고전 6:9-10) '하나님을 아는 지식이 없음'(고전 15:33-34)을 드러낸다고 하는 대목이다. 여기서 이 어구를 사용하는 것은 바울이 갈라디아 신자들에 대해 무척 염려하면서 신학적으로 올바른 길을 회복시킬 정통 기독교 선생들을 찾으라고 권면하는 모습을 보여준다. 심는 것과 거두는 것 같은 이미지는 정통적인 선생들에 대한 물질적 지원을 가리키고(고전 9:11; 고후 9:6, 10), 이를 확보하는 데 시간과 노력이 들겠지만 그 영향(갈 6:18)을 생각하면 충분한 노력을 기울일 만한 가치가 있다.

6:8 '썩어짐'으로 번역된 용어는 기본적으로 '분해, 질적인 하락'을 가리키고, 이는 모든 물체가 낡아서 떨어지고 허물어지는 경향을 말한다. 바울이 이 용어를 사용하는 것은 종말론적 맥락, 곧 하나님께 반역한 상태에 있는

88 참고. Lightfoot, *Galatians*, 218; Betz, *Galatians*, 306n144.

구속받지 못한 세상과 하나님께서 그분의 백성이 영생하도록 준비하신 밝은 미래(롬 8:21; 고전 15:42, 50) 간의 대조적 모습을 그리는 맥락에서다. 말하자면 각 사람이 자신의 자원을 영원하지 않은 즉 언젠가는 더 이상 존재하지 않을 목적을 위해 사용하거나, 기독교 공동체 내에서 정통적인 가르침의 지원같이 생명을 주는 영원한 하나님의 목적을 위해 사용하는 것이 가능하다는 말인 듯하다.

6:9 바울이 이제 심기와 거두기에 관한 원리를 '선을 행하는 것'으로 확대한다. '선한'[칼로스(*kalos*)] 일은 어울리는, 유용한, 아름다운 어떤 것을 생산하려는 노력의 산물이다. '선한' 것은 신자와 불신자가 똑같이 선하다고 널리 인정하는 것이다(롬 12:17; 고후 8:21; 딤전 3:7; 5:25)[89]. 이와 같은 것을 생산하는 데, 그리고 기회가 생길 때마다 선한 것을 선택하는 데 들어가는 노력(갈 6:10)은 바울이 갈라디아 신자들에게 잃지 말라고 격려하는 내적 헌신을 포함한다. '지치다'[엥카케오(*enkakeō*), ESV 참고]로 번역된 동사는 어려움에 부딪힐 때 '낙심하다'라는 뜻일 수 있고(엡 3:13; 고후 4:16), '포기하다'[에클뤼오(*eklyō*)]라는 동사는 고갈된 힘 또는 '바닥나다'를 의미한다.[90]

6:10 바울이 여기서 사용하는 용어 "착한"[아가토스(*agathos*)]은 종종 '유익한'이라는 뜻을 지닌다(참고. 엡 4:29).[91] 신자들은 그들의 시간, 에너지 그리고 돈을 더 넓은 사회와 다른 신자들을 돕는 일에 써야 한다.

"믿음의 가정"이라는 표현은 참된 복음에 대한 믿음이 그들을 한 가족으로 만든다는 것을 의미한다. 이는 바울이 이 편지에서 줄곧 강조해왔던 주제다. 그가 갈라디아 그리스도인들을 부르기 위해 "형제들[과 자매들]"이

89 BDAG, s.v. καλός.

90 BDAG, s.v. ἐγκακέω, ἐκλύω.

91 BDAG, s.v. ἀγαθός.

라는 표현을 자주 사용할 때(갈 1:11; 3:15; 4:12, 28, 31; 5:11, 13; 6:1, 18)뿐 아니라 신자들은 아브라함의 자손이자 하나님의 양자들이라는 긴 논증(3:6-4:31)을 펼 때에도 그랬다.

응답

이 단락은 그리스도인의 삶이 두 가지 성향, 곧 하나님께 반역하고 자기중심적인 삶을 영위하고 싶은 선천적인 성향과 하나님을 기쁘게 하고픈 성령으로 변화된 의지 사이의 갈등으로 점철되어 있음을 상기시켜준다. 이 단락은 이런 긴장의 성격과 더불어 이에 대처하도록 하나님께서 그분의 백성에게 주신 자원들을 묘사한다.

갈등의 성격은 5:16에서 바울이 신자들에게 육체의 욕망을 '채우려고'[텔레오(*teleō*)] 하지 말라고 권고할 때 분명해진다. 이 동사는 '실행하다, 이루다, 채우다'를 의미할 수 있고 '목표'를 뜻하는 명사[텔레오(*telos*)]와 연관된 단어다. 일부 번역본은 16절의 동사를 '실행하다'로 번역하는데(예. CEB, CSB, NASB, NET), 이는 바울이 육체로부터 명령을 받아서 그것을 이루는 것을 가리킨다고 암시한다. 따라서 바울의 가르침은 신자들의 삶이 절대로 "육체의 일"(5:19)을 나타내지 않는다는 것이 아니라, 신자는 성령의 능력으로 인해 육체의 노예가 되지 않을 뿐 아니라 불가피하게 육체의 뜻을 이룰 운명이 아니라는 것이다. 칼빈은 이렇게 말한다. "영적인 사람은 육체의 정욕과 그 선동에서 자유롭지 않지만 그런 것이 그를 다스리도록 허용하지 않는다."[92]

바울은 기독교 윤리에 관한 한 현실주의자다.[93] 그는 신자들이 하나님

92 Calvin, *Epistles*, 102.

93 참고. Dunn, *Galatians*, 285.

의 뜻에 따라 공동체를 세우는 방식으로 사랑의 삶을 살려고 분투하고 있음을 알지만, 그들이 또한 삶에서 성령의 열매(5:22-23)를 맺기 위해 노력하기를, 그리고 선행을 하는 데 지치지 않기를(6:9) 바란다. 따라서 우리는 5:22-23의 모습을 삶으로 드러내지 못한다고 해서 낙심하면 안 된다. 그 대신 우리의 죄를 인정하고(참고. 2:17), 그리스도의 죽음을 힘입어 하나님께 용서를 구하고(1:4; 2:16; 3:13; 4:5, 참고. 롬 4:7), 성령과 보조를 맞추는 삶으로 되돌아가야 한다(갈 5:25).

하지만 성령과 보조를 맞추어 걷는 것은 그저 더 잘 행동하려고 애쓰는 것이 아니다. 성령은 우리가 관계를 맺는 실재하는 강력한 인격인 만큼 어디까지나 우리를 도우신다. 그분은 우리에게 하나님과 사랑의 관계를 맺고 있다는 확신을 주심으로써(5:6; 롬 8:15-17), 그리고 우리에게 육체가 아니라 하나님을 섬기고 싶은 열망을 주심으로써(갈 5:17; 롬 8:5-8) 그런 일을 행하신다.

갈라디아서 6:1-10에서 바울은 또한 성령이 다른 신자들을 통해 우리가 그분과 보조를 맞추어 걷도록 도우신다고 강조한다. 1절에 나오는 '영적인'(개역개정은 "신령한")과 '영'(개역개정은 "심령")이 이를 가리킨다. 지역 교회에서 다른 신자들과 나누는 교제는 성령 안에서 걷는 일에 매우 중요하다. 우리 교회 또는 교회 내 소그룹에서 성령의 인도를 따르는 데 실패했을 때 성령과 다시 보조를 맞추도록 도와주는 다른 신자들과 친구관계를 맺을 수 있다(1-2절). 아울러 하나님의 뜻에 따라 선행을 하려고 애쓸 때 동지들을 만나고(9-10절), 성령의 인도를 분별하는 데 필요한 기본 지침을 알려주는 정통적인 가르침(6-8절)을 얻을 수도 있다.

Galatians

갈라디아서

6:11-18

11 내 손으로 너희에게 이렇게 큰 글자로 쓴 것을 보라 12 무릇 육체의
모양을 내려 하는 자들이 억지로 너희에게 할례를 받게 함은 그들이
그리스도의 십자가로 말미암아 박해를 면하려 함뿐이라 13 할례를 받
은 그들이라도 스스로 율법은 지키지 아니하고 너희에게 할례를 받게
하려 하는 것은 그들이 너희의 육체로 자랑하려 함이라 14 그러나 내
게는 우리 주 예수 그리스도의 십자가 외에 결코 자랑할 것이 없으니
그리스도로 말미암아 세상이 나를 대하여 십자가에 못 박히고 내가
또한 세상을 대하여 그러하니라 15 할례나 무할례가 아무것도 아니로
되 오직 새로 지으심을 받는 것만이 중요하니라 16 무릇 이 규례를 행
하는 자에게와 하나님의 이스라엘에게 평강과 긍휼이 있을지어다
11 See with what large letters I am writing to you with my own hand.
12 It is those who want to make a good showing in the flesh who
would force you to be circumcised, and only in order that they may
not be persecuted for the cross of Christ. 13 For even those who are
circumcised do not themselves keep the law, but they desire to have
you circumcised that they may boast in your flesh. 14 But far be it from

me to boast except in the cross of our Lord Jesus Christ, by which[1]
the world has been crucified to me, and I to the world. 15 For neither
circumcision counts for anything, nor uncircumcision, but a new
creation. 16 And as for all who walk by this rule, peace and mercy be
upon them, and upon the Israel of God.

17 이 후로는 누구든지 나를 괴롭게 하지 말라 내가 내 몸에 예수의 흔적을 지니고 있노라

17 From now on let no one cause me trouble, for I bear on my body the marks of Jesus.

18 형제들아 우리 주 예수 그리스도의 은혜가 너희 심령에 있을지어다 아멘

18 The grace of our Lord Jesus Christ be with your spirit, brothers. Amen.

1 Or *through whom*

단락 개관

바울이 그의 관심사를 요약하다: 편지의 결말

바울은 이제 그의 비서로부터 펜을 받아서 친필로 주된 관심사를 요약한다. 스스로 펜을 들고 큰 글자로 쓴다는 것(갈 6:11)은 거짓 교사들이 갈라디아 신자들 가운데 거둔 성공에 대해 얼마나 강렬한 감정을 느끼는지를 보여준다. 이 대목의 핵심은 할례에 대한 바울의 관점과 거짓 교사들의 관

점을 비교하며 양자가 전혀 다르다는 것을 보여주는 내용이다(6:12-16).

갈라디아 신자들에게 할례를 강요하려는 거짓 교사들의 열정은 두 가지 동기에서 나온다. 그들은 복음으로 인한 박해를 피하고 싶고(12절), 갈라디아 신자들을 대상으로 한 할례 캠페인의 성공을 자랑하기 원한다(13절). 달리 말하면 그들은 고난을 피하기 위해 복음을 불신 세상의 입맛에 맞추기 원하고, 그들 스스로를 인상적인 모습으로 가꾸기 원한다.

그러나 바울에게는 세상의 기준과 평판이 더 이상 중요하지 않다(14-15절). 로마 세계에서 십자가에 못 박힌 사람들은 최악의 박해를 당하고 공적인 명예를 모두 빼앗기는 경험을 했다. 그들은 더 이상 세상에서 붙잡을 것이 없었다. 하나님은 바울을 새로운 세계로 인도하셨고, 거기서는 할례와 무할례 같은 옛 경계들이 더 이상 중요하지 않았다(14절). 이 새로운 세계는 하나님의 창조이고(15절), 바울은 이방인 그리스도인과 유대인 그리스도인("하나님의 이스라엘") 모두 이 세계 안에 살고 거기서 지배하는 평강과 긍휼을 경험하기를 간절히 바란다(16절).

편지의 마지막 두 문장은 2개의 주된 부분들을 요약한다. 바울은 예수님에게 신실한 삶을 살아왔는데, 그 예수님은 바로 하나님께서 바울 자신에게 계시하신 분이고, 그분을 통해 이방인에게 복음을 전하라는 부르심을 받았기 때문이다(17절, 참고. 1:10-2:14). 그리고 바울은 갈라디아 신자들이 하나님의 은혜의 복음으로 되돌아가기를 원한다(6:18; 2:15-6:16).

단락 개요

IV. 바울이 그의 관심사를 요약하다: 편지의 결말(6:11-18)

- A. 편지의 주된 관심사의 중요성(6:11)
- B. 거짓 교사들의 동기(6:12-13)

C. 바울의 동기(6:14-17)

D. 갈라디아 교인들이 하나님의 은혜를 경험하도록 기도하다 (6:18)

주석

6:11 바울은 보통 그의 편지를 비서가 받아쓰게 했으나(예. 롬 16:22) 이따금 좀 더 개인적으로 인사를 하거나(고전 16:21; 골 4:18), 편지의 진정성을 보장하거나(살후 3:17), 어떤 약속을 보증하기 위해(몬 1:19) 친필로 몇 마디 인사를 건네곤 했다. 여기서는 이례적으로, 강조하기 위해 편지의 나머지 부분을 친필로 그리고 큰 글자로 쓰고 있다.[94]

6:12 "육체의 겉모양을 꾸미길 좋아하[다]"[유프로소페오(*euprosōpeō*), 새번역]로 번역된 헬라어 동사는 흔치 않은 단어로 주전 2세기 후기의 파피루스 편지에 나온다. 그 편지에 한 시청 관리가 형제에게 그 수치가 전년도 수익에 못 미치지 않는 재정 보고서를 쓸 때 '겉모양을 잘 꾸미도록' 조언하는 대목에 나온다. 따라서 이 용어는 좋은 인상을 주는 것을 가리키며 상황을 실제보다 더 나은 것처럼 보이기 위해 진실을 과장한다는 뉘앙스를 지닌다.[95]

갈라디아 이방인들로 할례를 받게 하는 것은 그들의 신분을 유대인으로

94 예. Bruce, *Galatians*, 268.

95 이에 상응하는 형용사[유프로소포스(*euprosōpos*)]는 더 흔하고 종종 "겉보기에 매력적인, 허울 좋은"이라는 뜻으로 쓰인다(LSJ). 명사[프로소피아(*prosōpia*)] 역시 드문 편이고, 할리카르나소스(Halicarnassus)의 디오니시오스(Dionysius)의 글에서는 "허울 좋은 겉모습"이라는 뜻으로 나온다.

합법화함으로써 그들이 믿었던 십자가 중심 복음의 참된 본질을 가릴 것이다.[96] 만일 갈라디아 그리스도인들이 정치적 선동죄(마 27:37)로 십자가에 못 박힌 종교 지도자를 예배하는 비유대인으로 남는다면, 그들은 그들 자신과 (거짓 교사들과 같은) 다른 이들에게 박해를 초래할 수 있었다. 거짓 교사들은 또한 기독교를 안 믿는 동료 유대인들, 즉 복음에 따르면 그리스도의 십자가 죽음을 통해 아브라함의 복(그리고 하나님의 백성에 포함되는 것)이 이제는 할례 받지 않은 이방인들에게 흘러갈 수 있다고(갈 3:13-14) 제대로 이해하는 유대인들로부터 오는 박해를 염려했을 것이다.

6장

6:13 '왜냐하면'(ESV 참고, 개정개역에는 없음)은 바울이 거짓 교사들의 기만적인 의도와 비겁한 농기에 대한 그의 수상을 뒷받침하려는 것을 보여준다. 그들 스스로가 율법을 지키지 않는다는 그의 진술은 앞에서 개진한 논점, 즉 아무도 율법을 지킬 수 없다는 논점(2:16, 21; 3:10-13, 참고. 5:3)을 반영하는 것일 수 있다. 하지만 이 문맥은 거짓 교사들의 위선에 초점을 두는 만큼, 어쩌면 모세 율법에 대한 순종과 관련해 그들이 자신에게 요구하는 것보다 갈라디아 신자들에게 더 높은 기준을 요구한다는 뜻일 수 있다. 그들이 갈라디아인의 육체를 자랑하기 원한다는 추가적인 혐의는, 그들이 다른 유대주의적 그리스도인들에게 갈라디아 사역의 결과를 보고하고 싶어 한다는 뜻이다(예. 2:4-5, 12; 행 15:1).

6:14 바울은 이제 그 자신의 관점과 방금 묘사한 거짓 교사들의 모습을 대조한다. 십자가 형벌은 사회의 최하층 계급, 특히 노예와 폭도를 위해 마련된 잔인한 처형 형태였다. 그것은 명예를 높이 받들었던 문화에서는 심한 수치와 연관되어 있었다.[97] 우리가 6:12 주석에서 살펴보았듯이, 일부

96 참고. 5:11 주석.

97 Hengel, *Crucifixion*, 4, 44, 46-63.

유대인 진영에서는 바울의 입장, 곧 복음을 이해할 때 그리스도의 십자가 죽음에 중심적인 위치를 부여하는 입장이 이방인들을 하나님의 백성으로 영입하는 것과 연관되어 있기 때문에 현상 유지에 대한 위협거리로 비쳤을 것이다.

하지만 바울이 보기에는 십자가에 못 박힌 그리스도가 불신 세상의 기준을 거꾸로 뒤집어버렸다. 하나님은 그 이타적인 구원 행위(갈 1:4; 2:20)를 통해 바울의 죄를 용서하셨고, 바울이 모든 사람에게 복음을 통해 하나님과 화해하고 서로 화해하라는 메시지를 전파하도록 보내셨다(2:15-21, 참고. 엡 2:11-3:13).

6:15 다음으로 바울은 세상에 대한 새로운 관점이 거짓 교사들의 주된 관심사인 할례에 대한 견해에 어떤 영향을 주는지 설명한다. 거짓 교사들과 달리, 바울은 결코 할례를 자랑하지 않을 테지만 또한 무할례도 결코 자랑하지 않을 것이다. 바울은 이 쟁점에 아무것도 부여하지 않았다. 왜냐하면 그것은 궁극적인 의미가 없는 차별을 표시하기 때문이다. 참된 복음을 믿는 이들에게는 할례를 받은 자와 할례를 받지 않은 자로 나누던 시대가 끝났다. 그리스도의 구속적인 죽음(갈 3:13; 4:5)과 성령의 도래(3:1-5, 14; 4:6; 5:5, 16-18, 22, 25)가 이루어진 이후에는 하나님께서 세상을 재창조하기 시작하셨으며, 그 출발점은 인종과 상관없이 그분 백성의 윤곽을 새롭게 짜는 일이다(3:28, 참고. 고후 5:17).

6:16 바울은 특정한 사람이나 표준과 보조를 맞추다는 일렬로 '걷다'(스토이케오)라는 윤리적 언어로 되돌아간다(참고. 갈 5:25). 이 표준을 형성하는 "규례"는 6:15에 나오는 간결한 문장, 특히 새로운 창조와 관련된 둘째 부분이다. 갈라디아에서 이 규범과 일렬로 걷는다는 것은, 유대인이든 이방인이든 누구나 다양한 기독교 공동체의 교제 속으로 받아들인다는 것을 가리킨다. 또한 참된 복음에 충실하다는 것은 그리스도인의 교제에 어떤 장벽도 있을 수 없다는 뜻이다. 예컨대 안디옥에서 게바와 다른 유대 그리

스도인들이 유대인과 이방인 사이에 두려고 했던 그런 장벽이 없어야 한다는 것이다(2:11-14).

하지만 바울은 이스라엘이 구원 역사에서 차지하는 특별한 위치를 인정하고(롬 3:1-2; 9:4-5; 엡 2:12; 딤후 3:15), "하나님의 이스라엘"에 대한 축도로 이 점을 분명히 한다. 이는 아마 유대인 신자들을 언급할 것이다. 그리고 6:15의 무할례 역시 아무것도 아니라는 진술처럼, 그것은 바울이 이 편지에서 할례, 율법 또는 유대인에 대해 반론을 펴는 데 관심이 없고 오직 구원을 위해 유대인처럼 되는 것을 요건으로 삼은 거짓 교사들에 반대하는 일에만 관심이 있다는 것을 드러낸다.

6:17 "흔적"[스티그마타(*stigmata*)]이라는 명사는 '찌르다'[스티조(*stizō*)]라는 뜻의 동사에서 유래한다.[98] 그래서 "흔적"은 보통 피부를 바늘로 찌르고 잉크를 칠해서 만드는 문신이었다. 고대에 문신은 때때로 장식에 불과했으나 대다수는 종교적이거나(예. 사 44:5) 형벌적인(예. Petronius, *Satyricon* 103.1-5; 105.11-106) 의미가 있었다. 바울의 시대에는 통상적으로 사회적인 지위가 떨어진 것의 표시였다.[99]

바울은 방금 거짓 교사들이 할례를 옹호해서 박해를 피한다고 공격했던 만큼(갈 6:12), 여기서는 그와 대조적으로 그가 참된 복음을 신실하게 전하고 그 신실함으로 인해 받은 난폭한 학대의 상처를 가리키는 듯하다(고후 11:23-25). 따라서 예수님의 "흔적"에 대한 언급은 사회적 의미와 종교적 의미를 모두 갖고 있는 셈이다. 그런 흔적은 불신 "세상"의 손에 의해 미천하게 되었다는 표시(갈 6:14)인 동시에 예수님께 헌신한다는 표시이기도 하다(참고. 사 44:5).

98 C. P. Jones, "Stigma: Tattooing and Branding in Graeco-Roman Antiquity," *JRS* 77 (1987): 142.

99 같은 책, 139-140, 143-150.

6:18 바울의 편지들 중 잔존한 모든 편지는 하나같이 끝부분에 이와 비슷한 은혜의 축도를 담고 있고, 두 편(로마서와 고린도전서)을 제외한 모든 편지에서는 이곳처럼 편지의 마지막 줄에 나온다. 이 은혜의 축도는 빌립보서 4:23과 빌레몬서 25절에 나오는 것들과 거의 동일하다. 여기서는 대명사 "우리"와 두 단어("형제들아…아멘")만 더할 뿐이다.

그렇다고 이 마지막 진술이 그저 형식에 불과하다는 뜻은 아니다. 이는 서두에 나오는 은혜의 축도(갈 1:3)와 짝을 이루며 편지 전체를 가장 두드러진 주제들 중 하나로 둘러싸고 있다. 바울은 이 편지에서 다루려고 하는 문제를 갈라디아 신자들이 그리스도의 은혜 안에서 그들을 부르신 하나님을 버리는 것으로 규정짓는다(1:6, 참고. 5:6). 또한 복음의 핵심을 하나님께서 그리스도의 죽음을 통해 그분의 백성과 화해하시는 은혜로운 행동으로 규정짓는다(2:21, 참고. 1:4; 3:13; 4:5).

따라서 "우리 주 예수 그리스도의 은혜"는 그리스도가 아버지 하나님께 대한 순종(참고. 4:4-5)이자 하나님 백성에 대한 무조건적인 사랑의 표현(1:4; 2:20)으로 보여주신 값비싼 친절이다. 그것은 고대의 전형적인 선물과 달리 자격이 전혀 없는 자들에게 주어진 선물(2:16; 3:10-13, 22-23)이되, 고대의 대다수 선물처럼 그것을 베푼 이에게 감사하며 살도록 요구하는 선물이다.[100]

응답

갈라디아의 거짓 교사들은 교회에서 연줄을 잘 맺는 지도자들임이 분명했지만, 그들은 복음을 왜곡했고, 그들의 영향을 받는 이들에게 참된 복음에서 등을 돌리라고 강요했다. 자신들의 안락함과 명성을 위해 그렇게 한 것

100 John M. Barclay, *Paul and the Gift* (Grand Rapid, MI: Eerdmans, 2015), 24-50, 569.

이다. 이 낯익은 일화를 계기로 바울은 갈라디아서에서 줄곧 인간의 죄성이 얼마나 깊은지 강조한다.

모세 율법처럼 하나님께서 주신 선한 것을 잘 따른다고 해서 우리가 반드시 하나님께 신실하게 순종하는 것이 아니다. 오히려 이 선한 것을 죄악된 목적을 위해 이용하고 있을지도 모른다. 이것이 바로 바울이 회심해서 소명을 받기 이전, 즉 유대 전통에 대한 열정으로 인해 교회를 박해했던 시절에 행했던 일이다. 이것이 바로 게바가 안디옥에서 유대의 음식법으로 인해 이방인 그리스도인들에게 유대인이 되라고 강요할 때 행했던 일이다. 이것이 바로 거짓 교사들이 갈라디아에서 성경을 이용해 신자들에게 할례를 받도록 강요할 때 행했던 일이다. 오늘날 기독교 지도자들도 복음을 더 많은 군중에게 매력적으로 보이게 만들어서 그들로 교회의 재정과 건물 그리고 명성을 키우는 데 기여하게 하려고 복음을 깎아내고 왜곡할 때는 이와 똑같은 길을 따르는 셈이다.

바울은 6:14-15에서 이처럼 복음을 방해하는 자기기만에 대한 해독제를 준다. 우리는 그리스도인으로서 주변 세상이 따르는 것과 전혀 다른 북소리에 맞춰 행진하고 있다는 것을 인식해야 한다. 안락함과 명성이 우리의 목표라면, 우리는 아직 세상에 대해 십자가에 못 박히지 않았고 하나님께서 새롭게 창조하신 생명을 경험하지 못하고 있다. 그러나 바울이 5:16-24에서 육체와 성령 간의 갈등에 대해 말하듯이, 하나님께 반역하는 세상의 풍조는 계속 우리의 삶 속으로 스며들려고 한다. 모든 그리스도인은, 특히 교회에서 리더십을 가진 이들은 하나님을 향해 눈을 열어 자신이 혹시 복음을 왜곡시키지는 않는지, 교인들이 자신의 명령을 따르도록 조종하지는 않는지, 교회를 이용해 안락함과 명성을 키우고 있지는 않은지를 보게 해달라고 기도해야 한다. 그런 기도는 하나님께 그들을 통해 성령의 열매("사랑과 희락과 화평과 오래 참음과 자비와 양선과 충성과 온유와 절제")가 나타나게 해달라고 간구하는 긍정적인 대목으로 끝나도 좋다.

6장

참고문헌

Bruce, F. F. *The Epistle to the Galatians: A Commentary on the Greek Text*. NIGTC. Grand Rapids, MI: Eerdmans, 1982.

이는 20세기의 최고 복음주의 신약학자로 꼽히는 저자가 쓴 간명한 주석이다. 헬라어를 아는 독자들에게 가장 유용하고, 역사적 및 언어적 정확성이 돋보이는 주석이다.

Das, A. Andrew. *Galatians*. ConcC. St. Louis, MO: Concordia, 2014.

이 철저한 주석에는 본문에 대한 상세한 석의와 이 편지의 역사적 배경에 관한 정확하고 균형 잡힌 논의가 담겨 있다. 아울러 편지의 풍부한 신학을 놓치지 않고, 본문을 교회의 삶에 풍성하게 또 통찰력 있게 적용한다.

Moo, Douglas J. *Galatians*, BECNT. Grand Rapids, MI: Baker Academic, 2013.

이 주석은 편지의 헬라어 본문을 다스의 주석보다 더 간결하게 다루지만 중요한 석의적 이슈에 대해서는 사실상 모두 다룬다. 논란이 되는 구절들에 대한 논의는 신중하고, 명쾌하며, 상당히 꼼꼼하다.

Schreiner, Thomas R. ZECNT. *Galatians*, Grand Rapids, MI: Zondervan, 2010.

이 주석은 다스의 주석이나 무의 주석보다 더 간결하면서도 헬라어 본문과 대화하고 헬라어를 거의 또는 전혀 모르는 독자들에게 유용하다. 이 주석은 중요한 석의학적 및 신학적 문제들에 대해 명쾌하고 균형 잡힌, 그러나 비교적 짧은 논의를 하고, 그 가운데 상당 부분을 본문을 신자의 영적 성장에 실질적으로 적용하는 일에 할애한다.

Westerholm, Stephen. *Perspectives Old and New on Paul: The "Lutheran" Paul and His Critics*. Grand Rapids, MI: Eermans, 2004.

이 멋진 책은 갈라디아서를 지배하는 두 가지 이슈인 바울의 칭의 신학과 모세 율법에 대한 이해를 다룬다. 저자는 먼저 어거스틴에서 바울에 대한 '새로운 관점'에 이르기까지 이런 이슈들에 대한 바울 해석자들의 견해에 대해 균형 잡힌 비평을 제공한다. 이어서 해당되는 본문들에 대한 그 자신의 해설을 제공하는데, 이는 루터의 바울 해석을 재천명하는 편이다.

에베소서

ESV 성경 해설 주석

벤자민 L. 머클 지음

ESV EXPOSITORY COMMENTARY

ESV Expository Commentary

Ephesians

에베소서 서론

개관

사도 바울은 에베소(또는 그 근처)에 사는 그리스도인에게 그들의 믿음을 북돋우고, 연합을 단단하게 하고, 거룩해지도록 권면하기 위해 이 책을 썼다. 이 책의 전반부(엡 1-3장)는 다음 여섯 가지 항목을 통해 탄탄한 신학적 토대를 마련해준다. (1) 신자들이 그리스도와의 연합 안에서 얻은 하나님의 큰 은혜와 영적인 복들을 상기시키고(1:3-14), (2) 그들이 하나님을 아는 지식과 하나님께서 그들을 위해 그리스도 안에서 이루신 일을 아는 지식에서 자라도록 기도하고(1:15-23), (3) 신자들의 구원을 이루신 하나님의 은혜를 강조하고(2:1-10), (4) 이방인이 예전에는 하나님과 그분의 백성으로부터 소외되었으나 이제는 믿음을 통해 그리스도와 연합한 결과 그분께 용납될 수 있음을 묘사하고(2:11-22), (5) 이방인을 위한 그의 독특한 사역과 그것이 '하나님의 비밀'과 어떤 관련이 있는지를 묘사하며(3:1-13), (6) 그의 독자들을 위해 두 번째로 기도, 즉 그들이 강건해지고, 그리스도의 사랑을 깨닫게 되고, 하나님의 충만함으로 가득 차게 해 달라고 기도한다(3:14-21).

4장에서 바울은 이 영광스러운 진리들을 수신자들의 일상생활에 적용한다. 그는 에베소 신자들에게 그리스도의 몸을 세우는 데 다양성이 필요함을 인지하는(4:7-16) 한편 통일성을 유지하며 행하라고(4:1-6) 권면한다. 다음으로 믿지 않는 이방인처럼 행하지 말며 옛 자아를 벗어버리고 새로운 자아를 입으라고 권면한다(4:17-24). 특히 하나님을 본받고 사랑 안에서 행함으로써 그렇게 해야 한다(4:25-5:2). 부도덕함과 탐욕을 피하는 대신 빛 가운데 살아야 한다(5:3-14). 신중하게 걷고, 지혜로워지고, 하나님의 뜻을 깨달으며, 성령으로 충만해야 한다(5:15-21). 바울은 또한 교회 내의 다양한 관계들인 (1) 아내와 남편(5:22-33), (2) 자녀와 부모(6:1-4), (3) 종과 주인(6:5-9) 등에 대해 다룬다. 끝으로 그는 신자가 영적 전쟁의 현실을 인식하고 그 전투를 준비해야 한다고 강조한다(6:10-20). 기도하고 인내하며 하나님의 전신갑주를 입고 꿋꿋하게 서야 하는 것이다. 이어서 두기고를 추천하는 말과 마지막 축도로 편지를 마무리한다(6:21-24).

제목

이 편지는 수신인과 그들이 사는 도시의 이름을 따서("에베소에 있는 성도들", 1:1) 명명되었다. 또한 로마에서 2년에 걸친 투옥 기간에 썼을 가능성이 많아서 빌립보서, 골로새서, 빌레몬서와 나란히 '옥중 서신' 중 하나로 알려져 있다.

저자

저자는 스스로를 "하나님의 뜻으로 말미암아 그리스도 예수의 사도 된 바울"(1:1)이자 "그리스도 예수의 일로 너희 이방인을 위하여 갇힌 자 된 나 바울"(3:1)이라 밝힌다.[1] 바울은 예전에 바리새인이자 그리스도인의 박해자였다가 다메섹으로 가던 도중에 회심하여(주후 35년경) 그리스도의 부름을 받아 사도가 된 인물이다. 그는 교회의 가장 위대한 선교사이자 신학자 중 한 명이 되었고 신약 중 13편의 책을 쓴 저자다.

저작 연대와 배경

바울이 에베소서를 쓴 시기는 로마에서 투옥되어 있던 기간(주후 60-62년)일 가능성이 가장 많다. 바울은 옥중 서신 모두에서 그의 투옥을 언급한다(빌 1:7, 13, 14, 16, 17; 골 4:3, 10; 몬 1:9, 10, 13, 23). 에베소서에서는 스스로를 "그리스도 예수의 일로…갇힌 자"(엡 3:1), "주 안에서 갇힌 내가"(4:1) 그리고 "쇠사슬에 매인 사신"(6:20)이라고 밝힌다. 사도행전 28:30에 따르면, 바울은 로마에서 2년 동안 방문객을 받는 자유를 누리며 가택 연금을 당했다고 한다.

이 편지의 집필 계기를 정확히 알기는 어려운데, 이는 바울의 편지들 중 가장 일반적이라 특수한 성격이 잘 드러나지 않기 때문이다. 에베소서는 일차적으로 (오로지 그런 것은 아니지만) 이방인 그리스도인에게 쓴 편지다(2:11-12; 3:1; 4:17). 이 수신자들은 바울의 투옥에 대해 알고 있고(3:13; 4:1), 바울의 형편을 더 자세히 알려줄 두기고의 방문을 받게 될 것이다.

이 편지의 목적을 파악하는 일 역시 그동안 도전 거리였다. 하지만 바울이 이 글을 쓸 때 여러 목표가 있었던 것 같다. 그 목표들은 (1) 수신자들에게 셀 수 없는 복을 가져오는 하나님과의 연합을 상기시킴으로써 그들의

1 에베소서의 저자에 관한 더 많은 논의는 서론의 '해석상 과제'를 보라.

믿음을 북돋는 것, (2) 유대인과 이방인의 연합을 증진시키는 것, (3) 어둠의 세력과 싸우는 등 거룩함을 추구하도록 권면하는 것이다.

장르와 문학적 구조

에베소서는 바울의 다른 편지들과 비슷하게 전형적인 서신 구조를 따른다. 저자, 수신인, 인사 등 통상적인 규칙으로 시작된다(1:1-2). 바울은 그 자신이 "하나님의 뜻으로 말미암아 그리스도 예수의 사도"가 되었고 그의 수신인은 "에베소에 있는 성도들과 그리스도 예수 안에 있는 신실한 자들"이라고 덧붙인다(1:1). 이에 더해 통상적인 헬레니즘식 인사가 부연되어 있다. "하나님 우리 아버지와 주 예수 그리스도로부터 은혜와 평강이 너희에게 있을지어다"(1:2).

당시에 감사와 (또는) 기도를 포함하는 바울의 대다수 편지들과 달리, 에베소서에는 신자들이 그리스도와의 연합을 통해 받는 복들로 인해 바울이 하나님을 송축하는 긴 단락이 나온다(1:3-14). 이와 비슷한 송축 내지는 찬미를 담고 있는 다른 유일한 편지는 고린도후서다(고후 1:3-7). 그 다음 단락에는 에베소 신자들로 인한 감사와 기도가 담겨 있다(엡 1:15-23, 참고. 3:14-21).

에베소서의 본론은 두 단락으로 나뉜다. 교리적 내지는 신학적인 단락(1:3-3:21)과 윤리적 내지는 실제적인 단락(4:1-6:20)이다. 바울의 명령법 사용이 이 구분을 돕는다. 이 편지에 나오는 40개의 명령이 첫째 단락에는 단 하나만 나오고(2:11), 나머지 39개는 둘째 단락에 등장한다. 윤리적 단락의 첫 세 구절(4:1-3)은 4-6장이 이루려는 기본 취지를 설명하는데, 이 단락의 주요 부분마다 나오는 '행하다'라는 핵심 단어가 이를 보여준다[4:17(2번); 5:2, 8, 15, 참고. 2:2, 10]. 본론은 편지 전체의 클라이맥스에 해당하는 기도의 권면으로 마무리된다(6:10-20).

본론에는 줄곧 다른 여러 문학적 특징들도 나타난다. 바울은 4개의 명시적인 구약 인용문들(예. 4:8에 나오는 시 68:18)과 많은 구약 암시들을 사용하는데, 이는 구약의 핵심 용어들과 개념들(선택, 구원의 투구, 소망, 아버지, 자비, 약속, 구속, 성전, 지혜)을 사용하는 것으로 나타난다. 바울은 또한 (아내와 남편, 자녀와 아버지, 종과 주인의 관계를 다루는) 그리스-로마 문학의 것들과 비슷한 '가정 규례'뿐만 아니라 초기 기독교의 전통적 재료(엡 4:4-6; 5:14)도 사용하는 듯하다. 에베소서는 본론에 이어 편지를 전달하는 사람인 두기고에 대한 언급(6:21-22)을 포함하는 마지막 문안 그리고 기도(6:23)와 축도(6:24)로 마무리된다.

신학

에베소서의 풍부한 신학이 이 편지를 바울 서신들 가운데 두드러진 위치로 끌어올렸다. 피터 T. 오브라이언(Peter T. O'Brien)은 "에베소에 보낸 편지는 기독 교회에서 가장 영향력 있는 문헌 중 하나"[2]고 "에베소에 보낸 편지는 여태껏 쓴 가장 의미심장한 문헌 중 하나다"[3]라고 이 말한다. 서론에서 많은 주제를 검토할 수 있지만, 이 편지의 집필 계기 및 목적과 밀접한 관계에 있는 세 가지만 강조하려고 한다.

그리스도론

바울은 그리스도의 중추적 역할을 강조한다. 그는 그리스도(46번), 예수(20

2 Harold W. Hoehner, *Ephesians: An Exegetical Commentary* (Grand Rapids, MI: Baker, 2002), 1.

3 Peter T. O'Brien, *The Letter to the Ephesians*, PNTC (Grand Rapids, MI: Eerdmans; Leicester: Apollos, 1999), 1.

번), 주(23번) 그리고 하나님의 아들(1번) 같은 다양한 용어를 사용하면서 신자가 소유하는 복과 특권의 기반을 그리스도의 사역에 둔다.[4] 이런 호칭들 중 다수는 "예수 그리스도", "그리스도 예수" 그리고 "주 예수 그리스도" 같은 복합어에 사용되었다. 게다가 바울은 "그리스도 안에서"라는 어구를 아홉 번 사용할 뿐만 아니라 "그 안에서"(5번), "그분 안에서"(in whom, 7번), 또는 "사랑하시는 자 안에서"(1번)같이 동일한 개념을 전달하는 다양한 구문을 사용하기도 한다.

에베소서의 초점은 그리스도의 죽음에 함께한 신자와 그리스도의 연합(참고. 1:7; 2:13, 16; 5:2, 25)에 있기보다 그리스도의 부활과 승천과 즉위에 함께한 신자와 그분의 연합(1:20-23; 2:5-6)에 있다. 신자가 받는 모든 영적인 복들은 "그리스도 안에" 있다. 그리스도가 하늘과 땅에 있는 '모든 것을 통일시키실' 것이다(1:10). 모든 것이 그분에게 복종하게 되고 그분이 만물 위에 계신 머리다(1:22). 신자는 그리스도의 피를 통해 하나님께 가까이 가고 이는 평화를 가져온다(2:13-14). 그리스도는 교회의 모퉁잇돌(2:20)이시고 그분의 교회에 리더십의 은사를 주셨다(4:7-11). 교회는 그리스도의 신부(5:25, 32)면서 그리스도의 몸이다(1:23; 4:12; 5:23, 30). 끝으로 바울은 신자가 소유하는 현재의 유익이 그리스도 안에 있기 때문에 생긴 결과라고 강조한다. 이런 유익은 단지 미래의 유익에 불과한 것이 아니다.

교회론

바울은 교회의 중요성을 강조한다. 이 용어 자체는 편지에 아홉 번 나오지만, 신자의 공동체를 가리키는 다른 표현들도 있다. 바울이 다른 편지들에서는 하나님 백성의 지역적 표출로서의 교회에 초점을 맞추지만, 에베소서에서는 보편 교회가 더 큰 주목을 받는다(1:22; 3:10, 21; 5:23, 24, 25, 27, 29,

4 단어 수는 헬라어 신약본(UBS[5])에 기초해 있다.

32). 특히 유대인과 이방인은 구원을 공유하기 때문에 하나가 된다는 점을 무척 강조한다. 유대인과 이방인을 나누던 담이 허물어졌기 때문에 둘은 하나가 되어(2:14) "한 새 사람"(2:15)이 창조되었다. 그리스도가 구속하신 사람들은 '동료 시민들'이고 '하나님 집안의 가족들'이다(2:19). 그들은 다함께 독특한 건물인 '거룩한 성전'을 구성하고, 이는 '하나님이 거하시는 장소'가 되었다(2:21-22).

하나님의 부르심에 합당하게 행하려면 그들이 "평안의 매는 줄로 성령이 하나 되게 하신 것을 힘써 지[켜야]" 한다(4:3). 이어서 바울은 "몸이 하나요 성령도 한 분이시니…주도 한 분이시요 믿음도 하나요 세례도 하나요 하나님도 한 분이시니 곧 만유의 아버지시라"고 선언한다(4:4-6). 교회는 또한 그리스도의 신부이자 몸으로 묘사된다. 끝으로 그리스도는 교회의 머리로서 교회를 다스리신다(1:22-23; 4:15; 5:23).

성화

바울은 신자가 경건한 삶을 영위해야 한다고 역설한다. 그리스도인은 그리스도와 연합된 만큼 삶이 그 실재와 일관성이 있어야 한다는 것이다. 그러므로 바울은 수신자들에게 그들이 이미 그리스도 안에서 누군지를 상기시킨다. 비록 예전에는 '외국 사람과 나그네'였지만 지금은 '동료 시민'이다(2:19). 이방인으로서 한때는 "허망한 생각으로"(4:17, 새번역) 살아갔지만, 지금은 더 이상 '지각이 어두워진' 사람들, '무지 가운데 살아가는' 사람들, '마음이 완고한' 사람들(4:18), "자기들의 몸을 방탕에 내맡기고…모든 더러운 일을" 하는 사람들(4:19, 새번역)처럼 살면 안 된다. 오히려 바울은 그들에게 출신 배경(2:11)을 기억하고 그들의 부르심에 "합당하게 행하[라]"(4:1)고 촉구한다. 그들은 옛 자아를 "벗어버리고"(4:22) 의로움과 거룩함을 위해 창조된 '새로운 자아를 입어야'(4:24) 한다. 스스로 어떻게 살고 있는지 주의 깊게 살펴보며 지혜로운 결정을 내려야 한다(5:15).

나아가 바울은 5:22-6:9의 가정 규례를 통해 아내, 남편, 자녀, 아버지,

종, 주인에게 구체적인 교훈을 제시한다. 끝으로 거룩한 삶을 영위하는 일은 단지 우리의 죄성과 싸우는 것일 뿐 아니라 "하늘에 있는 악의 영들을 상대[하는]"(6:12) 초자연적인 전투도 포함한다고 말한다.

성경 다른 본문 및 그리스도와의 관련성

에베소서는 골로새서와 나란히 신약에서 가장 그리스도 중심적인 책 중 하나로 인정받아 왔다. 에베소서의 독특한 그리스도 중심적 측면 중 하나는 1:9-10에 나오는 바울의 주장, 곧 "하나님의 계획은, 때가 차면, 하늘과 땅에 있는 모든 것을 그리스도 안에서 그분을 머리로 하여 통일시키는 것"(새번역)이라는 주장이다. 바울은 인간의 역사가 그리스도 안에서 통일되고 성취되는 것이 바로 하나님의 계획이라고 말한다.

그리스도가 부활과 승천으로 사망을 정복하셨기 때문에 신자들 역시 하나님의 은혜로 살아나서 그분의 가족으로 입양되고, 죄로부터 구속되었을 뿐만 아니라 영적으로 일으켜져서 천상의 장소에 그리스도와 함께 앉게 되었다. 1:3-14에 나오는, 그리스도인이 그리스도 안에서 누리는 복들은 이스라엘이 구약 시대에 누렸던 복들과 비슷하다. 이스라엘은 다음과 같은 복들을 누렸다. 선택받고(창 12:1-3; 신 7:6-8; 14:2), 사랑받고(신 7:8; 33:12; 사 5:1; 렘 11:15), 입양되고(출 4:22; 사 1:2; 호 11:1; 롬 9:4), 구속받고(신 7:8; 9:26; 15:5; 대상 17:21), 상속받고(민 26:55-56; 신 3:28; 수 11:23), 성령을 약속받은(사 44:3; 겔 11:19; 36:26-27; 37:14; 욜 2:28-29) 것 등이다. 이스라엘이 하나님께 구별되어 흠 없이 살도록 부름 받았듯이(시 15:2; 18:23), 신자 역시 "그 앞에서 거룩하고 흠이 없게"(엡 1:4) 살도록 부름 받았다. 게다가 바울은 유대인과 이방인이 하나가 되는 파격적인 연합을 강조한다. 하나님께서 그에게 놀라운 비밀을 계시하셨다. "이는 이방인들이 복음으로 말미암아 그리스도 예수 안에서 함께 상속자가 되고 함께 지체가 되고 함께 약속에 참여하는 자가 됨이라"(3:6). 구약이 유대인뿐만 아니라 이방인까지 여호와를 경배하는 것에 관해 말했으나, 바울은 한걸음 더 나아가서 유대인과 이방인에 대해 "이 둘로 자기 안에서 한 새 사람을 지[었다]"(2:15)고 선언한다.

앞에서 언급했듯이, 에베소서는 많은 면에서 골로새서와 비슷하다. 실제로 골로새서의 어법 중 약 4분의 1이 에베소서에 나온다(예. 엡 6:21-22을 골 4:7-8과 비교해보라). 이는 바울이 비슷한 시기에 유사한 청중들에게 두 편지를 썼기 때문이라고 설명하는 것이 가장 합리적이다. 그 유사점을 이렇게 이해하는 데는 여러 이유가 있다. 첫째, 이 편지가 직접 주장한다(엡 1:1; 3:1, 참고. 3:13). 둘째, 바울의 저작권을 초기 교회가 만장일치로 받아들였다. 셋째, 에베소서의 신학은 바울의 다른 편지들과 항상 동일한 것은 아니지만 완전히 양립 가능하다. 에베소서와 골로새서 간의 차이점들은 두 편지의 목적이 다름으로 인해 생겼을 가능성이 많다.

에베소서의 많은 부분은 또한 바울의 다른 글과 신약의 다른 글들에 나오는 가르침을 반영하기도 한다. 예컨대 그리스도의 부활, 승천 그리고 즉위에 초점을 맞추는 일은 신약의 나머지 부분에도 무척 흔한 편이다.[5] 게다가 에베소서(5:22-6:9)에 나오는 가정 규례 같은 것은 골로새서 3:18-4:1, 디모데전서 5:1-6:2, 베드로전서 2:18-3:7에도 나온다.

에베소서 설교하기

에베소서는 오랜 세월에 걸쳐 교회의 삶에 영향을 미쳐왔다.[6] 그 결과 에베

5 행 2:24-36; 3:15-16, 21, 26; 23:6; 24:14-15; 26:23; 롬 8:34; 고전 15:3-28; 빌 2:9-11; 히 1:3, 13; 8:1; 10:12; 12:2; 벧전 3:22; 계 3:21.

6 Rudolf Schnackenburg, *Ephesians: A Commentary* (Edinburgh: T&T Clark, 1991), 311-342.

소서가 지역 교회의 설교 본문으로 자주 선택되는 것은 놀랄 일이 아니다. 이 책은 바울의 시대와 바울의 청중뿐만 아니라 우리 시대와 청중에게도 적실한 이슈들을 다룬다. 하나님의 주권, 인종 관계, 부부 관계와 가족 내의 역할들, 교회의 본질 그리고 영적 전쟁 같은 이슈들이 편지에 엮여 있다.

에베소서에 너무도 많은 신학과 적실하고 실제적인 재료가 있기 때문에 많은 목회자들이 종종 이 책 전체를 처음부터 천천히 설교하곤 한다(6개월에서 1년 정도). 이는 충분히 근거가 있지만 이 책의 구조에 관련해 도전거리를 제기하는 것도 사실이다. 전반부(1-3장)는 신학에 그리고 후반부(4-6장)는 실제적 적용에 초점을 맞추기 때문이다. 에베소서의 후반부를 설교하는 동안 그 명령들이 그리스도의 완수된 사역에 근거를 두고 있음을 잊어버릴 위험이 있다. 그래서 그레엄 골즈워디(Graeme Goldsworthy)는 "각각의 설교는 그 자체로 그리스도에 대한 선포로 이해될 수 있어야 한다"[7]고 우리를 일깨워준다.

해석상 과제

저작권

저자가 스스로를 "바울"로 밝히기는 하지만(1:1; 3:1), 이는 다음 몇 가지 이유 때문에 현대 학문계에 활발한 논쟁을 불러일으켰다. (1) 이 편지의 일반적인 말투(1:13; 1:15-16; 3:2; 4:21)와 개인적 인사의 생략, (2) 편지의 언어와 양식(1:13-14; 15-23; 2:1-7; 3:1-13; 4:11-16; 6:14-20), (3) 이 편지와 골로새서의 유사성, (4) 이 편지의 신학적 강조점들[비교적 '높은' 또는 '우주적인' 그리스도론(1:3;

7 Graeme Goldsworthy, *Preaching the Whole Bible as Christian Scripture* (Grand Rapids, MI: Eerdmans, 2000), 237. 《성경을 어떻게 설교할 것인가?》(한국성서유니온선교회).

9-10, 20-23; 2:5-6), 좀 더 발전된 교회론(1:22; 3:10, 21; 5:23, 24, 25, 27, 29, 32) 그리고 그리스도의 파루시아(*parousia*, 두 번째 '오심') 내지는 '주님의 날'에 대한 언급 생략], (5) 익명을 사용하는 흔한 행습(다른 누군가의 이름으로 편지를 쓰는 것)이다.

그러나 이런 주장들에 대해서는 적절하게 답할 수 있다. (1) 이 편지가 에베소에 보낼 뿐 아니라 회람용 편지로도 쓰였다면 편지의 일반적인 말투는 이해할 수 있다(참고. 1:1b 주석). 게다가 저자는 몇 가지 개인적인 세부사항을 포함시킨다(1:15-16; 3:1; 4:1; 6:19-20). (2) 이 편지의 언어와 양식이 다른 몇몇 바울의 편지들과 다른 부분이 있지만, 어휘의 통계적 연구는 바울 글의 총체적 규모로 볼 때 신뢰도가 낮다. 그 밖에도 긴 문장이 에베소서에 더 많은 것은 사실이지만 바울은 다른 곳에서도 긴 문장을 사용하곤 한다. (3) 이 편지가 골로새서와 비슷하다고 해서 후자가 전자의 출처임을 가리키는 것은 아니고, 오히려 바울이 두 편지를 비슷한 상황에 처한 그리스도인들에게 같은 시기에 썼음을 가리키는 듯하다. (4) 이 편지의 신학적 강조점에 대해 많은 비평가들이 어느 정도 과장해왔다. 그리스도의 부활과 승천이 역설되는 것은 사실이지만, 저자가 그리스도의 죽음과 십자가를 소홀히 다루지는 않는다(1:7; 2:13, 16; 5:2, 25). 이 편지의 교회론은 지역 교회보다 보편 교회를 분명히 강조하지만, 이 구별이 종종 지나치게 그리고 단순하게 진술되곤 한다. 아울러 종말론의 미래적 측면에 대한 언급도 여럿 나온다(1:10, 13-14, 18; 4:30; 5:5, 6, 27; 6:10-20). (5) 1세기에 익명의 편지들이 존재하기는 했지만, 어떤 편지들이 익명으로 밝혀질 경우에는 유대인 공동체와 그리스도인 공동체 모두 그런 편지들을 배격했다.

수신인

바울이 이 편지를 보낸 장소의 정확한 위치는 논쟁거리다. 일부 사본들은 "에베소에 있는"(1:1)이라는 어구를 포함하되 다른 사본들은 그렇지 않기 때문이다. 이 어구가 빠진 사본들을 선호하는 요인 가운데는 이 편지에 개인적인 문안이 없다는 점과 일반적인 내용과 말투가 포함된다. 이런 이유들은 이 편지가 어느 특정한 장소에 보내려고 쓴 것이 아님을 시사한다. 즉 단지 에베소에 있는 그리스도인만을 위해서가 아니라 회람용 편지로 쓴 것일 수 있다는 말이다.

그러나 "에베소에 있는"이라는 어구를 진정한 것으로 볼 만한 설득력 있는 이유들이 있다. 이 추가 사항은 다양한 사본 전통들에서 발견될 뿐만 아니라 헬라어 구문을 어색하게 만들기도 한다(따라서 이 어구가 어떤 사본들에 추가되기보다는 일부 사본들에서 제거되었을 가능성이 더 많다). 편지의 일반적인 내용과 말투는 여러 이유로 필요했을 수 있다. (1) 바울이 에베소에 있는 교회를 마지막으로 방문한 지 약 5년이 흘렀으므로 바울이 모르는 많은 새로운 회심자들이 교회에 합류했을 것이다. (2) 이 편지는 그 도시 곳곳에 흩어져 있는 여러 가정 교회들과 도시 바깥의 주변 지역에 있는 일부 교회들에게도 보내졌을 수 있다. 게다가 고린도후서, 갈라디아서, 데살로니가전후서, 빌립보서에도 개인적인 문안이 없다.

글쓰기 양식

바울은 이 편지를 쓰면서 종종 긴 문장을 사용한다(1:3-14; 15-23; 2:1-7; 3:1-7; 4:11-16; 6:14-20). 그런 문장들 때문에 바울 생각의 흐름을 따라가서 주된 개념을 분리하기가 어려울 수 있다. 물론 이런 문장들이 번역본들에서는 길게 보이지 않을지 몰라도, 독자는 여전히 바울의 중점을 분별할 필요가 있다. 바울의 문장들은 종종 많은 전치사구가 있어서 무척 복잡하다. 이런 전치사구들 대다수는 부사적이지만(즉, 명사나 대명사가 아니라 동사를 수식하는 것) 이런 어구들이 어느 동사를 수식하는지가 항상 분명한 것은 아니다.

개요

I. 서두와 인사(1:1-2)

A. 저자(1:1a)

B. 수신인(1:1b)

C. 인사(1:2)

II. 그리스도 안에 있는 복들로 인해 하나님을 찬송하다(1:3-14)

A. 그분이 우리를 선택하셨다(1:3-6)

B. 그분이 우리를 구속하시다(1:7-10)

C. 그분이 우리에게 상속을 주시다(1:11-12)

D. 그분이 우리에게 성령으로 날인하시다(1:13-14)

III. 감사와 기도(1:15-23)

A. 그들의 믿음과 사랑에 대한 바울의 감사(1:15-16a)

B. 바울의 기도(1:16b-23)

1. 하나님이 그들에게 지혜와 계시의 영을 주시도록(1:16b-17)

2. 그들이 하나님의 큰 은혜를 알도록(1:18-23)

a. 그의 부르심의 소망(1:18a)

b. 그의 영광스러운 상속의 풍성함(1:18b)

c. 그의 능력의 헤아릴 수 없는 위대함(1:19-23)

IV. 죽음에서 생명으로(2:1-10)

A. 허물과 죄로 죽은 상태(2:1-3)

B. 그리스도와 함께 살아나다(2:4-7)

C. 선행을 위해 은혜로(2:8-10)

V. 외부인에서 가족으로(2:11-22)

A. 너희의 과거를 기억하라(2:11-13)

1. 그리스도로부터 멀리 있었으나(2:11-12)

2. 이제는 가까워졌다(2:13)

B. 그리스도가 너희의 평화임을 기억하라(2:14-18)

1. 그리스도가 유대인과 이방인을 하나로 만드셨다(2:14a)

2. 그리스도가 나누는 담을 허무셨다(2:14b)

3. 그리스도가 율법을 폐지하셨다(2:15-15)

a. 그분이 한 새 사람을 창조하기 위해(2:15)

b. 그분이 우리 둘 다 하나님과 화해시키기 위해(2:16)

4. 그리스도가 유대인과 이방인에게 평화를 전하셨다(2:17-18)

C. 그리스도 안에 있는 너희의 새로운 신분을 기억하라(2:19-22)

1. 하나님 나라에 속한 시민으로서(2:19a)

2. 하나님 집안의 멤버로서(2:19b)

3. 하나님 성전의 일부로서(2:20-22)

VI. 바울의 상황, 청지기직 그리고 섬김(3:1-13)

A. 바울의 상황(3:1)

B. 비밀을 맡은 바울의 청지기직(3:2-7)

C. 비밀을 선포하는 바울의 섬김(3:8-12)

D. 에베소 교인에 대한 바울의 격려(3:13)

VII. 바울의 두 번째 기도(3:14-21)

A. 아버지께 빌다(3:14-15)

B. 강건함을 위한 기도(3:16-17a)

C. 깨달음을 위한 기도(3:17b-19a)

D. 충만함을 위한 기도(3:19b)

E. 하나님을 찬송하다(3:20-21)

VIII. 교회 안에서의 하나 됨(4:1-6)

A. 하나 됨의 방식과 수단(4:1-3)

B. 하나 됨의 근거(4:4-6)

IX. 교회 안에서의 다양성(4:7-16)

A. 그리스도의 선물에 따른 다양성(4:7-10)

B. 하나됨과 성숙의 목적을 위한 다양성(4:11-16)

X. 새로운 자아에 따라 사는 삶(4:17-19)

A. 불신자처럼 살지 말라(4:17-19)

1. 그들의 생각은 허망하다(4:17)

2. 그들의 지각은 어두워졌다(4:18a)

3. 그들은 하나님의 생명에서 떠나 있다(4:18b)

4. 그들은 무감각해졌다(4:19)

B. 그 대신 너희가 배운 것에 따라 살라(4:20-24)

1. 너희가 그리스도를 배웠다(4:20-21)

2. 너희는 그리스도에게 순종해야 한다(4:22-24)

a. 너희의 옛 자아를 벗어라(4:22)

b. 너희 마음을 새롭게 해라(4:23)

c. 새로운 자아를 입어라(4:24)

XI. 사랑으로 행하는 삶(4:25-5:2)

A. 거짓말하지 말고 진실을 말하라(4:25)

B. 화가 날 때 죄를 짓지 말라(4:26-27)

C. 도둑질하지 말고 열심히 일하라(4:28)

D. 해로운 말을 하지 말고 덕을 세우는 말을 하라(4:29)

E. 성령을 슬프게 하지 말라(4:23)

F. 원한이나 분노를 품지 말고 서로 용서하라(4:31-32)

G. 사랑으로 행하고 하나님을 본받으라(5:1-2)

XII. 빛의 자녀로 행동하는 삶(5:3-14)

A. 부도덕, 탐욕, 더러운 말을 피하라(5:3-6)

B. 빛의 사람들로 살라(5:7-14)

XIII. 신중하게 행동하는 삶(5:15-21)

A. 지혜롭게 행동하라(5:15-16)

B. 총명하게 행동하라(5:17)

C. 성령으로 충만한 삶을 살라(5:18-21)

XIV. 아내와 남편(5:22-33)

A. 아내들아, 남편에게 복종하라(5:22-24)

B. 남편들아, 아내를 사랑하라(5:25-32)

C. 남편은 아내를 사랑하고 아내는 남편을 존경하라(5:33)

XV. 자녀와 부모(6:1-4)

A. 자녀들아, 부모를 순종하고 공경하라(6:1-3)

B. 아버지들아, 자녀를 노엽게 하지 말고 훈련하라(6:4)

XVI. 종과 주인(6:5-9)

A. 종들아, 주인에게 순종하라(6:5-8)

B. 주인들아, 종들을 올바로 대우하라(6:9)

XVII. 하나님의 전신갑주를 입으라(6:10-20)

A. 주 안에서 강해져라(6:10)

B. 하나님의 전신갑주를 입으라(6:11-13)

C. 하나님의 전신갑주를 입고 꿋꿋하게 서라(6:14-20)

XVIII. 추천과 축도(6:21-24)

A. 두기고를 추천하다(6:21-22)

B. 평화와 사랑, 믿음과 은혜의 축도(6:23-24)

ESV Expository Commentary

Ephesians

Ephesians
에베소서
1:1-2

1 하나님의 뜻으로 말미암아 그리스도 예수의 사도 된 바울은
에베소에 있는 성도들과 그리스도 예수 안에 있는 신실한 자들에게
편지하노니 2 하나님 우리 아버지와 주 예수 그리스도로부터 은혜와
평강이 너희에게 있을지어다

1 Paul, an apostle of Christ Jesus by the will of God,
To the saints who are in Ephesus, and are faithful[1] in Christ Jesus:
2 Grace to you and peace from God our Father and the Lord Jesus
Christ.

1 Some manuscripts *saints who are also faithful* (omitting *in Ephesus*)

단락 개관

첫 두 구절(엡 1:1-2)은 전형적인 고대 양식에 따른 인사 내지는 문안이다. 발신인과 수신인을 밝힌 후 인사하는 대목으로, 바울은 보통 이런 요소들을 각각 늘리기 때문에 그가 전하는 서두의 인사는 전형적인 것보다 더 길다. 이 경우에는 자기 권위의 신적 근원을 밝히고("하나님의 뜻" 1절), 이어서 수신자들을 묘사하고("그리스도 예수 안에 있는 신실한 자들" 1절), 그가 드리는 축복 기도의 신적 근원을 제시한다("하나님 우리 아버지와 주 예수 그리스도로부터", 2절).

단락 개요

I. 서두와 인사(1:1-2)
  A. 저자(1:1a)
  B. 수신인(1:1b)
  C. 인사(1:2)

주석

1:1a 바울은 스스로를 이 편지의 유일한 저자로 밝히는데, 이는 로마서와 목회 서신들에도 해당된다. 그는 전문적인 의미에서 "사도"라는 용어를 사용한다. 이는 구체적으로 열두 제자(마 10:2; 행 1:13; 고전 15:5, 7)와 그 자신(고전 9:1; 15:9), 즉 예수님이 선택해서 교회 개척과 관련해 독특한 직분을 수행하는 사명을 주신 사람들을 가리킨다. 이를 수식하는 "그리스도 예수

의"라는 어구는 관계를 가리키며, 바울은 예수 그리스도에게 속한 사도라는 뜻이다. 나아가 그의 사도직은 '하나님의 뜻에 의한' 것이다. 이는 바울이 선택되어 사도의 사명을 받을 때의 수단을 표현하는 말이다. 이와 똑같은 서두가 고린도후서 1:1, 골로새서 1:1 그리고 디모데후서 1:1에 나온다.

1:1b 바울은 이어서 수신인을 밝힌다. 첫째, 그들을 "성도들"이라 부른다(참고. 빌 1:1; 골 1:2). 둘째, 그들을 그리스도 예수 안에 있는 "신실한 자들"(또는 믿는 자들)로 언급하는데, 이는 그들이 복음 메시지에 긍정적 반응을 보였음을 가리킨다. 셋째, 이 믿는 성도들은 에베소라는 도시에 몸담고 있는데, 가장 초기의 사본들 중 일부는 이 장소를 포함하지 않는다. 이 때문에 많은 이들은 "에베소에 있는"이라는 어구를 나중에 (그래도 정확하게) 추가된 것으로 본다. 아마 에베소가 이 편지를 보낸 일차적인 장소였기 때문일 것이다(참고. 서론의 '해석상 과제').

1:2 머리말의 세 번째 요소는 인사다. 이 인사는 바울이 매우 선호하는 것이며, 그 정확한 문구(구절 전체)가 다른 일곱 편지에도 나온다(롬 1:7; 고전 1:3; 고후 1:2; 갈 1:3; 빌 1:2; 살후 1:2; 몬 1:3). 인사에서 관습적인 헬레니즘 양식은 '문안하다'라는 한 마디였고("은혜"라는 단어의 한 형태, 참고. 행 15:23; 23:26; 약 1:1), 전통적인 유대 양식은 '평안하라'는 말이었다. 바울의 문안은 기독교 특유의 것으로 두 가지 요소를 결합한다. "은혜"와 "평강"(평안)은 이 편지의 대표적인 주제며 전자는 12번(엡 1:2, 6, 7; 2:5, 7, 8; 3:2, 7, 8; 4:7, 29; 6:24), 후자는 8번[1:2; 2:14, 15, 17(2번); 4:3; 6:15, 23] 나온다. 바울은 그리스도인의 삶에 나타나는 은혜와 평강의 근원이 "하나님 우리 아버지와 주 예수 그리스도"라고 말한다.

응답

바울은 그리스도 예수의 사도로서 받은 권위에 따라서 이 편지를 쓴다. 바울의 사도직은 그가 그리스도에게 속해 있음을 의미할 뿐 아니라 그리스도의 메신저로서 그를 보내신 분의 좋은 소식을 전할 권한을 받았음을 의미한다. 이방인에게 복음을 전하는 바울의 소명은 그가 스스로에게 준 것이 아니라 하나님의 주권적 계획에 따라 받은 것이다. 사실 바울은 부르심을 받기 전에는 예수를 메시아로 선포하는 그리스도인들을 체포하는 데 혈안이 되어 있었다. 바울이 사도직을 받은 것은 '하나님의 뜻에 따른' 것이었다. 이 어구는 바울을 구원해서 그를 사역으로 부른 것은 하나님의 과분한 은총과 은혜였음을 상기시킨다. 바울은 그 자신의 업적이나 선행이 아니라 하나님의 은혜로운 계획을 통해 그 직분을 받았고(참고. 딤전 1:15-16), 이는 우리에게도 그대로 해당된다. 바울이 사도로서 독특한 소명을 받기는 했지만 그가 받은 자비는 우리에게 본보기가 된다. 따라서 하나님께서 우리를 선택하신 것 역시 우리에게 있는 어떤 호감 때문이 아니라 그리스도 예수 안에 있는 사랑과 은혜 때문임을 기억하게 된다.

Ephesians
에베소서
1:3-14

3 찬송하리로다 하나님 곧 우리 주 예수 그리스도의 아버지께서 그리
스도 안에서 하늘에 속한 모든 신령한 복을 우리에게 주시되 4 곧 창
세전에 그리스도 안에서 우리를 택하사 우리로 1)사랑 안에서 그 앞
에 거룩하고 흠이 없게 하시려고 5 그 기쁘신 뜻대로 우리를 예정하사
예수 그리스도로 말미암아 자기의 아들들이 되게 하셨으니 6 이는 그
가 사랑하시는 자 안에서 우리에게 거저 주시는 바 그의 은혜의 영광
을 찬송하게 하려는 것이라 7 우리는 그리스도 안에서 그의 은혜의 풍
성함을 따라 그의 피로 말미암아 속량 곧 죄 사함을 받았느니라 8 이
는 그가 모든 지혜와 총명을 우리에게 넘치게 하사 9 그 뜻의 비밀을
우리에게 알리신 것이요 그의 기뻐하심을 따라 그리스도 안에서 때가
찬 경륜을 위하여 예정하신 것이니 10 하늘에 있는 것이나 땅에 있는
것이 다 그리스도 안에서 통일되게 하려 하심이라

3 Blessed be the God and Father of our Lord Jesus Christ, who has
blessed us in Christ with every spiritual blessing in the heavenly places,
4 even as he chose us in him before the foundation of the world, that we
should be holy and blameless before him. In love 5 he predestined us[1]

for adoption to himself as sons through Jesus Christ, according to the
purpose of his will, 6 to the praise of his glorious grace, with which he
has blessed us in the Beloved. 7 In him we have redemption through his
blood, the forgiveness of our trespasses, according to the riches of his
grace, 8 which he lavished upon us, in all wisdom and insight 9 making
known[2] to us the mystery of his will, according to his purpose, which
he set forth in Christ 10 as a plan for the fullness of time, to unite all
things in him, things in heaven and things on earth.

11 모든 일을 그의 뜻의 결정대로 일하시는 이의 계획을 따라 우리가
예정을 입어 그 안에서 기업이 되었으니 12 이는 우리가 그리스도 안
에서 전부터 바라던 그의 영광의 찬송이 되게 하려 하심이라 13 그 안
에서 너희도 [2)]진리의 말씀 곧 너희의 구원의 복음을 듣고 그 안에서
또한 믿어 [3)]약속의 성령으로 인 치심을 받았으니 14 이는 우리 기업의
[4)]보증이 되사 그 얻으신 것을 속량하시고 그의 영광을 찬송하게 하려
하심이라

11 In him we have obtained an inheritance, having been predestined
according to the purpose of him who works all things according to the
counsel of his will, 12 so that we who were the first to hope in Christ
might be to the praise of his glory. 13 In him you also, when you heard
the word of truth, the gospel of your salvation, and believed in him,
were sealed with the promised Holy Spirit, 14 who is the guarantee[3] of
our inheritance until we acquire possession of it,[4] to the praise of his
glory.

1) 4절에 '사랑 안에서'를 빼고 5절에 '사랑으로 예정하사'로 할 수 있음 2) 헬, 참 3) 또는 약속의 성령에 4) 헬, 보증금

1 Or *before him in love, 5 having predestined us* *2* Or *he lavished upon us in all wisdom and insight, making known…* *3* Or *down payment* *4* Or *until God redeems his possession*

단락 개관

이 단락은 편지 본론의 전반부(엡 1:3-3:21)를 시작하는 대목이고, 신자가 그리스도와 연합해서 받는 영적인 복들로 인해 하나님을 찬송하는 내용을 담고 있다. 헬라어 본문에는 이 단락(1:3-14)이 하나의 긴 문장(202 단어)으로 되어 있다. 구조적으로 보면, 이 복은 바울 서신의 대부분에 등장하는 감사의 대목 앞에 나온다(예. 고후 1:3-7). '그리스도 안에서', '그 안에서' 또는 '사랑하시는 자 안에서'라는 어구들은 헬라어에 본문에서 11번(ESV에는 9번) 나온다. 이 밖에도 여러 요소들이 강조된다. (1) 하나님의 목적(개역개정은 "뜻")이 세 번 반복되는 것, (2) '그의 영광을 찬송하게 하려고'를 세 번 반복해서 삼위일체[아버지 하나님(3-6절), 아들(7-12절), 성령(13-14절)] 각 위격의 중요성을 입증하는 것, (3) 하나님 찬송의 근거가 되는 4개의 핵심 동사[4절('그분이 우리를 선택하셨다'), 7절('우리가 속량을 받았다'), 11절('우리를 상속자로 삼으셨다'), 13절('너희가 날인을 받았다'), 이상 새번역]이다. 이 요소들 중 첫째 것(하나님의 목적을 세 번 반복하는 것, 5, 9, 11절)은 '그 안에서'를 세 번 반복하는 것(7, 11, 13절, 새번역)과 병행한다.

단락 개요

II. 그리스도 안에 있는 복들로 인해 하나님을 찬송하다(1:3-14)
- A. 그분이 우리를 선택하셨다(1:3-6)
- B. 그분이 우리를 구속하시다(1:7-10)
- C. 그분이 우리에게 상속을 주시다(1:11-12)
- D. 그분이 우리에게 성령으로 날인하시다(1:13-14)

주석

1:3 바울은 복[베라카(*berakah*)]을 길게 열거하는 전형적인 구약 내지는 유대 양식으로 이 편지의 본론을 시작한다. 이 단락의 주된 개념은 헬라어와 영어 본문에 나오는 첫 번째 단어 "찬송하리로다"[blessed, 율로게토스(*eulogētos*)]에 있다. 하나님은 예수 그리스도를 믿는 이들에게 수많은 영적 복을 주시는 그 큰 은혜로 인해 송축 또는 찬송을 받으실 만한 분이다(참고. 고후 1:3; 11:31; 벧전 1:3). 여기서 "복"을 강조하는 것을 주목하라. '복되도다…우리에게 모든 영적인 복으로 복 주신 분'(ESV 참고). 하나님은 "아버지"로 묘사될 뿐 아니라 신자에게 '복 주신' 분으로도 묘사된다. 후자가 하나님을 송축하는 근거를 제공한다. 하나님은 복을 주시는 분이기 때문에 송축을 받으실 만한 분이다.

이 구절의 끝부분은 하나님께서 주시는 복의 성격을 분명히 밝히는 3개의 전치사구로 구성된다. 첫째, 하나님은 "그리스도 안에서" 우리에게 복을 주셨다. 말하자면 이런 복들은 구체적으로 그리스도의 죽음과 부활과 승천을 믿고 믿음으로 그분과 연합된 사람들을 위해 예비되어 있다. "그리스도 안에서"가 이 대목(과 편지 전체)의 가장 중요한 어구라고 할 수 있다. 이 어구가 전치사 "안에서"(in)와 함께 다양한 형태로 11번이나 나오기 때문이다[엡 1:3, 4, 6, 7, 9, 10(2번), 11, 12, 13(2번)]. 둘째, 하나님은 "모든 신령한 복"을 우리에게 주셨다. 여기서 바울은 복의 유형을 구체적으로 영적인 복들(즉, 성령 안에서의 삶과 관련된 복들)에 국한시킨다. 이 어구는 그리스도인이 그 아들 안에서 이루신 하나님의 사역을 통해 받는 모든 것, 즉 선택, 입양, 구속, 죄의 용서 그리고 성령의 선물 등의 요약이다. 셋째, 하나님은 '하늘에 있는' 것들로 우리에게 복을 주셨다. 이 어구는 오직 에베소서에만 나온다(1:3, 20; 2:6, 3:10; 6:12). 우리의 복들은 "그리스도 안에" 있기에 하늘에도 있다. 그곳은 그리스도가 현재 다스리시는 곳이기 때문이다. 그런데도 그리스도가 확보하신 유익들을 지금 여기에서 그의 자녀들이 누릴 수 있다(완전히 그럴 수는 없지만). 이 구절은 이 단락 전체를 요약한다.

1:4 바울은 신자가 하나님을 마땅히 찬송해야 할 네 가지 이유 중 첫째 것을 전한다. 그분이 우리를 선택하셨기 때문이다. 하나님의 선택은 성경 전체에 나오는 주제다(창 12:1-3; 신 7:6-8; 14:2). 그리스도 안에서, 하나님은 스스로 한 백성을 선택하신다. 여기에 한 집합적 요소가 있기는 하지만 개개인을 염두에 두지 않는다고 주장하는 것은 부정확하다.

이 선택은 '세계의 창조 전에' 일어났다(참고. 요 17:24; 벧전 1:20). 하나님의 선택이 시간과 창조 이전에 발생했다는 것은 그것이 인간의 공로가 아닌 하나님의 주권적 목적에 기반을 두고 있음을 강조한다. 따라서 우리의 마땅한 반응은 그런 복을 주신 하나님을 찬송하는 것이다.

그렇다고 하나님의 선택에 최종 목표가 없는 것이 아니다. 이어서 바울은 하나님께서 선택하신 이들의 목적은 "그 앞에 거룩하고 흠이 없게" 되는 것이라고 한다(참고. 골 1:22). 선택의 특권은 하나님의 말씀을 따라 사는 책임을 수반한다. 하나님은 우리 죄를 용서하실 뿐 아니라 우리가 그 사랑하는 아들의 형상을 본받기 원하신다(롬 8:29-30). "그 앞에"는 '예수님 앞에'를 의미할 가능성이 많고, 구체적으로 우리가 심판을 받기 위해 그분 앞에 나타날 '우리 주 예수의 날'을 가리키는 듯하다.

"사랑 안에서"라는 어구는 앞의 진술("우리로…그 앞에 거룩하고 흠이 없게 하시려고")이나 뒤의 진술("우리를 예정하사")을 수식할 수 있다. 일부 영어 번역본은 전자를 선호하지만(CSB, KJV, NKJV, NRSV, 개역개정), 이 단락의 초점이 그분의 백성에게 복을 주시는 하나님의 사역에 있기 때문에 후자의 해석이 더 낫다(ESV, NASB, NIV).

1:5-6 하나님의 선택 행위(4절)가 이 구절들에서 더 상세히 설명되고 강조된다. 하나님께서 그분의 백성을 선택하신 것은 그분 가족의 일부가 되도록, 그래서 그에 따른 모든 유익을 얻도록 '예정된'(또는 '미리 결정된') 것과 관련이 있다. 그러나 예정은 그 자체가 목적이 아니다. 오히려 하나님께서 예정하신 목적은 선택된 자들이 그리스도의 완수된 사역을 통해 하나님의 가족으로 입양되는 것에 있다. 구약에서는 이스라엘에게 이런 특권

이 주어졌다(출 4:22; 호 11:1; 롬 9:4). 입양은 그리스-로마 문화에서 무척 흔했다. 양자에게는 가족의 정식 신분이 주어졌고 집안 자산의 상속자가 되었다. 바울은 이제 이 개념을 신자에게 적용한다(참고. 롬 9:26; 고후 6:18). '입양'이라는 용어는 신약에 다섯 번밖에 안 나오는데 모두 바울이 사용했다(참고. 롬 8:15, 23; 9:4; 갈 4:5). 한때 "불순종의 아들들"(엡 2:2)이자 "진노의 자녀"(2:3)였던 사람들이 지금은 하나님을 아버지라고 부를 수 있다. 이 친밀한 관계는 오직 '예수 그리스도를 통해서'만 가능하다(5절). 오직 그분만이 십자가에서 완수한 사역을 힘입어 아버지께 다가가는 길을 제공하신다.

하나님의 예정 사역은 '그분 뜻의 목적에 따라'(5절) 이루어졌다. 그 사역이 그분의 '목적'에 따라 수행되었다는 것은 그분의 백성을 선택하는 일이 하나님께서 기뻐하시는 것이었음을 말한다. 그리고 그 사역은 그분의 "뜻"에 따라 수행되었다. 하나님께서 고집스러운 죄인들을 가족으로 입양하시는 데는 명확한 계획과 구속적 목적이 있었던 것이다.

하나님께서 예정과 입양이라는 은혜로운 사역을 수행하신 것은 구속된 자녀들이 그분의 영광스러운 은혜를 찬송하게 하시기 위해서였다(6절, 참고. 1:12, 14). 하나님의 은혜가 영광스러운 것은 그분의 성품을 반영하기 때문이고, 그 은혜는 우리의 최고 찬송을 받을 만하다. 나아가 하나님은 이 은혜로 우리에게 '복 주셨다'고 바울이 말한다. 이 동사는 하나님께서 자격 없는 자들에게 값없이 구원을 허락하시는 풍성한 친절을 강조한다. 이 은혜는 "사랑하시는 자 안에서" 곧 "그리스도 안에서" 우리에게 주어진다.

1:7-8 바울은 이제 하나님께서 왜 백성의 찬송을 받기에 합당하신 분인지를 보여주는 네 가지 이유 중 두 번째를 제시한다. 그 이유는 하나님께서 우리를 구속하셨다는 사실이다. 바울은 창세 이전에 하나님께서 예정하신 선택에서 역사의 과정에 나타난 구속 사역으로 이동한다. 이 구절은 1:11, 13처럼 '그 안에서'로 시작하므로(ESV 참고) 구조적으로 후자와 병행한다. 신자가 받은 구속은 '그 안에' 즉 "사랑하시는 자 안에"(1:6) 있다. '구속'(개역개정은 "속량")으로 번역된 헬라어 단어는 투옥이나 감금으로부터 풀

려남 내지는 해방을 가리킨다. 이 단어가 신약에 10번 나오는데 그중에 일곱 번은 바울의 글에 나온다(참고. 롬 3:24; 8:23; 고전 1:30; 엡 1:14; 4:30; 골 1:4, 참고. 히 9:15; 11:35).

구속의 개념은 구약에도 나오는데, 노예를 속박에서 풀어주는 것(출 21:8; 레 25:48)과 하나님 백성이 이집트의 노예 상태에서 구출되는 것(신 7:8; 9:26; 13:5; 대상 17:21)을 묘사한다. 7절에서 바울은 그리스도 안에 있는 우리의 구속이 "그의 피로 말미암아" 이루어진 것이라고 말한다. 구속을 획득하게 된 '수단'이 예수님의 희생적 죽음이라는 뜻이다.

이어서 신자가 받는 구속이 '우리의 범죄에 대한 용서'와 동일시된다. 용서는 정당한 형벌을 요구하는 범죄를 함축한다. 여기서 바울은 더 흔한 단어인 '죄'(sins) 대신에 '범죄'(trespasses)라는 단어를 사용하는데(ESV 참고), 이와 병행되는 구절인 골로새서 1:14은 "죄"(sins)를 사용한다. 신자의 구속은 구약에서 예언한 '새로운 출애굽'의 성취로 묘사된다. 달리 말하면 그리스도인의 구속은 이스라엘이 이집트에서 구속되었을 때 예표된 것의 성취라는 뜻이다. 그리고 이스라엘의 출애굽이 레위기 시스템, 즉 이스라엘이 그 죄를 속죄 받을 수 있는 시스템의 제정을 수반했던 것처럼, 신자가 그리스도 안에서 죄로부터 구속되는 것도 완전하고 최종적인 용서를 수반하는 것이다.

하나님의 구속 사역 배후에는 그분의 은혜가 있다("그의 은혜의 풍성함을 따라", 엡 1:7). 1:6에서 바울이 하나님의 '영광스러운 은혜'를 거론했는데, 이제는 다시 한 번 은혜라는 주제를 골라내서 이번에는 은혜의 부유함 내지는 풍성함을 언급한다(참고. 1:18; 3:8, 16, 참고. 골 1:27; 2:2-3). 8절은 하나님께서 이 은혜를 그분의 백성에게 '쏟아 부으셨다'고 말함으로써 7절에 언급된 그 "은혜"를 더욱 상세히 설명한다. 이후 바울은 하나님께서 은혜를 주시되 "모든 지혜와 총명"으로 주셨다고 덧붙인다. 하나님은 그분의 백성에게 은혜를 쏟아 부으시되 아무렇게나 주지 않으신다.

1:9 아들을 통해 구속을 이루시려는 하나님의 계획은 더 이상 비밀이 아니다. 하나님의 백성이 그분의 목적을 이해하는 것이 줄곧 하나님의 구상

이었으나 그 계획의 세부 사항 일부는 드러나지 않았었다. 하지만 복음을 통해 하나님은 그 신적 비밀, 즉 모든 것을 그리스도 안에서 통일시키는 일을 나타내셨다. 9절은 하나님께서 그 목적을 알리시는("우리에게 알리신") '수단'을 진술하는 것으로 이해하는 것이 최선이다. '알리다'는 말은 종종 하나님께서 그분의 계시로 알려주시는 것과 연관하여 사용되곤 한다(롬 16:26; 엡 3:3, 5, 10; 골 1:27). 바울의 글에 나오는 "비밀"은 한때는 감춰져 있었으나 지금은 드러난 것, 특히 (유대인과 이방인을 포함한) 만물을 그리스도의 한 몸으로 연합시키는 하나님의 계획과 관련 있는 것을 가리킨다(롬 11:25; 16:25-27; 엡 3:3, 4, 9; 골 1:26-27; 딤전 3:16). 이 용어는 신약에 28번 나오는데, 그 가운데 21번은 바울의 글에 등장하고 에베소서에는 6번 나온다(1:9; 3:3, 4, 9; 5:32; 6:19).

하나님께서 신자들의 입양을 예정하기로 선택하신 일이 '그 뜻의 목적에 따라'(1:5) 이루어진 것처럼, 구속 계획을 계시하려는 구상 역시 '그의 목적에 따른' 것이다. 구체적으로 하나님의 계획은 그분의 아들 안에서 펼쳐졌다. 말하자면 아버지가 구속을 계획하실 때 그리스도가 밀접하게 관여하신 것이다.

1:10 하나님은 그분의 계획을 "그리스도 안에서" 펼쳤을 뿐 아니라 '때가 차면' 신적 목적을 전달하실 '계획으로서' 제시하셨다. '계획'(ESV 참고)으로 번역된 용어[오이코노미아(*oikonomia*)]는 신약에 8번 더 나오고(눅 16:2, 3, 4; 고전 9:17; 엡 3:2, 9; 골 1:25; 딤전 1:4) 다음 세 가지 다른 의미를 지닌다. (1) 관리하는 행위, (2) 관리되는 것(즉, 계획), (3) 관리자의 직분(또는 역할)이다.

하나님의 완전한 계획은 그 아들을 통해 '모든 것을 통일하는' 것이었다. 이 어구는 과거에는 감춰져 있었으나 지금은 복음으로 드러난 비밀의 내용을 묘사한다. '통일하다'라는 동사를 사용하는 다른 유일한 신약 구절은 로마서 13:9로, 바울이 구약의 모든 계명이 네 이웃을 네 자신과 같이 사랑하라는 명령으로 다 '요약될' 수 있다고 말하는 대목이다. '모든 것'은 우주 전체를 말한다(참고. 엡 3:9; 골 1:16, 20). 이는 바울이 "하늘에 있는 것이나 땅에 있는 것"이라는 말을 더해서 이 개념을 상세히 설명할 때 확증된다. 끝으로 하나님의 모든 목적은 '그 안에서', 즉 "그리스도 안에서" 다 이루어질 것이다. 그리스도는 하나님께서 창조 세계의 온갖 요소들을 다 통일시키실 수단일 뿐만 아니라, 이런 일이 그분을 통해 또 그분을 위해 일어날 중심이자 초점이기도 하다. 이스라엘이 하나님의 맏아들로 선택되고 예정된 사건이 장차 오실 선택받은 자요 하나님의 아들인 그리스도를 고대한 것은, 마치 이스라엘이 이집트로부터 구속된 사건이 그리스도의 십자가를 고대했던 것과 같다. 신자가 이 대목에 묘사된 복들을 누리는 것은 오직 그리스도 안에서 가능하다.

1:11 11-12절에서 바울은 신자가 하나님을 찬송해야 할 네 가지 이유 중 세 번째를 설명한다. 그분이 우리에게 썩지 않는 유산을 주셨기 때문이다. "그[그리스도] 안에서"가 반복되는 것은 찬미에 관한 이 단락이 구조적으로 1:7, 13과 병행함을 가리킨다. 신자들이 하나님의 가족이 되어 아버지가 약속하신 복과 약속의 상속자가 된 것은 우리와 그리스도의 연합을 통해서 이루어졌다(참고. 롬 8:17, 갈 3:29; 4:1, 5, 7).

'우리가 상속을 얻었다'[클레로오(*klēroō*), ESV 참고]로 번역된 동사는 신약에서는 여기에만 나오며, '제비뽑기로 지명하다'라는 뜻일 수도 있다.[8] 일부 사람은 후자의 정의에 비추어 이 어구를 '우리가 하나님의 상속으로 그분께 할당되었다' 또는 '우리가 하나님으로 인해 그분의 몫으로 주장되었다'는 뜻으로 해석한다. 이 해석에 따르면 신자들은 상속을 받는 게 아니라 하나님께서 받으시는 상속이다(개역개정은 이렇게 번역한다). 하나님께서 그분의 백성을 상속으로 소유하신다는 개념이 구약에 나오기는 하지만(예.

8 이 용어[클레로오(*klēroō*)]의 명사형은 헬라어 구약 성경에서 종종 약속의 땅이 이스라엘 지파들 가운데 할당되는 것을 언급하기 위해 사용된다. 여기서 바울은 신자에게 상속이 주어진 것은 이스라엘에게 준 애초의 약속이 성취된 것을 증명한다고 시사한다.

신 4:20; 9:29; 32:8-9; 왕상 8:51; 시 33:12; 106:40), 이는 11-12절 문맥의 취지에 들어맞지 않는다. 이 문맥은 신자가 받는 복(즉, 상속)을 강조하기 때문이다. 신자가 상속을 받는다는 주제는 1:5, 14, 18에도 언급된다.

나아가 바울은 에베소 신자들에게 하나님께서 그들로 상속을 소유하도록 예정하셨다는 점을 다시 상기시킴으로써 그 상속(현재와 미래의 것)에 대해 확신을 품게 한다. 신자들이 '그분의 뜻의 목적에 따라'(1:5) 양자가 되도록 예정되었듯이, 여기서는 그들이 "모든 일을 그의 뜻의 결정대로 일하시는 이의 계획[목적]을 따라" 상속받도록 예정되어 있다. 그래서 신자는 다음과 같은 진리에서 위로를 받는다. 우리가 죄인이자 하나님의 원수로 있던 동안(롬 5:8-10) 하나님은 스스로 한 백성을 선택하기를 기뻐하셨다는 진리이다. 그 구원이 하나님의 주도권으로 이루어졌다는 것이 다름 아닌 좋은 소식이다. 이것은 잘못 구상된 무모한 계획이 아니라 그분의 '목적'(참고. 엡 3:11), '결정' 그리고 '뜻'에 따라 이루어진 것이다. 그것은 우주를 주관하시는 하나님의 주권이 수행한 신중하게 구상된 계획이었다.

1:12 여기에 하나님께서 신자들이 상속을 받도록 예정하신 목적이 나온다. 그들이 하나님의 영광을 찬미하게 하려는 것(참고. 1:6, 14). 나아가 바울은 "그리스도께 맨 먼저 소망을 둔 우리"(새번역)라고 덧붙임으로써 하나님의 영광을 찬송할 목적으로 선택을 받은 "우리"가 누군지를 묘사한다. 이 어구 저변에 있는 헬라어 동사는 신약에서 여기에만 나오는 것으로, 유대인 신자들 또는 모든 신자들을 가리킬 수 있다.

하나님의 영광은 그분이 누군지에 대한 계시를 말한다. 하나님의 본성, 능력, 장엄함, 순결함 그리고 거룩함 등. 그러므로 하나님의 영광을 위해 그분을 찬송한다는 것은 그분이 하늘과 땅을 만드신 유일한 참 하나님임을 선언하는 것이다.

1:13 바울은 이제 하나님께서 왜 백성의 찬송을 받기에 합당하신 분인지 그 마지막 이유를 강조한다. 그분이 성령으로 그들에게 날인하셨기 때문

이다. "그 안에서"가 반복되는 것은 이 대목이 구조적으로 1:7, 11과 병행한다는 것을 가리킨다. 13-14절의 주된 취지는 '너희가 성령의 날인을 받았다'는 것이다. 바울은 독자들에게 성령의 선물로 인해 하나님을 송축하도록 독려하는데, 성령은 그분의 백성 안에 내주할 뿐 아니라 그들이 장차 약속된 상속을 받을 것임을 보장하기 위해 날인한 수단이 되시는 분이다.

성령은 '약속된' 분으로 묘사된다. 성령은 구약에서 이스라엘 백성에게 약속되었고(사 32:15; 44:3; 겔 11:19; 36:26-27; 37:14; 욜 2:28-29, 참고. 행 1:4; 2:33; 갈 3:14), 하나님께서 그분의 백성에게 날인하는 수단이 되신다. 바울은 또한 그들이 성령으로 날인된 것은 '그들이 진리의 말씀을 들었을 때' 일어났다고 말한다. 그리고 그가 전파한 말이 많은 가짜 복음들과는 달리 "진리의 말씀"이라고 한다(참고. 갈 2:5, 14; 골 1:5). 나아가 그의 메시지를 "구원의 복음"으로 묘사한다. 말하자면 그것은 사람을 임박한 하나님의 진노에서 구원하는 좋은 소식이라는 뜻이다(참고. 롬 1:18).

에베소 그리스도인들이 복음을 듣고 믿은 결과는 '약속된 성령으로 날인된' 것이었다. 그들이 복음을 경청하고 믿었을 때 즉시 성령의 날인을 받았다. 이 세 가지 행동은 동시에 일어났다. '날인되다'가 이 대목(엡 1:13-14)에서 주된 동사고 수동태로 되어 있다(주어가 하나님임을 암시하는 수동태다. 즉 그들은 하나님에 의해 날인되었다). 이 동사는 적어도 (1) 보증, (2) 인증, (3) 진정성, (4) 소유권 증명(참고. 4:30; 고후 1:22)이라는 네 가지 개념을 전달하기 위해 사용될 수 있다. 이 문맥에서는 마지막 대안이 가장 적절해 보인다. 하나님께서 송축 받으실 만한 이유는 신자들에게 영으로 날인해서 그분의 소유로 주장하시고, 그들의 종말론적 상속을 보증하시기 때문이다.

1:14 바울은 독자들에게 성령이 '우리 상속의 담보'임을 상기시킴으로써 성령에 대해 더 상세히 설명한다. '담보'는 신약에 세 번밖에 안 나오는데 모두 바울이 성령을 언급할 때 사용한다(고후 1:22; 5:5, 참고. 롬 8:23). 고대 세계에서 '담보'[아라본(*arrabōn*)]는 어떤 서비스를 제공하는 누군가에게 지불하되 장차 그 서비스가 완료된 뒤에는 전액을 지불할 것을 약속하는 보증

금을 말한다. 일단 '담보'를 받은 사람은 그 계약의 조건을 수행하겠다고 약속한 셈이다. 이와 비슷하게, 하나님은 그분의 백성에게 성령을 주심으로써 장차 따라올 완전한 상속에 대한 기대와 확신을 품게 하셨다(참고. 고후 5:5). 말하자면 성령의 임재는 결코 사라지지 않고 '우리가 그것을 소유할 때까지'(엡 1:14, 참고. 4:30) 계속될 것이다. 신자들이 장차 받을 상속에는 하나님과 영원한 교제를 누리는 복도 포함된다. 왜냐하면 성령이 신자들 속에 거주하시므로 지금도 그 상속을 누릴 수 있기 때문이다.

다시 말하건대, 하나님께서 그분의 백성에게 내리시는 은총은 성령의 날인을 포함하고, 그 결과 그들이 '그의 영광을 찬미하게'(참고. 1:6, 12) 되어야 마땅하다. 이 마지막 찬송은 넷째 대목을 마무리할 뿐 아니라 찬미 전체(1:3-14)를 결론짓는 것이기도 하다. 따라서 찬미는 송축과 찬송으로 시작했을 뿐 아니라 그와 똑같이 끝난다.

응답

바울이 하나님의 은혜에 대해 묵상하는 동안 하나님에 대한 찬송이 분출한다. 그저 하나님은 우리의 찬송을 받으실 만한 분이라고 말하는 데 그치지 않는다. 그분의 영광스러운 구원으로 인해 실제로 하나님을 찬송한다. 그러면서 독자들에게 그와 똑같이 하도록 권유한다. 이 단락은 우리에게 큰 본보기가 된다. 우리 역시 종종 예수 그리스도 안에 있는 하나님의 경이로운 은혜와 놀라운 구원 계획에 대해 묵상할 필요가 있다(참고. 히 2:3). 우리에게 위대한 하나님이 계시기에 우리도 큰 구원을 받은 것이다. 우리가 그리스도 안에 있는 많은 복을 묵상할 때 하나님에 대한 찬송으로 반응하는 것이 마땅하다.

이 송영은 삼위일체에 초점을 맞춘다. 첫째, 그 놀라운 구원으로 인해 찬송을 받으실 분은 아버지 하나님이다. 그분은 "우리 주 예수 그리스도의 아버지"(엡 1:3)로서 우리를 선택하셨고(4절), 우리를 예정하셨고(5, 11절), 우리를 입양하셨고(5, 11, 14절), 우리를 구속하셨고(7절), 우리를 용서하셨고(7-8절), 그분의 영으로 우리를 날인하신 분(13절)으로 묘사된다. 하나님의 백성에게 주어진 이런 복들은 창조 이전에 세우신 주권적 계획의 일부였다(4절). 아버지는 모든 것을 그분의 '목적'(5, 9, 11절), "뜻"(5, 9, 11절) 그리고 '계획'(10절)에 따라 행하시고, 모든 것은 '그의 영광을 찬미하게'(6, 12, 14절) 하려고 수행된다.

서두의 찬미는 또한 그리스도 중심적이라서 그 아들의 독특한 사역에 초점을 맞춘다. 그리스도인이 얻은 구원은 예수님의 완수된 사역에 깊이 뿌리박고 있다. 이런 강조점은 바울이 이 단락에서 "그리스도 안에서"라는 어구를 11번(헬라어로) 사용한 것에 나타난다.[9] 우리가 가진 모든 영적인 복은 우리와 그리스도의 관계와 연합 덕분이다(3절). 구체적으로 말하면 우리는 "그리스도 안에서" 선택받았고(4절), '그 안에서' 예정되었고(5절), "사랑하시는 자 안에서" 복을 받았고(6절), "그리스도 안에서" 구속받았고(7절), "그리스도 안에서" 연합되었고(10절), "그 안에서" 상속을 허락받았고(11절), "그 안에서" 성령으로 날인 받았다(13절).

끝으로 성령의 사역이 이 단락에 뚜렷이 나타난다. 우리는 하늘에 속한 모든 '영적인' 복으로 복을 받았다(3절). 말하자면 우리가 하나님의 영과 관련된 또는 그 영에 속하는 모든 복을 받았다는 뜻이다. 이 단락에 언급된 모든 복은 성령이 주신 선물이다. 이에 덧붙여 그리스도를 믿는 사람들은 '성령으로 날인을 받았다'(13절). 이는 성령을 통해 우리가 날인을 받았다는 뜻이고, 따라서 우리가 하나님께 속해 있음이 입증되었다. 하지만 성령은 또한 하나님께서 장차 신자들에게 복을 주실 것이라는 담보 내지는 보증금이기도 하다. 그러므로 삼위일체 하나님(성부, 성자, 성령)은 무한히 우리의 찬송을 받으시기에 합당하다.

9 "그리스도 안에서"가 바울의 편지 13편에 164번 나오고, 에베소서에는 36번 나온다.

Ephesians
에베소서
1:15-23

15 이로 말미암아 주 예수 안에서 너희 믿음과 모든 성도를 향한 사랑
을 나도 듣고 16 내가 기도할 때에 기억하며 너희로 말미암아 감사하
기를 그치지 아니하고 17 우리 주 예수 그리스도의 하나님, 영광의 아
버지께서 지혜와 계시의 영을 너희에게 주사 하나님을 알게 하시고
18 너희 마음의 눈을 밝히사 그의 부르심의 소망이 무엇이며 성도 안
에서 그 기업의 영광의 풍성함이 무엇이며 19 그의 힘의 위력으로 역
사하심을 따라 믿는 우리에게 베푸신 능력의 지극히 크심이 어떠한
것을 너희로 알게 하시기를 구하노라 20 그의 능력이 그리스도 안에서
역사하사 죽은 자들 가운데서 다시 살리시고 하늘에서 자기의 오른편
에 앉히사 21 모든 통치와 권세와 능력과 주권과 이 세상뿐 아니라 오
는 세상에 일컫는 모든 이름 위에 뛰어나게 하시고 22 또 만물을 그의
발아래에 복종하게 하시고 그를 만물 위에 교회의 머리로 삼으셨느니
라 23 교회는 그의 몸이니 만물 안에서 만물을 충만하게 하시는 이의
충만함이니라

15 For this reason, because I have heard of your faith in the Lord Jesus
and your love[1] toward all the saints, 16 I do not cease to give thanks

for you, remembering you in my prayers, [17] that the God of our Lord Jesus Christ, the Father of glory, may give you the Spirit of wisdom and of revelation in the knowledge of him, [18] having the eyes of your hearts enlightened, that you may know what is the hope to which he has called you, what are the riches of his glorious inheritance in the saints, [19] and what is the immeasurable greatness of his power toward us who believe, according to the working of his great might [20] that he worked in Christ when he raised him from the dead and seated him at his right hand in the heavenly places, [21] far above all rule and authority and power and dominion, and above every name that is named, not only in this age but also in the one to come. [22] And he put all things under his feet and gave him as head over all things to the church, [23] which is his body, the fullness of him who fills all in all.

1 Some manuscripts omit *your love*

단락 개관

바울은 하나님을 송축한 후 이 편지의 수신자들로 인해 감사와 기도를 드리는 대목으로 이동한다(참고. 빌 1:3-11; 골 1:3-14; 몬 1:4-6). 헬라어 본문에서는 앞 단락처럼 이 단락도 긴 한 문장(169 단어)으로 되어 있다. 핵심 개념은 16절에 나온다. 바울이 에베소 그리스도인들로 인해 끊임없이 감사와 기도를 드리는 모습이다. 이어서 17절("우리 주 예수 그리스도의 하나님, 영광의 아버지께서 지혜와 계시의 영을 너희에게 주사")과 19절("너희로 알게 하시기를")에 그 내용을 담은 두 절이 나온다. 이 두 가지 목적 중 둘째 것은 3개의 지시대명사 어구들("그의 부르심의 소망이 '무엇'이며 성도 안에서 그 기업의 영광의 풍성함이 '무엇'이며…우리에게 베푸신 능력의 지극히 크심이 '어떠한' 것, 18-19절)로 상술되어 있다. 이후 바울은 이 마지막 항목에 대해 하나님의 크신 능력이 그 아들을 통해 어떻게 드러났는지 네 가지 방식을 언급함으로써 더욱 상세히 설명한다(20-23절). 그는 감사와 기도로 시작한 후 우주에서 지극히 높아지신 예수님의 위상을 설명하는데, 후자에 할애된 글의 길이(20-23절)가 시사하듯 이 점을 매우 강조한다.

단락 개요

III. 감사와 기도(1:15-23)
  A. 그들의 믿음과 사랑에 대한 바울의 감사(1:15-16a)
  B. 바울의 기도(1:16b-23)
    1. 하나님이 그들에게 지혜와 계시의 영을 주시도록(1:16b-17)
    2. 그들이 하나님의 큰 은혜를 알도록(1:18-23)
      a. 그의 부르심의 소망(1:18a)
      b. 그의 영광스러운 상속의 풍성함(1:18b)
      c. 그의 능력의 헤아릴 수 없는 위대함(1:19-23)

주석

1:15-16a 바울은 이제 독자들의 믿음과 사랑으로 인해 감사드린다. "이로 말미암아"는 1:3-14에 나오는 찬미 전체를, 특히 13-14절을 가리키고, 바울이 에베소 신자들로 인해 왜 감사와 기도를 드리는지 그 이유를 설명한다(참고. 5:17; 6:13, 여기서도 동일한 헬라어 어구가 사용된다). 16절에서는 바울

이 독자들로 인해 끊임없이 감사와 기도를 드린다고 말함으로써 이 단락의 주된 개념을 표현한다. 이 구절은 별개지만 서로 연관된 두 가지 행동을 포함한다. 먼저 바울이 에베소 신자들 때문에 감사한다는 것이다. 바울의 첫째 진술("내가…너희로 말미암아 감사하기를 그치지 아니하고")은 그가 언제나(깨어 있는 순간마다) 그들로 인해 하나님께 감사한다는 뜻으로 오해하기가 쉽다. 사실은 그가 감사하는 것이 그의 기도와 연관되어 있다. 말하자면 바울은 기도할 때마다 에베소 신자들의 믿음과 사랑 때문에 하나님께 감사하는 습관을 갖고 있다는 뜻이다.

구체적으로 바울은 그들이 가진 (1) '주 예수에 대한 믿음'과 (2) '모든 성도를 향한 사랑'(참고. 골 1:3-4)을 들었기 '때문에' 감사한다. 첫째, 바울은 그들의 믿음 때문에 감사한다. 그들은 기독교가 주변부로 밀려나고 그리스도인이 박해를 당하는 적대적인 환경에(참고, 행 19:21-41) 살면서도 믿음을 굳게 지켰다. 이는 맹목적인 믿음이 아니라 '주 예수에 대한' 특정한 믿음이라는 것을 주목하라. 에베소 그리스도인들은 여신 아데미(다이애나) 또는 가이사를 주님으로 고백한 것이 아니다. 그들의 주님은 예수님이었다. 그들의 믿음은 단지 예수에 관한 기독교적 신념을 지적으로 인정한 것에 그치지 않았다. 그보다 더 중요한 점은 그들이 세상에서 생존하고 번성하는 데 필요한 은혜와 힘을 주신 예수님과 친밀한 연합을 이루었다는 것이다. 둘째, 바울은 에베소 신자들이 '모든 성도를 향해' 갖고 있던 사랑 때문에 감사한다. "성도"란 그리스도 안에 있는 구속으로 인해 '성화된' 또는 '거룩하게 된' 모든 신자를 일컫는다(참고. 엡 1:1, 18).

1:16b-17 16절 후반부에서 바울이 감사에서 중보 기도로 전환한다. 기도의 내용은 17절에서 시작되지만 먼저 모든 신적인 복들의 근원이 되시는 분에 대해 두 가지 사항을 묘사한다. 첫째, 바울이 기도하는 대상이 "우리 주 예수 그리스도의 하나님"임을 고백한다. 1:3에 나오는 찬미와 비슷하게, 바울은 하나님께서 주시는 복들을 그분의 아들 예수와 연계시킴으로써 아버지의 목적과 관련해 아들이 그 중심에 있음을 보여준다. 둘째, 그

는 하나님을 "영광의 아버지"라고 부른다. 다른 곳에서는 하나님이 "영광의 하나님"(시 29:3; 행 7:2), "영광의 주"(고전 2:8; 약 2:1), "영광의 왕"(시 24:7-10)으로 불린다.

바울은 하나님께서 에베소 신자들에게 "지혜와 계시의 영"(엡 1:17, 참고. 사 11:2)을 주시도록 간구한다. 여기서 "영"을 인간의 기질을 언급하는 것으로 여겨도 무방하지만, 성령 곧 지혜와 계시를 주시는 분에 대한 언급으로 해석하는 것이 최선이다(ESV 참고). 비록 모든 신자가 이미 성령으로 날인을 받았지만(엡 1:13), 그들은 여전히 성령으로 충만해지고 그분을 따라 걸을 필요가 있다. 구체적으로 바울은 성령의 사역으로 지혜와 계시를 얻어 하나님을 알게 해달라고 기도한다. 바울은 종종 그의 독자들이 하나님을 아는 지식이 자라도록 기도하곤 한다(빌 1:9; 골 1:9-10; 몬 1:6). 이 지식은 어떤 비밀스러운 통찰이 아니라 가족 구성원들이 소유하는 친밀한 지식을 말한다.

바울은 중보 기도를 하면서 그의 독자들에게 영적 통찰력을 허락하시도록 간구한다. 그는 하나님의 목적 및 계획과 관련된 영적 실재를 분별하는 능력을 가리키기 위해 "마음의 눈"(개역개정은 18절)이라는 어구를 사용한다(참고. 시 13:3; 19:8). 바울의 독자들이 회심하기 이전에는 "그들의 총명이 어두워[져]"(엡 4:18) 있었으나, 이제 바울은 그들이 하나님의 비밀을 깨닫도록 하나님의 영으로 인해 '밝아지기를' 기도한다. 마음으로 본다는 것은 신체적인 눈이 아니라 믿음의 눈으로 인지하는 것이다. 이후 바울은 구체적으로 에베소 성도들이 세 가지 영적 실재를 이해하도록 기도한다.

1:18a 바울의 첫째 간구는 그들이 하나님의 부르심의 소망을 알게 해달라는 것이다. 이 본문이 "너희의 부르심의 소망"(참고. 고전 1:26; 벧후 1:10)이 아님을 주목하라. 오히려 "그의" 부르심의 소망 또는 '그가 너희를 부르실 때 주신 소망'(ESV 참고)이다. 하나님은 그분의 백성을 예정하셨을 뿐 아니라(엡 1:4-5) 복음 전파를 통해 그들을 부르셨고(롬 8:30; 딤후 1:9), 이제는 그 복음을 통해 그것을 받아들이는 자들에게 소망까지 베푸신다(골 1:5). 복음

을 듣고 믿기 전에 바울의 독자들은 "세상에서 소망이 없고" 또 "하나님도 없[었다]"(엡 2:12). 그러나 이제는 그리스도의 십자가 사역을 통해 한때 소망이 없었던 사람들이 확실한 소망을 갖도록 부르심을 받은 것이다. 바울은 독자들이 이런 실재를 이해하고 경험하기를 기도한다. 요컨대 이는 하나님께서 그들로 하여금 1:3-14에 언급된 모든 신적인 복들을 믿음으로 긍정할 수 있게 해달라는 기도다.

1:18b 바울은 또한 독자들이 "하나님의 영광스러운 상속이 얼마나 풍성한지"(새번역)를 이해하도록 기도한다. 상속(개역개정은 "기업")이라는 말을 하나님께서 그분의 백성을 소유하신 것으로 보는 해석(구약과 신약 모두에 나오는 개념)도 가능하지만, 여기서는 하나님께서 그분의 백성에게 주시는 것으로 보는 해석이 최선이다. 불과 몇 구절 앞에서 바울은 복음을 믿은 사람들이 성령, 곧 '하나님의 소유인 우리가 완전히 구원받을 때까지 우리 상속의 담보'(1:14, 참고. 골 1:12)로 날인을 받았다고 했다.

1:19 바울의 셋째 간구는 에베소 신자들로 하나님의 능력, 곧 예수를 일으켜서 하나님의 오른편에 앉히고 그에게 모든 것을 다스리는 권세를 주신 바로 그 능력이 얼마나 큰지 알게 해달라는 것이다. 이 간구는 이어지는 20-23절에서 더욱 상술되고, 그것이 특히 바울에게 중요하다는 점이 강조된다. 그런 능력은 하나님의 백성이 지속적인 영적 전쟁에 참여할 때 꼭 필요하다(엡 6:10-12, 참고. 3:7, 16, 20). 하나님의 "능력"은 '헤아릴 수 없는 위대함'을 소유하는 것으로 묘사될 때 더욱 강조된다. 그러나 바울은 거기서 그치지 않는다. 나아가 이 능력은 "강한 힘으로 활동하시는"(새번역) 것이라고 말한다. '능력', '활동하는', '힘'("강한", 새번역), '권력' 등은 하나님과 그분의 계획을 신뢰하게 하려고 축적되어 있다(참고. 신 3:24; 사 40:26). 끝으로 하나님의 모든 능력은 '믿는 우리를 향해' 있다. 이 소식은 수신인들에게 큰 격려가 되었을 것이다. 마법적 행습과 아데미 숭배에 푹 빠져 있는 에베소의 독자들에게 바울이 하나님의 능력이 우월하다는 것을 확신시키

고 있기 때문이다. 그들은 적대적인 영적 세력을 두려워할 필요가 없다. 하나님의 능력이 훨씬 더 크기 때문이다. 이 능력은 그리스도 안에서 탁월하게 나타났다.

1:20a 바울의 기도는 계속되고 있으나 그의 간구는 그렇지 않다. 그 대신 그는 그리스도 안에서 찬란하게 드러났던 하나님의 능력에 초점을 맞춘다. 바울이 언급하는 마지막 간구는 독자들이 하나님 능력의 헤아릴 수 없는 위대함을 알게 해달라는 것이다. 이 능력은 '하나님께서 그리스도 안에 발휘하신'(19b-20a절) 것이다. 20-23절은 하나님께서 그 아들 안에서 이루신 강력한 사역들, 구체적으로 (1) 부활, (2) 승천, (3) 정복, (4) 통치를 아름답게 묘사한다.

하나님의 첫 번째 강력한 사역은 그리스도를 죽은 상태에서 다시 살리신 것이다. 예수의 부활은 하나님께서 구원 역사에서 행하신 사역의 정점이다. 성경에는 다른 사람들도 죽은 상태에서 일으킴을 받은 사건들이 나오지만 오직 예수의 부활이 마귀와 죄를 정복했기 때문에 그 의미가 무척 다르다. 예수의 부활은 초기 복음 전파의 초점이었고(행 2:23-24; 17:18; 고전 15:3-4) 그 백성을 구속하시려는 하나님 계획의 중심에 있었다.

1:20b-21 하나님의 능력이 나타난 두 번째 실례는 예수님이 아버지의 오른편으로 승천하신 것이다. 부활한 지 40일 후 예수님이 들려서 하늘로 올라가셨다(행 1:9). 바울이 그리스도의 승천을 언급하는 것은 적어도 세 가지 이유 때문에 의미심장하다.

첫째, 그리스도는 '앉아 계신다.' 이는 주되심을 의미한다. 예수님이 앉으신 자리는 평범한 좌석이 아니라 보좌이고, 이는 그분이 현재 우주의 왕으로서 다스리고 계시다는 뜻이다. 부활은 그분이 영원히 '살아' 계신다고 선포하는 데 비해, 승천은 그분이 영원히 '다스리고' 계신다고 선포한다. 나아가 그분이 앉아 계신다는 것은 지상에서 맡은 사명을 모두 이루셨음을 가리킨다.

둘째, 그리스도는 '하나님의 오른편에' 앉아 계신다. 이는 영예와 권력을 의미한다. 예수님이 하나님의 오른편에 앉아 계신다고 성경이 말할 때, 우리는 이를 문자적으로 이해하면 안 된다. 성경은 '하나님은 영이시다'(요 4:24)라고 말하기 때문에 그분에게는 오른편이라는 특정한 자리가 없다(앉을 보좌도 없다). "자기의 오른편에"라는 말은 권력(출 15:6; 시 89:13; 사 48:13)뿐만 아니라 영예와 지위(왕상 2:19; 롬 8:34; 골 3:1; 히 1:3; 8:1; 10:12; 12:2; 벧전 3:22)도 가리키는 은유적 표현이다.

셋째, 그리스도는 '천상의 자리'에 앉아 계신다. 이는 탁월한 명성을 의미한다. 그분의 보좌는 한갓 지상의 보좌가 아니다. 다른 왕들이 존재할지 몰라도 그분과 같은 왕은 없다. 그분은 진정 "만왕의 왕이시며 만주의 주"이다(딤전 6:15; 계 19:16). 그분의 보좌는 보이는 것과 보이지 않는 것을 막론하고 우주의 모든 영적 권세 위에 있다.

바울은 그분이 "모든 통치와 권세와 능력과 주권"(엡 1:21) 위로 높여졌다고 말함으로써 예수님의 지상권을 강조한다. 이 네 개의 용어는 각각 다른 뉘앙스를 갖고 있지만, 바울은 예수님에게 있는 지상권의 포괄적 성격을 전달하기 위해 이 네 용어를 모두 한데 쌓아놓는다. 사실 예수님은 "모든 이름 위에" 높이 올려졌다.

끝으로 혹시 약간의 의심이라도 있을까봐 바울은 "이 세상뿐 아니라 오는 세상에"라고 덧붙인다. 그리스도는 다른 모든 지위보다 더 높은 지위를 받았을 뿐 아니라 그 지위를 영원히 받았다. 따라서 바울의 요점은 예수를 죽은 자들 가운데서 일으켜서 하늘에 계신 아버지의 오른편에 있는 보좌로 올려놓은 바로 그 능력이 현재 하나님의 백성 가운데서 활동하고 있는 능력이라는 것이다.

1:22a 자기 아들을 높이 올려놓은 하나님의 막강한 능력을 강조하려고 바울이 언급하는 세 번째 요소는 만물이 그리스도에게 복종하게 되었다는 점이다. 바울은 사실상 시편 8:6["(주께서) 만물을 그의 발아래 두셨으니", 참고. 고전 15:27; 히 2:8]을 인용하고 있다. 비록 그리스도의 궁극적 승리가 확실할

지라도, 최종적으로 만물을 복종시키는 일은 사망이 패배하고 하나님께서 만유의 주님이 되실 때까지는 일어나지 않을 것이다. 그러나 그리스도가 즉위하신 결과 미래의 승리가 확실한 것이 보장되기 때문에, 바울은 마치 그 일이 이미 성취된 것처럼 쓰고 있다(참고. 빌 3:21; 골 2:15).

1:22b-23 하나님의 능력이 그리스도를 통해 드러난 것을 보여주는 마지막 본보기는 그리스도가 교회의 머리가 되신 것이다. 하나님은 그리스도를 "만물 위에" 머리로 만드셨다. 이는 모든 창조 세계, 특히 앞에서 언급한 적대적인 영적 권세들을 다스리는 그분의 지상권을 말한다(엡 1:21, 참고. 골 2:10). 게다가 그리스도의 머리됨은 교회까지 확장된다. "머리"란 최고의 신분 내지는 탁월한 지위로 인해 다스리는 권위를 가진 자를 말한다. 따라서 그리스도에게 나타난 하나님의 능력은 대적들의 확실한 패배를 가져왔을 뿐 아니라 약속된 메시아가 은혜롭게 교회를 통치하심으로 인해 신자들을 유익하게 한다. 바울은 보통 '에클레시아'(*ekklēsia*)를 신자들의 지역 공동체를 가리키는 단어로 사용하지만 여기서는 보편 교회를 가리킨다(참고. 엡 3:10, 21; 5:23-25, 27, 29, 32; 골 1:18, 24). 바울은 다시금 하나님께서 그리스도를 만물의 머리로 삼으신 것은 교회의 유익을 위한 것이라고 말하면서 이 대목을 마무리한다. 독자들이 그들을 위해 일하시는 하나님의 엄청난 능력을 이해하게 해달라고 기도하는 것이다.

바울은 그리스도가 교회를 포함해 만물 위의 머리가 되신다는 은유에서 교회가 그리스도의 몸이라는 은유로 전환한다. 이 은유는 신자들의 상호 관계가 아니라 그리스도와 그 백성의 관계를 묘사하기 위해 사용된다. 그분은 모든 면에서 만물을 충만케 하시는 주권적인 주님이다.

응답

바울은 동료 신자들의 삶에서 일하시는 하나님, 그리고 만물을 다스리시는 하나님께 감사하도록 그들을 격려했을 뿐 아니라 편지들을 통해 이런 감사를 실천하기도 했다. 바울의 편지 대다수는 하나님의 많은 복들로 인해 그분께 감사나 찬송을 드리는 단락이 있다. 감사 기도에서는 다양한 영적인 복을 주신 하나님께 전심 어린 감사를 드린다. 그는 독자들의 믿음, 사랑, 소망, 은혜 그리고 복음 전파에서의 협력에 대해 하나님께 감사한다. 따라서 바울이 독자들에게 그의 본보기를 따르라고 권면하는 것은 놀랍지 않다. 에베소서 후반부에서는 성령으로 충만하라고, 그 부분적인 모습으로 "모든 일에 언제나 우리 주 예수 그리스도의 이름으로 하나님 아버지께 감사를 드리십시오"(엡 5:20 새번역, 참고. 골 3:17; 살전 5:18)라고 격려한다. "우리가 알거니와 하나님을 사랑하는 자 곧 그의 뜻대로 부르심을 입은 자들에게는 모든 것이 합력하여 선을 이루[기]"(롬 8:28) 때문에 우리는 모든 환경에서 감사할 수 있다.

바울의 감사는 그의 기도와 정교하게 묶여 있는 듯하다. 바울이 독자들로 인해 감사드릴 때는 종종 그 감사를 하나님께 드리는 기도로 표현하곤 한다(롬 1:9-10; 엡 1:16; 골 1:3; 살전 1:2; 몬 1:4). 바울은 분명히 기도를 중요하게 여겼다. 그는 편지에서 자신이 기도를 드릴 뿐 아니라 독자들에게 기도해달라고 자주 요청하기도 한다(롬 15:30; 골 4:3; 살전 5:25; 살후 3:1; 몬 1:22). 바울은 모든 일에서 하나님께 의존하기 때문에 일상생활에서의 승리를 위해 기도의 능력을 의지한다. 그러므로 바울이 독자들에게 그를 위해 기도할 뿐 아니라 끊임없이 기도하라고 권면하는 것은 놀랄 일이 아니다(참고. 롬 12:12; 엡 6:18; 빌 4:6; 골 4:2; 살전 5:17). 그래서 그는 에베소 신자들에게 모든 사람을 위해 기도하라고(딤전 2:1), 그리고 남자들에게 "분노와 다툼이 없이 거룩한 손을 들어 기도하기를 원하노라"(딤전 2:8)라고 권면하는 것이다. 바울의 모범과 사도적 권면에 따르면, 우리는 기도가 그리스도인의 삶에 필수임을 인식하며 살아야 한다.

Ephesians
에베소서
2:1-10

1 그는 허물과 죄로 죽었던 너희를 살리셨도다 2 그때에 너희는 그 가
운데서 행하여 이 [1)]세상 풍조를 따르고 공중의 권세 잡은 자를 따랐
으니 곧 지금 불순종의 아들들 가운데서 역사하는 영이라 3 전에는 우
리도 다 그 가운데서 우리 육체의 욕심을 따라 지내며 육체와 마음의
원하는 것을 하여 다른 이들과 같이 본질상 진노의 자녀이었더니 4 긍
휼이 풍성하신 하나님이 우리를 사랑하신 그 큰 사랑을 인하여 5 허물
로 죽은 우리를 그리스도와 함께 살리셨고 (너희는 은혜로 구원을 받
은 것이라) 6 또 함께 일으키사 그리스도 예수 안에서 함께 하늘에 앉
히시니 7 이는 그리스도 예수 안에서 우리에게 자비하심으로써 그 은
혜의 지극히 풍성함을 오는 여러 세대에 나타내려 하심이라 8 너희는
그 은혜에 의하여 믿음으로 말미암아 구원을 받았으니 이것은 너희
에게서 난 것이 아니요 하나님의 선물이라 9 행위에서 난 것이 아니니
이는 누구든지 자랑하지 못하게 함이라 10 우리는 그가 만드신 바라
그리스도 예수 안에서 선한 일을 위하여 지으심을 받은 자니 이 일은
하나님이 전에 예비하사 우리로 그 가운데서 행하게 하려 하심이니라
1 And you were dead in the trespasses and sins 2 in which you once

walked, following the course of this world, following the prince
of the power of the air, the spirit that is now at work in the sons of
disobedience— 3 among whom we all once lived in the passions of
our flesh, carrying out the desires of the body[1] and the mind, and were
by nature children of wrath, like the rest of mankind.[2] 4 But[3] God,
being rich in mercy, because of the great love with which he loved us,
5 even when we were dead in our trespasses, made us alive together
with Christ—by grace you have been saved— 6 and raised us up with
him and seated us with him in the heavenly places in Christ Jesus, 7 so
that in the coming ages he might show the immeasurable riches of his
grace in kindness toward us in Christ Jesus. 8 For by grace you have
been saved through faith. And this is not your own doing; it is the gift
of God, 9 not a result of works, so that no one may boast. 10 For we are
his workmanship, created in Christ Jesus for good works, which God
prepared beforehand, that we should walk in them.

1) 헬, 세대

1 Greek *flesh* *2* Greek *like the rest* *3* Or *And*

단락 개관

이 단락은 그리스도의 부활과 즉위로 증명된 하나님의 능력이 어떻게 신자의 삶에서 역사하는지 보여주는 실제적인 예다. 이 대목이 문법적으로는 복잡하지만 그 주된 생각은 명백하다.

'하나님께서 우리를 살리셨고…우리를 일으키셨고…우리를 앉히셨다'(엡 2:5-6)는 것이다. 이런 행동들은 따로따로 취해지는 것이 아니라 각

각 신자와 그리스도의 연합에 기초해 있다. 신자는 '그리스도와 함께' 살아났고, '그리스도와 함께' 일으켜졌고, '그리스도와 함께' 앉혔다.

이 대목은 두 단락으로 나뉜다. 첫째 단락은 두 부분으로 되어 있다. (1) 속박 가운데 그리고 진노 아래 사는 것(1-3절)과 (2) 은혜로 그리스도와 함께 살고 또 다스리는 것(4-7절)이다. 둘째 단락은 하나님의 백성이 소유한 구원의 성격을 요약한다(8-10절). 5절은 이 대목의 핵심 진술이자 절정으로 보아야 한다. 이 구절은 신자들에게 하나님의 위대한 구원 사역을 생생하게 상기시켜준다. 즉 그 사역은 그리스도의 십자가를 통해 확보된 하나님의 자비와 은혜로, 영적으로 죽은 자들(1-3절)을 그리스도와 함께 살리고 일으켜서 하늘에 앉히신 것을 말한다.

단락 개요

IV. 죽음에서 생명으로(2:1-10)

A. 허물과 죄로 죽은 상태(2:1-3)

B. 그리스도와 함께 살아나다(2:4-7)

C. 선행을 위해 은혜로(2:8-10)

주석

2:1 바울은 독자들에게 그들은 과거에 "허물과 죄로 죽었던" 상태였다고 선언한다. 이는 가장 타락한 사회의 상태일 뿐 아니라 그리스도를 구원자로 믿지 않은 모든 사람의 상태이기도 하다. 아담 이래 모든 인간은 회심 전에는 하나님의 계명을 위반하여 죄를 지음으로써 하나님께 반역한 상태

로 살아간다(마 8:22; 눅 9:60; 요 5:24). 허물과 죄를 둘 다 언급하는 것은 바울이 예전의 죄 많은 상태를 강조하기 위한 중복 용법인 듯하다.

2:2-3 바울이 독자들의 회심하기 이전 상태를 더욱 상세히 묘사한다. 그들이 허물과 죄 가운데 '걸었다'는 것은 행위와 행실을 가리킨다. 그러나 이것은 그리스도 예수를 믿은 사람들에게는 더 이상 해당되지 않는다. 이는 "그때에"(2, 3절)가 가리키는 실재다. 바울은 과거의 상태와 현재의 상태를 뚜렷이 대비한다. 그들이 "그때에" 그런 방식으로 살았으나 지금은 하나님의 은혜로 변화되었다. 하지만 바울이 그들의 회심 이전 상태를 묘사하는 일은 아직 끝나지 않았다. 그는 계속해서 세상과 마귀와 육체의 영향을 언급한다.

첫째, 그들은 예전에 "이 세상 풍조"를 따랐다(2절). 말하자면 그리스도를 알기 전에는 에베소 신자들의 행실이 그들이 몸담은 문화와 사회의 강력한 영향에 의해 좌우되었다는 뜻이다. 그들의 선호, 태도, 습관 등이 하나님의 기준이나 뜻을 따르지 않고 이 세상의 기준을 따랐던 것이다(참고. 요일 2:15).

둘째, 그들은 또한 예전에 "공중의 권세 잡은 자"를 따랐는데(2절), 이는 분명히 마귀 내지는 사탄을 가리킨다. 바울은 마귀가 강력한 초자연적 존재로서 다른 악한 영들을 다스리는 권위를 갖고 있으며, 그의 영향이나 권위가 미치는 영역이 "공중"임을 인정한다. 또한 마귀는 "지금 불순종의 아들들 가운데서 역사하는 영"으로 불린다. 마귀는 영적인 존재며 현재 인류를 파멸시키기 위해 악한 계획을 바쁘게 추진하고 있다. 불신자들의 특징이 불순종인 것을 보면 마귀의 노력이 어느 정도 효과를 거두고 있는 것이 분명하다.

셋째, 우리의 육체가 우리로 죄를 짓게 한다. 유대인과 이방인을 막론하고 모든 사람이 타락의 영향을 받아서 누구나 "불순종의 아들"(2절)이다. 바울이 말하는 "육체"는 물리적인 몸이나 신체적 존재가 아니라 자기중심적인 타락한 인간 본성이다. 이런 상태가 초래한 결과는 하나님의 뜻을 따르지 않고 "육체와 마음의 원하는 것"(3절)을 행하는 것이다.

모든 인류가 처한 비참한 상황은 단지 외부의 영향 때문에 생긴 것이 아니다. 바울이 그들은 "본질상" 진노의 자녀였다고 말할 때에는 '태어날 때부터'(참고. 갈 2:15) 결정되어 있는 우리 상태를 가리킨다. "진노의 자녀"라는 표현은 하나님의 진노를 받아야 마땅한 자들 또는 그 진노를 경험할 운명을 타고난 자들을 언급한다.

2:4-6 인류의 절박한 상황을 묘사하는 데 세 구절을 할애한 바울은 이제 영광스러운 대조법을 도입한다. '그러나 하나님이'(4절, 개역개정에는 '그러나'가 없음). 우리는 모두 하나님의 진노를 받을 운명을 타고났다. 그런 진노가 내렸더라도 공정하고 공의로운 이유는 우리의 "허물과 죄"(2:1)로 거룩한 하나님을 불쾌하게 했기 때문이다. 하지만 4절은 이 비참한 곤경이 어째서 바뀌게 되었는지 그 두 가지 이유를 설명한다. (1) 하나님의 자비(긍휼) 때문이고 (2) 하나님의 큰 사랑 때문이다. 하나님의 자비로운 성품은 성경 전체에 걸쳐 명백하게 드러난다(예. 출 34:6; 시 103:8; 욘 4:2; 딛 3:5). 하나님의 사랑은 주도적으로 그분의 백성을 구속하시게 한 또 다른 동인이다. 이 사랑은 "큰"이라는 형용사와 그 뒤에 나오는 동사형(헬라어 어순 참고-옮긴이 주)에 의해 강조된다('그분이 우리를 사랑하신 그 큰 사랑'). '한 백성을 어둠에서 불러내 그분의 놀라운 빛 속으로 들어가게 하겠다'는 하나님의 결정 배후에 자비와 사랑이 있었던 것이다.

2:1이 우리의 비참한 곤경으로 시작했듯이 5절은 그 개념을 되풀이한다. '우리가 허물로 죽었을 때' 하나님께서 우리를 구원하셨다. 사람의 곤경과 하나님의 구출 간의 대비를 돋보이게 하려고 바울은 하나님의 개입을 강조하기 전에 중생하지 못한 인간 상태를 다시 말한다. 이어서 하나님의 은혜로운 구원을 묘사하기 위해 3개의 동사를 사용하는데, 이는 각각 신자와 그리스도의 연합을 역설한다. "하나님이 그리스도와 '함께' 우리를 살리셨고…'그와 함께' 우리를 일으키셨고…'그와 함께' 우리를 앉히셨다"(5-6절). 하나님께서 신자를 위해 이루신 것은 먼저 그리스도 안에서 이루어진 일

이다. 하나님께서 그리스도 안에서 '행하신' 일과 그분이 그리스도인 안에서 '행하시는' 일 사이에는 분명한 병행 관계가 있다.

하나님께서 신자들을 살리셨다고 말한 바울은 잠시 멈추고 은혜의 요소를 도입한다("너희는 은혜로 구원을 받은 것이라", 5절). 다른 종교들은 '법'이나 '의례' 같은 개념들에 초점을 맞추는 반면 기독교의 핵심 단어는 바로 "은혜"다. 우리가 새로운 생명을 받는 것은 무엇보다도 하나님의 은혜 덕분이다. 이 핵심 진술이 여기서는 괄호 속에 들어 있지만 바울이 8-10절에서 이 주제를 더 자세히 다룰 것이다.

바울은 신자와 그리스도의 연합에 대해 자주 말한다(롬 6:3-4; 골 2:12, 20; 3:1). 그리스도의 부활은 물리적 사건이기는 하지만, 이 문맥을 보면 '살아나게 된 것'과 '일으킴을 받은 것'은 모두 영적인 생명, 곧 그리스도의 부활 및 신자들이 그 부활에 동참하여 얻은 생명을 가리키는 것이 분명하다. 마지막 동사 '앉히다'는 신자들이 현재 승천된 상태를 가리키는데, 구체적으로 승천한 그리스도와 연합한 결과 공유하게 된 특권과 영예와 권위를 말한다. 바울은 이 편지에 자주 언급된 적대적인(마귀의) 능력에 비추어 이 현재의 지위를 강조하는 듯하다(엡 1:21; 2:1-2; 3:10; 6:10-20).

2:7 하나님께서 구원을 베푸시는 목적은 '그 은혜의 헤아릴 수 없는 풍성함을 보여주는' 것이다. 하나님께서 반역한 죄인들을 구원하는 것은 놀라운 은혜를 드러내시기 위함이며, 이를 바울이 두 가지 방식으로 강조한다. (1) '헤아릴 수 없는'(ESV 참고)이라는 형용사와 (2) "풍성함"이라는 명사를 사용해서. 은혜에 관한 이 진술은 죄인들의 예전 상태, 즉 하나님의 진노를 받아야 마땅했던 그 상태(2:3)에 비춰보면 우리를 깜짝 놀라게 한다. 한때는 원수였던 자들이 그리스도와의 연합 덕분에 지금은 사랑받는 자녀들이 되었다. 한때는 자비를 받지 못했던 자들이 지금은 자비를 받고 있다. 한때는 소망이 없었던 자들이 지금은 살아 있는 소망을 품고 있다. 바울은 하나님의 '자비'(4절)와 "은혜"(5, 7절)를 언급할 뿐 아니라 하나님의 '인자하심'(참고. 롬 2:4; 딛 3:4)도 포함시킨다. 구체적으로 그분의 은혜와 인자하심

은 '그리스도 예수 안에 있는 우리를 향해' 있다. 이처럼 영광을 드러내는 일은 이 세대뿐만 아니라 "오는 여러 세대"를 위한 것이기도 하다. 이 어구는 영원을 포함하는 한없는 시대를 가리킬 가능성이 많다. 하나님의 영광은 영원히 나타날 것이다.

2:8-9 이 구절은 '왜냐하면'이라는 접속사로 하나님의 은혜로운 구원에 대한 바울의 설명을 도입하는 앞 단락에 묶여 있다. 죄로 죽은 우리가 세상과 마귀와 육체의 영향을 따랐지만, 하나님께서 우리를 살리셨고, 우리를 일으키셨고, 우리를 그리스도와 함께 천상의 장소에 앉히셨다. 그렇기 때문에 구원은 '은혜에 의한'(8절) 것이다. 바울은 이미 5절에서 구원은 은혜에 근거를 두고 있음을 주장하려고 그의 생각을 끼워 넣을 때 이 개념을 언급한 바 있다. 구원으로 귀결되는 은혜는 '믿음을 통해' 받는다. 우리는 은혜 '때문에' 또는 은혜에 '근거하여' 구원을 받고, 이는 믿음에 '의해' 또는 믿음을 '통해' 얻게 된다는 것을 주목하라. 우리가 믿음 때문에 또는 믿음에 근거하여 구원받는 것이 아니다. 믿음은 아무도 구원하지 않는다. 그리스도의 속죄 덕분에 받는 은혜만이 우리를 구원한다. 믿음은 우리가 은혜를 받는 도구에 불과하다. 이는 구명용 약물을 전달하는 주사기와 비슷하다. 한 사람이 '구원받는' 것은 약품 때문이지 주사기 때문이 아니다. 하지만 주사기(즉, 믿음)가 없다면 구원이 불가능할 것이다. 믿음은 그리스도의 완수된 사역을 통해 구원을 받게 하는 도구, 즉 반응이다. 믿음은 공로가 아니다. 믿음은 그리스도가 우리를 위해 이루신 일을 신뢰하는 것뿐이다.

8b절과 9절은 은혜에 의해 믿음을 통해 구원받는다는 것이 무슨 뜻인지 설명한다. 이를 위해 바울이 교차 대구법을 사용하는데, 거기에는 2개의 부정적 진술과 함께 중간의 긍정적 진술이 있다. "이것은 너희가 행한 것이 아니다"(A), "이것은 하나님의 선물이다"(B), "행위의 결과가 아니다"(A′). 구원은 우리에게서 비롯된 것이 아니라 하나님의 선물이다. 만일 우리가 노력해서 어떤 선물을 얻는다면, 그것은 더 이상 선물이 아니다.

역사적으로 '이것'의 선행사와 관련된 논쟁이 있어왔다. 우리에게서 비롯되지 않고 하나님의 선물인 것은 정확히 무엇인가? 그것은 믿음인가, 은혜인가 아니면 다른 어떤 것인가? 믿음이 가장 가까운 선행사이기는 하지만, 문법적으로 헬라어에서 '믿음'이라는 단어의 성과 '이것'이라는 단어의 성이 서로 일치하지 않으므로 '믿음'은 가능한 선행사에서 배제되어야 한다. 은혜도 마찬가지다. 그래서 대다수 학자와 주석가들은 '이것'이 앞 절 전체를 가리킨다는 데 동의한다. 말하자면 구원으로 귀결되는, 우리가 받는 은혜와 믿음 모두 우리 자신의 행위로 말미암지 않고 하나님의 선물이라는 뜻이다.

구원은 선행에 의존하지 않기 때문에 하나님 앞에서 '아무도 자랑해서는 안 된다'(9절; 롬 3:27; 갈 6:13; 빌 3:3).

2:10 바울은 구원이 새로운 피조물(창조)이 되는 것을 포함한다는 점을 가리킴으로써 구원이 행위가 아닌 은혜에 의한 것이라는 증거를 내놓는다. 신자들은 하나님의 '작품'[포이에마(*poiēma*)]이다. 이 용어는 이곳과 로마서 1:20에만 나온다. 로마서에서는 천지창조 당시 하나님의 작품들을 가리키고, 여기서는 하나님의 '새로운' 창조 사역을 일컫는다(참고. 엡 4:24; 고후 5:17; 갈 6:15).

이어서 바울은 독자들에게 그들이 '선한 일을 위해 그리스도 예수 안에서 창조되었다'고 알려준다. 신자는 선행이라는 목적을 위해 창조되었다. 나아가 하나님은 그런 일을 수행하도록 신자를 '예정하셨다'('미리 준비하셨다', 참고. 롬 9:23). 바울이 보기에 값없고 은혜로운 구원은 우리를 안일하거나 수동적인 모습으로 이끌지 않는다. 하나님의 은혜가 오용되는 경우는 구원의 성격을 오해하거나 왜곡할 때뿐이다(롬 3:8; 6:1, 16).

신자들은 하나님께서 그들을 위해 준비하신 선한 일을 '수행하도록' 부르심 받았다. 바울은 '행하다'라는 동사를 사용해서 이 부분을 이번 장의 시작('행했다', 엡 2:2)과 함께 묶어준다. 그리하여 수미상관 구조(inclusio)를 이룬다. 구원은 처음부터 끝까지(신자가 수행하는 선행조차) 은혜의 결과다. 그러므로 하나님 앞에서 자랑할 것이 없다. 하나님께서 우리 믿음의 창시자이자 완결자이기 때문이다(히 12:2).

응답

이 단락은 신약 전체에서 복음에 관한 가장 명쾌한 묘사들 중 하나다. 하나님은 그분의 자비와 은혜와 사랑 때문에 신자들을 그리스도와 함께 살리셨다. 그러나 우리가 하나님의 과분한 은혜를 받기 이전에 처했던 비참한 곤경을 알지 못하면 이 진리를 충분히 이해할 수 없다.

모든 인류는 죄에 속박된 상태에 있다. 사실 우리는 허물과 죄로 '죽은' 상태였다. 인류는 단지 아프기만 한 것이 아니라 영적으로 파산되었다. 우리는 하나님 앞에서 스스로의 위상을 개선할 수 없다. 그렇게 할 만한 능력이 없고 열망도 없기 때문이다. 불신자였던 우리는 세상과 마귀와 육체의 영향 아래 있었다. 이 단락에서 "세상"은 하나님께 대적하는 것, 하나님과 그분의 방식에 적대적인 문화적, 사회적, 정치적, 경제적 이데올로기를 가리킨다.

이와 동시에 그리스도인은 사탄이 패배한 적이라는 사실을 기억해야 한다. 예수님은 죽은 자들 가운데서 일으킴을 받아서 "모든 통치와 권세와 능력과 주권" 위에 있는(1:21) 하나님의 오른편에 앉아 계신다. "[하나님은] 모든 통치자들과 권력자들의 무장을 해제시키시고, 그들을 그리스도의 개선 행진에 포로로 내세우셔서, 뭇 사람의 구경거리로 삼으셨[다]"(골 2:15, 새번역). 그리스도는 그분의 죽음을 통해 "죽음의 세력을 잡은 자 곧 마귀를 멸하[실]" 수 있었다(히 2:14). "하나님의 아들이 나타나신 것은 마귀의 일을 멸하려 하심이라"(요일 3:8). 그 결과는 확실하다. 모든 무릎이 주님이신 예수님께 꿇을 것이고 마귀는 불 못에 던져질 것이다. 하지만 그날이 올 때까지 우리는 세상과 마귀를 대항하는 싸움에 늘 깨어 있어야 한다.

끝으로 그 싸움은 외적인 것에 그치지 않는다. 내면의 적도 있다. 육체 내지는 죄성, 즉 하나님이나 타인에게 죄를 짓는 성향이다. 이런 상태는 아담이 타락한 결과고 모든 인간에게 빠짐없이 전수된다. 우리의 옛 자아가 그리스도와 함께 십자가에 못 박혔지만, 우리는 여전히 그 자아와 싸우고 있다. 우리가 죄를 지으려는 욕망과 유혹을 이기는 것은 오직 복음 안에 나타난 하나님의 능력을 통해서만 가능하다.

우리가 죄 가운데 살면 하나님의 진노를 받아야 마땅하다. 하나님은 거룩하신 분이라 죄를 처벌하지 않을 수 없다. 하지만 하나님은 또한 사랑으로 충만하신 분이다. 둘 다 진리기 때문에 십자가가 필요했던 것이다. 예수님은 그분의 백성을 위해 처벌을 받으시고, 그들이 마땅히 받을 하나님의 진노를 경험하셨다. 하나님의 진노와 사랑은 그분의 성품이 지닌 뗄 수 없는 속성이다. 하지만 이 단락의 초점은 하나님의 사랑에 있다. 하나님은 자비와 은혜와 사랑이 충만한 분이라 아들을 통해 피할 길을 마련해주셨다.

하나님은 우리를 우리의 죄'로부터' 구원하실 뿐 아니라 선한 일을 '위해' 구원하기도 하신다. 바울은 선행이 사람을 구원하지 못한다는 점을 분명히 밝힌다. 그러나 하나님께서 모든 신자를 덕스러운 삶으로 부르신다는 것도 확실히 주장한다. 다른 곳에서는 그리스도인들이 거룩한 삶을 살라는 명령을 받는다(벧전 1:16, 참고. 레 19:2). 그런데 그렇게 살고 싶은 열망과 그 능력은 오직 살아 계신 하나님, 즉 영적으로 죽은 자들에게 새로운 생명을 불어넣으시는 그분과의 관계에서만 온다.

Ephesians
에베소서
2:11-22

[11] 그러므로 생각하라 너희는 그때에 육체로는 이방인이요 손으로 육
체에 행한 할례를 받은 무리라 칭하는 자들로부터 할례를 받지 않은
무리라 칭함을 받는 자들이라 [12] 그때에 너희는 그리스도 밖에 있었
고 이스라엘 나라 밖의 사람이라 약속의 언약들에 대하여는 외인이
요 세상에서 소망이 없고 하나님도 없는 자이더니 [13] 이제는 전에 멀
리 있던 너희가 그리스도 예수 안에서 그리스도의 피로 가까워졌느니
라 [14] 그는 우리의 화평이신지라 둘로 하나를 만드사 원수 된 것 곧 중
간에 막힌 담을 자기 육체로 허시고 [15] 법조문으로 된 계명의 율법을
폐하셨으니 이는 이 둘로 자기 안에서 한 새 사람을 지어 화평하게 하
시고 [16] 또 십자가로 이 둘을 한 몸으로 하나님과 화목하게 하려 하심
이라 원수 된 것을 십자가로 소멸하시고 [17] 또 오셔서 먼 데 있는 너희
에게 평안을 전하시고 가까운 데 있는 자들에게 평안을 전하셨으니
[18] 이는 그로 말미암아 우리 둘이 한 성령 안에서 아버지께 나아감을
얻게 하려 하심이라 [19] 그러므로 이제부터 너희는 외인도 아니요 나그
네도 아니요 오직 성도들과 동일한 시민이요 하나님의 권속이라 [20] 너
희는 사도들과 선지자들의 터 위에 세우심을 입은 자라 그리스도 예

수께서 친히 모퉁잇돌이 되셨느니라 21 그의 안에서 건물마다 서로 연
결하여 주 안에서 성전이 되어 가고 22 너희도 성령 안에서 하나님이
거하실 처소가 되기 위하여 그리스도 예수 안에서 함께 지어져 가느
니라

11 Therefore remember that at one time you Gentiles in the flesh, called
"the uncircumcision" by what is called the circumcision, which is
made in the flesh by hands— 12 remember that you were at that time
separated from Christ, alienated from the commonwealth of Israel and
strangers to the covenants of promise, having no hope and without
God in the world. 13 But now in Christ Jesus you who once were far off
have been brought near by the blood of Christ. 14 For he himself is our
peace, who has made us both one and has broken down in his flesh the
dividing wall of hostility 15 by abolishing the law of commandments
expressed in ordinances, that he might create in himself one new man
in place of the two, so making peace, 16 and might reconcile us both to
God in one body through the cross, thereby killing the hostility. 17 And
he came and preached peace to you who were far off and peace to those
who were near. 18 For through him we both have access in one Spirit
to the Father. 19 So then you are no longer strangers and aliens,[1] but
you are fellow citizens with the saints and members of the household
of God, 20 built on the foundation of the apostles and prophets, Christ
Jesus himself being the cornerstone, 21 in whom the whole structure,
being joined together, grows into a holy temple in the Lord. 22 In him
you also are being built together into a dwelling place for God by[2] the
Spirit.

1 Or *sojourners* 2 Or *in*

단락 개관

바울은 주제를 모든 인류의 상태를 묘사하는 것(엡 2:1-3)에서 하나님과 그분의 백성으로부터 소외된 이방인의 곤경(11-12절, 19-22절)으로 바꾼다. 이에 덧붙여 그리스도의 부활과 승천과 즉위(4-7절)로부터 십자가 죽음(13-16절)으로 초점이 전환된다. 또는 프랭크 틸만(Frank Thielman)이 말했듯이, "2:1-10의 일차적 방향은 수직적이고, 2:11-22의 일차적 방향은 수평적이다."[10] 불신자들과 하나님 간에 존재했던 수직적 소외에 관한 논의(1-10절)가 유대인과 이방인 간의 수평적 소외와 그리스도의 희생적 죽음이 불러온 평화와 화해에 관한 논의로 바뀐다. '평화'는 이 대목에 네 번이나 나오는 만큼[14, 15, 17절(2번)] 일차적 주제라 할 수 있다.

이 단락은 세 부분으로 되어 있다. 첫째 부분(11-13절)은 에베소 이방인들이 그리스도인이 되기 이전의 신분과 더불어 현재 그리스도와 연합된 결과 용납 받은 신분을 설명한다. 둘째 부분(14-18절)은 이방인 신자들이 어떻게 그리스도의 죽음을 통해 하나님과 가까워졌는지 그 이유를 다룬다. 셋째 부분(19-22절)은 첫째 부분의 진리를 되풀이하면서 건축과 집안의 은유를 사용해서 유대인과 이방인의 하나 됨을 강조한다.

단락 개요

V. 외부인에서 가족으로(2:11-22)
　　A. 너희의 과거를 기억하라(2:11-13)

10 Frank Thielman, Ephesians, BECNT (Grand Rapids, MI: Baker, 2010), 148. 《BECNT 에베소서》(부흥과 개혁사).

1. 그리스도로부터 멀리 있었으나(2:11-12)
2. 이제는 가까워졌다(2:13)

B. 그리스도가 너희의 평화임을 기억하라(2:14-18)
1. 그리스도가 유대인과 이방인을 하나로 만드셨다(2:14a)
2. 그리스도가 나누는 담을 허무셨다(2:14b)
3. 그리스도가 율법을 폐지하셨다(2:15-15)
a. 그분이 한 새 사람을 창조하기 위해(2:15)
b. 그분이 우리 둘 다 하나님과 화해시키기 위해(2:16)
4. 그리스도가 유대인과 이방인에게 평화를 전하셨다(2:17-18)

C. 그리스도 안에 있는 너희의 새로운 신분을 기억하라(2.19-22)
1. 하나님 나라에 속한 시민으로서(2:19a)
2. 하나님 집안의 멤버로서(2:19b)
3. 하나님 성전의 일부로서(2:20-22)

주석

2:11-12 바울은 이 단락을 "그러므로"[디오(*dio*)]라는 접속사로 시작한다. 이는 독자들에게 2:1-10의 진리에 비추어 하나님에게서 분리되어 있었던 그들의 예전 상황과 이후에 그들이 받은 은혜를 상기하도록 촉구한다. 11절은 이 편지의 전반부에 나오는 유일한 명령을 담고 있다. 즉 에베소에 있는 이방인 신자들은 그들이 그리스도를 믿어 구원을 받고 하나님의 가족이 되어 그에 따른 모든 특권을 받기 이전의 곤경을 '기억하라'는 권면을 받고 있다. 바울은 그들이 기억해야 할 것을 자세하게 밝히기 전에 그들의 예전 상황("그때에")을 묘사한다. 그들은 (1) "육체로는 이방인"(즉, 할례를 받지 않은 이방인)으로, (2) "할례를 받지 않은 무리" 또는 보다 문자적으로는

'포피'(이방인을 경멸하는 호칭)라고 불렸던 자들로 묘사되어 있다. 즉 이방인들은 할례라는 언약의 징표가 없었고 따라서 하나님에게서 멀어져 있었다는 것이다. 그러나 바울이 여기서 동료 유대인들을 곤경에서 벗어나게 하는 것은 아니다. 그들은 이른바 "육체에 행한" 할례를 받은 자들이다. 이보다 더 중요한 것은 그런 할례는 "손으로" 행한 것이었다는 그의 말이다. 말하자면 하나님의 일과 대비되는 인간의 일이었다는 뜻이다.

12절에서 바울은 에베소의 이방인 신자들이 '기억하기' 원하는 바에 대한 권면으로 되돌아간다. 바울이 11절에서 독자들을 길게 묘사하기 때문에 ESV는 명료하게 하려고 '기억하다'라는 동사를 반복한다(ESV 참고). 구체적으로 바울은 독자들이 기억해야 할 그들의 이전 상황("그때에")을 요약하면서 다섯 가지 결점을 밝힌다. 이방인의 결점은 이스라엘이 하나님의 언약 백성으로서 소유했던 진정한 복들(참고. 롬 3:2; 9:4-5)과 대조를 이룬다.

첫째, 바울은 이방인이 '그리스도로부터 분리되어'(12절) 있었다고 한다. 이 결점은 이 목록의 첫째 사항으로 거론되는 만큼 대표적인 이슈라고 할 수 있다. 만일 모든 영적인 복들(엡 1:3-14)이 그리스도와 연합한 이들(1:3)에게만 주어진다면, 그리고 만일 우리가 세상과 마귀와 육체로부터 구원받는 것이 그리스도와의 연합에서 가능하다면(2:5-6), 그리스도와 상관이 없다는 것은 그런 복들과 그 신분을 상실한다는 뜻이다. 즉 이방인은 하나님께서 선택하신 백성으로부터, 그리고 이스라엘의 시민권을 가진 사람들에게 속한 모든 특권으로부터 멀리 떨어져 있었다(참고. 행 22:28). 이것이 이방인의 두 번째 결점이다. 셋째, 이방인은 "약속의 언약들에 대하여는 외인"이었다. 구약에서 하나님은 스스로 선택하신 백성과 언약을 여러 차례 맺으셨다. 이 언약들은 하나님의 복과 은총 그리고 오는 메시아에 대한 소망을 포함했다. 하지만 이방인은 이런 복에 생소했다. 넷째, 그들은 "소망이 없[었다]". 객관적으로 말해 이방인은 그 어떤 소망도 받쳐줄 만한 토대가 전혀 없었다. 그들에게는 메시아를 통한 구원이나 미래의 부활과 같은 소망이 없었던 것이다(참고. 살전 4:13). 끝으로 그들은 '세상에서 하나님이 없는' 자들이었다. 대다수 이방인은 한 신이 아니라 많은 신을 믿었다(고전 8:5-6; 갈 4:8). 그래서 이런 비판이 그들의 귀에는 공허하게 들릴 수 있었다. 그러나 바울은 그들이 살아 계신 참 하나님, 하늘과 땅을 창조하시고 그 아들을 보내 십자가에 죽게 하신 그 하나님과 아무런 관계가 없었다는 점을 강조한다.

2:13 이 구절은 극적인 전환('그러나 이제는')을 묘사하고 앞 단락('그러나 하나님이')을 생각나게 한다. 이 전환은 또한 "그때에"[포테(*pote*), 엡 2:11]와 "그때에"[토 카이로 에케이노(*tō kairō ekeinō*), 2:12]가 "이제는"과 대비되면서 강조된다. 그리스도와의 연합으로 인해 그들의 신분이 완전히 역전되었다. '한때는 멀리 떨어져 있었으나' 이제는 "가까워졌[다]". '멀리'와 '가까이'의 이미지는 이사야 57:19에서 빌려온 듯하다. "여호와가 말하노라 먼 데 있는 자에게든지 가까운 데 있는 자에게든지 평강이 있을지어다 평강이 있을지어다." 이에 덧붙여 이방 국가들은 '멀리' 있는 것으로 묘사되는 반면(신 28:49; 29:22; 왕상 8:41; 사 5:26; 렘 5:15, 참고. 행 2:39; 22:21), 이스라엘은 '가까이' 있는 것으로 묘사된다(시 148:14). 이방인들이 현재 경험하는 이 종말론적 영입은 "그리스도의 피"에 의해 일어났다. 즉 예수님의 희생적 죽음으로 가능해진 것이다.

2:14 에베소 신자들에게 과거를 기억하도록 촉구한 바울은 이제 현재의 실재를 상기시킨다. 그리스도가 그들의 평화라는 것. '왜냐하면'[가르(*gar*), 개역개정에는 없음]은 앞 단락을 되돌아보고 그들이 예전에는 멀리 떨어져 있었으나 이제는 가까워진 이유를 제공한다. 하나님의 원수였던 자들(롬 5:10)이 하나님과 가까워진 것은 예수의 죽음("그리스도의 피로", 엡 2:13)을 통해서 일어났다. 바울은 그리스도가 '친히' 우리의 평화라고 써서 이 점을 강조한다. '평화'는 여기에 네 번 나오는 용어인 만큼[14, 15, 17(2번)절] 이 단락의 주제다. 그리스도는 단지 평화를 불러오는 분에 그치지 않고 '그 자신'이 곧 평화다(골 3:15). 그리스도의 평화는 신자의 삶에 큰 결과를 가져온다.

첫째, 그리스도가 유대인 신자들과 이방인 신자들을 하나로 만드셨다

(14a절). 예전에는 양자 사이에 적대감과 불협화음이 있었으나 그리스도가 평화를 가져오셨다.

둘째, 그리스도는 또한 '서로 원수가 되게 나누는 담을 자기 육체로 허물어 버리셨다.' 바울이 여기서 언급하는 담은 유대인과 이방인을 나누는 모세의 율법을 가리키는 은유적 표현일 가능성이 많다. 구체적으로 음식 법들, 안식일 규정, 할례는 유대인들을 주변의 다른 문화와 종교로부터 분리시켰을 것이다. 일부 학자들은 바울이 이 '나누는 담'의 특정한 예로 안뜰과 성소로부터 이방인의 뜰을 분리시키는 성전 둘레의 담을 염두에 두고 있었다고 주장하기도 했다. 유대인 역사학자 요세푸스는 이 담의 높이가 약 1.4미터였고 담 사방에는 라틴어와 헬라어로 쓴 경고 표지가 붙어 있었다고 한다. 그 가운데 2개의 표지가 발굴되었는데 이런 글이 적혀 있었다. "외국인은 일체 성전 둘레의 난간과 경내에 들어가면 안 된다. 잡히는 사람은 누구든지 죽음에 처하며, 이는 순전히 본인 탓이다."[11]

2:15-16 나누는 담은 그리스도의 십자가 죽음으로 허물어졌다("자기 육체로", 2:14). 바울이 "율법"이 폐지되었다고 말하는데, 이는 무슨 뜻인가? 율법이 완전히 쓸모없다거나 파멸되었다고 주장하는 것이 아니다(참고. 롬 3:31). 그 대신 유대인과 이방인을 분리시키려고 마련되었던 '규례들'이 더 이상 시행되지 않는다는 뜻이다.

그리스도는 두 가지 이유 때문에 이 율법을 폐지하셨다.

첫째, "이 둘로 자기 안에서 한 새 사람을 지어 화평하게 하[기]" 위해서다. 바울이 사용하는 '짓다'[창조하다, 크티조(*ktizō*)]라는 단어는 새로운 창조를 의미한다(참고. 엡 2:10). 그리스도의 죽음을 통해, 유대인과 이방인이 화합해서 새로운 인류를 만든다(참고. 고후 5:17; 갈 6:15). 그 결과 유대인과 이방인 사이에 생기는 상태는 '평화'다. 분열의 적대 관계가 제거되면 하나님의

11 필자의 번역. Josephus, *Antiquities* 15.11.5; *Jewish Wars* 5.5.2.

평화가 이루어진다.

둘째, 그리스도는 "십자가로 이 둘을 한 몸으로 하나님과 화목하게 하려[고]" 이 율법을 제쳐놓으셨다. 앞 구절에 언급된 수평적인 평화는 여기에 언급된 수직적 평화가 없으면 불가능하다. 믿는 유대인과 이방인이 먼저 하나로 만드시는 하나님과 연합하지 않으면 그 둘이 연합해서 새로운 인류를 만들 수 없는 법이다. '화목하게 하다'[아포카탈라소(*apokatallassō*)]라는 동사는 이곳과 골로새서 1:20, 22절에만 나온다. 그리스도가 유대인과 이방인 모두를 "한 몸으로" 만들어서 하나님과 화해시켰는데, "한 몸"은 십자가에 못 박힌 그리스도의 몸이 아니라 "한 새 사람"(15절), 곧 교회에 대한 언급이다. 이 하나 됨은 '십자가를 통해' 이루어졌다. 13절이 이방인 신자들은 "그리스도의 피로" 하나님과 가까워졌다고 말했고, 14절이 그의 "육체"를 언급했던 것처럼, 여기서는 다시금 그리스도의 속죄의 죽음에 초점을 둔다. 16절의 마지막에 나오는 '그것으로 원수된 것을 소멸하다'는 구절은 그리스도 사역의 결과를 가리킨다. 즉 하나님과 사람 사이의 적대 관계가 그리스도의 죽음으로 인해 제거되었다는 것이다.

2:17-18 바울은 계속해서 하나님께서 그리스도 안에서 그들에게 허락하신 큰 특권들을 상기시킨다. 먼저 그리스도가 "오셔서 멀리 떨어져 있는 여러분에게 평화를 전하셨으며, 가까이 있는 사람들에게도 평화를 전하셨[다]"(새번역)고 한다. 확실하지는 않지만, 이는 아마 예수님이 사도들을 통해 성령 안에서 복음을 전파하신 일을 말할 것이다. 이런 해석은 에베소서 3:5이 뒷받침해준다. 거기서 바울은 그리스도의 비밀이 사도들에게 나타났고, 특히 이방인들에게 이 메시지를 전하게[유앙겔리조마이(*euangelizomai*)] 하려고 바울에게도 나타났다고 증언한다.

복음 메시지는 평화의 선포다. 하나님과 타락한 인류 사이의 평화를 전하는 것이다. 17절에서 바울은 '평화'라는 용어를 두 번 더 사용하는데(참고. 2:14, 15), 이는 이것이 이 단락의 핵심 개념임을 다시 보여준다. 여기서 '평화'는 일차적으로 하나님과 신자 간의 평화를 가리킬 것이고, 이는 결과적으로 유대인과 이방인 간의 평화로 이끌어주는 것이 틀림없다. "멀리 떨어져 있는 여러분"이라는 어구와 "가까이 있는 사람들"(이상 새번역)이라는 어구는 각각 '이방인'과 '유대인'을 일컫는다. 바울의 표현은 이사야 52:7(참고. 행 10:36)과 57:19에서 끌어왔을 가능성이 있다.

18절에서 바울은 평화가 유대인과 이방인 모두에게 선포될 수 있는 이유를 말한다. "이는 그로 말미암아 우리 둘이 한 성령 안에서 아버지께 나아감을 얻게 하려 하심이라"(참고. 엡 2:16). 구약에서는 하나님께 '나아가는 것'이 지극히 제한되어 있었다. 그러나 이제는 그리스도의 속죄의 죽음과 화해 사역을 통해 신자가 하나님의 존전에 들어갈 수 있다. 조금 뒤로 가면 바울이 그리스도 안에서 "우리가…그를 믿음으로 말미암아 담대함과 확신을 가지고 하나님께 나아감을 얻느니라"(3:12, 참고. 롬 5:1-2)고 말한다. 끝으로 여기에 나오는 삼위일체의 어구를 주목하라. 신자는 그리스도를 통하여, 성령 안에서, 아버지께 나아갈 수 있다는 것이다.

2:19a 이 구절은 "그러므로"라는 말과 함께 이 단락의 셋째 부분을 시작한다. 이는 14-18절에 나온 진술의 논리적 결과를 보여준다. 바울은 예수님의 강력한 화해 사역을 표현하기 위해 다양한 은유(정치적, 가정적, 종교적)를 사용한다. 그리스도의 희생이 가져온 화해 때문에 "외인"으로 묘사되었던 이방인들이 이제는 "동일한 시민들"이 되었다. "외인"은 다른 부족이나 나라에서 온 사람이고, 12절에서 이 용어는 이방인이 약속의 언약에 대해 외인이었음을 묘사하는 데 사용되었다. 한때 외부인으로 간주되던 신자들이 이제는 다른 신자들("성도들")과 나란히 하나님 나라에 속한 시민들이라고 바울이 선언한다(참고. 빌 3:20). 이방인 신자들이 지금은 고국이 생겼고, 따라서 하늘에 있는 하나님 나라의 동료 시민이 된 것이다.

2:19b 그리스도의 희생이 가져온 화해로 인해 예전에 "나그네"로 묘사되었던 이방인들이 지금은 '하나님 집안의 가족'이 되었다. "나그네"는 어느 땅에서 외국인으로 사는 사람들이다. 그 땅에서 살지만 시민의 권리와 특

권은 없다. 그래서 이방인은 나그네와 외인으로서 외부인으로 간주되었다. 그러나 바울은, 이제는 그리스도를 통해 하나님과 화해한 사람들이 하나님의 집안으로 들어왔다고 말한다. 그들은 하늘에 계신 아버지의 자녀로 입양되어 그 모든 권리와 특권과 책임을 허락받았다(엡 1:5; 2:18). 바울은 이방인 독자들에게 하늘 아버지가 그들을 자녀로 영접해서 보호하고 필요한 모든 것을 공급하실 것이라는 확신을 주기 위해 가족의 은유를 사용한다.

2:20 그리스도의 화해 사역 덕분에, 바울은 또한 이방인을 하나님의 성전에 사용되는 건축용 벽돌들로 묘사할 수 있다. '집'(또는 '집안')은 영적인 집 또는 성전을 가리킬 수도 있어서 바울이 쉽게 세 번째 은유로 전환하는 것이다. 성전은 하나님이 거주하시는 곳이다. 이 영적인 성전은 적어도 여섯 가지 특징을 갖고 있다.

첫째, 하나님은 성전을 세우시는 분이다. 이 대목에서 바울이 수동태를 두 번 사용하는데, 이는 성전을 세우는 책임이 하나님께 있음을 의미한다. 그것은 든든한 기초 위에 '세워졌고'[에포이코도메오(*epoikodomeō*), 20절], 신자들이 다함께 하나님이 거주할 처소로 '세워지는 중이다'[쉬노이코도메오(*synoikodomeō*), 22절].

둘째, 이 성전은 "사도들과 예언자들이 놓은 기초 위에 세워[져]"(새번역) 있다. "기초"는 이 영적인 성전이 세워져 있는 장소를 알려준다. 그 기초는 다름 아닌 사도들과 선지자들이다('사도들과 선지자들로 구성되어 있는 기초'). 바울은 여기서 신약의 사도들과 선지자들을 가리킨다. "사도"는 좀 더 전문적인 의미로 해석되어야 하는 만큼 주 예수 그리스도가 선택하고 사명을 주어서 보내신 사람을 말하며, 열두 제자(마 10:2; 행 1:13; 고전 15:5, 7)와 바울(고전 9:1; 15:9)을 포함한다. "선지자"란 '하나님의 비밀과 계시를 깨달아 교회에 전달할 목적으로(고전 12:10; 13:2; 14:6, 22, 30-31), 그리고 덕을 세우고 위로와 격려를 전할 목적으로(14:3, 31) 성령이 예언의 은사를 주신 사람'[12]을 말한다. 신자는 사도들과 선지자들의 권위 있고 규범적인 가르침, 하나님의 계시에서 생긴 가르침 위에 세워져 있다.

성전의 셋째 특징은 그리스도 예수가 그 "모퉁잇돌"이라는 것이다. 신약에서 이 용어는 이곳과 베드로전서 2:6에만 나온다. 둘 다 이사야 28:16(구약에서 이 용어가 나오는 유일한 곳)에 근거를 둔다. 모퉁잇돌은 건물의 무게를 지탱하고 벽들을 다함께 단단하게 묶어주기 때문에 기초에 가장 중요한 돌이었다. 그리스도는 사도들과 선지자들이 복음의 선포(말과 글)를 통해 세운 기초를 받쳐주신다. 이 새로운 성전은 중요한 모퉁잇돌인 그리스도 위에 세워져 있다.

2:21 넷째 특징은 오직 그리스도와 연합한 사람들만이 이 영적 성전에 속한 돌들을 형성한다는 것이다. 21절과 22절은 모두 '그 안에서'(ESV 참고)라는 표현으로 시작되는데, 이는 20절에 나오는 모퉁잇돌인 그리스도 예수를 가리킨다. 에베소서 전체에서 바울은 신자와 그리스도의 연합을 강조하는데 이 구절도 예외가 아니다. 우리가 하나님의 백성, 집안 또는 성전의 일부가 되는 것은 오로지 그리스도에 대한 우리의 믿음을 통해서다.

성전의 다섯째 특징은 그것이 아직 완성되지 않았고 현재 건축 중이며 성장하는 중이라는 것이다(참고. 엡 4:16). 바울이 유념하고 있는 성장은 영적인 성장(거룩한 전으로의)과 수적인 성장(믿는 이방인들이 그 구조에 더해짐에 따라)을 모두 포함하는 듯하다. 이 그림은 하나님 성전의 멤버들이 그 건물이 완성될 때까지 그 구조에 하나씩 배치되는 모습이다.

2:22 성전의 마지막 특징은 그것이 하나님이 거주하시는 장소라는 것이다. 앞 구절에서 바울은 하나님의 거룩한 '전'[나오스(*naos*)]을 언급했는데, 이는 성전 본체를 가리킨다[이에 비해 히에론(*hieron*)은 성전 경내를 가리킨다]. 구약에서 하나님의 존전은 유일무이하게 성전 안에만 있었다(레 26:12; 고전 3:16-17; 고후 6:16). 그래서 하나님은 이 성전을 그분의 성령으로 거주할 장

12 Hoehner, *Ephesians*, 400.

소로 지으시는 것이다.

이제는 예수를 메시아로 믿는 이방인의 신분이 완전히 바뀌었다. 예전에는 그리스도가 없었고('그리스도로부터 분리되었던'), 집이 없었고('이스라엘 국가로부터 멀리 떨어져 있던'), 친구가 없었고('약속의 언약에 대해 외인'), 소망이 없었던('소망이 없던') 사람들이 지금은 시민, 가족 그리고 하나님의 거처가 된 것이다.

응답

기억하기

이스라엘이 종종 그들의 과거를, 특히 이집트에서의 노예 시절과 출애굽을 통한 하나님의 구출을 기억하라는 촉구를 받곤 했듯이(신 5:15; 15:15; 16:12; 24:18, 22), 우리 역시 예전에 하나님으로부터 분리되고 멀어져 있던 상태를 기억하라는 권면을 받는다. 바울이 독자들에게 새로운 가르침을 주지 않고 오히려 그들이 이미 아는 바를 상기시키는데, 그들로 이런 진실을 더욱 인식하게 하고 적절하게 반응하도록 격려하기 위해서다. 우리가 어디에서 왔는지, 그리고 지금 하나님의 은혜로 어디에 서 있는지를 기억하는 일은 중요하다. 오늘날은 너무나 빨리 돌아가고 새로운 기술이 끊임없이 쏟아지는 세상이라서 미래에만 초점을 두기 쉽다. 그래서 바울의 권면이 우리에게 더욱 중요하다. 바울은 우리에게 속도를 늦추고 하나님의 신실하심, 즉 한때 백성이 아니었던 우리를 그분의 백성으로 만드신 그 신실한 사역에 대해 성찰하라고 권면한다.

화해하기

이 단락은 수직적 화해(하나님과 신자들 간의)와 수평적 화해(유대인 신자와 이방인 신자 간의)를 모두 강조한다. 유대인 신자들과 이방인 신자들은 "한 몸으로 하나님과" 화해했다(엡 2:16). 바울은 화해와 그에 따른 평화의 근거를 철저히 그리스도의 사역에 둔다. 우리의 화해는 "그리스도의 피로"(13절), "[그의] 육체로"(14절) 그리고 "십자가로"(16절) 이루어졌다. 이 화해는 다른 모든 화해의 기반이 된다. 우리의 창조주와 평화로운 관계를 맺지 못하면 우리는 궁극적으로 다른 관계들에서 평화를 경험하지 못할 것이다. 그러나 그런 화해가 일어났다는 사실 그 자체는 삶의 모든 영역, 특히 유대인과 이방인의 관계에 중요한 함의를 갖는다. 그래서 수평적인 화해가 이 대목을 지배한다. 바울에 따르면, 그리스도의 희생 때문에 적대 관계를 만든 담이 허물어졌고(14절), 하나님께서 "이 둘로…한 새 사람을 지어 화평하게 하[셨다]"(15절). 이 새로운 실재가 지닌 급진적인 함의는 이방인이 '더 이상 외인과 나그네가 아니라' 하나님 나라, 가족 그리고 새로운 성전의 일부가 되었다는 것이다(19절).

에베소(또는 주변 지역들)에서 유대인 신자와 이방인 신자 사이에 어떤 긴장이 존재했든지 간에 그것은 복음의 본질과 상반되는 것이었다. 그래서 바울은 독자들에게 하나님에게 완전히 용납된 이방인 그리스도인의 새로운 신분을 상기시킨다. 유대인 신자는 이방인 신자를 배척하거나 그들을 하나님의 약속에 대한 외부인으로 볼 만한 신학적 근거가 없다. 이와 비슷하게, 이방인은 유대인을 대다수 사회가 문화적으로 배척한 자들로 멸시할 수 없다. 두 집단은 함께 하나의 새로운 하나님 백성을 만들었다. 이 메시지는 인종이나 종족이나 경제적 지위가 그리스도인들을 따로따로 나누는 곳이면 어디서나 해당된다. 요한계시록에 따르면, "각 족속과 방언과 백성과 나라"(계 5:9) 출신의 신자들이 보좌 둘레에서 하나님을 경배하게 될 것이다. 그러나 이 땅의 교회는 종종 하늘의 교회와 다른 모습이다. 우리는 우리와 다른 모습, 다른 언어 또는 다른 행동을 하는 사람과 함께 예배하거나 교제하거나 섬기기를 거부함으로써 무심코 복음과 어긋나지 않도록 노력해야 한다. 복음은 모든 신자를 다함께 연합시켜서 한 가족과 한 성전으로 만든다(참고. 엡 4:1-6). 예수님은 "평강의 왕"(사 9:6, 참고. 엡 2:14)이고 그분의 백성에게 평화를 가져오셨다(요 14:27; 엡 2:17). 그 모든 다양성을 지닌 교회는 동일한 기초(사도들과 선지자들) 위에 세워져 있고, 동일한 모퉁잇돌(예수 그리스도)을 갖고 있다. 따라서 우리는 그리스도가 확보하신 통일성을 드러내기 위해 애써야 한다.

Ephesians

에베소서

3:1-13

1 이러므로 그리스도 예수의 일로 너희 이방인을 위하여 갇힌 자 된
나 바울이 말하거니와 2 너희를 위하여 내게 주신 하나님의 그 은혜의
경륜을 너희가 들었을 터이라 3 곧 계시로 내게 비밀을 알게 하신 것
은 내가 먼저 간단히 기록함과 같으니 4 그것을 읽으면 내가 그리스도
의 비밀을 깨달은 것을 너희가 알 수 있으리라 5 이제 그의 거룩한 사
도들과 선지자들에게 성령으로 나타내신 것같이 다른 세대에서는 사
람의 아들들에게 알리지 아니하셨으니 6 이는 이방인들이 복음으로
말미암아 그리스도 예수 안에서 함께 상속자가 되고 함께 지체가 되
고 함께 약속에 참여하는 자가 됨이라

1 For this reason I, Paul, a prisoner of Christ Jesus on behalf of you
Gentiles— 2 assuming that you have heard of the stewardship of God's
grace that was given to me for you, 3 how the mystery was made known
to me by revelation, as I have written briefly. 4 When you read this, you
can perceive my insight into the mystery of Christ, 5 which was not
made known to the sons of men in other generations as it has now been
revealed to his holy apostles and prophets by the Spirit. 6 This mystery

is[1] that the Gentiles are fellow heirs, members of the same body, and
partakers of the promise in Christ Jesus through the gospel.

7 이 복음을 위하여 그의 능력이 역사하시는 대로 내게 주신 하나님의
은혜의 선물을 따라 내가 일꾼이 되었노라 8 모든 성도 중에 지극히
작은 자보다 더 작은 나에게 이 은혜를 주신 것은 측량할 수 없는 그
리스도의 풍성함을 이방인에게 전하게 하시고 9 [1)]영원부터 만물을 창
조하신 하나님 속에 감추어졌던 비밀의 경륜이 어떠한 것을 드러내게
하려 하심이라 10 이는 이제 교회로 말미암아 하늘에 있는 통치자들과
권세들에게 하나님의 각종 지혜를 알게 하려 하심이니 11 곧 영원부터
우리 주 그리스도 예수 안에서 예정하신 뜻대로 하신 것이라 12 우리
가 그 안에서 그를 믿음으로 말미암아 담대함과 확신을 가지고 하나
님께 나아감을 얻느니라 13 그러므로 너희에게 구하노니 너희를 위한
나의 여러 환난에 대하여 낙심하지 말라 이는 너희의 영광이니라
7 Of this gospel I was made a minister according to the gift of God's
grace, which was given me by the working of his power. 8 To me,
though I am the very least of all the saints, this grace was given, to
preach to the Gentiles the unsearchable riches of Christ, 9 and to bring
to light for everyone what is the plan of the mystery hidden for ages in[2]
God, who created all things, 10 so that through the church the manifold
wisdom of God might now be made known to the rulers and authorities
in the heavenly places. 11 This was according to the eternal purpose that
he has realized in Christ Jesus our Lord, 12 in whom we have boldness
and access with confidence through our faith in him. 13 So I ask you not
to lose heart over what I am suffering for you, which is your glory.

1) 어떤 사본에, 9절 처음에 '모든 사람에게'가 있음

1 The words *This mystery is* are inferred from verse 4 *2* Or *by*

단락 개관

1:15-23에서 에베소 신자들로 인해 감사와 기도를 드린 바울은, 3:1-13에서 다시 독자들을 위해 기도하기로 작정한 듯 보인다. 하지만 이방인들을 위해 그리스도의 포로가 된 그의 상황을 언급한 후, 길을 벗어나서 이방인을 위한 그의 독특한 사역과 이것이 신적인 비밀과 어떤 관계에 있는지를 길게 설명한다. 이후 14절에서 "이러므로"(이 때문에)를 되풀이하면서 그의 기도로 되돌아간다. 하지만 이 탈선은 독자들을 위한 바울의 고난에 대한 언급이 앞뒤에 나옴으로["그리스도 예수의 일로 너희 이방인을 위하여 갇힌 자 된 나 바울"(1절), "너희를 위한 나의 여러 환난"(13절)] 하나의 통일된 단위를 형성한다.

이 단락은 두 부분으로 나뉜다. 첫째 부분(2-7절)은 바울에게 주신 하나님의 은혜에 대한 언급을 되풀이하면서 시작되며(2, 7절), 이는 수미상관 구조를 이룬다. 둘째 부분에서(8-12절)는 바울이 하나님의 비밀을 선포하는 그의 역할을 설명한다. 여기서는 "비밀"(3, 4, 9절), '알려지다'(3, 5, 10절), "은혜"(2, 7, 8절), "주신"(2, 7, 8절) 등 여러 주제가 반복된다. 따라서 이 단락은 두 가지 목적이 있는 것 같다. (1) 바울의 투옥과 고난에 대한 하나님의 관점을 제공하는 것과 (2) 신적인 "비밀"의 성격과 그 메시지의 청지기로서 바울의 역할과 책임을 설명하는 것이다.

단락 개요

VI. 바울의 상황, 청지기직 그리고 섬김(3:1-13)
- A. 바울의 상황(3:1)
- B. 비밀을 맡은 바울의 청지기직(3:2-7)
- C. 비밀을 선포하는 바울의 섬김(3:8-12)

D. 에베소 교인에 대한 바울의 격려(3:13)

주석

3:1 "이러므로"(이 때문에)는 앞 단락인 2:11-22(특히 19-22절)을 가리킨다. 바울은 스스로를 "그리스도 예수의 포로"(공동번역)라고 부른다. 흥미롭게도 바울은 자기가 '가이사의' 죄수라고 말하지 않는다. 바울이 생각하기에, 그는 그리스도에게 속해 있고 궁극적으로 복음을 위해 감옥에 갇힌 것이다. 그는 계속해서 "너희 이방인을 위하여" 죄수가 되었다고 말한다. 바울이 감옥에 갇힌 것은 그의 죄 때문이 아니고, 하나님께서 그를 처벌하시기 때문도 아니고 또는 독자들이 그의 사도직을 의심하게 할 만한 다른 어떤 이유 때문도 아니다. 바울의 감금은 복음을 들고 이방인에게 가는 그의 사도적 소명을 다하려는 신실함 때문에 생긴 것이다.

3:2 이 구절은 바울이 이방인에게 파송된 사도로서 역할의 기원과 성격을 설명하는 바람에 본래의 의도(즉, 기도)에서 탈선한 시발점이다. 이 문맥에서 '청지기직'(ESV 참고, 개역개정은 "경륜")은 하나님께서 바울에게 이방인에게 복음을 전하도록 주신 책임을 말한다. '하나님의 은혜의 청지기직'은 '청지기직, 곧 하나님으로부터 온 은혜'라는 뜻으로 이해하면 된다. 아울러 바울은 이 청지기직이 (하나님에 의해) 주어진 것은 그의 독자들(과 다른 이방인들)의 유익을 위한 것이라고 말한다.

3:3 나아가 바울은 청지기직과 신적 비밀을 받은 것에 관해 앞에서 설명한 내용을 언급한다. 1:9에서는 "비밀"이 유대인과 이방인이 그리스도의 몸을 이루어 하나님의 구원에 동참하게 된 것을 가리켰다(참고. 3:6). 바

울이 수동태를 사용하는 것은 그 주어가 하나님인 것을 암시한다. 바울이 받은 계시는 그의 노력의 결과가 아니라 하나님께서 그에게 그것을 드러내신 결과다. 바울이 이런 통찰을 받게 한 도구는 "계시"에 의해서(참고. 갈 1:12)였고, 이는 아마 다메섹 도상에서 겪은 경험을 말할 것이다.

바울은 이것이 그가 신적 비밀의 실재를 처음 언급한 것이 아님을 주지시키면서 이 구절을 마무리한다. "내가 먼저 간단히 기록[했다]"[프로그라포(*prographō*)]는 말은 아마 1:9-10에 쓴 글을 가리킬 수도 있지만, 2:11-22에 쓴 글을 가리킬 가능성이 더 많다. 바울은 하나님께서 알려주신 계시에 관해 말하고 있다. 구체적으로 이제는 "한 새 사람"(15절)을 만들게 된, 유대인과 이방인 간의 화해와 평화의 메시지를 가리킨다.

3:4 바울이 앞에 기록한 내용(특히 2:11-22)은 에베소 그리스도인들이 신적 비밀에 관한 바울의 이해를 판단할 기준이 된다. '너희가 그것을 읽을 때'는 예배 중에 공개적으로 그 편지를 낭독하는 것을 말한다(참고. 골 4:16; 살전 5:27; 계 1:3). 그 편지가 낭독될 때 독자들은 그리스도의 비밀을 밝히는 바울의 능력을 인지하고 평가할 수 있었을 것이다.

바울은 하나님에게서 특별한 계시에 대한 '통찰력'(ESV 참고)을 받았다. '…에 대한 통찰력'이라는 표현은 구약에 나오는데, 특히 다니엘에서는 꿈과 환상을 통해 중개된 하나님의 계시를 해석하고 이해하는 맥락에 사용되었다(단 1:4, 17; 9:13, 23; 10:1, 11). "그리스도의 비밀"은 그리스도에 '관한' 비밀이라는 뜻일 것이다. 이 비밀은 유대인과 나란히 이방인이 그리스도의 몸이 되어 하나님의 한 백성을 이루는 것과 연관되어 있다. 바울의 소원은 그의 독자들이 하나님께서 그에게 주신 계시의 중요성을 이해하는 것이다. 한때는 감춰져 있었으나 이제는 공개적으로 선언되는 메시지다. 즉 유대인과 '이방인' 모두 하나님 가족의 일부가 되는 특권적 지위를 가질 수 있다는 것이다.

3:5 이 구절은 앞에서 말한 그 비밀(3, 4절)이 예전에 알려진 것이 아니라

는 사실을 분명히 밝힌다. 많은 주석가들은 이 구절이 세 부분으로 나뉘고 두 부분에 (반립적인) 대구법이 나온다는 것에 주목했다. (1) 시기("다른 세대" 대 "이제"), (2) 계시에 관한 동사("알리지 아니하셨으니" 대 "나타내신"), (3) 수신인("사람의 아들들" 대 "거룩한 사도들과 선지자들")이다. 과거에는 감춰져 있던 '그것'(즉, 비밀)이 이제는 하나님의 영에 의해 사도들과 선지자들을 통해 그의 백성에게 계시된 것이다. "사람의 아들들"은 인류를 일컫는 셈족 어휘다(참고. 창 11:5; 욜 1:12).

"…같이"라는 접속사는 그 비밀과 관련해 구약에는 어떤 계시도 나타나지 않았음을 가리킨다. 이렇게 해석한다고 해서 장차 이방인에게 도래할 복들(참고. 창 12:3; 22:18; 26:4; 28:14) 또는 장차 이방인이 이스라엘에 포함될 것(참고. 레 19:34; 신 10:18-19; 왕상 8:41-43)에 관한 구약의 언급이 없었다는 뜻은 아니다. 그러나 유대인과 이방인이 다함께 그리스도의 몸을 이룰 것이라는 암시는 없었다. 하나님께서 이제야 계시하신 비밀은 "그의 거룩한 사도들과 선지자들"(참고. 엡 2:20)에게 주어졌다. 사도들과 선지자들이 '거룩하다'고 불리는 이유는 계시의 수신인으로서 특별히 성별되고 독특한 소명을 받았기 때문이다. 이 계시는 "성령"에 의해 그들에게 알려졌다.

3:6 바울은 헬라어로 3개의 용어들을 사용해서 마침내 그 비밀의 내용을 분명히 밝힌다. 믿는 이방인은 이제 동료 "상속자들"[쉰크레로노마(*synklēronoma*)], 한 몸의 "지체"[쉬소마(*syssōma*)] 그리고 "약속에 참여하는 자"[쉼메토카(*symmetocha*)]다. '동료 상속자들'이라는 첫째 용어는 에베소서의 앞부분(1:11, 14, 18, 참고. 5:5)과 바울의 다른 글들(롬 8:17; 갈 3:18; 골 3:24)에 나오는 상속의 주제와, 하나님께서 아브라함에게 "땅의 모든 족속이 너로 말미암아 복을 얻을 것이라"(창 12:3)고 하신 약속을 떠오르게 한다. 둘째 용어 '한 몸의 지체'는 매우 드문 표현이며 바울이 창안했을 가능성이 있다. 이방인 신자들은 동일한 몸의 구성원이 되어 "한 새 사람"(엡 2:15) 또는 "한 몸"(2:16)이 된 것이다. 유대인과 이방인은 함께 그리스도의 몸, 곧 교회를 구성한다. 셋째 용어인 '약속에 함께하는 자들'은 앞에서 말한 것, 즉

이방인들은 "약속의 언약들에 대하여는 외인"(2:12)이라는 말을 상기시킨다. 이 "약속"은 성령(1:13)을 가리키거나 아브라함에게 주신 하나님의 약속에 언급된 이방인에게 도래할 복들(갈 3:8, 참고. 롬 4:13)을 가리킬 수 있다. 이 둘은 종종 함께 합쳐지기 때문에(엡 1:13; 사 32:15; 44:3; 겔 11:19; 36:26-27; 37:14; 욜 3:1-2) 둘 다를 유념하고 있을 가능성이 있다. 끝으로 바울은 이런 복들이 이방인 그리스도인들에게 오는 것은 그리스도와의 연합으로부터 그리고 복음의 선포와 영접을 통해 일어난다고 덧붙인다. 따라서 이 구절에서 바울은 그의 논지를 단도직입적으로 진술함으로써 이 지점까지의 메시지를 요약하고 있는 셈이다.

3:7 이 구절은 바울이 하나님께서 주신 그 비밀의 청지기 역할을 소개하면서 비밀의 내용에 관한 논의를 마무리한다. 3:2에서는 '내게 주신 하나님의 은혜의 청지기직'에 관해 말했고, 여기서는 자기가 '하나님의 은혜의 선물을 따른 일꾼'이라고 말함으로 이 두 어구가 수미상관 구조를 이룬다.

바울은 자기가 복음의 일꾼[디아코노스(*diakonos*), '종']이 되었다고 한다. 이 직분은 바울 스스로 선택한 것이 아니라 "하나님의 은혜의 선물[에]" 따른 하나님의 임명이었다. 바울은 종종 스스로를 "일꾼"(고전 3:5; 고후 3:6; 6:4; 11:23)으로 불렀을 뿐 아니라 그의 동역자들[두기고(엡 6:21; 골 4:7), 뵈뵈(롬 16:1), 아볼로(고전 3:5), 디모데(빌 1:1; 딤전 4:6), 에바브라(골 1:7)]도 그와 똑같이 불렀다. "하나님의 은혜의 선물"이라는 말은 '선물, 곧 하나님의 은혜'로 이해하는 것이 좋다. 즉 그 선물은 바울이 받은 은혜라는 말이다. 바울은 스스로를 영웅이 아니라 그저 하나님의 은혜를 받는 종으로 묘사한다(참고. 고전 15:10). 끝으로 바울은 이 은혜가 "그의 능력이 역사하시는 대로" 그에게 주어졌다고 말한다.

3:8-9 이 두 구절은 바울이 이방인을 위한 그리스도의 대사(사신)가 되는 사명을 받은 것에 대한 감사와 놀라움을 상술한다. 바울은 그 은혜가 "나에게" 주어진 것을 강조체로 선언하면서 시작한다. 이어서 그 자신을 "모

든 성도 중에 지극히 작은 자보다 더 작은 나"로 묘사한다. 고린도전서 15:9에서 바울은 스스로를 "사도" 중에 가장 작은 자로 묘사했는데 여기서는 그 범위를 "모든 성도"로 넓힌다(참고. 딤전 1:15).

바울은 그가 받은 은혜가 하나님께서 "주신" 것임을 다시 반복한다(참고. 엡 3:2, 7). 바울이 그 은혜를 노력해서 얻었거나 자격이 있었던 것이 아니다. 바울이 받은 "이 은혜"가 그에게 이방인들에게 복음을 전하는 사역을 수행할 능력을 주었다. 이어서 이 은혜가 그에게 주어진 목적을 설명한다.

첫째, 이 은혜가 주어진 것은 바울로 "이방인에게 전하게"(8절, 참고. 롬 11:13) 하기 위해서다. 구체적으로 바울은 "측량할 수 없는 그리스도의 풍성함"을 전하도록 부름 받았다. "측량할 수 없는"으로 번역된 단어는 '헤아릴 수 없는' 또는 '이해할 수 없는'으로 번역될 수도 있고, '신중한 검토나 조사에 근거해 이해하기가 불가능한'[13] 어떤 것을 가리킨다(참고. 롬 11:33). 도무지 탐구할 수 없는 것은 바로 그리스도에게 속한 그 한없는 부요함이다.

둘째, 바울에게 은혜가 주어진 것은 "비밀의 계획이…밝히게"(엡 3:9, 새번역) 하기 위해서였다. 바울이 복음에 나타난 그리스도의 헤아릴 수 없는 풍성함을 이방인들에게 전했을 때, 회개하고 믿은 자들은 그 아들을 통해 하나님과 화해했다. 그 결과 그리스도의 죽음과 부활에 그분과 연합하게 되었고, 따라서 그리스도의 몸에 속한 동료 지체가 되었다. 유대인 신자들 역시 이 "한 새 사람"(2:15)의 일부였으므로 유대인과 이방인이 공동의 믿음을 통해 서로 연합한 것이다. 이처럼 이방인 신자들이 믿음을 갖게 되면서, 하나님께서 한때는 감춰져 있었으나 지금은 드러난 그분의 계획을 달성하셨다. 바울은 이 메시지가 '모든 사람을 위한'(ESV 참고) 것이라고 진술한다. 바울은 이방인들만이 아니라 이방인과 유대인 모두에게 하나님의 메시지를 밝혀주는 임무를 받은 것이다.

바울은 다시금 유대인 신자와 이방인 신자의 연합에 관한 비밀의 중요

13 BDAG, s.v. ἀνεξιχνιαστος; J. P. Louw and Eugene Nida, *Greek-English Lexicon of the New Testament: Based on Semantic Domains* (New York: United Bible Societies, 1989), ʃ32.23.

성을 강조하면서 그것을 세 가지 방식으로 묘사한다. (1) 그 비밀은 '감춰져 있었다.' 즉 그것은 하나님께서 계획하였으나 그 백성에게 드러내지 않으셨던 것이다. (2) 그 비밀은 '오랜 세월 동안' 감춰져 있었다. 이 전치사 어구는 시간을 가리키며 '오랜 과거로부터'라는 뜻이다. (3) 그 비밀은 "하나님 속에" 감춰져 있었다. 그 비밀에 관한 지식은 오직 하나님께만 있었다는 뜻이다. 이어서 바울은 하나님을 "만물을 창조하신" 분으로 묘사한다. 주권적 창조주이신 하나님은 한때 감춰져 있던 그분의 계획이 그분의 완전한 설계에 따라 확실히 실현되게 하실 것이다.

3:10 바울이 이방인에게 그리스도의 헤아릴 수 없는 풍성함을 전파한 목적이 이제 진술된다. "하나님의 각종 지혜를 알게 하려 하심"이라고. "이제"는 "영원부터"(3:9) 감춰져 있던 비밀과 대조를 이루며 새로운 시대가 시작했음을 나타내고, 따라서 구원-역사적인 기준점을 가리킨다. 하나님의 지혜는 "여러 가지"[폴뤼포이킬로스(*polypoikilos*), 현대인의성경]라고 묘사되어 있는데, 이 단어는 성경에서 여기에만 나오고 '셀 수 없을 만큼, 모든 사전 지식을 능가할 정도로 다양하다'[14]라는 뜻이다.

비록 하나님께서 이 비밀을 알려주시는 궁극적 행위자이기는 하지만, 그 중간 대리자는 교회("교회로 말미암아")다. 교회에 드러난 하나님의 여러 가지 지혜가 이제는 "하늘에 있는 통치자들과 권세들에게" 알려졌다(10절, 참고. 1:21). "통치자들과 권세들"은 선한 세력과 악한 세력을 모두 가리킬 수 있지만, 여기서는 역시 "하늘에 있는" 악한 영적 존재들을 언급하는 것으로 이해하는 것이 최선이다.

3:11-12 하나님의 여러 가지 지혜가 교회를 통해 하늘의 권세들에게 알려진 것은 하나님의 '영원한 목적을 따른'(참고. 1:11) 것이었다. 달리 말하면

14 H. Seesemann, *TDNT*, 6:485.

그 비밀이 과거에는 감춰져 있다가 이제 드러난 것은 영원 전부터 있었던 하나님의 의도였다. 구체적으로 이 계획은 "우리 주 그리스도 예수 안에서" 실현되었다(11절). 즉 하나님께서 영원 전에 세우신 계획이 이제 그리스도 예수 안에서 실현되었다는 뜻이다.

게다가 그리스도를 믿는 사람은 누구나 담대하게 또 자유롭게 아버지께 나아갈 수 있다(12절). 신자는 그리스도와 연합했기("그리스도 예수 안에서") 때문에, 우리가 "담대함과 확신을 가지고" 나아갈 수 있는 것이다(12절, 참고. 2:18). 물론 이 두 개념(즉, '담대함'과 '다가감')을 별개의 개념들로 보는 것도 가능하지만, 그 둘이 한 개념을 형성한다고 보는 것이 가장 적절하다. 이 경우에는 '확신 있게 다가가는 담대함' 또는 '확신 있는 접근의 담대함'이라는 뜻이다.[15] 바울은 하나님께 나아갈 수 있는 우리의 특권을 강조한다(참고. 히 10:19).

3:13 이 단락은 시작했던 방식과 똑같이 끝난다. 1절에서 바울은 자기가 '그리스도 예수의 포로'라고 말했고, 13절에서는 그와 비슷하게 '환난을 당하고 있다'고 말한다. 더구나 1절에서는 그의 투옥이 "너희 이방인을 위[한]"[휘페르 휘몬(*hyper hymōn*)]" 것이라고 말했고, 여기서는 그의 환난이 "너희를 위한"(휘페르 휘몬) 것이라고 되풀이한다. 바울은 추론 접속사인 "그러므로"(디오)를 사용해서 결론내릴 것을 암시한다. 독자들은 바울이 앞에서 그의 시련(1절)과 독특한 사도 사역(2-12절)에 관해 말한 것 때문에 낙심하지 말아야 한다.

'구하다'로 번역된 동사가 하나님께 드리는 기도를 가리킬 수도 있지만, 이는 에베소 신자들을 향한 요청으로 해석하는 것이 옳은 듯하다(ESV 참고). '낙심하다'로 번역된 동사는 '열정을 잃다' 또는 '낙담하다'로 번역될 수

15 O'Brien, *Ephesians*, 250.

도 있다(참고. 눅 18:1; 고후 4:1, 16; 갈 6:9; 살후 3:13).[16] 에베소 그리스도인들을 낙담케 할 만한 원인은 바울의 "환난"이다. 바울이 로마에서 최대 3년까지 투옥되어 있었기 때문이다. 투옥으로 인해 그의 소명과 사명이 좌절되었던 만큼 바울의 곤경을 아는 자들이 낙심한 것은 당연했다. 그러나 바울은 환난이 하나님의 목적에 따른 것이라고, 즉 "너희를 위한" 것이라고 말한다(참고. 골 1:24). 바울은 그의 고난이 하나님 계획의 일부기 때문에 독자들에게 유익이 될 것을 알았다. 그는 자신의 고난이 또한 그들의 "영광"(영생 또는 구원)을 위한 것이라고 말하면서 이 단락을 마무리한다. 달리 말하면 바울의 사역이 그에게 고난을 안겨주었지만 결국은 에베소 교회에 구원을 안겨줄 것이다(엡 1:18; 골 1:27; 딤후 2:10).

응답

바울은 독자들을 위해 기도하기 전에 잠시 주제에서 벗어나 비밀의 성격과 그의 역할을 설명한다. 이 비밀은 하나님의 영원한 계획의 일부였고, 하나님께서 그리스도의 사역을 통해 유대인과 이방인을 묶어 한 새로운 백성을 창조하시는 것이다. 하나님은 영원 전부터 예정하신 대로 주권적으로 그분의 구속 계획을 달성하고 계신다.

교회는 하나님 계획의 초점이다

신약 교회는 하나님의 계획에서 한갓 에피소드 정도에 불과하지 않다. 오히려 언제나 하나님의 영원한 목적을 위한 필수적인 부분이었다. 만물을 창조하신 하나님은 처음부터 교회를 통해 그분의 지혜를 알려줄 계획을

16 BDAG, s.v. ἐγκακέω (1).

갖고 계셨다. 옛 언약의 성전은 그리스도(요 2:21)뿐만 아니라 그의 몸(엡 2:19-21), 곧 "각 족속과 방언과 백성과 나라"(계 7:9) 출신의 신자들도 예시했다. 이전 세대들에게 감춰져 있던 이 놀라운 비밀이 이제는 사도들과 선지자들을 통해 드러났고, 이 비밀의 초점은 바로 교회에 있다. 구속받은 유대인과 이방인이 그 구원자와 하나가 되어 다함께 하나님의 거룩한 거처를 만든다.

그리스도는 하나님 계획의 중심에 있다

하나님의 영원한 계획이 교회에 초점을 두는 한편, 그 계획의 중심 내지는 징점은 그분의 외아들 예수 그리스도와 관계가 있다. 하나님께서 드러내신 비밀은 무엇보다도 예수 및 그분이 믿는 모든 사람에게 베푸신 화해에 있다. 성경 전체가 어떤 식으로든 다가오는 메시아를 고대하고 있지만 이 계시는 점진적으로 주어졌다. 말하자면 하나님의 구속 계획이 단번에 계시된 것이 아니라 단계별로, 곧 각 단계가 이전 단계보다 더 많이 밝혀 주는 식으로 계시되었다. 오직 신약에 이르러 메시아에 대한 온전한 계시가 주어졌을 뿐이다. 구약 성도들은 예수님에 관한 약속을 받았으나 신약에 와서야 그 약속이 성취되었다. 구약은 그림자와 사본을 담고 있지만, 그 참된 실체는 바로 그리스도다(골 2:17; 히 8:5; 10:1). 그분은 하나님의 영원한 계획의 가장 온전하고 최종적인 계시(히 1:1-2)이자 중심(엡 1:10)이다.

인류의 하나 됨은 하나님의 계획이 성취된 결과다

하나님께서 그 아들을 통해 구속 계획을 이루어 교회를 통해 새로운 인류를 창조하실 때, 이 새로운 백성은 그들의 공동 믿음을 통해 다함께 연합한다. 하나님의 비밀이 밝혀짐에 따라 유대인과 이방인은 똑같이 하나님께 나아갈 수 있게 되었다. 이방인은 더 이상 외부인으로, 하나님의 언약에서 멀어진 소망이 없는 자들로 간주되지 않는다. 이제 그들은 아들의 완전한 사역을 통해 아버지께 다가갈 수 있다. 예수 그리스도가 더 나은 언약의 중재자이기 때문에 모세의 율법은 더 이상 그들을 분리시키지 않는다. 그 결과 교회는 다양한 인종과 문화 출신의 사람들, 그리스도와 연합하여 아버지와 맺은 관계를 즐거워하는 사람들로 이루어진다.

고난은 하나님 계획의 일부다

하나님의 주권적 계획은 종종 고난을 포함한다. 바울은 에베소 신자들이 그의 고난이 그들을 위한 것임을 알기를 원하고, 그래서 투옥 중에도 그들을 격려하려고 한다. 우리는 바울이야말로 격려가 필요한 사람이라고 생각할 것이다. 당시 그는 가택 연금 상태에 있었다. 어쩌면 로마 군병에게 사슬로 묶여 있었을 테고, 사형에 처해질 가능성마저 있었다. 그런 고난 중에도 그는 신실하게 복음을 전했고 하나님께서 그의 어려운 환경을 선을 위해 사용하실 것이라고 믿었다(참고. 빌 1:12). 바울은 하나님의 목적이 그의 고난을 통해 성취될 것으로 신뢰했다. 그는 로마의 죄수가 아니라 그리스도 예수의 포로였다(엡 3:1). 그는 고난에 초점을 맞추지 않았다. 대신 복음을 전파하는 자신의 역할에 초점을 맞추었다. 복음이야말로 죄로부터 자유하게 하고 하나님과 함께하는 영생을 선사하기 때문이다. 이와 같이 우리도 우리를 향한 하나님의 계획에 고난이 포함될 수 있음을 기억하고, 바울처럼 시련을 겪는 중에도 신실함을 지키려고 애써야 한다.

Ephesians
에베소서
3:14-21

14 이러므로 내가 하늘과 땅에 있는 각 족속에게 15 이름을 주신 아버
지 앞에 무릎을 꿇고 비노니 16 그의 영광의 풍성함을 따라 그의 성령
으로 말미암아 너희 속사람을 능력으로 강건하게 하시오며 17 믿음으
로 말미암아 그리스도께서 너희 마음에 계시게 하시옵고 너희가 사랑
가운데서 뿌리가 박히고 터가 굳어져서 18 능히 모든 성도와 함께 지
식에 넘치는 그리스도의 사랑을 알고 19 그 너비와 길이와 높이와 깊
이가 어떠함을 깨달아 하나님의 모든 충만하신 것으로 너희에게 충만
하게 하시기를 구하노라

14 For this reason I bow my knees before the Father, 15 from whom
every family[1] in heaven and on earth is named, 16 that according to the
riches of his glory he may grant you to be strengthened with power
through his Spirit in your inner being, 17 so that Christ may dwell in
your hearts through faith—that you, being rooted and grounded in
love, 18 may have strength to comprehend with all the saints what is
the breadth and length and height and depth, 19 and to know the love
of Christ that surpasses knowledge, that you may be filled with all the
fullness of God.

20 우리 가운데서 역사하시는 능력대로 우리가 구하거나 생각하는 모
든 것에 더 넘치도록 능히 하실 이에게 21 교회 안에서와 그리스도 예
수 안에서 영광이 대대로 영원무궁하기를 원하노라 아멘
20 Now to him who is able to do far more abundantly than all that we
ask or think, according to the power at work within us, 21 to him be
glory in the church and in Christ Jesus throughout all generations,
forever and ever. Amen.

1 Or *from whom all fatherhood*; the Greek word *patria* in verse 15 is closely related to the word for *Father* in verse 14

단락 개관

이 단락에는 기도문(3:14-19)과 하나님께 드리는 찬송 내지는 송영(20-21절)이 담겨 있다. 바울은 1절에서 드리려고 했던 기도를 잠시 벗어났다가(2-13절) 다시 시작한다. "이러므로"(이 때문에, 14절, 참고. 1절)를 반복하는 것이 그 신호다. 바울의 기도 내용은 세 부분으로 나뉘는데, 각각 "that"[히나(*hina*), 16, 17-18, 19절, ESV 참고]이라는 관계대명사로 시작된다.

이 때문에 내가…아버지 앞에 무릎을 꿇고 비노니(14-15절)

(1) that…[그분이] 너희 속사람을 능력으로 강건하게 하시오며 믿음으로 말미암아 그리스도께서 너희 마음에 계시게 하시옵고(16b-17a절)

(2) that 너희가 사랑 가운데서 뿌리가 박히고 터가 굳어져서…그리스도의 사랑을 알고(17b-18절)

(3) that 하나님의 모든 충만하신 것으로 너희에게 충만하게 하시기를 구하노라(19b절).

송영(20-21절)은 세 부분으로 되어 있다. (1) 찬송을 받는 분에 대한 상세한 묘사(20절), (2) 상세한 찬송의 선포(21a절), (3) 그런 찬송을 드려야 할 기간을 진술하는 어구(21b절)다. 이 송영은 바울 편지의 전반부를 마무리하기에 적절한 대목이기도 하다. 교리를 다루는 단락의 결론(참고. 롬 11:36)이면서 후반부에 나오는 윤리적 권면을 위해 든든한 기초를 놓기 때문이다.

단락 개요

VII. 바울의 두 번째 기도(3:14-21)
- A. 아버지께 빌다(3:14-15)
- B. 강건함을 위한 기도(3:16-17a)
- C. 깨달음을 위한 기도(3:17b-19a)
- D. 충만함을 위한 기도(3:19b)
- E. 하나님을 찬송하다(3:20-21)

주석

3:14-15 바울은 1:15-23에서 첫 번째 기도를 드렸고, 이제 독자들과 관련하여 두 번째 기도(또는 '기도문')를 드린다. 바울은 "이러므로"로 3:1에서 생각만 하고 시작하지 않았던 기도를 재개한다. 그는 기도를 의미하는 동사를 사용하지 않고 기도의 '자세'를 언급하는데, 이는 그 행동 자체에 대한 환유로 사용된 것이다(참고. 롬 11:4; 14:11; 빌 2:10). 유대교와 초기 기독교의 일반적인 기도 자세는 서서 드리는 것이었지만(삼상 1:26; 왕상 8:22; 마 6:5; 막 11:25; 눅 18:11, 13), 절을 하거나 무릎을 꿇는 것도 드물지 않았다(대상

29:20; 대하 29:29; 스 9:5; 시 95:6; 단 6:10; 눅 5:8; 22:41; 행 7:60; 20:36; 21:5). 무릎을 꿇는 자세는 겸손한 복종과 경배를 나타냈고 종종 절박한 기도에 사용되곤 했다.

바울의 기도는 구체적으로 "아버지"(참고. 엡 1:2, 3, 17; 2:18; 4:6; 5:20; 6:23)께 드리는 것이고, 아버지는 14-15절에 "하늘과 땅에 있는 각 족속에게 이름을 주신" 분으로 상세히 묘사된다. "족속"[파트리아(*patria*)]이라는 용어는 신약에서 다른 두 군데에만 나온다(눅 2:4; 행 3:25). 모든 족속 또는 인종의 기원은 바로 하나님 아버지이시다.

하나님께서 '하늘에 있는' 각 족속의 창조자이자 지탱자라는 말은 아마 하나님 덕분에 존재하게 된 (선하고 악한 모든) 천사들의 다양한 족속이나 등급을 가리킬 것이다. 천사의 족속들은 사실적인 친족 관계가 아니라 여러 등급("통치자들", "권세들", "주권들", '우주적인 힘들', '영적 세력들' 같은, 엡 3:10; 6:12; 골 1:16; 2:15)을 가리킨다고 보는 것이 최선이다. 하나님은 살아 있는 모든 존재를 창조하신 주권적 창조주이고, 모든 존재는 그 생명과 존재 의의를 그분께 의존하고 있다.

3:16-17a 바울의 첫째 간구는 독자들이 강건해지는 것이다. 동사형이 수동태인 것은 이것이 그들 스스로 행할 수 있는 일이 아니라 하나님께서 그들 안에서 행하셔야 할 일임을 시사한다. 바울은 '강건하게 하다'를 의미하는 일반적인 동사를 사용하지 않고 다른 세 군데(눅 1:80; 2:40; 고전 16:13)에만 나오는 형태를 사용한다. 앞에서는 에베소 그리스도인들의 마음을 밝히셔서 '그의 능력의 헤아릴 수 없는 위대함'(엡 1:19)을 알게 해달라고 기도했는데, 여기서는 그들이 그 능력과 힘을 받게 해달라고 기도한다. 하나님께서 공급하시는 힘은 "그의 영광의 풍성함을 따라"(3:16) 주어진다. 이 간구를 이행하는 데 쓸 수 있는 자원은 무제한적이다(빌 4:19). 하나님은 에베소 신자들에게 필요한 모든 힘을 풍성하게 공급하실 것이다.

하나님께서 강건케 하시는 일은 3개의 어구 (1) "능력으로", (2) "그의 성령으로", (3) "너희 속사람을"로 수식되어 있다. 첫째 어구는 하나님께서 강건케 하시는 일이 일어나게 하는 수단을 제공한다. 둘째 어구는 성령이 강건케 하시는 일을 수행하는 대리자임을 가리킨다. 마지막 어구는 강건케 하시는 장소가 "속사람"이라고 밝힌다(참고. 롬 7:22; 고후 4:16).

하나님께서 강건케 하신 결과는 "그리스도께서 너희 마음에 계시게"(엡 3:17) 되는 것이다. 그리스도는 회심하는 순간부터 신자의 마음속에 거하시는 만큼, 이는 내주하는 그리스도의 영향과 지속적인 임재 아래 사는 것을 가리킴에 틀림없다. '머물러 계시다'[카토이케오(*katoikeō*)]라는 동사는 한시적인 거주가 아니라 영구적인 내주를 가리킨다(참고. 2:22; 골 1:19; 2:9). "너희 마음에"(17절)는 "너희 속사람 [속에]"(16절)와 비슷하고, 이는 '사람 속의 중심으로서 하나님이 주시하고, 종교적인 삶이 뿌리를 내리고, 도덕적 행실을 좌우하는 곳'[17]이라 할 수 있다. 이 내주가 실현되게 하는 수단은 '믿음을 통해서'다. 그리스도가 완수한 사역에 대한 신자의 확실한 믿음이다.

3:17b-19a 바울의 둘째 간구는 에베소 신자들이 그리스도의 사랑을 이해하고 경험하게 해달라는 것이다. 이 간구는 17절 끝에 나오는 어구 "사랑 속에 뿌리를 박고 터를 잡아서"(새번역)로 시작한다. 바울은 다른 곳(2:20-22; 고전 3:9; 골 2:7)에서 그러듯이, 농업의 은유("뿌리가 박히고")와 건축의 은유("터가 굳어져서")를 모두 사용한다. 이 "사랑"은 신자들 간의 사랑 또는 하나님에 대한 사랑이 아니라 신자들을 향한 하나님의 사랑을 말한다(참고. 엡 2:4; 3:19). 이 사랑은 그리스도인들로 남을 사랑할 수 있게 하는 기반과 힘을 공급하고, 나중에는 이 편지의 초점이 된다(4:2; 5:2).

이 간구의 주된 취지는 에베소 신자들이 그들을 향한 그리스도의 광대한 사랑을 이해하게 되는 것이다. 이는 두 가지 요청으로 이루어진다. (1) 그들이 이 사랑의 '너비와 길이와 높이와 깊이가 어떠한지를 깨달을 수 있게'(19절) 되고 이로써 (2) '그리스도의 사랑을 알게 되는 것'(18절)이다.

17 J. Behm, *TDNT*, 3:612.

첫째, 신자는 그리스도의 사랑을 깨달아야 한다. 여기에 열거된 차원들(너비, 길이, 높이, 깊이)은 자기 백성을 향한 그리스도의 비할 데 없는 사랑의 광대함(참고. 롬 8:35-39)을 묘사한다. 모든 것을 포괄하는 그리스도의 사랑을 이해하는 것은 "모든 성도", 즉 모든 신자들과 공유하는 그 무엇이다(참고. 엡 1:1, 15; 3:8; 6:18).

둘째, 신자는 '지식을 초월하는 그리스도의 사랑을 알아야'(19절) 한다. '알다'라는 동사는 사실상 '깨닫다'(18절, 새번역)와 똑같다. 역설적이게도 바울은 그들이 '지식을 초월하는' 그 사랑을 '알' 수 있게 해달라고 기도한다. 그는 그들이 그 광대함 때문에 도무지 파악할 수 없는 어떤 것을 이해하기 원하고 있다! 그는 독자들이 이해 불가능한 것을 이해하려는 시도를 만류하지 않고, 오히려 그들이 너무나 광대해서 결코 완전히 이해할 수 없는 그리스도의 사랑에 대해 묵상하도록 격려하고 있다.

3:19b 바울이 이제 에베소 신자들을 위한 세 번째 간구를 진술한다. 이는 간구의 요약판이라고 할 수 있다. 모든 기도가 지향하는 최고 목적을 표현하기 때문이다. 그는 그들이 "하나님의 온갖 충만하심으로…충만하여지기를"(새번역) 기도한다. "…으로"[에이스(*eis*)]로 번역된 단어는 보통 신자가 도달해야 할 (내용이 아닌) 목표를 전달하는 것으로 보인다. 하지만 문맥을 보면 내용의 개념도 있다. 특히 '충만해지다'[플레로오(*plēroō*)]라는 동사가 이를 보여준다. 말하자면 그들이 이루어야 할 충만함의 목표 내지는 표준은 그 충만함의 내용을 함축할 수도 있다. 그들은 하나님의 충만함'으로' 하나님의 충만감에 '이르기까지' 충만해져야 한다.

바울이 말하는 '하나님의 충만함'이란 무엇인가? 바울은 이와 비슷한 4:13에서 신자는 "그리스도의 장성한 분량이 충만한 데까지"(참고. 1:23; 골 1:19; 2:9) 이르러야 한다고 쓴다. '충만함'은 하나님의 임재, 생명, 능력 특히 사랑을 포함한 그분의 도덕적 탁월성 또는 완전함을 의미하는 듯하다. 그래서 독자들이 그들을 향한 그리스도의 사랑을 깨닫게 되고, 하나님께서 그들을 충만케 하셔서 그분의 완전함(특히 사랑)에 도달하게 해달라고 바울이 기도하는 것이다. 따라서 이 기도는 바울이 나중에 할 권면들, 특히 "사랑 가운데서 행하라"(엡 5:2)는 명령을 위한 준비 작업에 해당한다.

3:20-21 바울은 이제 하나님을 높이고 찬송하는 송영으로 기도를 마무리한다(참고. 롬 16:25-27; 빌 4:20; 딤전 1:17; 유 1:24-25). 송영은 세 부분으로 되어 있다. (1) 찬송을 받으시는 분에 대한 묘사(20절), (2) 찬송의 선포(21a절), (3) 찬송을 드려야 할 기간에 대한 진술(21b절)이다.

첫째 부분에서 바울은 하나님을 그분의 백성이 상상할 수 있는 것 이상으로 이루실 수 있는 강력한 분으로 묘사한다. 하나님의 능력은 다음 세 가지 표현으로 강조된다. (1) '유능한 그분'[이는 '강력한(뒤나마이, *dynamai*) 그분'으로 번역될 수도 있다], (2) "능력"[뒤나미스(*dynamis*)], (3) '일하다'[에네르게오(*energeō*)]이다. 하나님은 '우리가 구하거나 생각하는 것' 이상으로 (기꺼이) 행할 만큼 강력하실 뿐만 아니라 그 이상으로(문자적으로는 '무엇보다도 더') 행하실 능력도 있는 분이다. 그러나 바울은 거기서 멈추지 않는다. 하나님은 우리가 상상할 수 있는 것보다 '훨씬 더 풍성하게' 행하실 수 있다고 덧붙인다. 여기서 바울이 드문 형용사[휘페레크페르시수(*hyperekpersissou*)]를 사용하는데, 이는 '모든 척도를 뛰어넘는'이라는 뜻으로 '상상할 수 있는 비교의 최고 형태'[18]를 전달하는 단어다. 이런 담대한 기도를 들으면 혹시 바울이 감히 너무 많은 것을 간구하는 게 아닌가 하는 생각이 들지 모른다. 그러나 그는 이 송영과 함께 하나님께서 그런 기도에 응답하시는 것이 불가능하지 않다고 분명히 말한다. 그보다 더 놀라운 점은 하나님께서 그분의 능력을 그 백성에게 복을 주고 그들을 돕는 데 사용하신다는 것이다. 하나님은 "우리 가운데서 일하시는 능력을 따라"(20절, 새번역) 일하신다. 이는 다른 모든 능력보다도 예수를 죽은 자 가운데서 일으켜서 아버지의 오른편에 앉게 하신 바로 그 능력이다(1:20-21). 따라서 바울의 진술은 하나님께

18 BDAG, s.v. ὑπερεκπερισσοῦ.

서 그분의 백성에게 약속하신 복(1:3-14)이 이루어질 것이라는 확신을 안겨준다.

송영의 둘째 부분(21a절)은 하나님께 영광을 돌리는 찬송의 선포다. 하나님께 영광을 드린다는 것은 그분이 소유하지 않는 어떤 것을 드리는 게 아니라 그분이 누군지와 그분이 이루신 일 때문에 찬송하는 것이다. 구체적으로 이 "영광"은 "교회 안에" 그리고 "그리스도 예수 안에" 있다고 한다. 하나님의 영광은, 교회가 하나님의 여러 가지 지혜(3:10)를 증언하는 유대인과 이방인의 다인종적 공동체인 만큼 그런 교회 안에서 나타난다. 이에 덧붙여 하나님의 영광은 그리스도 예수 안에서 드러난다. 교회에 대한 언급 뒤에 그리스도를 언급하는 것은 양자의 밀접한 관계를 보여준다(1:3-14, 22-23; 2:13, 14-17, 18-19, 20-22). 예수 그리스도 안에 드러나는 하나님의 영광은 교회 안에 나타나는 그분의 영광과 분리될 수 없다.

송영의 마지막 부분은 그런 찬송을 얼마 동안 드려야 하는지에 대한 표현이다("대대로 영원무궁하기를", 21b절). 문자적으로는 '세세무궁토록 모든 세대까지'라는 뜻이지만 영원을 가리키는 어구로 이해해야 한다. 우리가 하나님의 영광을 찬송하는 것은 끝이 없어야 한다. 바울은 흔히 그러듯이 송영을 "아멘"으로 끝낸다. 이는 히브리어 단어를 음역한 것으로 '진술한 바에 대한 강한 긍정'이라는 뜻이고, '그렇게 되기를', '진실로'[19]로 번역될 수 있다. 이 송영이 이 편지 전반부의 마지막을 장식한다.

19 BDAG, s.v. ἀμήν.

응답

바울은 이전의 기도(1:15-23)를 기반으로 다시 독자들을 위해 기도한다. 그는 기도를 조금 더 확장하여 독자들이 (1) 하나님의 능력으로 강건케 되도록, (2) 그리스도의 사랑을 깨닫도록 그리고 (3) 하나님의 충만함으로 충만해지도록 간구한다.

하나님의 능력으로 강건해지도록 기도하라

선천적으로 우리는 스스로 힘이 강하다고 생각하는 경향이 있다. 그러나 하나님을 섬기고 죄를 이기는 능력은 오로지 하나님께서 공급하시는 힘과 은혜로부터 온다는 것(3:16-17)을 성경을 통해 상기하게 된다. 바울은 "나에게 능력을 주신 우리 주 그리스도 예수께 감사를 드[린다]"(딤전 1:12, 새번역)고 증언한다. 또한 그는 감옥에 갇혀 있는 동안 모든 사람이 그를 버렸으나 "주께서 내 곁에 서서 나에게 힘을 주[셨다]"(딤후 4:17)고 고백한다. 바울은 제자인 디모데에게 "그리스도 예수 안에 있는 은혜 가운데서 강하[게]"(딤후 2:1) 되라고 권면한다. 그리고 훗날 에베소서의 독자들에게 "주 안에서와 그 힘의 능력으로 강건하여지[라]"(엡 6:10)고 가르칠 것이다. 바로 하나님께서 우리를 강건케 하시는 분인 만큼 그분이 영광을 받으신다(벧전 4:11). 우리가 악한 자(마귀)의 영향에 제대로 저항하고, 죄로부터 달아나고, 그리스도의 미덕을 추구하고, 복음 중심적인 삶을 영위하고, 복음의 좋은 소식을 땅끝까지 가져가려면, 우리의 힘이 아닌 하나님의 힘에 의존해야 한다.

그리스도의 사랑을 깨닫도록 기도하라

바울은 또한 에베소 그리스도인이 그분의 백성을 향한 그리스도의 사랑을 "알고"(엡 3:18) 또 '깨닫는 힘을 갖게'(19절) 되도록 기도한다. 그 사랑은 끝이 없어서 도무지 측량할 수 없다. 하나님은 강력하실 뿐 아니라 사랑도 많으신 분이다. 바울은 일찍이 하나님께서 하늘과 땅을 창조하기 전에 "사랑 안에서"(1:4-5) 우리를 선택하셨다고 상기시킨다. 우리가 비록 허물과 죄로 죽었음에도 하나님께서 "우리를 사랑하신 그 큰 사랑을 인하여"(2:4) 우리를 살리셨다. 하나님의 사랑은 너무나 놀라워서 완전히 이해하는 것이 불가능하지만, 바울은 독자들이 이 사랑을 점점 더 이해하기를 기도한다. 하나님의 크신 능력은 그분의 사랑이 결코 변치 않을 것임을 보장한다.

하나님의 충만함으로 충만해지도록 기도하라

바울은 독자들이 '하나님의 온갖 충만하심으로 충만해지도록'(3:19) 기도한다. 구약에서 하나님의 임재는 성막과 성전을 가득 채웠다. 앞에서 바울은 유대인 신자와 이방인 신자 모두 "주 안에서 성전"이라고 설명한 바 있다(2:21, 참고. 고전 3:16-17; 6:19; 고후 6:16). 바울은 또한 "그리스도께서 너희 마음에 계시게"(엡 3:17) 해달라고 기도한다. 하나님은 현재 우리 안에 그리고 우리와 함께 거하신다. 그분이 언제나 함께하시기 때문에 우리는 곧바로 그분께 다가갈 수 있다. 하나님께서 우리가 거룩한 처소가 되기를 원하시기에 우리는 "옛 사람을 벗어버리[라]"(4:22)는 명령을 받는 것이다. 하나님의 충만함으로 충만해지고 그분의 능력과 사랑을 경험하려면, 우리가 그분이 내주하실 만한 거룩한 처소가 되어야 한다.

Ephesians
에베소서
4:1-6

4장

1 그러므로 주 안에서 갇힌 내가 너희를 권하노니 너희가 부르심을 받
은 일에 합당하게 행하여 2 모든 겸손과 온유로 하고 오래 참음으로
사랑 가운데서 서로 용납하고 3 평안의 매는 줄로 성령이 하나 되게
하신 것을 힘써 지키라 4 몸이 하나요 성령도 한 분이시니 이와 같이
너희가 부르심의 한 소망 안에서 부르심을 받았느니라 5 주도 한 분이
시요 믿음도 하나요 [1]세례도 하나요 6 하나님도 한 분이시니 곧 만유
의 아버지시라 만유 위에 계시고 만유를 통일하시고 만유 가운데 계
시도다

1 I therefore, a prisoner for the Lord, urge you to walk in a manner
worthy of the calling to which you have been called, 2 with all humility
and gentleness, with patience, bearing with one another in love, 3 eager
to maintain the unity of the Spirit in the bond of peace. 4 There is one
body and one Spirit—just as you were called to the one hope that
belongs to your call— 5 one Lord, one faith, one baptism, 6 one God
and Father of all, who is over all and through all and in all.

1) 헬, 또는 침례

단락 개관

1-3장은 에베소 신자들에게 주는 바울 메시지의 교리적 기초에 초점을 맞춘 데 비해, 4-6장은 "그러므로"(4:1)가 가리키듯 그 기초에 기반을 둔 실제적 적용 내지는 권면으로 바뀐다. 이 지점까지는 바울이 단 하나의 명령어("기억하라", 2:11)만 썼으나 4-6장에서는 무려 39개의 명령어를 사용할 것이다.

이 단락은 두 부분(1-3절과 4-6절)으로 나뉘고, 각각 신자들의 하나 됨에 초점을 둔다. 주된 표현 곧 "내가 너희를 권하노니 너희가 부르심을 받은 일에 합당하게 행하[라]"(1절)는 신자들이 행해야 할 방식을 전달하는 2개의 전치사구("모든 겸손과 온유로", "오래 참음으로")로 수식된다. 이에 덧붙여 두 절이 신자가 행동할 때 필요한 수단을 알려준다. (1) "사랑 가운데서 서로 용납하고"(2절) (2) "평안의 매는 줄로 성령이 하나 되게 하신 것을 힘써 지키라"(3절)는 것이다. '행하다'[걷다, 페리파테오(*peripateō*)]라는 동사는 이 편지의 후반부에 두드러지게 나온다(4:1, 17; 5:2, 8, 15, 참고. 2:2, 10).

바울은 4:4-6에서 신앙 고백을 만들거나 맥락에 맞추는 일에 "한"을 일곱 번 반복함으로써 다시금 신자들의 하나 됨을 강조한다. 이 구절들은 하나 됨의 기초를 제공하는데, 이는 하나님의 하나 됨('한 성령…한 주님…한 하나님과 만유의 아버지'), 하나님 백성의 하나 됨(한 몸) 그리고 하나님에 대한 교회 반응의 하나 됨('한 소망…한 믿음…한 세례')에 근거를 둔다.

단락 개요

VIII. 교회 안에서의 하나 됨(4:1-6)

A. 하나 됨의 방식과 수단(4:1-3)

B. 하나 됨의 근거(4:4-6)

주석

4:1 바울은 에베소서의 후반부를 부르심에 합당한 삶을 살라는 일반적인 권면으로 시작한다. 접속사 "그러므로"는 편지의 전반부 전체를 가리키며 뒤에 나올 윤리적 권고의 신학적 기초를 마련해준다(참고. 롬 12:1; 골 3:1; 살전 4:1). 나아가 바울은 스스로를 '주를 위한(또는 '안에 있는') 죄수'로 밝히는데, 이는 이어지는 권면에 강조점과 권위를 더해준다. 이 단락의 주된 취지는 "내가 너희를 권하노니…행하[라]"는 어구에 나온다.

바울은 에베소 신자들에게 그들이 부르심을 받은 '그 부르심에 합당하게 행하라'고 강하게 호소한다. '걷다'(행하다)라는 주제는 편지 전체에 계속 나오는데(참고. 엡 4:17; 5:2, 8, 15), 이는 한 사람의 행실 내지는 생활 방식에 대한 은유다. 신자에게는 그 부르심과 일치하게 살 책임과 의무가 있다. 그러나 순서를 주목하라. 행위는 언제나 거듭난 것에 따라오는 법이다. 달리 말해 행실은 언제나 부르심을 뒤따른다. 새로운 삶 또는 중생을 경험한 뒤에야 비로소 하나님의 백성이 그분의 명령을 신실하게 또 합당하게 따를 수 있는 것이다. "너희가 부르심을 받은"이라는 어구는 수동태로 되어 있는데, 이는 하나님께서 주권적으로 부르시는 분임을 시사한다. 부르심의 개념이 반복되는 것('너희가 부르심을 받은 그 부르심')은 그 중요성을 강조하기 위해서다.

4:2-3 이 구절들은 신자들이 '(그들의) 부르심에 합당한 방식으로 행하는 데' 필요한 수단을 밝힘으로써 앞 구절을 상세히 설명한다.

바울은 우리가 행해야 할 방식을 묘사하는 세 가지 미덕을 열거한다. "모든 겸손과 온유로 하고 오래 참음으로"(2절). 첫 두 미덕("겸손과 온유")은 서로 밀접한 관계가 있어서 바울이 전치사(with)를 반복하지 않는다. 또한 "모든"을 사용해서 이 두 가지 윤리적 자질의 중요성과 필요성을 강조한다. 이 단락에서는 하나 됨을 강조하는 만큼, 바울은 겸손의 필요성을 특히 역설한다. 교만이야말로 공동체 생활을 파괴하기 때문이다. "하나님은 교만한 자를 대적하시되 겸손한 자들에게는 은혜를 주시느니라"(벧전 5:5, 잠 3:34을 인용함). 바울은 "온유"를 성령의 열매 중 하나로 묘사하고(갈 5:23), 죄를 지은 사람을 회복시킬 때(6:1) 또는 오류에 빠진 사람을 바로잡을 때(딤후 2:25) 이 성품이 필요하다고 강조한다. 셋째 미덕인 "오래 참음"은 성경에 거듭해서 언급되는 하나님의 성품이다(예. 출 34:6). 하나님은 아무도 멸망하기를 원치 않으시는 만큼(벧후 3:9) 그분의 오래 참음이 우리를 회개로 이끌어준다(롬 2:4). 오래 참음은 성령의 한 열매고(갈 5:22-23), 사랑의 결정적 속성(고전 13:4)이며, 그리스도인들이 서로에게 보여야 할 모습이다(골 3:12; 살전 5:14; 딤후 4:2).

바울은 또한 신자가 삶을 영위하는 데 필요한 수단을 제시한다.

첫째, 부르심에 합당한 방식으로 행하는 일은 "사랑 가운데서 서로 용납[함]"(2절)으로 가능하다. '용납하다'[아네코(*anechō*)]로 번역된 동사는 종종 박해나 고난을 견디는 맥락에서 사용되곤 한다(고전 4:12; 고후 11:20; 살후 1:4). 그러나 바울은 그저 신자들에게 서로 '참아주라'고 말하는 것이 아니다. 오히려 우리는 서로를 '사랑 안에서'(즉, 사랑으로, 참고. 골 3:13) 용납해야 한다고 덧붙인다.

둘째, 부르심에 합당한 방식으로 행하려면 "성령이 하나 되게 하신 것을 힘써 지[켜야]"(3절) 한다. "힘써"는 바울의 호소에 절박감을 더해준다. 바울은 이 용어[스푸다조(*spoudazō*)]를 여행을 성사시키는 데 필요한 치열한 노력을 표현하기 위해 사용하고(살전 2:17; 딤후 4:9, 21; 딛 3:12), 베드로는 진지한 노력을 가리키는 데 사용한다(벧후 1:10; 3:14). 여기서 바울이 독자들에게 하나 됨을 '창조하라'고 권면하지 않고 오히려 그리스도의 완수된 사역으로 인해 이미 존재하는 하나 됨(참고. 엡 2:11-22)을 '지키라'고 권면하는 것을 주목하라. 이 '하나 됨'(참고. 4:13)은 성령으로부터 오는 것 또는 성령이 만드시는 것이다. 신자들은 그리스도가 확보하시고 성령이 주시는 하나 됨을 열심히 지켜야 한다.

끝으로 이 하나 됨은 '평안의 줄'로 이루어진다. 그리스도인들을 다함께 묶어주는 것은 다름 아닌 평화 그 자체다.

4:4-6 독자들에게 하나 됨을 지키라고 권면한 바울은 이제 '한'(one)을 일곱 번 반복함으로써 그 하나 됨의 신학적 기초(또는 근거)를 제공한다.

첫째, '한 몸'(4절)은 그리스도의 몸인 교회를 말한다(1:22-23). 바울이 이 사실을 맨 처음 언급하는 것은 그의 주된 관심사이기 때문이다(2:16). 이 어구는 바울이 교회를 언급하는 말로 여러 번 사용하곤 한다(롬 12:4-5; 고전 12:12-13, 20; 골 3:15). 교회에는 제각기 다른 은사를 가진 많은 지체들이 있지만 그들은 다함께 한 몸을 이룬다.

둘째, 바울은 '한 성령'이 있다고 덧붙인다(4절, 참고. 고전 12:11; 12:13). 이 지점에 이르기까지 바울은 성령에 대해 다음과 같이 말했다. 신자는 (1) 성령으로 날인을 받았고(엡 1:13), (2) 성령을 통해 아버지께 나아갈 수 있고(2:18), (3) 하나님께서 성령으로 거주하는 장소이며(2:22), (4) 성령을 통해 그 속사람이 강건해지고(3:16), (4) 성령으로 하나 됨에 이른다(4:3).

셋째, 신자는 "한 소망"으로 부르심을 받았다(4절). 여기서 바울이 사용하는 표현은 앞에서 세운 패턴을 깨뜨린다. 그저 "한 소망" 있다고 선언하는 대신 이전의 진술들과 비교되는 표현을 쓴다. 즉 한 몸과 한 성령이 있는 것처럼 그와 비슷하게 한 소망이 있는데, 이는 우리의 부르심에 수반된다고 한다. 바울이 언급하는 "소망"은 주관적인 기대감이 아니라 기대하는 내용이다.

넷째, '한 주님'이 계시다(5절). 이는 분명히 예수 그리스도를 말한다. 바울이 4절에서는 성령을 언급했고 이제 6절에서는 아버지 하나님을 언급할 것이기 때문이다(참고. 고전 8:6). 오직 예수만이 주님이라고 주장하는 것은 그 문화에서 '주님'으로 불렸던 가이사 또는 에베소의 아데미 여신에 대한 반박이다(참고. 롬 10:9; 고전 12:3; 빌 2:11). 이 선포는 또한 예수를 유대인 성경의 하나님과 동일시한다. "이스라엘아 들으라 우리 하나님 여호와는 오직 유일한 여호와이시니"(신 6:4).

다섯째, '한 믿음'이 있다(5절). 여기서 "믿음"이 가리키는 바는 주관적인 믿음의 행위나 태도가 아니라 객관적인 믿음의 내용이다(참고. 4:13; 롬 10:8; 갈 1:23; 3:23; 골 1:23; 2:7; 딤전 3:9; 4:1, 6).

여섯째, '한 세례'가 있다(5절, 참고. 롬 6:4). 많은 주석가들은 바울이 물세례나 성령 세례 중 어느 것을 강조하는지 결정하려고 하지만, 바울이 생각하기에 이 둘은 분리될 수 없다. 그래서 F. F. 브루스(F. F. Bruce)는 이렇게 설명한다. "그것이 물로 받는 세례인지 성령의 세례인지를 묻는 것은 요점을 벗어난다. 그것은 기독교식 세례, 곧 '주 예수의 이름으로 받는'(행 8:16; 19:5, 참고. 고전 1:13-15) 세례로서 물의 이용을 포함하지만…성령의 선물과 밀접한 관계가 있었다."[20]

끝으로, 바울은 '한 하나님과 만유의 아버지'(6절)가 계시다고 선언함으로써 하나 됨의 기초를 마무리한다. 바울의 진술은 다시금 신명기 6:4절을 상기시킨다. 바울은 하나님의 '최고의 초월성'(그는 "모든 것 위에" 계시다)과 '편만한 내재성'(그는 "모든 것을 통하여 계시고 모든 것 안에" 계시다, 이상 새번역)을 고백한다.[21] 여기에 반복되는 "모든 것"(만유)이 (1) 모든 신자들이나 (2) 모든 창조물 중 어느 것을 가리키는지는 분명하지 않지만 후자일 가능성이 더 많다. 바울은 하나님의 창조 세계에 대한 최고의 주권, 전능하심 그리

20 F. F. Bruce, *The Epistles to the Colossians, to Philemon, and to the Ephesians*, NICNT (Grand Rapids, MI: Eerdmans, 1984), 336-337.

21 Andrew T. Lincoln, *Ephesians*, WBC (Dallas: Word, 1990), 240. WBC 성경주석 42《에베소서》(솔로몬).

고 임재를 선언하고 있는 것이다. 우리는 삼위일체 하나님께서 하나 됨에 관한 바울의 논의에서 중심을 차지하신다는 것을 주목해야 한다. '성령'은 한 소망으로 부르심을 받은 한 몸 내지는 교회와 연관되어 있다. '주님'은 교회가 고백하는 한 믿음과 교회가 받는 한 세례와 연관되어 있다. 그리고 '아버지 하나님'은 모든 창조 세계를 주권적으로 다스리되 모든 것 안에서 그리고 모든 것을 통해 일하시는 등 만물 속에 깊이 개입하고 계신다.

응답

하나가 될 필요성

하나 됨은 신자들의 선택 사안이 아니다. 이는 우리가 선포하는 메시지의 본질적인 요소다. 복음은 예수님을 통해 하나님께서 그 자신과 화해하는 길을 마련하셨다는 좋은 소식이다. 우리가 하나님께서 주신 평화를 보여 주지 못한다면 우리의 메시지가 위태로워진다. 신자들의 하나 됨은 우리가 세상에 증언하는 사역에 영향을 미친다(요 17:22-23). 그래서 바울이 우리에게 부르심에 '합당한 방식으로 행하라고'(엡 4:1) 역설하는 것이다. 우리는 "평안의 매는 줄로 성령이 하나 되게 하신 것을 힘써 지[킴]"(3절)으로써 이 명령을 따르게 된다. 하나 됨은 기독교에 추가된 사항이 아니다. 그것은 우리 믿음의 핵심에 있다.

하나 됨의 미덕

바울은 겸손, 온유, 오래 참음, 용납, 사랑 그리고 평화를 지닌 채 행해야 하는 필요성을 강조한다. 이런 속성들 하나하나는 교회의 하나 됨을 유지하는 데 반드시 필요하다. 겸손이 필요한 것은 교만이 자기 마음대로 하겠다고 고집하기 때문이다. 온유가 필요한 것은 분노가 남에게 상처와 해로움을 주기 때문이다. 오래 참음이 필요한 것은 우리가 하나님을 포함한 타자의 행동을 통제할 수 없기 때문이다. 용납이 필요한 것은 누구나 약점을 갖고 있기 때문이다. 사랑이 필요한 것은 다른 모든 미덕을 매끄럽게 하는 윤활유기 때문이다. 그리고 평화가 필요한 이유는, 하나님의 백성이 모든 지각을 초월하는 평화(빌 4:7)로 연합하지 않고서는 하나 됨이 불가능하기 때문이다.

하나 됨의 기초

우리는 하나 됨의 기초에 주목해야 한다. 사람들은 오늘날 연합의 원리 자체에 기초해 하나 됨을 시도하지만, 바울이 교회에게 원했던 하나 됨은 이 본문에 언급되어 있는 칠중적인 연합에 기초를 둔다. 신학적으로 삼위일체 하나님과 그분의 복음에 근거를 둔 하나 됨만이 외부의 공격과 내부의 압력에도 살아남을 수 있을 것이다.

Ephesians
에베소서
4:7-16

7 우리 각 사람에게 그리스도의 선물의 분량대로 은혜를 주셨나니
8 그러므로 이르기를
그가 위로 올라가실 때에 사로잡혔던 자들을 사로잡으시고 사람들에
게 선물을 주셨다
하였도다 9 올라가셨다 하였은즉 땅 아래 낮은 곳으로 내리셨던 것이
아니면 무엇이냐 10 내리셨던 그가 곧 모든 하늘 위에 오르신 자니 이
는 만물을 충만하게 하려 하심이라 11 그가 어떤 사람은 사도로, 어떤
사람은 선지자로, 어떤 사람은 복음 전하는 자로, 어떤 사람은 목사와
교사로 삼으셨으니 12 이는 성도를 온전하게 하여 봉사의 일을 하게
하며 그리스도의 몸을 세우려 하심이라 13 우리가 다 하나님의 아들을
믿는 것과 아는 일에 하나가 되어 온전한 사람을 이루어 그리스도의
[1]장성한 분량이 충만한 데까지 이르리니 14 이는 우리가 이제부터 어
린 아이가 되지 아니하여 사람의 속임수와 간사한 유혹에 빠져 온갖
교훈의 풍조에 밀려 요동하지 않게 하려 함이라 15 오직 [2]사랑 안에서
[3]참된 것을 하여 범사에 그에게까지 자랄지라 그는 머리니 곧 그리스
도라 16 그에게서 온 몸이 각 마디를 통하여 도움을 받음으로 연결되

고 결합되어 각 지체의 분량대로 역사하여 그 몸을 자라게 하며 사랑
안에서 스스로 세우느니라
7 But grace was given to each one of us according to the measure of
Christ's gift. 8 Therefore it says,
"When he ascended on high he led a host of captives,
and he gave gifts to men."[1]
9 (In saying, "He ascended," what does it mean but that he had also
descended into the lower regions, the earth?[2] 10 He who descended is
the one who also ascended far above all the heavens, that he might fill
all things.) 11 And he gave the apostles, the prophets, the evangelists,
the shepherds[3] and teachers,[4] 12 to equip the saints for the work of
ministry, for building up the body of Christ, 13 until we all attain to the
unity of the faith and of the knowledge of the Son of God, to mature
manhood,[5] to the measure of the stature of the fullness of Christ,
14 so that we may no longer be children, tossed to and fro by the waves
and carried about by every wind of doctrine, by human cunning, by
craftiness in deceitful schemes. 15 Rather, speaking the truth in love,
we are to grow up in every way into him who is the head, into Christ,
16 from whom the whole body, joined and held together by every joint
with which it is equipped, when each part is working properly, makes
the body grow so that it builds itself up in love.

1) 헬, 충만의 신장의 분량이 2) 사랑 안에서 자라자 3) 또는 참된 생활을 하여

1 The Greek word *anthropoi* can refer to both men and women *2* Or *the lower parts of the earth? 3* Or *pastors 4* Or *the shepherd-teachers 5* Greek *to a full-grown man*

단락 개관

이 단락은 '하나 됨'(4:3, 13)이라는 주제로 앞 단락(1-6절)과 연결되어 있다. 하지만 이 대목(특히 7-10절)은 그리스도의 몸을 세울 목적으로 하나 됨의 한복판에 있는 '다양성'을 강조한다. 이 단락의 두 부분(7-10, 11-16절)은 그 틀이 "각 사람에게"(7절)와 이와 비슷한 "각 마디"(16절)로 짜여 있다. 이 구조는 공동체를 세우는 데 필요한 은사의 다양성을 강조한다.

첫째 부분(7-10절)은 그리스도가 각 신자에게 은혜 내지는 선물을 주셨다(7절)고 주장한 후, 시편 68:18을 인용하고 이에 대한 간단한 설명 또는 해석을 덧붙인다. 둘째 부분(11-16절)에서는 그리스도가 주시는 은혜가 다양한 지도자들의 유형(사도, 선지자, 복음 전도자, 목사와 교사)의 견지에서 표현된다(11절). 이런 직분들이 주어진 이유는 "성도를 온전하게 하여 봉사의 일을 하게" 하고, 결국 "그리스도의 몸을 세우[게]"(12절) 하기 위해서다. 이 대목의 나머지 부분(13-16절)은 그리스도가 교회에 선물을 주신 세 가지 목적을 설명한다.

단락 개요

IX. 교회 안에서의 다양성(4:7-16)
- A. 그리스도의 선물에 따른 다양성(4:7-10)
- B. 하나 됨과 성숙의 목적을 위한 다양성(4:11-16)

주석

4:7 이 구절은 하나 됨이라는 주제로부터 하나 됨 내의 다양성이라는 주제로 전환되는 지점이다. 특히 그리스도가 교회의 더 큰 유익을 위해 주권적으로 신자들 개개인에게 선물을 주시는 역할에 초점이 맞춰져 있다. 바울은 "우리 각 사람에게…은혜를 주셨[다]"고 한다. 이 "은혜"[카리스(*charis*)]는 구원을 주거나 거룩하게 하는 은혜가 아니라 사역의 은혜다. 다른 곳에서는 바울이 "선물"[카리스마(*charisma*)]을 공동체를 섬기고 덕을 세우게 하려고 신자에게 주신 것을 가리키는 데 사용한다(롬 12:6; 고전 12:4). 이 은혜는 구체적으로 "우리 각 사람에게" 주어졌다(7절, 참고. 롬 12:3; 고전 12:7, 11; 벧전 4:10). 앞의 4:4-6에서는 "한"이라는 단어가 칠중적인 하나 됨과 관련하여 사용되었고, 여기서는 각 지체가 자기에게 주어진 선물을 사용해서 그 하나 됨에 기여하고 참여하는 자가 되어야 함을 강조한다. 이 선물은 신자의 행위나 공로에 따라 주어지는 게 아니라 "그리스도의 선물의 분량대로" 주어진다. 그리스도는 그 몸의 각 지체에게 은혜롭게 또 주권적으로 선물을 나눠주신다.

4:8 바울이 이제 7절에서 펼친 주장의 근거를 제공하기 위해 구약(시 68:18)을 인용한다(참고. 약 4:6). 그는 현재 시제("그러므로 이르기를")를 사용함으로써 성경이 과거에도 말했지만(또는 썼지만) 여전히 오늘날에도 말하고 있고, 따라서 신자에게 적실하고 구속력이 있음을 시사한다. 그런데 바울의 인용문은 히브리어 마소라 본문과 헬라어 70인역과 다르다.

> 그대는 높은 곳에 올라가셨고, 그대는 포로들을 사로잡으셨고, 그대는 인류로부터 선물을 받으셨습니다(시 68:18, 70인역).

> 그가 높은 곳에 올라가셨을 때, 그는 포로들을 사로잡으셨고, 그는 사람들에게 선물을 주셨습니다(엡 4:8).[122]

바울은 시편의 본래 의미에 충실하면서도 그리스도론적인 해석을 덧붙인다. 본래의 문맥에서 하나님은 대적들을 무찌른 후 보좌로 올라가시는 신적 전사(Divine Warrior)다. 여기서는 그리스도가 영적 세력을 무찌른 후 하늘에 있는 그의 보좌로 올라가는 승리의 정복자다. 그리스도는 정복된 이들로부터 선물(즉, 전리품)을 받는 대신 (죽음을 무찔러서 대적을 정복한 만큼) 주권적으로 추종자들에게 선물을 주신다.

4:9-10 이 두 구절은 시편 68:18(참고. 엡 4:8)에 관한 설명 내지는 영감 받은 주석을 제공한다는 점에서 일종의 삽입구 역할을 한다. 바울은 그 인용문의 일부("올라가셨다", 9절)를 반복하며 시작하는데, 이는 그 어구의 뜻과 함의에 수복하게 하기 위해서다. 특히 그는 그리스도의 올라가심으로부터 이전의 내려가심을 추론한다. 그리스도가 "땅 아래 낮은 곳으로 내리셨[다]"는 표현은 이제껏 많은 논쟁을 불러일으켰다. 세 가지 해석이 있다.

(1) 예수께서 하데스(*Hades*)로 내려가심: 예수는 죽은 후 부활하기 전의 시간 동안 구약 성도들을 해방시키기 위해 또는 죽은 자들에게 복음을 듣고 회개할 기회를 주기 위해 하데스로 가셨다(벧전 3:19이 이 견해를 지지하는 것으로 인용된다).
(2) 예수의 성육신(과 죽음): "낮은 곳"은 (하늘과 상반되는) 땅을 가리킨다. 따라서 예수가 땅에 내려왔다는 것은 성육신을 언급하는 또 다른 방식이다.
(3) 오순절에 임한 예수의 영: 그리스도의 내려오심은 오순절에 그분의 영을 통해 일어났다.

이 세 가지 견해 가운데 두 번째 견해가 가장 가능성이 높다. 난점이 가

22 이 두 본문은 필자가 70인역과 헬라어 신약성경에서 번역한 것이다.

장 적고 에베소서의 맥락에 가장 잘 들어맞기 때문이다.

그런데 바울의 주된 관심사가 그리스도의 내려오심이 아니라 올라가심에 있음을 주목할 필요가 있다. "내려오셨던 그분은…올라가신 바로 그분이십니다"(10절, 새번역). 구체적으로 그분은 "모든 하늘 위에" 올라가셨다고 하는데, 이는 지극히 높은 지위(1:21)를 말한다. 끝으로 그리스도가 올라가신 목적은 "그가 만물을 충만하게 하[기]"(참고. 1:23) 위해서다. 그리스도는 만물을 다스리는 주되심을 행사하면서 온 우주를 가득 채우신다.

4:11 바울은 대적을 정복한 주권자인 그리스도가 각 신자에게 주시는 선물에 관해 4:7-8에서 언급한 것을 더욱 상세히 설명한다. 흥미롭게도 그리스도가 주신 선물은 영적인 은사가 아니라 교회의 하나 됨과 성숙을 위해 주신 사람들이다. "그분이 사도들, 선지자들, 복음 전도자들, 목사와 교사들을 주셨다." 영적 은사들을 담고 있는 다른 목록들은 로마서 12:6-8, 고린도전서 12:8-10, 28-30, 베드로전서 4:10-11에 나온다. 신약 전체에 열거된 은사들은 모두 20가지가 넘고 각 목록이 다르기 때문에 불완전하다고 할 수 있다. 각 목록은 그 특정한 맥락에 적합한 은사들만 열거한다.

바울은 그리스도가 교회에 선물로 주신 네 가지 유형의 사람들을 열거한다. 첫째, 주님은 사도들을 주셨다(참고. 1:1 주석). 둘째, 선지자들을 주셨다. 이는 구약의 선지자들이 아니라 바울 당시에 하나님의 진리를 교회에 말했던 선지자들이다(엡 3:5; 행 11:27-28; 15:32; 21:10-11; 고전 14:24-25. 참고. 엡 2:20 주석). 셋째, 복음 전도자들을 주셨다. '복음 전도자'는 신약에 두 번밖에 더 나오지 않는데, 하나는 사도행전 21:8에서 빌립을, 다른 하나는 디모데후서 4:5에서 디모데를 묘사하는 단어로 사용되었다. 틸만은 그의 책에서, 복음 전도자는 "아마 그리스도를 통한 평화의 좋은 소식을 들고 이곳저곳으로 여행하도록 하나님께서 특별히 준비시킨 사람들을 가리킬 것"[23]이라고 주장한다. 이 설명은 빌립(복음을 전파하기 위해 두루 여행했던 인물, 행 8:4-5, 35, 40)과 디모데(에베소에 일시적으로 머물다가 곧 다시 여행하게 될 인물, 딤후 4:9, 21)에게 해당될 것이다. 마지막 두 용어인 "목사"와 "교사"는 별개의 두 집단이 아니라 서로 겹치는 것으로 보는 것이 가장 적절하다. "목사"는 "교사"의 부분집합으로 보아야 한다. 모든 목사는 가르치는 사람이지만 모든 교사가 다 목사는 아니기 때문이다. 따라서 가르침을 베풀면서도 하나님의 백성을 목양하는 책임을 가진 사람들을 가리킨다. 이곳은 신약에서 "목사"라는 호칭이 교회에서 사역의 직분을 가진 사람에게 적용되는 유일한 곳이다.

4:12 바울은 이제 그리스도가 교회에 지도자들을 주신 이유를 설명한다. 이 구절은 상당한 논쟁거리가 되어왔다. 3개의 전치사구에 구두점을 어떻게 찍을지가 다소 모호하기 때문이다. 예컨대 KJV는 각 어구 뒤에 다 쉼표를 찍어서 그 셋이 대등한 것 또는 병행하는 것으로 본다. 이에 따르면 그리스도가 다음 세 가지를 이룰 목적으로 교회에 다양한 사역자들을 주신 것이 된다. "성도들을 온전하게 하기 위해, 사역(봉사)의 일을 위해, 그리스도의 몸을 세우기 위해"(KJV). 이 번역의 문제점은 성도들이 아니라 지도자들이 사역을 한다는 오해를 지지할 수 있다는 것이다. 그러나 거의 모든 현대 영어 번역본과 주석가들은 둘째 어구가 첫째 어구에 종속되고, 셋째 어구가 처음 두 어구에 종속되는 것으로 해석한다. 따라서 그리스도는 성도들을 구비시키는 지도자들을 주시고, 사역의 일을 하는 사람은 (단지 지도자들만이 아니라) '성도들'이다. 이 해석을 지지하는 것은 다음 두 가지다. 먼저, 헬라어 본문이 이렇게 구별하기 위해 2개의 다른 전치사를 사용한다.[24] 다음으로, 문맥이 "각 사람"(4:7)에게 선물이 주어져서 "각 지체"(4:16)가 그 일을 수행하도록 한다고 강조한다.

이 해석은 교회 리더십의 기능과 사역의 성격에 중요한 영향을 미친다. 사역은 다른 모든 사람을 위해 일하도록 급여를 받는 선택된 소수만을 위

23 Thielman, *Ephesians*, 274.

24 ESV가 이런 구별을 정확히 반영한다. "to[프로스(*pros*)] equip the saints for[에이스(*eis*)] the work of ministry, for[에이스] building up the body of Christ."

한 것이 아니다. 그 대신 하나님은 지도자들에게 모든 성도를 구비시켜서 그들로 섬기는 일을 하게 하는 과업을 주셨다. 다음으로 바울은 성도들이 섬김을 위해 구비되는 목적이 "그리스도의 몸을 세우[는]" 것이라고 덧붙인다. '세우는 것'은 비유적으로 신자들을 영적으로 강건케 하는 것을 지칭하기 때문에, 그리고 이후에 영적 성숙함을 다루는 문맥이 따라오기 때문에, 이 용어는 양적인(수적인 성장) 의미가 아니라 질적인(성숙하는 것) 의미로 이해하는 것이 최선이다. 그리스도가 교회에 리더십을 선물로 주시는 궁극적 목적은 그분의 몸인 교회가 영적으로 성숙해지는 것이다.

4:13 교회 지도자들의 목적을 명백히 진술한 바울은 이제 그리스도의 교회를 세우는 일이 '우리가 어떤 성숙함에 도달할 때까지' 필요하다고 단언한다. 이 성숙함은 다음과 같은 진술로 설명되어 있다.

> 하나님의 아들을 믿는 것과 아는 일에 하나가 되도록
> 성숙한(온전한) 사람이 되도록
> 그리스도의 충만하심의 경지까지 이르도록

첫째, 하나님의 백성은 "하나님의 아들"을 '믿는 것에 하나'가 되고 '아는 것에 하나'가 되어야 한다. 이 문맥에서 '믿음'은 우리가 믿는 것의 객관적 내용을 가리킨다(참고. 4:5). 즉 신자들은 성경에 나오는 사도적 가르침과 관련해 의견이 일치해야 한다(유 1:3). 이와 비슷하게 하나님의 아들을 아는 '지식'은 모든 신자가 반드시 긍정해야 할 예수님에 관한 진실들을 말한다. 성경적인 하나 됨은 예수님에 관한 객관적인 진리와 주장에 기초를 두어야 한다. 둘째, 하나님의 백성은 '성숙한 사람'의 경지에 도달해야 한다. 이 어구는 신자 개개인을 지칭할 수 있지만 교회라는 집합적 개념을 지닐 가능성이 더 많다(엡 2:15). 셋째, 하나님은 그분의 백성이 '그리스도의 충만하심의 경지까지' 이르기를 바라신다. 신자의 목표는 그리스도가 친히 도달하신 그 성숙한 경지에 이르는 것이다.

4:14 바울은 이제 그리스도가 교회에 리더십을 주실 때 의도한 결과를 부정적으로 진술한다. 구체적으로 '우리가 더 이상 어린 아이로 있지 않게' 하기 위해서다. 신약에서 "어린 아이"[네피오이(*nēpioi*)]는 신체상의 어린이 또는 이 문맥에서처럼 어린이처럼 잘 속는 모습과 경험적 지식의 부족을 의미할 수 있다. 따라서 "어린 아이"는 영적으로 미성숙한 신자들, 즉 4:13의 성숙한 사람과 뚜렷한 대조를 이루는 신자들을 가리키는 은유적 표현이다. 이어서 바울은 인간 발달의 이미지로부터 바다의 폭풍으로 이동한다. 미성숙한 이들은 "파도에 이리저리 밀려다[닌다]"(현대인의성경). 이 항해 이미지는 다시금 미성숙함을 강조하는데, 그런 사람은 바람과 파도에 대항해 스스로를 방어할 능력이 거의 없기 때문이다.

다음으로 바울은 미성숙한 신자가 이리저리 흔들리는 세 가지 모습을 언급한다. 첫째, 그들은 "온갖 교훈의 풍조"에 이리저리 흔들린다. 이는 거짓된 교리를 가리킬 가능성이 많다. 둘째, 그들은 "인간의 속임수"에 이리저리 흔들린다. 셋째, 그들은 "간교한 술수에"(이상 새번역) 이리저리 흔들린다. 이런 위험에 비추어, 신자는 사도적 가르침에 든든한 기반을 두어서 그리스도의 성숙한 신자로 성장하도록 격려 받고 있다.

4:15-16 속임수와 간교한 술수로 미성숙한 신자들을 해롭게 하는 자들과 달리, 신자는 '진리'를 말해야 하는데, 이는 정직한 말 및 복음의 진리를 말하거나 고백하는 것을 포함한다. 그런 말을 냉담하게 하지 말고 '사랑으로' 해야 한다. 이것의 목표는 신자가 '모든 면에서 그리스도에게까지 자라나는 것'이다. 그리스도인은 그 믿음이 성숙하도록 부름을 받았기 때문에 어린 아이로 머물러 있으면 안 된다(히 5:12-6:1). 그들의 목표는 구원자를 더욱 닮아가는 것이다. 하지만 그와 동시에, 언제나 그리스도와 그분의 백성은 구별되어야 한다. 그분이 "머리"다. 그리스도는 교회를 지도하시는 분이고, 성장에 필요한 모든 것을 공급해서 교회를 부양하시는 분이다.

나아가 16절에서 바울은 그리스도가 교회 성장의 근원("그에게서", 즉 그리스도로부터)임을 분명히 한다. 그는 "온 몸"이 "각 마디를 통하여…연결되고 결합되어" 있다고 묘사한다. 마지막 어구("각 마디")는 4:11에서 말한 지도자들만이 아니라 모든 신자를 가리키는 은유일 가능성이 많다. 하나님께서 신자들에게 은사를 주시는 것은 그들이 능력을 받아서 다른 이들의 유익과 공동선을 위해 사용하게 하시기 위함이다. 그 결과 그 몸이 성장할 것이다. 이는 수적으로 성장할 뿐만 아니라 성숙한 면에서 성장하는 것도 포함한다. 끝으로 바울은 이런 성장이 "사랑", 곧 온 몸에 필수적인 생명의 피와 밀접한 관계를 맺어야 한다고 덧붙인다.

응답

대적을 정복하고 하늘에 올라가신 그리스도가 신자 개개인에게 선물을 주신다

바울은 그리스도가 "각 사람"(4:7)에게 선물을 주셨다는 말로 이 대목을 시작한다. 말하자면 각 신자는 부활해서 승천하신 그리스도로부터 영적인 은사를 받았다는 뜻이다. 이 선물은 우리가 선택한 것이 하니라 부활하신 주님이 주권적으로 나누어주신다. 그분이 대적들을 정복하고 가장 권위 있는 자리로 올라가셨기 때문이다. 이는 또한 모든 사람이 다 똑같은 수준의 선물을 갖고 있는 것은 아니라는 뜻이다. 일부는 특별한 사역을 위해 남들보다 더 많은 은사를 받았을 수도 있다(롬 12:3-8). 하지만 이것들은 "선물"이기 때문에 교만하거나 거만할 여지가 없고, 그저 받은 것임을 인정하면서 겸손하게 섬겨야 한다.

지도자들 역시 성도들을 구비시키기 위해 교회에 주어졌다

모든 신자가 은사를 받지만 일부만이 그리스도의 교회에서 리더십에 적합한 은사를 받는다. 바울은 구체적으로 사도들, 선지자들, 복음 전도자들 그리고 목사와 교사들을 언급한다. 흥미롭게도 이런 지도자들은 각각 언설의 은사를 갖고 있다. 그들의 일차적인 사역은 하나님의 말씀을 말하거나 가르치는 일이고, 이는 하나님 백성의 하나 됨과 성숙을 위해 매우 중요하다(엡 4:13-14). 가르침의 은사는 또한 감독(장로)의 자격으로 강조된다. 디모데전서 3:2에 따르면 그런 지도자들은 "가르치기를 잘" 해야 하고, 디도서 1:9은 "건전한 교훈으로 권면하고, 반대자들을 반박할 수"(새번역) 있어야 한다고 한다.

교회 지도자들의 과업은 '사역을 위해 성도들을 구비시키는 것'이다(엡 4:12). 그들의 목표는 단지 사역을 하는 것이 아니라 모든 신자가 어떻게든 사역에 참여하도록 그들을 구비시키는 것이다. 이 단락은 모든 신자의 제사장직 교리를 강력하게 지지하는데, 이는 그리스도인 가운데 특별한 제사장의 지위는 없다고 가르친다. '모든 신자'가 하나님을 섬기는 세사장으로 부름을 받았기 때문이다. 그런데 사역의 전문화는 이 중요한 교리를 위협한다. 오늘날에는 급여를 받는 교역자(전문인)가 사역을 수행해야 하고 평신도는 그들의 섬김을 받아야 한다는 분위기가 종종 있다. 하지만 교회를 향한 바울의(그리고 하나님의) 비전은 다르다. 지도자는 교인이 사역을 효과적으로 수행하도록 구비시켜야 한다.

성도들이 서로 섬기면 온 몸이 성장한다

단지 소수의 지도자들만 사역을 한다면, 교회가 수적으론 성장할지 모르지만 점점 더 성숙하기는 어려울 것이다. 사역의 일차적 목표는 그리스도의 몸을 세워서 각 지체가 '그리스도의 충만하심의 경지까지'(4:13) 이르는 것이다. 그 목표는 그리스도를 닮는 것이다. 소수의 사람들만 교회를 섬길 때는 그런 목표를 달성하기가 어렵다. 그러나 지도자들이 다른 지체를 열심히 구비시킬 때는 함께 그리스도를 닮아가는 목표를 달성하는 것이 가능하다.

Ephesians
에베소서
4:17-24

17 그러므로 내가 이것을 말하며 주 안에서 증언하노니 이제부터 너
희는 이방인이 그 마음의 허망한 것으로 행함 같이 행하지 말라 18 그
들의 총명이 어두워지고 그들 가운데 있는 무지함과 그들의 마음이
굳어짐으로 말미암아 하나님의 생명에서 떠나 있도다 19 그들이 감
각 없는 자가 되어 자신을 방탕에 방임하여 모든 더러운 것을 욕심으
로 행하되 20 오직 너희는 그리스도를 그같이 배우지 아니하였느니라
21 [1]진리가 예수 안에 있는 것같이 너희가 참으로 그에게서 듣고 또한
그 안에서 가르침을 받았을진대 22 너희는 유혹의 욕심을 따라 썩어져
가는 구습을 따르는 옛 사람을 벗어 버리고 23 오직 너희의 심령이 새
롭게 되어 24 하나님을 따라 의와 진리의 거룩함으로 지으심을 받은
새 사람을 입으라

17 Now this I say and testify in the Lord, that you must no longer walk
as the Gentiles do, in the futility of their minds. 18 They are darkened
in their understanding, alienated from the life of God because of the
ignorance that is in them, due to their hardness of heart. 19 They have
become callous and have given themselves up to sensuality, greedy to

practice every kind of impurity. 20 But that is not the way you learned Christ!— 21 assuming that you have heard about him and were taught in him, as the truth is in Jesus, 22 to put off your old self,[1] which belongs to your former manner of life and is corrupt through deceitful desires, 23 and to be renewed in the spirit of your minds, 24 and to put on the new self, created after the likeness of God in true righteousness and holiness.

1) 헬, 참

1 Greek *man*; also verse 24

4장

단락 개관

이 단락은 두 부분으로 나뉜다. 바울이 에베소 신자들에게 믿지 않는 이방인처럼 살지 말고(엡 4:17-19) 새 사람에 비추어 살라고(20-24절, 참고. 골 3:9-10) 권면하는 내용이다. 전반부(17-19절)의 핵심 개념은 "내가 이것을 말하며…증언하노니 이제부터 너희는 이방인이 그 마음의 허망한 것으로 행함같이 행하지 말라"는 말에 나온다. '행하다'라는 동사는 4:1에서 시작된 권면으로 되돌아가는 신호고, 신실한 그리스도인의 삶을 영위하라는 요청을 다시 시작한다. 이후 바람직하지 못한 이방인의 생활 방식이 다음 3개의 부정어구로 묘사된다. (1) '그들은 어두워졌다'(18절). (2) '(그들은) 떠나 있다'(18절). (3) '그들은 무감각해졌다'(19절).

후반부(20-24절)의 핵심 개념은 다음 3개의 동사에 나온다. '너희는 배웠다'(20절), '너희가 들었다'(21절), 그리고 특히 '(너희가) 가르침을 받았다'(21절). 이 마지막 동사는 에베소 그리스도인이 어떤 가르침을 받았는지를 가리키는 3개의 동사로 보완된다. '벗어버리는 것'(22절), '새롭게 되는 것'(23

절), '입는 것'(24절)이다.

단락 개요

X. 새로운 자아에 따라 사는 삶(4:17-19)
  A. 불신자처럼 살지 말라(4:17-19)
    1. 그들의 생각은 허망하다(4:17)
    2. 그들의 지각은 어두워졌다(4:18a)
    3. 그들은 하나님의 생명에서 떠나 있다(4:18b)
    4. 그들은 무감각해졌다(4:19)
  B. 그 대신 너희가 배운 것에 따라 살라(4:20-24)
    1. 너희가 그리스도를 배웠다(4:20-21)
    2. 너희는 그리스도에게 순종해야 한다(4:22-24)
      a. 너희의 옛 자아를 벗어라(4:22)
      b. 너희 마음을 새롭게 해라(4:23)
      c. 새로운 자아를 입어라(4:24)

주석

4:17 바울은 이제 부르심에 합당하게 행하라(4:1)는 애초의 호소에 관한 생각을 재개한다. 바울의 호소가 진지하다는 사실은 '증언하다'라는 동사를 추가하고 "주 안에서"(바울의 권위의 근원)라는 전치사구를 사용한 것으로 알 수 있다. 바울은 '주님을 위한 죄수'(4:1)인 만큼 그 자신의 주도권으로 에베소 신자들을 권면하는 것이 아니다. 그의 권위는 주님에게서 나온다.

독자들이 이방 환경에서 사는 회심한 이방인이라도, 바울은 그들에게 '더 이상 이방인들처럼 행하지 말라'고 권고한다. 그들은 예전에 이방인으로서 수용했던 생활 방식을 버려야 한다(2:1-3). 다시금 바울은 일상적인 생활 방식의 특징을 묘사하기 위해 '걷다'(행하다)라는 단어를 사용한다. 먼저 그들에게 "그 마음의 허망한 것으로" 행하지 말라고 한다. '허망함'[마타이오테스(*mataiotēs*)]은 때때로 '무의미함'으로 번역되고, 전도서에서는 하나님을 경외하지 않는 삶을 묘사하는 데 폭넓게 사용된다(전 1:2, 14, 2:1, 11, 15, 17, 19, 70인역). 이와 비슷하게 바울은 로마서에서 하나님을 알되 그분에게 영광이나 감사를 드리지 않아서 "그 생각이 허망하여[진]"(롬 1:21) 사람들에 대해 썼다.

4:18-19 바울은 그리스도와 동떨어진 이방인들의 부정적인 상태에 관해 묘사한다.

첫째(18a절), 바울은 중생하지 않은 이방인들의 지각이 어두워졌다고 주장한다. 이 모습은 바울이 로마서 1:21에서 묘사하는 그들의 곤경과 일치한다. "[그들의] 미련한 마음이 어두워졌나니." 70인역에서는 '지각'과 "마음"이 인간 인식의 중심을 가리키는 단어들로 호환적으로 사용되곤 했다(창 8:21; 17:17; 24:45; 27:41; 출 28:3). 여기서 불신자의 어두움과 신자에게 주어진 깨달음(참고. 엡 1:17-18)이 대조되는 것을 주목하라.

둘째(18b절), 믿지 않는 이방인의 특징이 "하나님의 생명에서 떠나 있[는]" 것으로 묘사되어 있다(참고. 2:12). 하나님으로부터 오는 생명에서 떠난 그들은 허물과 죄로 죽어 있는 상태다(2:1, 5). 이어서 이런 비참한 상태의 이유를 말한다. '그들 속에 있는 무지 때문에.' 이는 하나님에 대한 고의적이고 괘씸한 무지를 말하고(롬 1:19-21; 살전 4:5), 그것은 '마음의 완고함' 때문이다(18b절). 완고한 마음을 품는다는 것은 고집스럽거나 무감각하다는 것이다. F. F. 브루스는 이방인의 완고함을 "점진적으로 악행을 깨닫지 못하는 양심의 무능력"[25]으로 정의한다.

셋째(19절), 바울은 이런 이방인들을 "감각 없는 자"들로 묘사한다. 이 단어는 신약에서 여기에만 나오고 "수치심이나 당혹감을 느끼는 능력을 잃다"[26]라는 뜻이다. 구원받지 못한 사람들은 무감각하게 되거나 감성이 죽었기 때문에 "자기들의 몸[그들 자신]을 방탕에 내맡기고, 탐욕을 부리며, 모든 더러운 일을 [한다]"(새번역). 재귀대명사 '그들 자신'은 이방인들의 주도권이 그들을 부도덕한 짓으로 내몰았음을 시사한다(참고. 롬 1:24, 26, 28, 하나님께서 사람들을 그들의 죄악에 넘겨주시는 대목). "방탕"으로 번역된 단어는 "본인을 사회적으로 용납될 수 있는 모든 테두리를 위반하는 행실에 관여하게 하는 자기통제의 결여"[27]라는 뜻이고, "아마 특히(오로지 그렇지는 않아도) 성적인 성격을 지닌 무절제한 행실로 이해하는 것이 최선일 터이다."[28] 회심하지 않은 이방인들은 또한 "더러운 것"을 행한다. 이 용어는 억제되지 않은 성적 행위를 포함하지만 그런 의미로 국한될 수 없는 것은 이 본문이 "모든[온갖] 더러운 것"을 언급하기 때문이다. 중생하지 못한 사람들은 결코 만족할 수 없어서 그런 비정상적인 짓을 "욕심으로 행[한다]." 그리스도인이 그런 생활 방식을 피해야 하는 이유는 그것이 하나님의 진노 아래 있는, 그리스도와 동떨어진 자들의 특징이기 때문이다.

4:20-21 바울이 독자들에게 그들은 믿지 않는 이방인의 사고방식 및 생활 방식과 뚜렷이 대조되는 방식을 배웠다는 것을 상기시킨다. "그러나 여러분은 그리스도를 그렇게 배우지는 않았습니다"(20절, 새번역). 여기서 바울의 표현이 약간 이례적이다. 보통은 우리가 특정한 내용(예. 교리, 규율, 속성)이나 행실(예. 사랑, 존경, 선행)을 배우지 '인물'을 배우지는 않는다(참고. 골 2:6-7). 오브라이언은 바울의 표현에 대해 이렇게 설명한다. 그리스도를 배운다는 것은 "그분을 살아 있는 인물로 환영하고 그분의 가르침에 의해 빚

25 Bruce, *Colossians*, *Philemon*, Ephesians, 355.

26 J. P. Louw and Eugene Nida, *Greek-English Lexicon of the New Testament*, §25.197.

27 BDAG, s.v. ἀσέλγεια.

28 Ernest Best, *Ephesians*, ICC (London: T&T Clark, 1998), 422.

어진다"는 뜻이고, 그 결과는 "그분의 의로운 통치에 순종하고, 그들이 이제껏 알아왔던 것과는 전혀 다른 기준들과 가치관을 정립하라는 요청에 응답하는 것"[29]이다.

이어서 바울은 독자들이 복음의 메시지를 통해 그리스도에 관해 "듣고" 또한 사도적 가르침을 통해 그에 관한 "가르침을 받았을" 것으로 가정한다(21절). 이 두 동사는 그리스도를 배운다는 말(20절)에 포함된 것을 설명한다. 문자적으로는 그들이 '그를 들었다'인데, 이는 그들이 교사의 목소리를 통해 그리스도를 들었다는 뜻일 수 있다. 하지만 그들이 그리스도에 '관해' 들었다는 뜻으로 해석하는 편이 더 낫다(ESV, NRSV, NIV 참고). 그분은 기독교 가르침의 내용이고, 그 목표는 그분과 관계를 맺어 그분을 알게 되는 것이다(빌 3:10). 끝으로 "진리가 예수 안에 있는 것같이"(21절) 에베소 신자들은 그리스도 안에서 가르침을 받았다. 이방인들이 생각하고 살아가는 패턴과는 대조적으로 신자들은 오직 예수 안에서만 발견할 수 있는 진리에 따라 가르침을 받았다.

4:22-24 바울은 에베소 신자들이 가르침을 받은 세 가지 영역을 언급하고, 다시금 그들이 배운 것을 실천에 옮기라고 권면한다. 이 메시지를 전달하는 세 동사가 명령형은 아니지만 분명히 명령의 의미를 지닌다.

첫째(22절), 신자는 "옛 사람을 벗어버리[라]"는 가르침을 받았다. 바울이 사용하는 동사[아포티테미(*apotithēmi*)]는 종종 옷을 벗는 것을 가리키는 데 사용되지만, 여기서는 비유적으로 죄를 벗는 것 또는 제쳐놓는 것을 말한다(참고. 롬 13:12; 골 3:8). '옛 자아'(개역개정은 "옛 사람")는 예전의 중생하지 않은 사람을 가리킨다. 나아가 바울은 옛 자아를 "지난날의 생활 방식"에 속하는 것(새번역)으로 규정하는데, 이를 앞에서는 "육체의 욕심"(엡 2:3)을 따라 사는 것으로 묘사했다. 이 옛 자아는 또한 "허망한 욕정을 따라 살다가

29 O'Brien, *Ephesians*, 324.

썩어 없어질"(새번역) 것이며, 이는 불신자를 파멸시키는 죄악된 정념을 말한다. 그런 욕정은 하나님과 복음의 정반대 편에 있다. 그러므로 바울은 독자들에게 그들이 한때 지녔던 그 사람의 지배를 받지 말고, 이미 그리스도 안에서 얻은 새로운 사람이 되어야 한다는 것을 상기시켜준다.

둘째(23절), 에베소 그리스도인은 "심령이 새롭게 되[라]"는 가르침을 받았다. 흥미롭게도 '새롭게 되다'는 동사는 수동태이기 때문에 하나님께서 새롭게 하시는 분임을 뜻한다. 그럼에도 이 신자들은 새롭게 되라는 명령을 받았다. 신자들이 이 새로운 상태를 추구하라는 명령을 받았지만 궁극적으로 새롭게 하시는 분은 바로 하나님이다. 구체적으로 이 새롭게 되는 일은 '너희의 마음의 영 안에서' 일어난다. 다른 곳에서 바울은 우리 내면의 갱신(딛 3:5)과 지속적인 변화(고후 3:18)를 책임지시는 분이 성령이라고 한다. 신자는 하나님께서 내적 자아를 새롭게 하시도록 자신을 그분에게 맡겨야 한다(롬 12:2).

셋째(24절), 에베소 신자들은 "새 사람을 입으라"는 가르침을 받았다. 단지 죄를 벗어버리는 것 또는 죄로부터 도망치는 것으로는 충분치 않다. 신자는 순결한 것을 추구해야 한다. '입다'[엔뒤오(*endyō*)]라는 동사는 '벗다'(22절)처럼 보통은 말 그대로 옷을 입는 것을 가리키는 데 사용되지만, 여기서는 비유적으로 구체적인 특성들과 미덕들을 입는 것을 가리킨다(참고. 롬 13:12, 14; 갈 3:27; 엡 6:11, 14; 골 3:10, 12; 살전 5:8). '새로운 자아'(개역개정은 "새 사람")는 '옛 자아'(엡 4:22)와 병행하는 것으로, 새롭게 된 또는 중생한 사람에 대한 은유다. 이는 신자의 새로운 본성을 지칭하는 말로서 차별성 있는 사고방식과 생활 방식을 포함한다. 2:15에서는 "새 사람"(헬라어로는 동일한 단어들)이 믿는 유대인과 이방인의 공동체를 가리킨 데 비해 여기서는 개인을 가리킨다.

바울은 이 '새로운 자아'를 두 가지 방식으로 묘사한다. 첫째, 새로운 자아는 '하나님의 형상을 따라 창조되었다.' 하나님은 창조하시되(참고. 2:10) 그분의 형상을 따라 창조하시는 분이다. 그분은 생명의 창시자이자 친히 창조하실 때 따르는 패턴의 창시자이다(참고. 골 3:10). 둘째, 새로운 자아는

'참된 의로움과 거룩함으로' 창조되었다. 이 표현은 "하나님을 닮은 존재가 된다는 말의 뜻을 설명해준다."[30] 그런즉 바울은 독자들에게 새로운 자아에 따라서 살도록 가르치고 있고, 그 자아는 하나님께서 그분께 속한 의로움과 거룩함을 나타내도록 창조하신 것이라고 말한다.

응답

비기독교적인 생활 방식을 영원히 떠나라

에베소서 4:17-24에 나온 바울의 가르침과 권면은 두 가지 반응에 초점을 둔다. 예전의 비기독교적 생활 방식을 영원히 떠나고 그리스도 안에서 받은 새로운 정체성을 따라 사는 것. 바울은 이방인의 생활 방식이 타락하고 부패한 사고방식을 따른다는 점을 강조한다. 그들은 "그 마음의 허망한 것"(17b절)을 따라 살고, 그 지각이 어두워졌고(18a절), 무지하고(18b절), 완고한 마음을 품고(18c절), 무감각하다(19a절). 그런 퇴폐적인 사고방식은 자연스럽게 부도덕한 생활 방식을 낳는다. 그 결과 방탕함, 탐욕 그리고 더러움에 넘겨진다(19b절). 우리가 생각하는 방식은 우리가 살아가는 방식에 영향을 주는 법이다.

우리의 새로운 정체성에 따라 살라

바울의 권고는 새로운 마음을 추구하는 것을 포함한다(4:23). 신자가 하나님의 뜻과 말씀에 따라 살려면 하나님이 누구신지 그리고 우리가 누구인지에 대해 옳게 생각해야 한다. 에베소 신자들은 그리스도의 복음을 배웠

30 같은 책, 333.

고, 들었고, 그 가르침을 받았다. 그들이 이미 배운 바는 그들과 그리스도의 관계와 연합 때문에 더 이상 허물과 죄로 죽은 것이 아니고 하나님께 살아 있다는 사실이다(2:1-5). 바울은 그들에게 지속적으로 그 마음이 새롭게 되어 이 중요한 진리를 잊지 말라고 격려한다

그러나 그리스도 안에서 새로운 피조물이 된 진리(고후 5:17)를 인정한다고 해서 우리가 이미 받은 정체성을 위해 더 이상 싸울 필요가 없다는 뜻은 아니다. 우리는 새로운 본성, 곧 하나님의 본성인 의로움과 거룩함을 따라 창조된 그 본성을 받았다(엡 4:24). 어느 의미에서 우리는 이미 옛 자아를 벗어버리고 새로운 자아를 입었다(골 3:10). 그런데도 바울은 독자들에게 바로 이것을 행하라고 촉구할 수 있다. 이는 모순이 아니다. 이는 신학자들이 '이미'와 '그러나 아직'이라 부르는 성경적 긴장을 반영한다. 이는 이중적인 진리다. (1) 우리는 그리스도와 연합했기 때문에('이미') 새로운 피조물/자아다. (2) 이와 동시에 우리는 완전해지지 않았기 때문에('아직') 지속적으로 옛 자아를 버리고 새 자아를 포용함으로써 새롭게 되도록 애써야 한다. 그러므로 우리의 사고방식을 새롭게 하는 것은 언제나 경건한 삶으로 이어져야 하는 것이다. 우리는 옛 자아를 "벗어버리고" 새로운 자아를 "입[어야]" 한다(엡 4:22, 24). 우리는 죄를 버리는 동시에 거룩함을 추구해야 마땅하다.

Ephesians
에베소서
4:25-5:2

4:25 그런즉 거짓을 버리고 각각 그 이웃과 더불어 참된 것을 말하라
이는 우리가 서로 지체가 됨이라 26 분을 내어도 죄를 짓지 말며 해가
지도록 분을 품지 말고 27 마귀에게 틈을 주지 말라 28 도둑질하는 자
는 다시 도둑질하지 말고 돌이켜 가난한 자에게 구제할 수 있도록 자
기 손으로 수고하여 선한 일을 하라 29 무릇 더러운 말은 너희 입 밖에
도 내지 말고 오직 덕을 세우는 데 소용되는 대로 선한 말을 하여 듣
는 자들에게 은혜를 끼치게 하라 30 하나님의 성령을 근심하게 하지
말라 그 안에서 너희가 구원의 날까지 인치심을 받았느니라 31 너희는
모든 악독과 노함과 분냄과 떠드는 것과 비방하는 것을 모든 악의와
함께 버리고 32 서로 친절하게 하며 불쌍히 여기며 서로 용서하기를
하나님이 그리스도 안에서 너희를 용서하심과 같이 하라

4:25 Therefore, having put away falsehood, let each one of you speak the
truth with his neighbor, for we are members one of another. 26 Be angry
and do not sin; do not let the sun go down on your anger, 27 and give no
opportunity to the devil. 28 Let the thief no longer steal, but rather let
him labor, doing honest work with his own hands, so that he may have

something to share with anyone in need. 29 Let no corrupting talk come
out of your mouths, but only such as is good for building up, as fits
the occasion, that it may give grace to those who hear. 30 And do not
grieve the Holy Spirit of God, by whom you were sealed for the day of
redemption. 31 Let all bitterness and wrath and anger and clamor and
slander be put away from you, along with all malice. 32 Be kind to one
another, tenderhearted, forgiving one another, as God in Christ forgave
you.

5:1 그러므로 사랑을 받는 자녀 같이 너희는 하나님을 본받는 자가 되
고 2 그리스도께서 너희를 사랑하신 것같이 너희도 사랑 가운데서 행
하라 그는 우리를 위하여 자신을 버리사 향기로운 제물과 희생제물로
하나님께 드리셨느니라

5:1 Therefore be imitators of God, as beloved children. 2 And walk in
love, as Christ loved us and gave himself up for us, a fragrant offering
and sacrifice to God.

단락 개관

이 단락은 "그런즉"으로 시작하면서 논리적으로 앞의 내용과 연결되고 특히 옛 자아를 벗고 새 자아를 입는다는 개념과 연계된다. 하지만 바울이 이제는 수많은 명령이 담긴 짧은 문장들을 사용하는 만큼 글쓰기 양식에는 큰 변화가 있다. 열 구절에 무려 13개의 명령이 나오는데, 이는 이 지점까지 단 하나의 명령(엡 2:11)밖에 없었던 것과 무척 대조된다. 바울은 하나님 백성의 하나 됨을 강조하는 만큼 이런 권면들은 그리스도의 몸 안에서의 개인적인 관계를 다룬다.

4:25-32에서 바울은 일련의 부정적 명령(금지사항)을 내놓는데, 대다수의 경우 행하지 말아야 할 것에 대한 진술 직후 행해야 할 것에 대한 진술이 따라온다. 에베소 신자들은 거짓말(25a절), 도둑질(28a절), 더러운 말(29a절), 불경건한 행실(31절)을 버려야 한다. 그리고 화를 낼 때 죄를 짓지 말고(26a절), 성령을 슬프게 하면 안 된다(30절). 이와 반대로, 그들은 진실을 말하고(25b절), 열심히 일하고(28b절), 덕을 세우기에 좋은 말을 하고(29b절), 타인에게 친절해야 한다(32절). 사랑으로 행하라는 권면(5:2)은 앞에 나온 구체적인 권고들을 전반적으로 요약한다.

단락 개요

XI. 사랑으로 행하는 삶(4:25-5:2)
- A. 거짓말하지 말고 진실을 말하라(4:25)
- B. 화가 날 때 죄를 짓지 말라(4:26-27)
- C. 도둑질하지 말고 열심히 일하라(4:28)
- D. 해로운 말을 하지 말고 덕을 세우는 말을 하라(4:29)
- E. 성령을 슬프게 하지 말라(4:23)
- F. 원한이나 분노를 품지 말고 서로 용서하라(4:31-32)
- G. 사랑으로 행하고 하나님을 본받으라(5:1-2)

주석

4:25 "그런즉"은 바울이 하나님의 형상을 따라 창조된 '새로운 지아'(4.24)에서 나오는 행실이 무엇인지 묘사하는 것, 곧 일련의 도덕적 권면을 제공

하는 전환점이 된다. “버리고”(아포티테미)라는 동사는 이 구절에서 명령의 역할을 하는 듯하다[‘(너희는) 버려야 한다’, 참고. 골 3:9]. 구체적으로 신자는 “거짓”을 버려야 하는데, 이는 문맥상 거짓말을 하는 것으로 이해해야 한다. 거짓말을 하는 대신 ‘각각 진실을 말하게’ 하라. 이 진술은 스가랴 8:16(“너희는 이웃과 더불어 진리를 말하며”)과 매우 유사하다. 바울은 “각각”을 포함해서 각 신자가 진실을 말할 개별적 책임이 있음을 강조한다. 더구나 각 신자는 “그 이웃과 더불어” 진실을 말해야 한다. 예수님은 “이웃”의 개념을 확대해서 어려움에 처한 사람을 모두 포함시키셨지만, 이 문맥과 스가랴 8장의 문맥을 고려하면 바울이 기독교 공동체의 멤버들을 가리킨다는 해석이 옳은 듯하다. 이 분석은 우리가 이웃에게 진실을 말해야 할 이유에서 더 분명해진다. ‘왜냐하면 우리가 서로 지체가 되기 때문이다.’ 이 문맥에서 “지체”는 신자 공동체의 일부가 되는 이들을 말한다. 신자는 단지 거짓말을 버리는 것으로 충분하지 않고 진실을 말해야 한다.

4:26-27 이 두 구절에는 4개의 명령이 담겨 있다. (1) 화를 내라, (2) 죄를 짓지 말라, (3) 해가 질 때까지 화를 내지 말라, (4) 기회를 주지 말라이다.

‘화를 내라’는 첫째 명령은 상당한 논쟁을 불러일으켰다. 바울이 불과 몇 구절 뒤에 “너희는 모든…노함[을]…버리[라]”(31절)고 말하기 때문이다. 그 결과 일부는 이 구절을 조건부 진술로 번역한다. ‘만일 너희가 화를 낸다면, 죄를 짓지 말라.’ 이런 해석도 가능하지만 이 어구를 그리스도인이 지킬 정상적인 명령으로 이해하는 편이 낫다.[31]

‘화를 내되 죄를 짓지 말라’는 시편 4:4(70인역 4:5, 새번역 참고)을 그대로 인용한 것이다. 바울의 말은 그리스도인의 특징이 분노라야 한다는 뜻이 아니라, 특정한 경우에 분노를 적절하게 표현해야 한다는 것이다. 모든 분노가 다 죄가 아님은 예수님의 삶으로 입증된다. 그분은 때때로 화를 내셨

31 Daniel B. Wallace, *Greek Grammar beyond the Basics* (Grand Rapids, MI: Zondervan, 1997), 491-492; 같은 저자, “Οργίζεσθε in Ephesians 4:26: Command or Condition?” CTR 3 (1989): 353-372.

지만(막 3:5) 죄가 없다(히 4:15). 존 스토트(John Stott)는 이렇게 말한다. "오늘날의 세상에서는 그리스도인이 더 많이 화를 낼 필요가 있다…노골적인 악에 직면할 때 우리는 관용하지 말고 분개해야 하고, 냉담하지 말고 분노해야 한다. 하나님께서 죄를 미워하신다면, 그분의 백성 역시 죄를 미워해야 한다. 만일 악이 그분의 분노를 유발한다면, 그것은 우리의 분노도 유발해야 한다."[32]

그러나 둘째 명령("죄를 짓지 말[라]")은 '의로운 분노'에서 죄악된 분노로 바뀌기가 쉽다는 것을 상기시켜준다(약 1:19-20). 신자가 질투, 교만 또는 어떤 나쁜 동기로 분노를 표현할 때는 불경건한 행실을 취하고 있는 것이다.

(26-27절에 나오는) 그 다음의 두 명령은 억제되지 않은 분노의 위험을 더욱 확대한다. "해가 지도록 분을 품지 말[라]"(26절)는 명령은 죄를 즉시 다루어서 곪지 않게 하도록 격려한다.

넷째 명령("마귀에게 틈을 주지 말라", 27절)은 분노를 곪게 하는 것이 어째서 어리석은지 또는 지혜롭지 못한지 설명한다. 흥미롭게도 바울은 마귀가 분노를 만들어낸다고 말하지 않고, 우리의 분노가 억제되지 않고 그대로 있으면 마귀에게 내면의 죄를 이용할 기회를 준다고 말한다.

4:28 '새로운 자아'의 행실(4:25-32)을 예증하는 세 번째 명령은 이것이다. 도둑질하는 자들은 오히려 열심히 일해서 어려운 사람들을 도와야 한다는 것. 도둑질은 구약과 신약 모두에 금지되어 있다.[33] 바울은 가난한 사람들에게 말하는 중인데, 그들은 특히 어려운 시기에 고용주로부터 몰래 훔치고 싶은 유혹을 받을 수 있기 때문이다. "도둑질하는 자는 다시 도둑질하지 말[라]"는 바울의 명령은 일부 사람이 지금 도둑질하고 있어서 그런 행

32 John R. W. Stott, *The Message of Ephesians*, The Bible Speaks Today (Downers Grove, IL: InterVarsity Press, 1979), 186. 《에베소서 강해》(IVP).

33 출 20:15, 22:1; 레 19:11; 신 5:19; 렘 7:9; 호 4:2; 마 19:18; 막 10:19; 눅 18:20; 롬 13:9, 참고. 고전 6:10; 벧전 4:15.

실을 멈출 필요가 있음을 함축한다. 바울은 독자들에게 "수고를 하여 [제] 손으로 떳떳하게 벌이를 하[라]"(새번역)고 촉구한다. '수고하다'[코피아오(*kopiaō*)]로 번역된 단어는 신체적 노력의 뉘앙스를 지닌다. 바울은 그리스도인은 자기 손으로 열심히 일해야 한다고 말한다(참고. 고전 4:12; 살전 4:11; 살후 3:8). 그리고 그렇게 해야 할 동기를 부여한다. "그리하여 오히려 궁핍한 사람들에게 나누어 줄 것이 있게 하십시오"(새번역). 남을 돕는 일은 그리스도인에게 기대했던 것이다(행 20:35; 딤전 5:8; 딛 3:14; 약 1:27; 요일 3:17). 그래서 바울이 도둑질하던 자들에게 더 이상 도둑질하지 않는 것은 물론 더 나아가 남들에게 관대해지라고 격려하는 것이다.

4:29 바울은 다시 말의 중요성에 대해 다룬다(참고. 엡 4:25). 하지만 이번에는 (거짓말 대신에) 진실을 말하도록 권고하는 대신 독자들에게 (해로운 말 대신에) 유익한 말을 하도록 권면한다. 신자는 자기 손으로 유익한 일을 할 뿐 아니라(4:28) 자기 입으로 유익한 일을 해야 한다. 바울이 "더러운 말은 너희 입 밖에도 내지 말[라]"고 한다. "더러운"[사프로스(*sapros*)]으로 번역된 용어는 '썩은', '부패한' 또는 '악취가 나는' 것을 가리킬 수 있다. 사복음서에서는 "못된" 나무(마 7:17-18), "나쁜" 열매(7:17-18) 그리고 "못된" 또는 썩은 고기(13:48) 등에 사용되었다. 하지만 이 문맥에서는 덕을 세우는 대신에 무너뜨리는 해로운 것을 가리키는 비유적 표현으로 사용된다(참고. 엡 5:4; 골 3:8).

예수님은 심판 날이 되면 누구나 함부로 지껄인 모든 말에 대해서 해명해야 한다고 경고하셨다(마 12:36). 여기서는 그리스도인이 "덕을 세우는 데에 필요한 말이 있으면, 적절한 때에"(새번역) 하라는 권면을 받는다. 다른 사람의 덕을 세우는 일이 이번 장에서 바울의 주된 관심사다(엡 4:12, 16). 신자는 남에게 덕을 끼치고 그리스도의 몸을 세우기 위해 대화를 생산적으로 사용해야 한다. 그런 건전하고 유익한 말의 목적은 "듣는 자들에게 은혜를 끼치게 하[기]" 위해서다. 그리스도인이 말을 통해 서로를 세워주면 하나님의 은혜가 드러난다. 사람들은 하나님으로부터 복을 받고, 어려운 상황 가운데 신중하게 선택된 유익한 말을 듣고 격려를 받을 것이다.

4:30 '그리고'(ESV 참고, 개역개정에는 없음)는 이 명령을 앞의 명령과 연결한다. "더러운 말은 너희 입 밖에도 내지 말[라]…'그리고' 성령을 근심하게 하지 말라." 이는 그리스도를 따르는 사람들이 서로 불친절하게 말하면 성령이 특히 슬퍼하신다는 뜻이다. 물론 이 문맥에 언급된 다른 죄들도 그분을 슬프게 하지만 말이다. 신자가 죄악된 행실(특히 서로에 대해 파괴적인 말을 사용하는 것)에 관여할 때 성령이 슬퍼하시는 만큼, 이는 하나님 백성과 하나님 영 사이의 연대를 보여준다.

'슬프다'[근심하다, 뤼페오(*lypeō*)]로 번역된 동사는 "심한 정신적 내지는 감성적인 괴로움을 유발하다"[34]라는 뜻이다. 성령은 슬퍼하실 수 있기 때문에, 그리고 오직 인격만이 이런 식으로 슬퍼할 수 있으므로, 바울은 성령을 완전한 인격으로 이해하는 것이 틀림없다. 이 단락의 다른 곳에서는 바울이 그분을 그저 '영'(the Spirit)으로 부르지만 여기서는 불경한 것은 모두 그 영의 본성과 상반된다는 것을 강조하기 위해 완전한 호칭(the Holy Spirit, "성령")을 사용한다. 이어서 바울은 성령이 바로 그리스도인들을 날인한 도구(참고. 1:13)라고 말한다. 신자는 '구속의 날'을 위해 날인을 받았다. '구속의 날'은 최후 "구원[또는 심판]의 날"을 가리키고, 바울이 '주의 날'(고전 1:8; 5:5; 고후 1:14; 살전 5:2; 살후 2:2, 참고. 벧후 3:10)과 '예수 그리스도의 날'(빌 1:6, 10; 2:16)로 부른 그 사건을 지칭할 가능성이 많다.

4:31-32 바울은 다시금 독자들에게 분노를 제쳐놓으라고 권면하면서 윤리적 가르침을 계속 이어간다(참고. 4:26). 다섯 가지의 다양한 죄(악독, 노함, 분냄, 떠드는 것, 비방하는 것)를 언급하는 것, "모든"(언급된 죄의 온갖 형태를 가리킴)이라는 단어의 사용 그리고 "모든 악의와 함께"라는 전치사구의 추가 등은

34 BDAG, λυπέω (1).

이런 죄들을 포괄적으로 피해야 한다는 점을 강조한다. "악독"은 과거의 원한을 품는 냉담한 마음을 말한다. "노함"[튀모스(*thymos*)]과 "분 냄"[오르게(*orgē*)]으로 번역된 용어는 종종 사실상의 유사어로 사용되곤 한다. 만일 이 둘을 구별할 생각이 있었다면, "노함"은 열정적인 폭발을 묘사하는 한편 "분 냄"은 뒤끓는 적의를 가리킬 것이다. "떠드는 것"은 "사람들이 큰 소리로 말싸움을 하는 것"을 말하고, "비방하는 것"은 "명예 훼손이나 욕설에 해당하는 일체의 말"[35]을 의미한다. 확실하지는 않지만, 악독이라는 내면의 성향에서 해로운 말의 외적 표현에 이르는 죄의 의도적인 진전을 의미할지 모른다. 신자는 또한 "모든 악의"를 피해야 하는데, 이는 "야비함 또는 악한 태도나 성향"[36]을 의미한다. 이 모든 죄들이 '버려져야'[아이로(*airō*)] 한다. 왜냐하면 그것들은 하나님의 영이 이끄시는 중생의 사역과 상반되기 때문이다.

이와 대조적으로 바울의 독자들은 "친절하게 하며 불쌍히 여기며 서로 용서하[라]"(32절, 참고, 골 3:12-13)는 권면을 받는다. 친절함은 하나님의 속성으로서 그분이 창조 세계에, 특히 언약 백성에게 보여주시는 것이고(시 25:7; 31:19; 65:11), 바울은 신자들이 그 속성을 본받기 원한다. 불쌍히 여김은 문자적으로 건강한 내장을 갖는다는 뜻이며, 비유적으로 타인에 대한 연민의 감정(벧전 3:8)을 가리킨다. 악독과 분노와 악의는 다정한 연민으로 대체되어야 한다. 마지막 권면, 곧 용서하라는 권면은 "하나님이 그리스도 안에서 너희를 용서하심과 같이"(참고. 골 3:13)라는 설득력 있는 말과 함께 주어진다. 신자들은 그리스도의 희생적 사역을 통해 하나님으로부터 값없는 은혜를 받았기 때문에, 그와 같이 그들에게 잘못을 저지른 사람들에게 은혜를 베풀고 용서하라는 부름을 받았다.

35 BDAG, s.v. κραυγή, βλασφημία.

36 BDAG, s.v. κακία.

5:1-2 여기서 새로운 장이 시작되지만 5:1-2의 내용은, "그러므로"(1절)가 가리키듯, 앞의 내용과 밀접한 관계가 있다.

바울이 앞의 권면들(4:25-32), 특히 32절을 요약한다. 하나님께서 그리스도 안에서 우리를 용서하신 것처럼 서로 용서한다는 것은 하나님을 본받는 자들이 된다는 것을 의미한다. 바울이 교회들에게 다른 교회들(살전 2:14), 그 자신(고전 4:16; 11:1; 빌 3:17; 살전 1:6; 살후 3:7, 9) 그리고 그리스도(살전 1:6)를 본받으라고 권면하고 있는데, 여기는 그가 신자들에게 "하나님을 본받는 자"(하지만 마 5:44-45; 눅 6:35-36을 참고하라)가 되라고 권면하는 유일한 곳이다. "사랑을 받는 자녀"라는 호칭은 신자들이 하나님을 본받아야 할 기초를 제공한다. 이는 에베소 신자들이 자녀로 입양된 것(엡 1:5)과 그들이 경험한 하나님의 사랑(2:4; 3:17, 19)을 암시한다.

두 번째 명령은 "사랑 가운데서 행하라"(2절)는 것이다. 이 권고는 앞 권고의 연장인 듯하다. 앞의 명령은 일반적인 권면인 데 비해, 이것은 하나님을 본받는다는 것이 무슨 뜻인지 그 실례를 보여주는 구체적인 명령이다. 달리 말하면 하나님을 본받는 이들은 바로 사랑으로 행하는 자들이다(참고. 4:1, 17; 5:8, 15). 그리스도인의 특징은 서로에게 진정한 사랑을 베푸는 것이어야 한다.

바울은 그 권면을 그리스도의 본보기로 예증한다(참고. 4:32). "그리스도께서 너희를 사랑하신 것같이"는 신자가 그의 사랑을 비교할 대상이 될 뿐 아니라 그에게 동기를 부여하기도 한다. 우리는 그리스도가 사랑하시듯 사랑하고, 그리스도가 사랑하기 '때문에' 사랑해야 한다. 그리스도의 사랑은 그분이 "우리를 위하여 자신을 버[렸을]" 때 최고조에 달했다. 성경은 종종 아버지가 그 아들을 주신 것으로 묘사하곤 하지만, 예수님이 아낌없이 그분의 생명을 내어주신 것도 사실이다(요 10:11-18; 15:13). 구체적으로 그분은 "우리를 위하여" 그 자신을 주셨다. 이는 그분이 그 백성(의 유익)을 '위해' 스스로를 주셨다는 뜻이다. 그분은 또한 '그들을 대신해서' 그 자신을 주셨다(엡 5:25; 고후 5:14, 21; 갈 1:4, 3:13; 딤전 2:6; 딛 2:14). "제물과 희생제물"은 아마 그리스도가 그 자신을 주실 때 성취된 모든 유형의 제물을 가리킬 것이다. "향기로운" 제물이라는 개념은 여기서 "하나님께서 예배자의 성실함과 전심어림 때문에 제물을 용납하신 것"을 가리키는 비유적 표현이다(참고. 빌 4:18).[37]

응답

이 단락은 13개의 명령(명령과 금지 사항)을 담고 있어서 매우 실제적이다. 1-3장에서 교리적 기초를 쌓은 후 바울은 이제 복음의 진리를 일상생활에 적용한다. "너희가 부르심을 받은 일에 합당하게 행[한다]"(4:1)는 것과 옛 자아를 벗어버리고 새로운 자아를 입는다는 것(4:22-24)이 무슨 뜻인지를 설명하는 것이다. 그러나 이 단락에 단지 권면만 있는 것은 아니다. 이 대목 전반에 엮여 있는 것은 올바른 삶의 동기와 능력을 부여하는 진리들이다. 바울은 우리에게 다음 진리를 상기시킨다. 우리가 (1) 서로 연합되어 있고(25절), (2) 성령의 날인을 받았고(30절), (3) 용서 받았고(32절), (4) 사랑을 받는 자녀들이고(5:1), (5) 우리를 위해 제물이 되신 그리스도의 사랑을 받았다는 것(2절)이다. 다시금 이 단락은 하나님의 삼위일체 본성을 강조한다. 아버지("하나님")는 우리를 용서하시는 분(4:32)이고 우리를 사랑하는 자녀들로 입양하시는 분이다(5:1). 아들("그리스도")은 우리를 사랑하시는 분이고(2절), 우리가 그분 안에 있기 때문에 아버지가 우리를 용서하신다(4:32). 성령은 우리에게 날인하시는 분이고, 그분이 우리 안에 거주하기 때문에 우리로 인해 슬퍼지실 수 있다(30절).

이 대목에 나오는 모든 명령 중에 단연 최고는 사랑하라는 명령이다. 하나님을 본받는다는 것은 사랑으로 행하는 것으로 묘사된다(5:1-2). 바울은 사랑을 그리스도의 본보기로 정의하는데, 그분은 죄인들을 위해 그 자신

37 Thielman, *Ephesians*, 322.

을 하나님께 제물로 드리셨기 때문이다. 사랑이 가장 중요한 미덕인 것은 사랑이 일관성 있게 베풀어지면 다른 모든 미덕이 자연스럽게 받아들여질 것이기 때문이다. 그리스도인이 서로 사랑할 때에는 서로에게 친절한 말을 하게 될 것이다. 그리스도인이 서로 사랑할 때에는 서로에 대해 악독, 분노, 격노 또는 악의를 품지 않고 그 대신 열심히 일해서 어려운 사람들과 나누게 될 것이다(4:26, 28, 31).

Ephesians

에베소서

5:3-14

3 음행과 온갖 더러운 것과 탐욕은 너희 중에서 그 이름조차도 부르
지 말라 이는 성도에게 마땅한 바니라 4 누추함과 어리석은 말이나 희
롱의 말이 마땅치 아니하니 오히려 감사하는 말을 하라 5 너희도 정
녕 이것을 알거니와 음행하는 자나 더러운 자나 탐하는 자 곧 우상 숭
배자는 다 그리스도와 하나님의 나라에서 기업을 얻지 못하리니 6 누
구든지 헛된 말로 너희를 속이지 못하게 하라 이로 말미암아 하나님
의 진노가 불순종의 아들들에게 임하나니 7 그러므로 그들과 함께 하
는 자가 되지 말라 8 너희가 전에는 어둠이더니 이제는 주 안에서 빛
이라 빛의 자녀들처럼 행하라 9 빛의 열매는 모든 착함과 의로움과
[1)]진실함에 있느니라 10 주를 기쁘시게 할 것이 무엇인가 시험하여 보
라 11 너희는 열매 없는 어둠의 일에 참여하지 말고 도리어 책망하라
12 그들이 은밀히 행하는 것들은 말하기도 부끄러운 것들이라 13 그러
나 책망을 받는 모든 것은 빛으로 말미암아 드러나나니 드러나는 것
마다 빛이니라 14 그러므로 이르시기를
잠자는 자여 깨어서 죽은 자들 가운데서 일어나라
그리스도께서 너에게 비추이시리라 하셨느니라

3 But sexual immorality and all impurity or covetousness must not
even be named among you, as is proper among saints. 4 Let there be
no filthiness nor foolish talk nor crude joking, which are out of place,
but instead let there be thanksgiving. 5 For you may be sure of this, that
everyone who is sexually immoral or impure, or who is covetous (that
is, an idolater), has no inheritance in the kingdom of Christ and God.
6 Let no one deceive you with empty words, for because of these things
the wrath of God comes upon the sons of disobedience. 7 Therefore do
not become partners with them; 8 for at one time you were darkness,
but now you are light in the Lord. Walk as children of light 9 (for the
fruit of light is found in all that is good and right and true), 10 and try
to discern what is pleasing to the Lord. 11 Take no part in the unfruitful
works of darkness, but instead expose them. 12 For it is shameful even
to speak of the things that they do in secret. 13 But when anything is
exposed by the light, it becomes visible, 14 for anything that becomes
visible is light. Therefore it says,

"Awake, O sleeper,
    and arise from the dead,
and Christ will shine on you."

1) 헬, 참

단락 개관

바울은 부도덕함과 탐욕, 더러운 말을 금하고 빛 가운데 살도록 격려하는 등 권면을 계속한다. 앞 단락(4:25-5:2)의 권면은 옛 자아를 따라 행하는 것과 새로운 자아를 따라 행하는 것의 뚜렷한 차이점을 강조한 데 비해, 이 단락(5:3-14)은 죄 많은 외부인의 생활 방식과 신자의 생활 방식을 서로 대비시킨다. 특히 이 차이점이 어둠과 빛이라는 대조적인 주제로 부각된다.

이 단락은 두 부분으로 나뉜다. 첫째 부분(3-6절)에서 바울은 다양한 죄들, 특히 신자들 가운데서 이름조차 부르면 안 되는 성적 부도덕과 탐욕과 관련된 죄들에 대해 경고한다(3절). 바울은 세 가지 악덕 목록을 사용하는데, 각 목록은 독자들이 피해야 할 세 가지 죄를 담고 있다. 그는 또한 그런 행실을 피하는 데 필요한 두 가지 동기를 제시한다(3, 5절). 이어서 독자들에게 헛된 말에 속지 말라고 명한다(6절).

둘째 부분(7-14절)에서 바울은 빛과 어둠을 지속적으로 대조시킨다["어둠"은 두 번(8, 11절), "빛"은 다섯 번(8, 9, 13, 14절) 나온다]. 7절에서는 남을 속이는 자들과 함께하지 말라고 경고한다. 다시금(참고. 4:1, 17; 5:2) "행하라"는 명령이 나오는데, 이번에는 빛의 자녀처럼 행하라고 격려하는 대목에 등장한다. 신자는 어둠의 일에 참여하지 말고 오히려 그런 것을 폭로해야 한다(11절). 14절에는 인용문도 나오는데, 이는 초기 기독교 찬송을 소개하는 글이거나 이사야 60:1에 대한 성찰일 것이다.

단락 개요

XII. 빛의 자녀로 행동하는 삶(5:3-14)
  A. 부도덕, 탐욕, 더러운 말을 피하라(5:3-6)
  B. 빛의 사람들로 살라(5:7-14)

주석

5:3-4 이 새로운 단락은 '그러나'(3절)로 시작한다(ESV 참고, 개역개정에는 없음). 이는 하나님을 본받고 사랑으로 행하라는 긍정적인 명령(5:1-2)과 대조를 이룬다. 피해야 할 죄들의 첫 세 쌍은 '성적 부도덕'[포르네이아(*porneia*)]으로 시작되며, 이는 헌신된 혼인 관계 밖에서 취하는 모든 종류의 성 행위를 포함한다. "더러운 것"은 일반적으로 불결함을 말하지만 바울의 글에서는 종종 '성적 부도덕'과 함께 나온다(고후 12:21; 갈 5:19; 골 3:5; 살전 4:3, 7). 따라서 성적 더러움의 개념이 있다. "탐욕"은 욕심(그리고 어쩌면 성적인 욕심)을 가리킨다.

바울은 이런 죄들은 "그 이름조차도 부르지 말라"고 권면한다. 바울이 그런 악덕들을 언급한다고(즉 '이름을 부른다고') 해서 자신의 충고를 위반하는 것은 아니다. 그는 그런 죄들이 그리스도의 몸에 없어야 한다고 말하는 중이다. 이런 죄들을 피해야 하는 이유는 그런 행태가 '성도에게 합당하지' 않다는 것이다. 신자는 하나님 앞에서 거룩하고 흠이 없도록 부름을 받았다(엡 1:4). 그들의 행실은 거룩한 부르심을 받은 하나님의 선택된 백성(4:1; 살전 4:3-7)이라는 새로운 정체성과 어울려야 한다.

바울은 성적 의미를 내포하는 말로 짓는 죄를 강조하는 세 쌍을 언급하며 특정한 악덕들을 피하라고 계속 권면한다(엡 5:4). "누추함"은 "사회적 및 도덕적 기준을 무시하여 불명예와 당혹감과 수치를 초래하는 것"[38]을 말한다. "어리석은 말"은 "술 취함과 성적 부도덕이 흔했던 잔치에 참석한 사람들로부터 나오는 난센스에 해당하는 말"[39]이라는 의미를 지닐 수 있다. "상스러운 농담"(새번역)은 아마 "심술궂은 또는 음탕한 방식으로 사용된 약삭빠르고 영리한 유머"[40]를 말할 것이다. 그런 행위는 신자들에게 '어울리지 않는다'(4절). 이와 달리 그리스도인은 "감사하는" 말을 하는 자들이 되어야 한다. 하나님은 "온갖 좋은 은사와 온전한 선물"(약 1:17)의 근원이시기 때문이다.

5:5 다음으로 바울은 독자들의 동기를 유발하기 위해 두 가지 엄격한 경고를 한다. 첫째 경고는 그들이 바울의 가르침을 받아 이미 알고 있는 바에 기반을 둔다. 앞에서 언급한 죄들을 피하지 못하는 사람은 누구나 "그리스도와 하나님의 나라를 상속받을 몫이 없[다]"(새번역)는 사실이다. 여기에 언급된 세 그룹('성적으로 부도덕한 자', "더러운 자" 그리고 '탐욕을 부리는 자')은 3절에 언급된 죄악의 세 가지 범주("성적 부도덕", "더러운 것" 그리고 "탐욕")에 상응한다. 바울은 이런 죄를 짓는 자는 누구나 하나님의 천국에서 배제된다고 말하는 것이 아니다. 그럼에도 불구하고 자신을 끈질기게 그런 죄에 넘겨주는 사람은 스스로를 그리스도인이라 부를지언정 진정 영원한 생명에서 배제되어 있음을 증명하고 있는 셈이다. 바울은 탐욕스러운 사람은 또한 "우상 숭배자"임을 슬쩍 덧붙인다(참고. 골 3:5). 브라이언 로즈너(Brian S. Rosner)는 탐욕스러운 자에 관해 "하나님보다 부(副)를 사랑하고 신뢰하며 순종하기 때문에 자기를 위해 갈수록 더 많은 돈과 소유물을 얻으려는 강한 욕망을 가진 사람들"[41]이라고 정의한다.

38 J. P. Louw and Eugene Nida, *Greek-English Lexicon of the New Testament*, §88.149.

39 Thielman, *Ephesians*, 330.

40 같은 책, 331.

바울이 여기서는 단지 세 유형의 사람들이 영생에서 배제된다고 말하지만, 고린도전서 6:9-10에서는 "불의한 자"(일반적인 범주), "음행하는 자", "남색하는 자"(동성애를 하는 사람), "도적", "술 취하는 자", "모욕하는 자" 그리고 "속여 빼앗는 자"(참고. 갈 5:19-21) 역시 배제된다고 한다. '그리스도의' 나라에 대한 언급은 신약에서 흔하지 않고(참고. 딤후 4:1, 18; 벧후 1:11), "그리스도와 하나님의 나라"라는 독특한 표현은 지금은 아버지와 함께 창조 세계를 다스리시는 그리스도의 통치를 강조한다(참고. 엡 1:20-23).

5:6 바울은 독자들에게 왜 성적 부도덕과 탐욕을 피해야 하는지 그 이유와 관련해 두 번째 경고를 한다. 하나님의 진노가 다가오고 있다는 것이다. 먼저 "누구든지 헛된 말로 너희를 속이지 못하게 하라"는 권면으로 시작한다. 속이려고 하는 자들의 정체는 언급되어 있지 않다. 그들은 믿지 않는 이방인일 수 있지만, 오히려 죄를 심각하게 여기길 거부하는 기독교 공동체의 멤버일 가능성이 더 많다. 이런 거짓 교사들은 해로운 신념을 내세워서 일부 사람을 진리로부터 돌이켜 사악한 정념을 따르게 한다. 바울은 죄악된 행습을 일삼는 사람들은 하나님의 엄격한 심판("하나님의 진노")을 경험할 것이라고 준엄하게 경고한다. 하지만 신자들은 하나님의 진노를 직면하지 않을 것이다. 그들은 성령으로 날인을 받았고 확실한 상속을 갖고 있기 때문이다(1:13-14). 오히려 하나님의 진노는 "불순종의 아들들", 즉 어쩌면 언약 공동체의 일원일지 몰라도 미처 구속받지 못한 사람들에게 예비되어 있다(참고. 2:2).

5:7-9 바울은 이제 독자들에게 특정한 죄들을 피하라고 권면하는 것에서 신자가 왜 비그리스도인의 불경건한 생활 방식과 어울리면 안 되는지 그 긍정적 이유로 전환한다. 하나님의 진노가 불순종하는 자들에게 다가오고

41 Brian S. Rosner, *Greed as Idolatry: The Origin and Meaning of a Pauline Metaphor* (Grand Rapids, MI: Eerdmans, 2007), 129.

있기 때문에 신자는 그들의 행위에 관여하면 안 된다. 바울이 불경건한 자와 '함께해서는' 안 된다고 하는 것은 전혀 접촉하지 않는 철저한 분리를 가리키는 것이 아니다(참고. 고전 5:9-10). 신자는 어떤 거짓 가르침을 수용하거나 그런 가르침과 연루된 부도덕한 생활 방식을 받아들이면 안 된다는 뜻이다. 에베소서 3:6에서 바울은 이 용어(거기서는 "참여하는 자"로 번역됨)를 긍정적으로 사용한 바 있다. 즉 독자들에게 그들이 그리스도 안에서 새로운 공동체의 일부로 유대인 신자들과 함께 참여하는 자들임을 상기시키는 대목이다. 따라서 7절("그러므로 그들과 함께하는 자가 되지 말라")은 1절("그러므로…하나님을 본받는 자가 되[라]")과 뚜렷한 대조를 이룬다.

8절은 신자가 왜 거짓 교사들과 그들의 생활 방식에 참여하면 안 되는지에 대한 근거를 제시한다. 그것은 신자가 그리스도 안에서 받은 새로운 정체성과 모순되기 때문이다. "전에는…[그러나] 이제는"의 틀은 이전과 현재를 대조시킨다. "어둠"은 도덕적 내지는 영적인 어둠의 상태(참고. 4:18)를 은유적으로 가리키는 한편, "빛"은 신자가 하나님과 관계를 맺은 결과로 경건한 삶을 영위하기 위해 받는 조명을 가리킨다. 어둠과 빛의 이미지는 바울이 다른 곳에서도 사용하는 것이다(롬 13:12-13; 고후 4:4, 6; 6:14; 골 1:12-13; 살전 5:5; 딤전 6:16). 흥미롭게도 바울은 그들이 한때는 어둠 '속'에 있었다가 이제는 빛 '속'에 있다고 말하지 않고, 그들이 곧 어둠이었다가 이제는 빛이라고 말한다. 그들은 단지 어두운 환경 안에 있었던 것이 아니라 선천적으로 어두웠다(참고. 엡 2:1, 12). "주 안에서"는 신자와 그리스도의 연합이 새로운 상태에서 결정적인 차이를 만든다는 것을 말한다.

8절의 마지막 어구("빛의 자녀들처럼 행하라")는 다시금 에베소서의 주요 주제(4:1, 17; 5:2, 15)를 부각시킨다. 바울은 하나의 사실 진술("너희가…빛이라")에서 명령("빛의 자녀들처럼 행하라")으로 바꾼다. 말하자면 신자는 그가 이미 가진 정체성이 되라는 권면을 받고 있는 셈이다. 이는 모순처럼 보일지 몰라도 성경의 '개시된 종말론'(그리스도 안에서, 신자는 '이미' 그의 사역에 근거해 모든 유익을 갖고 있으나 '아직' 그 모든 유익을 완전히 받지는 못했다는 것)에 부합한다. 그들의 생활 방식은 그리스도 안에서 새로운 사람이 된 사실에 맞춰져야 한다. 이 순서를 반드시 지켜야 한다. 변화된 삶에 필요한 능력은 오직 죄인을 죽은 상태에서 일으킬 수 있는 하나님과의 관계를 통해서만 올 수 있기 때문이다.

ESV가 옳게 정리했듯이, 9절은 괄호 속에 있다(ESV 참고). 접속사 '왜냐하면'(ESV 참고, 개역개정에는 없음)은 빛 가운데 걷는다는 것이 무슨 뜻인지 설명함으로써 이 구절을 앞 구절과 연결시킨다. "빛의 열매"는 신약에서 여기에만 나오는데 빛이 열매를 생산한다는 개념을 전달한다. 즉 한 사람이 일단 그리스도 안에서 새로운 생명을 받으면, 하나님의 능력이 그 사람 속에서 일해서 하나님에게만 있는 특성을 만들어낸다는 뜻이다. "열매"에 해당하는 이런 미덕들은 그리스도에 대한 믿음의 부산물인 만큼 하나님의 용납을 받는 데 필요한 선행 조건이 아니다. "착함"(양선)은 성령의 열매 중 하나(갈 5:22)이기도 하고 하나님에게 있는 속성이다(시 73:1). "의로움"은 하나님과 사람들 앞에서의 올바른 삶 또는 도덕적 올곧음을 말한다(참고. 엡 4:24; 빌 1:11). "진실함" 역시 다른 두 미덕처럼 하나님의 속성이고(참고. 엡 4:24) 신자의 말과 생활 방식에 드러나야 한다.

5:10 8절에서 독자들에게 "빛의 자녀들처럼 행하라"고 가르친 바울은 이제 어떻게 그럴 수 있는지에 대해 구체적인 예를 든다. 신자는 "주님께서 기뻐하시는 일이 무엇인지를 분별하[려고]"(새번역) 애써야 한다. '분별하다'[도키마조(*dokimazō*)]로 번역된 동사는 '시험하다', '조사하다' 또는 '승인하다'(참고. 롬 12:2)라는 뜻이다. 10절에서 '기쁘게 하는'으로 번역된 단어가 로마서 12:2에서는 '마음에 드는'으로 번역되었다(참고. 롬 12:1; 14:18; 고후 5:9; 빌 4:18; 골 3:20). 신자는 믿음으로 그리스도에게 연합된 자들인 만큼 모든 상황에서 그 주님과 주인을 기쁘게 하는 것이 목표다. 선하고 의롭고 진실한 것(엡 5:9)에 따라 살려면, 이런 윤리적 기준을 특정한 상황에 적용하는 실제적인 지혜가 필요하다.

5:11 빛의 자녀들로 행한다는 것은 또한 신자에게 "열매 없는 어둠의 일

에 참여하지 말"(참고. 5:7) 것을 요구한다. 주님을 기쁘시게 하고 교회를 세우는 "빛의 열매"(5:9) 또는 "성령의 열매"(갈 5:22)와 반대로, 신자를 미혹하려는 자들의 행위는 "열매가 없[다]"고 부르는 것은 그런 것들이 "어둠"에서 나오기 때문이다(참고. 롬 13:12). 그와 같은 어둠의 행실은 주님을 불쾌하게 하는 모든 것을 포함하는데, 여기서는 구체적으로 성적 부도덕, 탐욕, 더러운 말(엡 5:3-5)을 지적한다.

바울은 이런 부정적 권고와 대비되는 긍정적인 상대역도 제시한다. "오히려 그것을 폭로하십시오"(새번역). 신자가 폭로해야 할 것은 사람들 자체보다 어둠의 '행실'과 관련이 있다(참고. 5:13). 신자가 그들의 행실과 말로 어둠의 행위를 폭로해야 하는 것은 미혹된 사람들이 잘못을 깨닫고 정신을 차리게 하기 위해서다.

5:12 바울은 이제 왜 열매 없는 어둠의 행실을 피하고 특정한 죄들이 폭로되어야 하는지 그 이유를 전한다. "그들이 은밀히 행하는 것들은 말하기도 부끄러운 것들이라." 몰래 행하는 죄악들은 5:3에 언급된 성적 악덕들일 가능성이 많다(참고. 롬 13:13). 어둠/빛의 은유를 고려하면서 바울은 그와 연관된 '은밀한/눈에 띄는' 간의 대조법을 사용한다(참고. 막 4:22; 눅 12:2; 요 18:20; 롬 2:16; 고전 4:5; 14:25). 그런 어둠의 행실에 참여하는 자들은 부도덕한 행위에 관여하고 있는 기독교 공동체의 멤버들이다. 만일 특정한 죄들을 '거론하는' 것이 나쁘다면, 그런 죄들에 실제로 참여하는 것은 하나님께 얼마나 더 거슬리겠는가? 바울은 그런 죄를 폭로하거나 책망하는 것을 두 차례나 격려한 만큼(엡 5:11, 13), 그런 죄를 결코 말로 표현할 수 없다는 뜻은 분명히 아니다. 오히려 바울은 그런 죄들의 지극히 부끄러운 성격 또는 특별히 악한 성격을 강조하는 중이다.

5:13-14 어둠 속에서 취해진 은밀한 행실(5:12)과는 대조적으로("그러나"), "빛이 폭로하면 모든 것이 드러나게"(13절, 새번역)된다. "모든 것"이라는 용어가 사용되었지만 이 문맥에서는 은밀하게 행해진 것을 가리킨다. 11절

에서 바울은 성숙한 신자들에게 "열매 없는 어둠의 일"을 '폭로하라'고 지시했다. 13절은 그런 죄들이 빛에 폭로될 때의 긍정적 효과를 설명한다(참고. 요 3:20-21). 빛은 그런 죄를 폭로할 뿐 아니라 죄인을 변화시키기도 한다(고후 4:6). 일부는 어쩔 수 없이 어둠에서 나와 빛에 올바르게 반응하고 그들 자신이 빛이 된다. "드러나는 것은 다 빛입니다"(14절, 새번역). 책망과 폭로의 과정을 받아들이는 사람들은 주님 안에서 빛이 된다.

바울은 시편 68:18을 인용한 4:8에서 쓴 그 소개의 글("그러므로 이르기를")을 사용해서 이번에는 여러 구약 구절의 영향을 받은 초기 기독교 찬송(어쩌면 바울이 작사했을 법한)을 인용하는 듯하다. 이 인용문과 가장 비슷한 구약 구절은 이사야 26:19("주의 죽은 자들은 살아나고 그들의 시체들은 일어나리이다")과 이사야 60:1-2(어둠/빛의 은유를 담고 있음)이다. 이 찬송은 3행으로 되어 있다. 첫 두 행은 병행 관계에 있고 각각 명령을 담고 있는 한편, 셋째 행은 약속을 포함한다.

첫째 행("잠자는 사람아, 일어나라")은 도덕적 및 영적 나태함에 빠진 사람들을 가리키는 비유적 표현이다(롬 13:11-14; 살전 5:5-8). 일부 주석가는 이 행(과 다음 행)을 회심에 대한 언급으로 해석하지만 오히려 불순종하는 신자들에 대한 권면으로 보는 편이 더 낫다.

둘째 행("죽은 사람 가운데서 일어서라")은 첫째 행과 병행하므로 비슷한 뜻이다. 즉 "죽은 사람"은 잠자는 사람을 가리키는 은유적 표현이다. 신자들은 죄에 대해 죽었으므로 죄가 그들을 사로잡게 해서는 안 된다(롬 6:11-13). 에베소서 5:3-14의 문맥에서 줄곧 바울은 신자들에게 어둠 속에 걷지 말라고 경고하고 빛 가운데 걷도록 격려해왔다.

셋째 행("그리스도께서 너를 환히 비추어 주실 것이다" 이상 새번역)은 죄를 버리고 그리스도의 모범을 따르는 사람들에게 주어진 약속이다. 그 결과는 부활하고 승천한 주님이 그들에게 빛을 비추시는 것이다. 이는 "그들이 제자의 길을 걸을 때 주님이 그들을 지도하고 격려하고 지탱하고 도와주는 등 그들과 함께하시는 것"[42]을 의미한다.

응답

불경건한 행실을 피하라

바울은 우리가 신자로서 성적 부도덕, 탐욕 그리고 부적절한 말을 피할 책임이 있다는 것을 강조한다. 이런 세 가지 범주의 죄가 1세기에 무척 흔했기 때문에 그리스도인은 종종 그런 것을 피하라는 권고를 받았다. 예컨대 하나님의 백성은 성적 부도덕(행 15:20; 고전 6:18; 골 3:5; 살전 4:3; 히 12:16; 13:4), 탐욕/돈을 사랑하는 것(골 3:5; 딤전 6:9-11; 히 13:5) 그리고 불건전한 말(골 4:6; 딤전 4:12; 딛 2:8, 참고. 잠 4:24)을 멀리하라는 권면을 받았다. 이런 언행은 성도에게 '합당하지' 않고(엡 5:3) 또 '어울리지 않는다'(4절).

신자들이 그런 행실을 피해야 마땅한 것은 그리스도 안에 새로운 정체성을 갖고 있기 때문이다. 이는 우리가 '변해야' 할 이유일 뿐 아니라 '변할 수' 있는 이유기도 하다. 생명을 주시는 성령의 사역 없이는 우리에게 죄를 이길 힘이 (그럴 열망도) 없을 것이다. 바울에 따르면, 에베소 신자들이 믿음을 갖기 전에는 '어둠이었으나' 이제 그리스도를 믿게 된 결과 '빛이다'(참고. 살전 5:5; 벧전 2:9). 예전에는 그들의 '정체성' 자체가 어둠이었다. 때문에 죄를 이기고 싶은 열망도 그럴 만한 능력도 충분하지 않았다. 그러나 이제는 그리스도 안에 있기에 빛이다. 새로운 능력과 열망을 포함해 새로운 본성을 받았다. 행동의 변화가 있으려면 먼저 정체성의 변화가 필요하다.

불경건한 행실을 폭로하라

신자들이 빛 가운데 걷지 않고 오히려 성적 부도덕, 탐욕 그리고 부적절한 말로 되돌아간다면 어떻게 해야 할까? 바울은 기독교 공동체에게 그런 행

42 Clinton E. Arnold, *Ephesians*, ZECNT (Grand Rapids, MI: Zondervan, 2010), 336. 《강해로 푸는 에베소서》(디모데).

실을 '폭로하라'고 격려한다(엡 5:11, 13). 오늘날에는 '판단하지 말라'(마 7:1; 눅 6:37)는 예수님의 말씀을 인용하면서, 그리스도인은 죄를 지었다고 상대방을 '판단하면' 안 된다고 주장하는 경우가 흔하다. 하지만 그런 가르침이 절대적인 또는 무조건적인 것이 아님을 우리가 알고 있다. 예수님은 이어서 "네 눈 속에서 들보를 빼어라 그 후에야 밝히 보고 형제의 눈 속에서 티를 빼리라"(마 7:5; 눅 6:42)고 말씀하시기 때문이다. 게다가 바울은 고린도 신자들에게 음란한 행위에 빠진 사람들을 폭로하거나 판단하라고 한다(고전 5:12). 나아가 "이 악한 사람은 너희 중에서 내쫓으라"(고전 5:13)고 말한다. 때때로 출교를 포함하는 그런 공적인 폭로는 적절한 절차를 밟은 뒤에 시행되어야 한다. 이 절차는 예수님이 마태복음 18:15-16에서 설명하셨다(참고. 딤전 5:19). 바울은 종종 신자들에게, 중대한 죄를 지었거나 죄 가운데 사는 사람들을 책망하거나 폭로하라고 격려한다(딤전 5:20; 딤후 4:2; 딛 1:9, 13; 2:15). 빛의 기능 중 하나는 어둠을 환히 비추는 것이다. 하지만 이런 일은 지혜롭게 그리고 세심하게 행해야 한다(갈 6:1).

Ephesians
에베소서
5:15-21

15 그런즉 너희가 어떻게 행할지를 자세히 주의하여 지혜 없는 자같
이 하지 말고 오직 지혜 있는 자같이 하여 16 [1]세월을 아끼라 [2]때가
악하니라 17 그러므로 어리석은 자가 되지 말고 오직 주의 뜻이 무엇
인가 이해하라 18 술 취하지 말라 이는 방탕한 것이니 오직 성령으로
충만함을 받으라 19 시와 찬송과 신령한 노래들로 서로 화답하며 너희
의 마음으로 주께 노래하며 찬송하며 20 범사에 우리 주 예수 그리스
도의 이름으로 항상 아버지 하나님께 감사하며 21 그리스도를 경외함
으로 피차 복종하라

15 Look carefully then how you walk, not as unwise but as wise,
16 making the best use of the time, because the days are evil.
17 Therefore do not be foolish, but understand what the will of the Lord
is. 18 And do not get drunk with wine, for that is debauchery, but be
filled with the Spirit, 19 addressing one another in psalms and hymns
and spiritual songs, singing and making melody to the Lord with your
heart, 20 giving thanks always and for everything to God the Father in
the name of our Lord Jesus Christ, 21 submitting to one another out of

reverence for Christ.

1) 헬, 기회를 사라 2) 헬, 그날들이

5장

단락 개관

이 단락은 에베소서에 마지막으로 나오는 '행하다'라는 동사로 시작된다(5:15, 참고. 4:1, 17; 5:2, 8). 특히 바울은 에베소 신자들이 '신중하게' 행동하기를 원한다. 이는 (1) 지혜 없지 않고 지혜롭고, (2) 어리석지 않고 주님의 뜻을 이해하며, (3) 술에 취하지 않고 성령으로 충만한 것을 의미한다.

접속사 "그런즉"은 어둠/빛의 대조에서 지혜 없음/지혜로움의 대조로 바뀌는 것과 더불어 새로운 단락으로 전환된다는 신호다. 이 단락은 세 부분(5:15-16, 17, 18-21)으로 나뉘고, 각 단락은 부정적 명령과 긍정적 명령을 내포한다. 첫째 부분(15-16절)은 "너희가 어떻게 행할지를 자세히 주의하[라]"(15절)는 명령으로 시작하고, 부정적 진술("지혜 없는 자같이 하지 말고")과 긍정적 진술("지혜 있는 자같이 하여")이 따라온다. 둘째 부분(17절)은 2개의 대조적인 명령으로 되어 있다. "어리석은 자가 되지 말고" 그 대신 "주의 뜻이 무엇인가 이해하라."

이 단락의 셋째 부분(18-21절) 역시 2개의 대조적인 명령으로 되어 있다. "술 취하지 말[고]"(18a절) 그 대신 "성령으로 충만함을 받으라"(18b절). 그리고 둘째 동사('충만함을 받다')는 성령으로 충만한 사람의 모습을 묘사하는 5개의 분사, "화답하며"(19a절), "노래하며"(19b절), "찬송하며"(19b절), "감사하며"(20절), "복종하라"(21절)로 수식된다. "피차 복종하라"라는 마지막 어구는 모든 가정 규례(5:22-6:9)의 제목이기는 해도 단지 5:22-33에만 연결되어서는 안 된다. 따라서 이 단락은 5:16에서 6:9에 이르는 큰 적용 단락의 일부고, 후자는 그리스도인이 어떻게 서로 복종해야 하는지를 묘사하고 또한 성령으로 충만한 사람의 모습을 보여주는 대목이다.

단락 개요

XIII. 신중하게 행동하는 삶(5:15-21)
- A. 지혜롭게 행동하라(5:15-16)
- B. 총명하게 행동하라(5:17)
- C. 성령으로 충만한 삶을 살라(5:18-21)

주석

5:15-16 "그런즉"은 새로운 단락을 시작할 뿐 아니라 이 단락을 앞 단락(5:3-14)과 연결해주는 접속사다. 바울이 다시 독자들에게 특정한 방식으로 행하도록 권면하면서 이번에는 '신중하게 살피라'는 명령으로 시작한다. 특히 그들이 행하는(즉, 살아가는) 방식에 주의를 기울여야 한다. 이 명령은 세 가지 대조 사항으로 설명된다.

첫째, 바울은 에베소 신자들에게 "지혜롭지 못한 사람처럼 살지 말고, 지혜로운 사람답게"(15b절, 새번역) 살라고 가르친다. 신자의 행실에는 지혜가 드러나야 한다(1:17, 참고. 1:8; 3:10; 골 4:5). 이 문맥에서 지혜는 하나님의 뜻과 사역에 대한 통찰에서 얻은 실제적인 지혜를 말한다.

그리스도인이 지혜롭게 사는 방식 중 하나는 '기회를 최대한 선용하는 것'(16절, 참고. 골 4:5)이다. 지혜롭게 행한다는 것은 우리에게 주어진 모든 기회를 충분히 활용한다는 뜻이다. 그냥 편안히 앉아서 악을 피하려는 것으로는 충분치 않다. 신자는 그에게 주어진 은사와 은총을 적극적으로 사용하되 '때가 악하기 때문에' 모든 기회를 활용하여 하나님 나라를 확장시켜야 한다. 바울의 표현은 우리가 마지막 때에 살고 있다는 종말론적 관점을 반영한다. 성경은 모든 현실을 두 시대를 표상하는 것으로 본다. 현재의 시대와 다가오는 시대다. 현 시대는 비록 악하지만(롬 8:18; 갈 1:4; 엡 2:2; 6:13) 언젠가 메시아가 되돌아와서 모든 적을 정복하고 바로잡으실 것이다. 그때까지 신자는 지혜롭게 살면서 모든 기회를 잘 사용해야 한다.

5:17 신자가 신중하게 살아가는 두 번째 방식은 "어리석은 자가 되지 말고 오직 주의 뜻이 무엇인가 이해하[는]" 것이다. 이 구절의 부정적 측면, 곧 어리석음을 피하는 것("지혜 없는 자"가 되는 것과 비슷함, 5:15)은 구약의 지혜 문학, 즉 어리석은 자처럼 살지 말고 지혜를 구하라는 권면으로 가득한 책들(예. 잠 10:23; 23:9; 24:7)을 상기시킨다.

바울은 독자들에게 하나님의 뜻을 이해하라고 격려함으로써 이전의 진술과 강한 대조를 이루는 권면을 한다. 이 문맥에서는 "주의 뜻"을 하나님의 도덕적 목적을 가리키는 것으로 해석하는 편이 최선이다. 다음과 같은 중요한 주석을 주목하라.[43] (1) 하나님은 그분의 뜻을 알리셨지만(엡 1:9) 신자들은 여전히 그 뜻을 '이해하라'는 권면을 받는다. 하나님은 이미 계시하신 것을 그분의 백성이 부지런히 발견해서 삶에 적용하기를 기대하신다. (2) '이해하다'라는 바울의 말은 인지적 차원을 포함하지만 단지 지적인 이해에 국한되지 않고 지식의 적용까지 포함한다. (3) 바울은 보통 '하나님의' 뜻을 거론하지만 여기서는 "주"의 뜻(참고. 롬 12:2), 즉 그리스도의 뜻을 언급한다. 바울은 이 호소에 그리스도 중심적인 강조점을 부여하고 있다. 신자들은 이미 '그리스도를 배웠고'(엡 4:20) 이제는 "주 안에서 빛"(5:8)이기 때문에, 주의 뜻을 행함으로써 "주를 기쁘시게"(5:10) 하는 것을 분별하려고 애써야 한다.

43 이런 주석은 O'Brien, *Ephesians*, 385에 바탕을 둔다.

5:18-21 신자가 신중하게 살아가는 세 번째 방식은 "술 취하지 말[고]… 성령으로 충만함을 받[는]"(18절) 것이다. 술에 취하는 것은 고대 세계에서 하나의 문제였다. 그리스-로마의 일부 종교에서는 심지어 술 취함이 예배 경험의 일부이기도 했다. 에베소에서 성행했던 디오니소스(또는 바쿠스) 숭배는 포도주를 그 숭배의 상징으로 삼았다. 1세기 유대인 철학자 필로가 이 주제와 관련해 《술 취함에 관하여》(*On Drunkenness*)라는 제목의 책을 썼을 정도다. 술 취함의 문제점은 그것이 방탕 또는 "어떤 행동의 결과에 대한 관심이나 생각의 결여를 보여주는 행실"[44]을 초래한다는 것이다(참고. 딛 1:6; 벧전 4:4). 우리로서는 이것이 에베소 그리스도인들이 직면했던 특별한 문제였는지, 아니면 단지 그 문화에 성행했던 문제였는지(그래서 늘 유혹이 되었는지) 여부는 모른다.[45] 하지만 바울이 술 취함을 언급하는 주된 이유는 아마 성령으로 충만해지라는 긍정적 명령과 대조시키기 위함일 것이다. 오히려 두 번째 명령이 더 자세히 설명되어 있어서다(엡 5:19-21).

그런데 '성령으로 충만해진다'는 것은 정확히 무슨 뜻인가? 주로 두 가지 해석이 있다. (1) 신자들이 성령으로 충만해진다는 것(즉 내용, 'with the Spirit') 또는 (2) 신자들이 성령에 의해 충만해진다는 것(즉 수단, 'by the Spirit')이다. 둘 중 하나를 선택하는 일은 쉽지 않지만 앞의 진술과 병행하는 것을 감안하면 후자가 더 낫다. 앞의 진술이 '수단'(포도주에 의해 취하는 것)을 가리키기 때문이다. 성령은 신자들을 충만케 하는 수단인 한편, 충만함의 내용은 삼위일체 하나님의 충만하심이다(3:19; 4:13).

19-21절은 4개의 분사구를 사용해서 성령으로 충만하게 된 결과를 묘사한다.

첫째, 성령 충만한 신자들은 "시와 찬송과 신령한 노래들로 서로 화답[한다]"(19a절, 참고. 골 3:16). 신자들이 노래할 때는 하나님께 노래할 뿐 아

44 J. P. Louw and Eugene Nida, *Greek-English Lexicon of the New Testament*, §88.96.

45 바울의 글에서 술 취함을 반대하는 다른 권고는 다음 구절들에 나온다. 롬 13:13; 고전 5:11; 6:10; 살전 5:7-8; 딤전 3:8; 딛 2:3 (참고. 마 24:49; 눅 12:45; 벧전 4:3).

니라 서로의 믿음을 격려하고 북돋는 수평적 차원도 있다. "시", "찬송" 그리고 "신령한 노래들"은 "그것들 사이에 구별을 짓기보다는 예배에서 계속되는 모든 노래를 아우르는 표현"[46]이다.

성령 충만의 두 번째 결과는 "너희의 마음으로 주께 노래하며 찬송하[는]"(19b절) 것이다. 이 어구는 앞의 어구와 동일한 행동을 묘사하되 강조점이 다르다. 첫째 어구는 예배 때에 음악의 수평적 또는 공동체적 차원("서로 화답하며")에 초점을 두는 반면, 이번에는 수직적이고 개인적인 차원("주께")을 강조한다. 진심어린 노래("너희의 마음으로")는 구원자요 구속자이신 주 예수 그리스도를 향해야 한다.

셋째, 성령으로 충만한 신자는 "모든 일에 언제나 우리 주 예수 그리스도의 이름으로 하나님 아버지께 감사를 드[린다]"(20절, 새번역). '감사를 드리는' 것은 네 개의 수식어로 수식된다. 그리스도인은 "언제나" 감사드려야 한다. 이는 일정하게 또는 끊임없이 감사드려야 한다는 뜻이다(살전 5:18). 그리스도인은 또한 "모든 일에", 즉 모든 것이나 모든 상황(시련과 고난을 포함해서)에 대해 감사해야 마땅하다. 그리스도인은 "하나님 아버지께" 감사드려야 한다. 그분이 만물의 창조주이자 지탱자이시기 때문이다. 끝으로 그리스도인은 "우리 주 예수 그리스도의 이름으로" 감사드려야 한다. 예수의 이름은 하나님께 드리는 기도의 권위적인 기반을 표현하기 때문이다.

성령 충만의 마지막 결과는 "그리스도를 경외함으로 피차 복종"(21절)하는 것이다. 일부 주석가는 이 구절이 모든 관계에서의 상호복종을 가리키는 것으로 해석하지만, 바울은 여기서 보다 구체적으로 이어지는 다양한 사회적 관계를 지칭하는 것 같다. 이 관계는 아내가 남편에게 복종하는 것, 자녀가 부모에게 복종하는 것, 종이 주인에게 복종하는 것 등이다. '복종하다'[휘포타소(*hypotassō*)]라는 동사는 권위를 가진 누군가에게 복종하는 것을 묘사한다. 그런 복종의 동기는 "그리스도를 경외함"에서 나온다. "경외

46 Best, *Ephesians*, 511.

함"[포보스(*phobos*)]으로 번역된 단어는 때때로 '두려움'으로 번역된다. 이 용법은 신자들에게 적용되기 때문에 여기서는 공경하는 두려움을 말한다.

응답

지혜롭게 행하라

그리스도인의 삶에는 지혜가 필요하다. 이는 아무나 생각하는 그런 지혜가 아니다. 우리는 하나님의 지혜에 따라 살아야 한다. 성경은 "여호와를 경외하는 것이 지혜의 근본이요"(잠 9:10, 참고. 시 111:10; 잠 1:7; 15:33)라고 선언한다. 우주를 창조하신 하나님의 성품과 방식을 알고 경외하는 것이 참된 지혜의 기초다. 그런 지식이 없으면 우리는 그저 지혜를 찾으려고 애쓰며 바라기만 할 것이다(렘 9:23-24; 고전 1:19). 그러나 그리스도인도 지혜롭게 행하는 것이 항상 쉽지는 않다. 그래서 바울이 우리에게 '너희가 어떻게 행할지를 신중하게 살피라'(엡 5:15)고 권면하는 것이다. 세상의 유혹은 종종 우리를 그리스도에 대한 헌신과 지혜의 길에서 멀어지게 한다. 그러므로 우리는 생명으로 이끄는 똑바르고 좁은 길을 걸으라는 격려가 항상 필요하다. 그리스도가 바로 인간으로 오신 하나님의 지혜(고전 1:24)고, 그분의 말씀에 귀를 기울이는 것이 지혜로운 사람의 특징이다(마 7:24).

성령 안에서 행하라

지혜롭게 행하는 데 필요한 능력은 내주하시는 성령의 임재로부터 온다. 바울이 에베소서 후반부에서 말하는 윤리적 명령은 성령이 신자를 충만케 하시지 않는 한 지키기가 불가능하다. 그리스도인은 오직 "영으로써 몸의 행실을 죽[일]" 수 있기 때문이다(롬 8:13). "육체의 욕심"을 채우지 않는 유일한 방법은 "성령을 따라 행하[는]" 것이다(갈 5:16). 하나님의 영이 우리를 충만케 하시고 우리 속에 거하시기 때문에(이는 그 영이 구약의 성막과 성전을 충만케 하신 것과 비슷하다), 우리는 거룩하게 행해야 한다. 하나님이 거룩하신 것처럼 우리도 거룩해야 한다(레 11:44; 벧전 1:16). 성령을 따라 산다는 것은 알코올이나 다른 중독성 물질에 빠져 살지 않는다는 뜻이다. 우리가 하나님과 맘몬(=물질)을 모두 섬길 수 없듯이, 술에 취하면 결코 성령을 따라 행할 수 없는 법이다. 우리가 과연 성령 충만한 삶을 살고 있는지 평가하는 방법 중 하나는 다음과 같다. (1) 우리는 진심으로 주님께 찬송을 드리는가(다른 이들에게 노래하는 동시에)? (2) 우리는 어떤 상황에 처해도 감사하는가? (3) 우리는 기꺼이 남에게 복종하는가?

Ephesians
에베소서
5:22-33

22 아내들이여 자기 남편에게 복종하기를 주께 하듯 하라 23 이는 남편
이 아내의 머리됨이 그리스도께서 교회의 머리됨과 같음이니 그가 바
로 몸의 구주시니라 24 그러므로 교회가 그리스도에게 하듯 아내들도
범사에 자기 남편에게 복종할지니라

22 Wives, submit to your own husbands, as to the Lord. 23 For the
husband is the head of the wife even as Christ is the head of the church,
his body, and is himself its Savior. 24 Now as the church submits to
Christ, so also wives should submit in everything to their husbands.

25 남편들아 아내 사랑하기를 그리스도께서 교회를 사랑하시고 그 교
회를 위하여 자신을 주심 같이 하라 26 이는 곧 물로 씻어 말씀으로 깨
끗하게 하사 거룩하게 하시고 27 자기 앞에 영광스러운 교회로 세우사
티나 주름 잡힌 것이나 이런 것들이 없이 거룩하고 흠이 없게 하려 하
심이라 28 이와 같이 남편들도 자기 아내 사랑하기를 자기 자신과 같
이 할지니 자기 아내를 사랑하는 자는 자기를 사랑하는 것이라 29 누
구든지 언제나 자기 육체를 미워하지 않고 오직 양육하여 보호하기를

그리스도께서 교회에게 함과 같이 하나니 30 우리는 그 몸의 지체임이
라 31 그러므로 사람이 부모를 떠나 그의 아내와 합하여 그 둘이 한 육
체가 될지니 32 이 비밀이 크도다 나는 그리스도와 교회에 대하여 말
하노라 33 그러나 너희도 각각 자기의 아내 사랑하기를 자신 같이 하
고 아내도 자기 남편을 존경하라

25 Husbands, love your wives, as Christ loved the church and gave
himself up for her, 26 that he might sanctify her, having cleansed her
by the washing of water with the word, 27 so that he might present the
church to himself in splendor, without spot or wrinkle or any such
thing, that she might be holy and without blemish.[1] 28 In the same way
husbands should love their wives as their own bodies. He who loves
his wife loves himself. 29 For no one ever hated his own flesh, but
nourishes and cherishes it, just as Christ does the church, 30 because we
are members of his body. 31 "Therefore a man shall leave his father and
mother and hold fast to his wife, and the two shall become one flesh."
32 This mystery is profound, and I am saying that it refers to Christ and
the church. 33 However, let each one of you love his wife as himself,
and let the wife see that she respects her husband.

1 Or *holy and blameless*

단락 개관

이 단락은 다양한 관계(때로는 '가정 규례'로 불린다)를 다루는 세 가지 항목인 (1) 아내와 남편(5:22-33) (2) 자녀와 부모(6:1-4) (3) 종과 주인(6:5-9) 중 첫 번째다. 이 단락과 이전 대목의 연계성은 헬라어 본문에 뚜렷이 나타난

다. '복종하다'라는 동사가 5:22에서 반복되지 않고 앞 구절(21절)에 있는 것으로 간주되기 때문이다.

이 단락은 아내와 남편의 관계와 관련해 신약에서 가장 긴 가르침을 담고 있고, 세 부분으로 나뉜다. 첫째 부분(22-24절)은 아내에게 남편에게 복종하라고 권면한다. 이 권면은 남편이 아내의 머리됨에 근거를 두고, 이는 그리스도가 교회의 머리됨에 비유된다. 그리고 이 권면이 반복되지만 이번에는 순서가 바뀌고 "범사에"라는 말로 더욱 강화된다(24절).

둘째 부분(25-32절)은 남편에게 아내를 사랑하라는 권고로, 이는 교회를 향한 그리스도의 희생적 사랑에 비유된다. 이 권면 역시 반복되고(28절), 그 근거를 남편의 자기 자신에 대한 사랑과 그리스도의 교회에 대한 사랑에 둔다. 31절과 32절은 창세기 2:24의 인용과 해석으로서, 남편이 왜 아내를 자기 몸과 같이 사랑해야 하는지 그 이유를 제시한다.

셋째 부분(33절)은 남편과 아내를 향한 권면을 요약한다.

단락 개요

XIV. 아내와 남편(5:22-33)

- A. 아내들아, 남편에게 복종하라(5:22-24)
- B. 남편들아, 아내를 사랑하라(5:25-32)
- C. 남편은 아내를 사랑하고 아내는 남편을 존경하라(5:33)

주석

5:22-24 바울이 가정 규례를 다루는 세 단락(5:22-33; 6:1-4; 6:5-9)은 하

나같이 먼저 권위 아래 있는 사람들(아내, 자녀, 종)에게 말한 뒤에 권위를 가진 사람들(남편, 부모, 주인)에게 말한다. 아내는 자기 남편에게 복종하라는 명령을 받는다. "자기"[이디오스(*idios*)]라는 말은 바울이 일반적인 '여자들'이 아니라 "아내들"에게 말하고 있음을 암시한다. 이는 또한 아내는 누군가의 남편이 아니라 구체적으로 자기 남편에게 복종하도록 요구받는다는 것을 가리킨다. 동사(21절에서 넘어온)의 중간태는 그 복종의 자발적 성격을 강조한다. 달리 말해 바울은 아내에게 기꺼이 자기 남편에게 복종하라고 명한다. 어디서도 바울이 남편에게 아내의 복종을 요구하라고 말하지 않는 것은 그럴 필요가 없기 때문이다. 다음으로, 바울은 아내가 남편에게 복종할 동기를 부여하는 하나의 비유("주께 하듯")를 제공한다. 아내가 자발적으로 남편에게 복종할 때는 그와 동시에 주님께 복종하고 있는 셈이다.

이후 바울은 왜 아내가 자기 남편에게 복종해야 하는지 그 이유를 내놓는다. '남편이 아내의 머리이기 때문이다'(23절). 아내가 남편에게 복종해야 하는 것은 하나님께서 남편을 아내에 대해 권위를 가진 자리에 두셨기 때문이다. 여기서 "머리"는 분명히 '근원'이 아니라 '…에 대한 권위'를 의미한다(참고. 1:22; 4:15). 바울이 자기주장의 근거를 문화나 사회적 규범에 두지 않는다는 것을 주목하라. 대신 하나님께서 남편에게 주신 리더십 역할에 그 근거를 둔다(고전 11:3-12; 딤전 2:11-13). 복종은 선천적인 열등함을 의미하지 않는다. 그리스도는 신분상 아버지와 동등하면서도 기꺼이 아버지의 뜻에 복종하신다(고전 15:28). 이와 마찬가지로 여자와 남자 모두 하나님의 형상으로 창조되었기 때문에 여자는 가치에 있어서 남자와 동등하다. 그러나 하나님의 설계에 따라 남자와 여자는 결혼 관계에서 서로 다른 역할을 맡고 있다. 다시금 바울이 비유를 끌어낸다. "그리스도께서 교회의 머리됨과 같음이니." 그리스도가 교회의 머리인 것은 남편이 아내의 머리인 것과 비슷하다. 바울은 앞에서 사용한 이미지를 끌어와서 교회가 그리스도의 "몸"임을 분명히 한다(엡 1:23; 2:16; 4:4, 12, 16). 그리스도는 자기를 위해 교회를 구속한 만큼 '그 구원자'로서 교회와 관계를 맺으신다.

24절은 앞의 권고를 순서를 바꾸어 되풀이한다. "교회가 그리스도께 순종하듯이, 아내도 모든 일에 남편에게 순종해야 합니다"(새번역). 교회가 자발적으로 그리스도에게 복종하듯이, 아내 역시 자유로이 또 기꺼이 남편에게 복종해야 한다. "모든 일에"라는 전치사구를 절대적인 것으로 여기면 안 된다. 아내는 죄악된 사안, 해로운 사안 또는 하나님의 명령과 상반되는 사안에서는 남편에게 복종하면 안 되기 때문이다(행 5:29). 하지만 이것은 아내에 대한 남편의 사랑을 조건으로 삼으면 안 된다. 물론 예외가 있을 수 있지만, 이 대목의 초점은 아내가 남편(남편이 불신자라도)의 리더십에 기꺼이 복종하는 것의 중요성에 있다.

5:25-27 아내들에게 자기 남편에게 복종하라고 명령한 후 바울은 주의를 남편들에게 돌려 아내를 사랑하도록 명령한다. 다른 고대 본문에 따르면, 바울이 남편에게 아내를 '다스리라'고 권면하는 대신 '사랑하라'고 권면하는 것은 다소 뜻밖이다. 성경 외적인 유대 문헌을 보면 남편에게 아내를 사랑하라는 권면은 무척 드물었고, "사랑"[아가파오(*agapaō*)]이라는 동사가 남편의 의무와 관련된 그리스-로마 가정 규례에 사용된 적은 전혀 없다. 이 명령은 사랑의 길로 그리스도를 좇으라는 것이다. 이 권면이 반복되고 있다는 것은 그것이 매우 중요하다는 뜻이다(엡 5:28, 33, 참고. 골 3:19).

남편이 아내를 마땅히 사랑할 방식은 "그리스도께서 교회를 사랑하[신]"(25절) 방식에 비유된다. 그의 신부(교회)를 향한 그리스도의 사랑이 남편이 자기 신부를 사랑해야 할 표준이 된다. 구체적으로 그리스도의 사랑은 "교회를 위하여 자신을 주신 것"으로 가장 명백히 입증되었다. 그리스도의 사랑은 자기가 주도해서 스스로를 희생시킨 사랑이었다. 하지만 이 병행관계를 너무 밀어붙이면 안 된다. 남편은 그리스도처럼 자기희생적인 사랑을 하되 아내 대신에 죽는 것은 아니고 아내를 거룩하게 하거나 깨끗하게 하는 것도 아니다. 하지만 아내를 보호하고 돌보기 위해 기꺼이 모든 것을 희생해야 한다.

26절과 27절은 그리스도가 교회를 위해 자기희생적인 사랑을 한 목표를 밝히는 3개의 목적절을 도입한다.

첫째, 그리스도는 '그가 교회를 거룩하게 하려고'(26절) 교회를 위해 그 자신을 내어주셨다. '거룩하게 하다'[하기아조(*hagiazō*)]는 따로 구별시킨다는 뜻이고, 이 개념은 구약에서 하나님을 위해 무언가 또는 누군가를 구별하는 행습에서 유래했다(레 8:11-12; 11:44; 16:16-19). 그리스도는 어떻게 신부를 거룩하게 하시는가? "[교회를] 물로 씻어 말씀으로 깨끗하게" 하셨다. 말하자면 교회는 정결케 하는 복음의 능력으로 거룩하고 되고 깨끗해진 것이다. 대다수 주석가들은 '물로 씻다'는 말을 세례에 대한 언급으로 해석한다. 세례야말로 성경에서 그리스도가 자기를 위해 백성을 씻기시는 가장 감동적인 형태라서 그렇다(고전 6:11; 딛 3:5). 이 표현은 또한 에스겔 16:8-14에 나오는 신부 목욕의 이미지를 끌어왔을 수 있다. 구체적으로 바울은 교회가 "말씀"[레마(*rhēma*)]으로 깨끗케 되었다고 하는데, 이는 아마 복음을 가리킬 것이다(엡 6:17; 롬 10:8, 17; 히 6:5; 벧전 1:25).

둘째, 그리스도가 교회를 거룩하게 하시는 것은 "자기 앞에 영광스러운 교회로 세우[기]"(27절) 위해서다. '세운다'는 개념은 신부를 내세우는 유대의 관습을 암시하는 듯하다. 이 관습이 그리스도가 재림하실 때 교회를 내세우는 것에 적용된다(참고. 고후 11:2, 바울이 교회를 그리스도께 드리는 순결한 처녀로 내세우는 구절). 그리스도가 영광스러운 교회를 내세우는 종말이 되면 교회는 "티나 주름 잡힌 것이나 이런 것들이 없[을]"(27절) 것이다. "티"나 "주름"이 없다는 것은 신체적 결함이 없는 젊은 신부의 완전한 외모와 아름다움을 말한다. 하지만 이런 용어들은 영적으로 교회의 도덕적 순결과 탁월함을 묘사하기 위해 사용되었다. 마지막 목적절은 이전의 부정적 진술을 부연하고, 그리스도가 교회를 일체의 결함 없이 내세우실 것은 교회가 "거룩하고 흠이 없게 하[기]" 위해서라는 것을 분명히 한다. 앞에서 바울은 독자들에게, 하나님께서 그들을 창세 이전에 선택한 것은 그들이 "거룩하고 흠이 없게"(1:4) 하시기 위해서라고 상기시킨 바 있다.

5:28-32 다시 한 번 바울이 남편들에게 자기 아내를 사랑하라고 권면한다. 도입부의 "이와 같이"(28절)는 이 진술을 이전 구절들(25b-27절)과 연결

시킨다. '그리스도께서 교회를 사랑하신 것처럼…이와 같이 남편들도 자기 아내를 사랑해야 한다.' '사랑하다'라는 동사가 반복되는 것은 이 대목에서 사랑이 무척 중요하다는 뜻이다[25절, 28절(3번), 33절].

바울은 남편이 자기 아내를 "자기 몸과 같이"(새번역) 사랑해야 한다는 진술로 또 하나의 비유를 더한다. 일부 주석가는 이 진술을 뜻밖의 것(본문이 그리스도의 사랑에서 자기 사랑으로 바뀌므로)으로 보거나 너무 모욕적인 것(이는 아내를 남편의 이기심에 종속시키므로)으로 본다. 그러나 바울은 결혼 관계에서 사랑의 실제적이고 구체적인 예를 제공한다. 남자가 스스로를 사랑하고 양육하고 보호하는 것이 자연스럽듯이, 그는 자기 아내를 사랑하고 양육하고 보호해야 한다. 나아가 자기 몸을 사랑하는 궁극적인 본보기가 방금 그리스도를 통해 증명되었다. 그분은 죽음에 이르기까지(25절) 자기 몸(교회)을 사랑하셨기 때문이다.

28절의 마지막 절("자기 아내를 사랑하는 자는 자기를 사랑하는 것이라")은 앞 절("자기 자신과 같이")에 대한 설명으로 삽입된 것이다. 이는 바울의 논점이 단지 남자의 자기 자신에 대한 사랑을 논의할 뿐 아니라 남편의 아내 사랑이 얼마나 자연스러워야 하는지를 가리키고 있음을 보여준다. 바울이 지금 두 번째로 큰 계명("네 이웃 사랑하기를 네 자신과 같이 사랑하라", 레 19:18)을 적용하고 있을 수도 있다. 아내는 남편의 가장 가까운 "이웃"으로 간주될 수 있기 때문에 이 본문은 특히 결혼 관계에 적용될 것이다. 게다가 남편과 아내는 '한 몸'(31절)이라서 남편이 아내를 사랑하는 것은 그 자신을 사랑하는 것이기도 하다.

바울은 오해를 받지 않으려고 남편의 자기 사랑에 관한 말의 뜻을 분명히 밝힌다. 그는 "누구든지 언제나 자기 육체를 미워하지 않고 오직 양육하여 보호[한다]"(29절)라고 쓴다. 바울이 때로는 "육체"[사르크스(*sarx*)]라는 단어를 부정적인 의미로 쓰지만 여기서는 한 사람의 물리적인 몸을 지칭한다. 이에 덧붙여 말하자면, "육체"와 "몸"[소마(*sōma*)]은 이 문맥에서 호환적으로 사용되고(참고. 고전 6:16), "육체"는 곧 31절에서 창세기 2:24을 인용할 때 사용될 것이다.

예외가 있을지 몰라도 '대체로' 사람들은 스스로를 미워하지 않는 것이 사실이다. 오히려 일반적인 사람은 자연스럽게 그 자신을 돌보는데, 그 증거는 그의 몸을 "양육하[고]"(먹이고) "보호하[는]"(보살피는) 사실에 있다. 그래서 남편은 아내의 필요에 신경을 쓰는 것이 마땅하다. 바울은 다시금 그리스도와 교회의 관계("그리스도께서 교회에게 함과 같이")를 비유로 든다. 그리스도가 교회를 양육하고 돌보시는 것처럼, 남편은 자연스럽게 아내를 양육하고 돌보아야 한다. 이어서 바울은 그리스도가 왜 그분의 백성을 사랑스럽게 양육하고 부드럽게 돌보시는지 그 이유를 내놓는다. "우리는 그의 몸의 지체임이라"(30절). 이와 마찬가지로 남편은 자기 아내를 그 자신의 몸으로서 돌보아야 한다. 따라서 신자들과 그리스도의 연합은 한 몸이 되는 남편과 아내의 연합과 비슷하다.

31절에서 바울은 창세기 2:24을 인용한다. 이는 "결혼에 대한 하나님의 계획과 관련하여 가장 근본적인 구약의 진술이다."[47] 이 인용문을 해석하기 어렵게 만드는 것은 그 내용이 아니라 바울이 방금 말한 것과 어떤 관계에 있는가 하는 점이다. 만일 그 인용문이 남편과 아내의 관계와 연관이 있다면, 바울은 '남편이 자기 아내를 사랑해야 하는 것은 하나님께서 애초에 의도하신 것처럼 그들이 한 몸이기 때문이다'라고 말하는 셈이다. 하지만 가장 직접적인 문맥(30절, '우리는 그 몸의 지체이기 때문이다')은 남편과 아내의 관계가 아니라 그리스도와 교회의 관계를 언급한다. 이것을 인용한 목적은 그 문장의 마지막 어구("그 둘이 '한 육체'가 될지니")에 있다. 이 인용문은 그리스도와 교회의 관계와 남편과 아내의 관계에 모두 적용될 수 있어도 전자가 주된 초점이다. 32절에서 그 문장의 인용이 그리스도와 교회를 언급하기 위함임을 바울이 명시적으로 말하기 때문이다.

바울이 단지 남편과 아내의 관계를 거론하고 있지 않다는 점은 32절에서 명백해진다. "이 비밀은 큽니다. 나는 그리스도와 교회를 두고 이 말을

47 O'Briens, *Ephesians*, 429.

합니다"(새번역). 첫째, 바울이 그리스도와 교회의 관계를 "비밀"이라고 부른다. 이는 바울의 용법에서 한때는 감춰져 있다가 이제는 예수 안에서 드러난 하나님의 계획을 가리킨다(1:9; 3:3-4, 9; 6:19; 롬 16:25). 둘째, 바울은 이 비밀을 '심오하다' 또는 '크다'[메가스(*megas*)]고 부른다. 이는 그 비밀의 중대성 또는 의미심장함을 강조하는 말이다. 셋째, 바울은 구체적으로 그 비밀이 "그리스도와 교회"를 가리키는 것이라고 밝힌다. 첫째 아담이 아내와 합하여 한 몸이 된 것처럼, 마지막 아담이 신부와 합하여 한 몸이 된 것이다. 바울의 주장에 따르면, 그리스도와 교회의 관계가 모형이고 인간의 혼인 관계가 이를 본받는 것이지, 전자가 후자를 본뜨는 것이 아니다. 그 비밀은 단지 그리스도와 교회의 관계에 그치지 않고 보다 구체적으로 "인간 결혼과 그리스도와 그 백성 간의 신적 결혼의 상호작용이다…기독교적 결혼은 신랑(그리스도)과 신부(교회)가 공유하는 아름다움을 축소판으로 재생산한다."[48] 하나님께서 인간 결혼을 창조한 것은 그분의 백성에게 그리스도와 교회 간의 관계를 이해하는 데 필요한 범주를 주시기 위해서다.

5:33 바울은 이제 남편과 아내의 관계라는 본래의 주제로 되돌아가서 그 주제를 요약하며 결론짓는다. 하지만 이번에는 먼저 남편에게 말하면서("너희도 각각 자기의 아내 사랑하기를 자신 같이 하고") 개인적인 호소("각각")로 그것을 강조한다. 그처럼 개개인에게 강조점을 둔다는 것은 모든 남편(과 아내)이 하나같이 이런 신적 기준을 개인적으로 수용하기를 기대한다는 뜻이다. 본질적으로 아무도 이런 명령을 부지런히 이행하는 일에서 면제되지 않는다고 바울이 선언한다. 남편에게 아내를 그 자신처럼 사랑하라는 명령은 앞의 권면(25, 28절)과 비슷하다. 그러나 아내에게 주는 명령은 조금 다르다. 앞에서는 아내에게 남편에게 '복종하라'고 권면했는데, 여기서는 남편을 '존경하라'고 권면한다. '존경하다'[포베오마이(*phobeomai*)]로 번역

48 같은책, 433-434.

된 동사는 종종 신약에서 '두려워하다'로 번역된다. 이 개념은 이 문맥에서 공포가 아니라 하나님께서 주신 남편의 권위에 기반을 둔 경외이자 존경이다. 아울러 이 명령들에 아무런 조건이 없다는 것을 주목하라. 남편은 아내가 기꺼이 그의 리더십에 복종하는지 여부와 상관없이 아내를 사랑해야 한다. 아내 역시 그리스도가 교회를 사랑하신 것처럼 남편이 자기를 사랑하는지 여부와 상관없이 남편에게 복종하고 존경해야 한다.

응답

그리스도와 교회의 혼인

결혼에 관한 바울의 가르침은 매우 그리스도 중심적이다. 결혼의 기초와 목표 모두 그리스도와 교회의 관계에 그 기반을 둔다. 그리스도는 교회를 사랑하시고, 교회를 위해 그 자신을 희생하셨고, 교회를 거룩하게 하시고, 교회를 깨끗하게 하시고, 교회를 양육하시고, 교회를 보살피시며, 장차 흠 없는 존재로 내세우실 것이다. 바울은 단지 그 당시의(그리스-로마 또는 유대의) 문화에 기초해 가르침을 베푸는 데 그치지 않는다. 그의 가르침은 또한 그리스도와 교회의 관계와 최초 인간들 간의 결혼 제도를 그 모형으로 삼는다. 그러므로 바울의 교훈은 고대 상황에 적용되는 만큼 현대 상황에도 적용되는 초문화적인 것이다. 하나님께서 결혼 제도를 만드신 것은 사람들로 그리스도와 신부의 관계를 이해하도록 돕기 위해서다. 하나님께서 결혼 제도를 만드신 일차적인 의도는 교회를 향한 그분의 사랑을 실례로 보여주기 위함이었다.

결혼 생활에서 아내의 역할

아내에게 주어진 주된 권면은 남편에게 복종하는 것이다. 바울은 이 단락을 이런 명령으로 시작하고(5:22a), 아내에게 주는 가르침의 끝부분에서 이를 암묵적으로 반복하며(24b절), 이와 비슷한 명령으로 이 단락을 마무리한다(33b절, 참고. 골 3:18; 딛 2:5; 벧전 3:1, 5). 복종은 기꺼이 또는 자발적으로 남편의 리더십을 따르는 행동이다. 달리 말하면 남편이 복종을 요구하기 때문에 그러는 것이 아니다. 이는 여자가 남자보다 열등하다는 뜻이 아니고 하나님께서 주신 다른 역할을 인정하는 것이다.

이 복종은 여러 뉘앙스를 갖고 있다. 첫째, 아내는 '자기' 남편에게 복종해야 한다. 바울은 모든 여자가 모든 남자에게 복종해야 한다고 가르치지 않고 구체적으로 아내가 부부 관계 안에서 남편에게 복종해야 한다고 가르친다. 둘째, 아내는 '주님께 복종하듯이' 복종해야 한다. 이 말의 부분적인 의미는 복종이 존경을 받을 만한 남편에게 국한되지 않는다는 것이다. 자기 남편에게 복종하지 않는 것은 곧 주님께 복종하지 않는 것이다. 셋째, 아내가 복종해야 하는 것은 남편이 아내의 머리기 때문이다. 하나님은 남편을 아내의 머리로 창조하셨고, 아내를 도우미로 섬기도록 창조하셨다(창 2:18). 넷째, 아내는 '교회가 그리스도께 복종하듯이' 복종해야 한다. 다섯째, 아내는 '모든 일'에서 복종해야 한다. 이 명령은 절대적인 것이 아니지만(만일 남편이 아내에게 죄를 짓도록 부추기면 복종해서는 안 된다), 기본 관념은 아내가 남편을 기쁘게 할 길을 찾아야 한다는 것이다. 끝으로, 아내는 '존경하는 자세'로 복종해야 한다. 아내는 남편의 리더십 역할을 인정하고 남편에게 존경을 표현해야 한다.

결혼 생활에서 남편의 역할

남편에게 주어진 주된 권면은 아내를 사랑하는 것이며 이는 세 차례나 반복된다(5:25a, 28a, 33a). 이 사랑의 관계는 여러 뉘앙스를 갖고 있다. 첫째, 남편은 '무조건적으로' 아내를 사랑해야 한다. 그리스도가 교회를, 그것도 자격이 없을 때 사랑하신 것처럼, 남편 역시 아내에게 자격이 있든 없든 아내를 사랑해야 한다. 둘째, 남편은 '희생적으로' 아내를 사랑해야 한다.

그리스도가 교회를 위해 그 자신을 내어주신 것처럼, 남편 역시 자기의 권리와 이익을 희생하면서 기꺼이 아내를 섬겨야 한다. 셋째, 남편은 '목적의식을 지닌 채' 아내를 사랑해야 한다. 그리스도가 그분의 신부를 거룩하게 하시고, 깨끗하게 하시고, 순결하게 내세우시듯, 남편 역시 아내가 그리스도의 형상을 닮도록 인도하려고 애써야 한다. 끝으로, 남편은 '애정을 쏟아' 아내를 사랑해야 한다. 그리스도가 교회를 양육하고 보살피시듯, 남편 역시 아내를 부양해야 한다. 그는 또한 아내와 소통하고 아내를 이해하려고 애쓰며 필요를 제대로 알아야 한다.

Ephesians
에베소서
6:1-4

1 자녀들아 주 안에서 너희 부모에게 순종하라 이것이 옳으니라 2 네
아버지와 어머니를 공경하라 이것은 약속이 있는 첫 계명이니 3 이로
써 네가 잘되고 땅에서 장수하리라 4 또 아비들아 너희 자녀를 노엽게
하지 말고 오직 주의 교훈과 훈계로 양육하라

1 Children, obey your parents in the Lord, for this is right. 2 "Honor
your father and mother" (this is the first commandment with a promise),
3 "that it may go well with you and that you may live long in the land."
4 Fathers, do not provoke your children to anger, but bring them up in
the discipline and instruction of the Lord.

단락 개관

이 단락은 가정 규례의 둘째 부분으로, 자녀와 부모에게 주는 가르침이다. 이 단락은 두 부분으로 나뉘고 각 부분은 2개의 명령으로 되어 있다. 첫째, 자녀는 부모에게 "순종하[고]" 부모를 "공경하라"는 권면을 받는다(엡 6:1-2). 이 두 명령 뒤에는 그 이유("이것이 옳으니라", 1b절)와 목적("네가 잘되고 땅에서 장수하리라", 3절)이 따라온다. 둘째, 아버지에게는 부정적 명령에 이어 긍정적 명령이 주어진다. 부모는 자녀를 "노엽게" 하지 말고 오히려 주의 교훈과 훈계로 "양육하라"는 권면을 받는다.

단락 개요

XV. 자녀와 부모(6:1-4)
   A. 자녀들아, 부모를 순종하고 공경하라(6:1-3)
   B. 아버지들아, 자녀를 노엽게 하지 말고 훈련하라(6:4)

주석

6:1-3 바울은 두 번째 그룹으로 눈을 돌리고 먼저 자녀들에게 말한다. "주 안에서 너희 부모에게 순종하라"(1절). "자녀들"[테크나(*tekna*)]로 번역된 용어는 어린 자녀들만을 가리키지 않고 성인 자녀들, 즉 종종 대다수의 인생 또는 인생 전체를 아버지의 권위 아래서 보낸 자녀들에게도 사용될 수 있다. 하지만 여기서는 바울이 여전히 부모에게 양육 받고 있으나(6:4) 자신과 주님의 관계를 이해할 만큼 성장한 자녀들에게 말하고 있는 것 같다.

자녀들은 보통 그리스-로마의 가정 규례에 다뤄지지 않았는데(그들의 순종은 당연시되었다), 바울은 자녀들을 회중의 책임 있는 멤버들로 간주한다. 이는 또한 온 가족이 예배를 위해 한 장소에 모일 것으로 바울이 가정하고 있음을 시사한다.

'순종하다'라는 동사는 아내들에 대한 명령인 '복종하다'(5:22)보다 더 강한 용어로서 절대적 순종을 가리킨다(물론 몇몇 예외는 허용되어야 하겠지만). "주 안에서"는 "너희 부모"가 아니라 "순종하라"라는 동사를 수식한다(참고. 골 3:20). 바울은 오로지 믿는 부모만 순종하라고 말하고 있지 않다. "주"는 아버지 하나님이 아니라 그리스도를 가리킨다. "이것이 옳으니라"는 앞의 권면에 대한 이유를 제시한다. 자기 부모를 공경하는 것이 "옳은" 이유는 그것이 적절하고 올바른 것으로 널리 수용되고 인정되기 때문이다.

바울은 자녀들에 대한 명령(부모에게 순종하라)을 지지하기 위해 다섯째 계명을 인용한다. "네 아버지와 어머니를 공경하라"(2절, 참고. 출 20:12; 신 5:16). 순종의 개념과 공경의 개념은 무척 비슷하다. 자녀들이 부모에게 순종하지 않을 때는 부모가 공경을 받지 못하는 것이기 때문이다. 공경하라는 명령은 또한 성인 자녀들에게도 해당된다. 즉 출가한 자녀들도 여전히 부모를 공경하고, 세월이 흘러 부모가 늙었을 때 그들을 보살필 필요가 있다는 뜻이다.

바울은 다섯째 계명을 인용한 뒤에 "이것은 약속이 있는 첫 계명"(2절)이라는 말을 삽입하는데, 이는 명시적 약속을 포함하는 십계명의 다섯째 계명을 가리키는 듯하다. 일부 주석가들은 십계명에 나오는 첫 약속은 사실상 둘째 계명에 붙어 있다고 주장하지만, 거기에 붙은 묘사는 약속이라기보다 하나의 서술에 가깝고 이는 모든 계명에 적용될 수 있다. 다섯째 계명은 신약에서 다섯 번 인용되지만(마 15:4; 19:19; 막 7:10; 10:19; 눅 18:20) 여기에만 그 약속이 포함되어 있다.

다섯째 계명의 약속을 언급하고 그 계명의 인용을 반복한 바울은 3절에서 자녀가 왜 부모에게 순종해야 하는지 두 가지 이유를 제시한다. 첫째 이유는 "네가 잘되[는]" 것, 즉 전반적인 번영이다. 둘째 이유는 "땅에서 장수하[게]" 되는 것이다. 출애굽기 20:12("네 하나님 여호와가 네게 준 땅에서 네 생명이 길리라")에서 "네게 준"이라는 어구를 생략함으로써 그 "땅"이 단지 가나안 땅이 아니라 일반적인 의미의 "땅"을 의미하도록 그 개념을 보편화했다. 그래서 그 약속은 계속해서 바울의 독자들에게 적용될 수 있다. 물론 번영과 장수에 대한 약속은 절대적인 것이 아니라 일반적인 원리로 받아들여야 한다.

6:4 바울은 부모 둘 다에게 말하는 대신에 구체적으로 아버지에게 권면한다. 그리스-로마와 유대 문화에서는 보통 아버지에게 자녀들을 교육하고 훈계할 책임이 있었다. 바울은 부정적 명령(금지사항)과 긍정적 명령을 모두 제공한다.

첫째, 아버지에게 "너희 자녀를 노엽게 하지 말[라]"고 가르친다. '노엽게 하는' 것은 누군가로 화를 내게 하는 것과 관련이 있다. 앤드류 링컨(Andrew T. Lincoln)은 이 금지사항이 다음과 같은 것을 금한다고 설명한다. "지나치게 가혹한 처벌, 부당하게 혹독한 요구, 권위의 남용, 독단적인 모습, 불공평함, 끊임없는 잔소리와 정죄, 자녀를 창피하게 만드는 것, 자녀의 필요와 감수성에 대해 심히 둔감한 모습 등."[49] 에베소서에 나오는 대다수의 명령이 그렇듯이 이 동사는 일반적인 교훈을 전달하고, 그런 도발이 에베소 교회 내에서 실제로 일어나고 있는지 여부는 암시하지 않는다.

둘째, 바울은 아버지들에게 "[자녀를] 주의 교훈과 훈계로 양육하라"고 명령한다. '양육하다'[에크트레포(*ektrephō*)]라는 동사는 5:29에 사용된 것이며, 그 구절은 그리스도가 교회를 양육하듯이 남편이 그의 몸을 '양육하고'(에크트레포) 보살피는 모습을 묘사하는 대목이었다. 여기서는 자녀가 성숙하도록 돌보고 키우는 보다 일반적인 의미를 지닌다. "훈계"(때로는 '훈련'으로 번역됨)라는 용어는 좀 더 구체적으로 체벌을 가리킬 수 있으나 아마 포괄

49 Lincoln, *Ephesians*, 406. 골로새서 3:21과 비교하라.

적인 교육 내지는 훈련의 의미가 있을 것이다. "교훈"은 구두적인 교정(즉, 권면, 경고, 책망 등)을 통해 일어나는 훈련을 가리킨다. 끝으로 이는 "주의" 훈련이다. 그것은 단지 도덕적인 훈계와 교훈에 그치지 않고 주님으로부터 오고 또 그리스도에 대한 자녀의 믿음과 소망에 초점을 두는 훈련이다.

응답

아내와 남편에 대한 명령(5:22-33)과 종과 주인에 대한 명령(6:5-9)과 더불어 자녀와 부모에 대한 명령은 모두 그리스도를 따르는 사람으로서(5:15) 행하는 것과 성령으로 충만하게 되는 것(5:18)이 무슨 뜻인지를 실제적으로 적용하는 대목이다. 여기서도 그 권면이 그리스도께 초점을 두고 있음을 주목할 필요가 있다. 자녀들은 "주 안에서"(6:1) 부모에게 순종해야 한다. 이는 그리스도에 대한 헌신의 일부로서 순종해야 한다는 뜻이다. 아버지는 자녀를 훈련하되 주 예수 그리스도의 방식으로 그래야 한다(4절).

바울은 자녀들에게 부모에게 순종하고 부모를 공경하도록 권면할 뿐 아니라 그렇게 해야 할 동기도 부여한다. 적어도 세 가지 이유를 제공한다. (1) 그것이 지당하기 때문이다("이것이 옳으니라", 6:1b). (2) 하나님이 그것을 명령하셨기 때문이다(다섯째 계명을 인용하면서, 2절). (3) 큰 보상이 있기 때문이다("이로써 네가 잘되고 땅에서 장수하리라", 3절). 자녀들은 부모와 함께 사는 동안 부모에게 순종해야 하고, 부모를 떠난 뒤에도 공경해야 마땅하다.

바울은 아버지를 따로 골라냄으로써 암묵적으로 가정에서 그들의 리더십 역할을 강조한다. 그런데 불행하게도 오늘날 많은 남자들이 그 책임을 저버리고 있다. 아버지는 자녀들을 하나님의 방식으로 교육하고 훈련하는 일에 능동적으로 관여하고, 그리스도의 자녀가 된다는 것이 무슨 뜻인지 모범적으로 보여주어야 한다.

Ephesians
에베소서
6:5-9

5 종들아 두려워하고 떨며 성실한 마음으로 육체의 상전에게 순종하
기를 그리스도께 하듯 하라 6 눈가림만 하여 사람을 기쁘게 하는 자처
럼 하지 말고 그리스도의 종들처럼 [1)]마음으로 하나님의 뜻을 행하고
7 기쁜 마음으로 섬기기를 주께 하듯 하고 사람들에게 하듯 하지 말라
8 이는 각 사람이 무슨 선을 행하든지 종이나 자유인이나 주께로부터
그대로 받을 줄을 앎이라 9 상전들아 너희도 그들에게 이와 같이 하고
위협을 그치라 이는 그들과 너희의 상전이 하늘에 계시고 그에게는
사람을 외모로 취하는 일이 없는 줄 너희가 앎이라

5 Bondservants,[1] obey your earthly masters[2] with fear and trembling,
with a sincere heart, as you would Christ, 6 not by the way of eye-
service, as people-pleasers, but as bondservants of Christ, doing the
will of God from the heart, 7 rendering service with a good will as to
the Lord and not to man, 8 knowing that whatever good anyone does,
this he will receive back from the Lord, whether he is a bondservant
or is free. 9 Masters, do the same to them, and stop your threatening,
knowing that he who is both their Master[3] and yours is in heaven, and

that there is no partiality with him.

1) 헬, 목숨

1 For the contextual rendering of the Greek word *doulos*, see ESV Preface; also verse 6; likewise for *bondservant* in verse 8 *2* Or *your masters according to the flesh* *3* Greek *Lord*

단락 개관

6:5-9은 가정 규례의 마지막 셋째 부분으로, 종과 주인에게 주는 가르침이다. 앞 단락처럼 이 단락도 두 부분으로 나뉘고 각 부분에는 1개의 명령이 있다. 첫째, 종들(5, 6, 8절)은 주인에게 '순종하라'는 권면을 받고(5-8절), 이어서 종들이 순종하는 방식을 묘사하는 일련의 어구들이 나온다. 둘째, 주인은 자신의 행동에 대해 책임을 져야 할 것임을 아는 가운데 그들의 종에게 "이와 같이" 행하라는 권고를 받는다(9절). 바울은 두 그룹 모두가 이미 알고 있는 바에 기초해서 양편에 비슷한 호소를 한다.

단락 개요

XVI. 종과 주인(6:5-9)
- A. 종들아, 주인에게 순종하라(6:5-8)
- B. 주인들아, 종들을 올바로 대우하라(6:9)

주석

6:5-8 세 번째 그룹으로 눈을 돌리는 바울은 "육신의 주인에게 순종하[라]"(5절, 새번역)는 명령으로 먼저 종들에게 말한다. 보통 가정 규례에는 종들에게 하는 말이 없고 그 대신 주인이 종을 어떻게 취급할지에 대해 주의를 기울인다. 그러나 바울은 모든 그룹(여자, 자녀 그리고 종을 포함한)을 그리스도의 몸에 속한, 윤리적으로 책임 있고 동등한 멤버로 대우했다. 바울은 부모와 자녀의 관계(1절)에서 자녀에게 사용했던 그 동사('순종하다')를 사용한다. 바울이 종들에게 주인에게 순종하라고 명하는 것은 뜻밖의 가르침이 아니지만, 독특한 점은 그들을 권면하는 방식과 그에 수반되는 동기다.

바울은 종들이 주인에게 순종하는 방식을 밝히기 위해 6개의 어구를 더함으로써 어떤 종류의 순종을 기대하는지를 일일이 열거한다. 첫째, 종들은 "두려워하고 떨며" 순종해야 한다(참고. 고전 2:3; 고후 7:15; 빌 2:12). 이 두려움과 떪의 대상은 (적어도 직접적으로는) 하나님이 아니라 육신의 주인이다. 둘째, 종들은 "성실한 마음으로" 순종해야 하는데, 이는 진실하고 순수한 동기를 의미한다. 셋째, 종들은 "그리스도께 하듯" 순종해야 한다. 종들은 궁극적 주인이신 그리스도에 대한 순종의 일부로서 주인에게 순종해야 하는 것이다.

넷째, 종들은 "눈가림만 하여 사람을 기쁘게 하는 자처럼"(6절, 참고. 골 3:22) 순종해서는 안 된다. 주인이 있을 때에만 또는 본인을 주목하게 하는 방식으로 일하면 안 된다는 뜻이다. 이는 내적인 헌신이 없이 겉으로만 일하는 것을 말한다. 바울이 그런 종을 "사람을 기쁘게 하는 자"라고 덧붙이는 것은 그들의 일이 하나님이 아니라 주인을 기쁘게 하기 위한 것이기 때문이다. 다섯째, 종들은 "그리스도의 종들처럼 마음으로 하나님의 뜻을 행하[며]"(6절) 순종해야 한다. 여기서 바울은 종들이 행해서는 안 될 모습을 긍정적 진술과 대조시킨다. 그들의 진정하고 궁극적인 정체성은 그리스도의 종이다. 그들은 그 어떤 육신의 주인보다 더 큰 권위와 영예를 지닌 누군가를 섬기고 있다. 그래서 그들이 "마음으로" 하나님에게 순종하고 그분

6장

의 뜻을 좇아야 하는 것이다. 이는 문자적으로 '영혼으로'라는 뜻이며, "눈가림만 하[는]"것과 대조적으로 경건한 종들이 주인을 섬길 때 품을 동기의 원천을 가리킨다. 이는 전심어린 순종을 말하고 5절에 나오는 "성실한 마음으로"와 비슷하다.

여섯째, 종들은 좋은 태도로 섬기는 모습으로("기쁜 마음으로 섬기기를", 7절) 순종해야 한다. 즉 긍정적인 태도로 열심히 또는 전심으로 섬겨야 한다. 다시금 바울은 그들에게 '사람에게가 아니라 주님께 하듯이' 순종하도록 권면한다. 그들의 섬김은 단지 육신의 주인만이 아니라 그리스도를 섬기는 것을 궁극적 목적으로 삼아야 한다. 이런 사고방식이 좋은 태도로 순종할 수 있게 할 것이다. 특히 주인이 부당하게 행하거나 그들의 열심을 인정하지 않을 때 그럴 것이다.

바울은 올바른 순종의 여섯 가지 특징을 묘사한 뒤에 8절에서 그런 행실의 동기 내지는 이유를 말한다("각 사람이 무슨 선을 행하든지 종이나 자유인이나 주께로부터 그대로 받을 줄을 앎이라"). 종들이 좋은 태도로 순종해야 하는 이유는 최후의 심판 때에 하늘의 주인께서 그들의 선행에 대해 보상하실 것이기 때문이다. 육신의 주인이 그들의 선행을 목격하거나 인정하는지 여부와 상관없이, 하늘에 계신 주인의 눈은 아무것도 놓치지 않을 것이다(롬 2:6; 고후 5:10; 골 3:25; 벧전 5:4). 이어서 바울은 그런 평가가 그 사람이 "종이나 자유인이나" 막론하고 반드시 있을 것이라고 덧붙인다. 이로써 독자들에게 종과 자유인을 포함한 모든 사람이 그들의 행실에 따라 보상받을 것임을 상기시켜준다. 하나님은 사람을 차별하시지 않기 때문에 어떤 사회적 신분도 특별한 대우를 받지 않을 것이다(참고. 롬 2:11).

6:9 끝으로 바울이 주인들을 향해 그들의 종에게 "이와 같이" 행하라고 권면한다. 오브라이언은 이런 권면이 1세기 노예 주인에게 '충격적'이고 '터무니없는' 소리였을 것이라고 한다.[50] 바울이 이 명령을 할 때 무엇을 염두에 두고 있었는지는 분명치 않다. 그 말이 가리키는 바는 단지 종들이 의무를 수행하는 방식은 아닌 듯하다. 초점이 노예 주인의 '태도'만이 아니

라 그의 '행동'("이와 같이 하[라]")에 있기 때문이다. 주인은 자기 노예에게 순종하거나(6:5) 섬기라(6:7)는 권고를 받는 적이 결코 없기 때문에 두 그룹 사이에는 (대칭적이 아닌) 상호적인 관계가 있다.

주인이 종들을 올바로 대우하는 방식 중 하나는 더 이상 그들을 위협하지 않는 것이다. 종을 위협하는 것은 고대 세계에 흔했고 그 방식은 신체적인 매질, 성적인 괴롭힘 또는 다른 주인에게 파는 것 등이었다. 그러나 바울은 그리스도인 주인들이 "위협을 이용한 모든 형태의 조종, 모욕 또는 협박"을 배격해야 한다고 가르친다.[51]

바울은 주인이 종들을 적절하게 대우해야 하는 두 가지 이유를 든다.

첫째, 종과 주인 모두 하늘에 계신 동일한 주인(Master)에게 책임을 져야 할 것이다("그들과 너희의 상전이 하늘에 계시고"). 그리스도인 주인들은 사실 그 종들과 함께 동일한 주님께 속한 동료 노예다. 그들은 마지막 날에 자신의 종들을 어떻게 대우했는지를 포함한 모든 행실에 대해 보고해야 한다.

둘째, 주님은 편파적으로 심판하지 않으신다("주님께서는 사람을 차별하여 대하지 않으신다," 새번역. 참고. 롬 2:11; 골 3:25; 약 2:1). 사회적 신분이나 경제적 위상이 심판의 날에 아무에게도 특혜를 주지 않을 것이다. 누구든 이생에서 유명세를 떨쳤다고 해서 특별한 고려 대상이 되는 일은 없다. 그리스도인 주인은 이 점을 숙지하고 그의 종들을 대우해야 마땅하다.

응답

이 단락은 종과 주인의 태도와 행동에 영향을 주기 위한 것이지만 그리스도 중심적인 글임을 부인할 수 없다. 각 구절마다 "그리스도"(6:5, 6) 또는

50 O'Brien, *Ephesians*, 454.

51 같은 책, 454.

"주"(7, 8, 9절)가 언급되어 있다. 에베소의 종들은 그리스도의 종들(6절)이기 때문에 마치 그리스도에게 순종하거나 그분을 섬기는 것처럼 주인에게 순종해야 하고, 그들은 또한 그리스도에게 보상을 받을 것이다(8절). 주인 역시 하늘의 주님/주인을 모시고 있기 때문에(9절) 존중하는 자세로 종들을 대우해야 한다.

이 단락에서 바울은 노예 제도를 명시적으로 묵인하거나 정죄하지 않는다. 대신 그 당시 노예제의 현실 속에서 하나님의 백성이 어떻게 처신해야 하는지에 대해 가르칠 뿐이다. 하지만 그와 동시에 바울은 결혼 및 남편과 아내의 다른 역할에 대해 신학적 토대를 제공하듯이(5:22-33), 노예 제도에 대해 그런 토대를 제공한 적이 없다. 오히려 바울은 성경적 세계관에 입각해서 그리스도인 노예와 주인이 하나님을 영화롭게 하는 방식으로 어떻게 살아야 하는지에 대해 교훈을 준다. 부패한 정부 또는 제도를 전복시키려고 노력하는 것이 바울의 작업 방식은 아니었다. 오히려 하나님의 백성이 그런 현실 속에서 주님께 합당한 방식으로 행하도록 구비시키는 것이 그의 과업이었다.

바울은 인간 자유의 가치를 분명히 인정하고 심지어 노예들에게 해방을 추구하도록 격려하기까지 한다. 고린도전서 7:21에서 그는 노예들에게 "네가 자유롭게 될 수 있거든 그것을 이용하라"고 일러준다. 그는 오네시모를 주인에게 돌려보내지만 빌레몬에게 오네시모를 종이 아닌 사랑받는 형제로 받아들이도록 권면한다(몬 1:16). 바울은 노예 제도를 확실히 긍정하거나 지지한 적이 없으며, 그 대신 종과 주인 모두의 태도와 행동에 도전하고 있다.

Ephesians
에베소서
6:10-20

10 끝으로 너희가 주 안에서와 그 힘의 능력으로 강건하여지고 11 마
귀의 간계를 능히 대적하기 위하여 하나님의 전신 갑주를 입으라
12 우리의 씨름은 혈과 육을 상대하는 것이 아니요 통치자들과 권세
들과 이 어둠의 세상 주관자들과 하늘에 있는 악의 영들을 상대함이
라 13 그러므로 하나님의 전신 갑주를 취하라 이는 악한 날에 너희
가 능히 대적하고 모든 일을 행한 후에 서기 위함이라 14 그런즉 서서
[1]진리로 너희 허리띠를 띠고 의의 호심경을 붙이고 15 평안의 복음
이 준비한 것으로 신을 신고 16 모든 것 위에 믿음의 방패를 가지고 이
로써 능히 악한 자의 모든 불화살을 소멸하고 17 구원의 투구와 성령
의 검 곧 하나님의 말씀을 가지라 18 모든 기도와 간구를 하되 항상 성
령 안에서 기도하고 이를 위하여 깨어 구하기를 항상 힘쓰며 여러 성
도를 위하여 구하라 19 또 나를 위하여 구할 것은 내게 말씀을 주사 나
로 입을 열어 복음의 비밀을 담대히 알리게 하옵소서 할 것이니 20 이
일을 위하여 내가 쇠사슬에 매인 사신이 된 것은 나로 이 일에 당연히
할 말을 담대히 하게 하려 하심이라

[10] Finally, be strong in the Lord and in the strength of his might.
[11] Put on the whole armor of God, that you may be able to stand against
the schemes of the devil. [12] For we do not wrestle against flesh and
blood, but against the rulers, against the authorities, against the cosmic
powers over this present darkness, against the spiritual forces of evil
in the heavenly places. [13] Therefore take up the whole armor of God,
that you may be able to withstand in the evil day, and having done all,
to stand firm. [14] Stand therefore, having fastened on the belt of truth,
and having put on the breastplate of righteousness, [15] and, as shoes for
your feet, having put on the readiness given by the gospel of peace.
[16] In all circumstances take up the shield of faith, with which you can
extinguish all the flaming darts of the evil one; [17] and take the helmet
of salvation, and the sword of the Spirit, which is the word of God,
[18] praying at all times in the Spirit, with all prayer and supplication. To
that end, keep alert with all perseverance, making supplication for all
the saints, [19] and also for me, that words may be given to me in opening
my mouth boldly to proclaim the mystery of the gospel, [20] for which I
am an ambassador in chains, that I may declare it boldly, as I ought to
speak.

1) 헬, 참

단락 개관

"끝으로"는 새로운 단락의 시작과 에베소서 본론의 결말을 알리는 신호다. 이는 또한 바울 편지의 권면이 담긴 내용(4:1-6:20)에 어울리는 결론이기도하다. 이 단락은 싸움이라는 주제로 다함께 묶여 있고, 더욱 구체적으로 말하면 (1) 능력 또는 힘(6:10), (2) 완전 무장을 하는 것(11, 13-16절), (3) 갑옷과 무기(11, 13-17절), (4) 적(11-12절), (5) 싸움 내지는 전투(11, 13-14, 18절)와 연관된다.

이 단락은 세 부분으로 나뉜다. 1부(10절)는 하나님이 공급하시는 힘으로 강해지라는 명령을 담고 있고, 대목 전체에 걸친 전반적인 권면의 역할을 한다. 2부(11-13절)는 하나님의 전신갑주를 입으라는 강한 촉구와 그것이 필요한 여러 이유로 구성된다. 3부(14-20절)는 갑옷/무기의 여섯 부분에 대한 설명과 함께 굳게 서라는 권면을 계속하며, 기도하는 가운데 인내할 필요성을 강조한다.

바울은 여호와와 그분의 메시아를 갑옷을 입은 신적 전사로 묘사하는 이사야의 이미지를 끌어오는데, 그것은 메시아가 그 백성을 방어하기 위해 전투를 준비하는 모습이다(사 11:4-5; 52:7; 59:17, 참고. 살전 5:8). 이를 배경으로 삼아, 바울은 독자들에게 특히 그들을 둘러싼 영적 전쟁에 꿋꿋하게 설 준비를 갖추기 위해 하나님의 갑옷을 입으라고 촉구하고 또한 기도에 전념하라고 권면한다.

단락 개요

XVII. 하나님의 전신갑주를 입으라(6:10-20)

- A. 주 안에서 강해져라(6:10)
- B. 하나님의 전신갑주를 입으라(6:11-13)
- C. 하나님의 전신갑주를 입고 꿋꿋하게 서라(6:14-20)

주석

6:10 "끝으로"라는 단어로 바울은 새로운 단락과 이 편지 본론의 마지막 대목을 시작한다. 그는 독자들에게 '주 안에서 강해지라'고 권면한다. '강해지라'는 명령어는 수동태라서 '강건해지다' 또는 '강하게 되다'로 번역될 수 있다. 바울은 독자들에게 행동하라고 권면하는 동시에 그런 행동의 능력이 외적 근원에서 온다는 것을 상기시킨다(참고. 엡 3:16; 딤후 2:1). 바로 그들과 주 예수 그리스도의 연합이다. 영적 전쟁을 치르는 중에 치열하게 싸우고 꿋꿋하게 설 능력은 부활하고 승천하신 그리스도와의 진정한 관계를 통해 온다. 이후 바울은 "그 힘의 능력으로"를 덧붙여서 이전 진술을 부연하는데, 이는 다시금 그 능력의 원천을 설명하는 어구다.

6:11-13 바울이 이제 신자들이 적의 공격에 버티기 위해 어떻게 영적으로 구비되어야 하는지를 설명한다. "하나님의 전신갑주"를 입음으로써(11절). 이 동사(엔뒤오)는 옷 입는 것을 묘사하는 일반적인 용어로, 바울은 종종 그리스도 안에 있는 신자의 새로운 정체성과 관련된 본질적 특성을 가지는 것을 묘사하는 은유적인 동사로 사용한다. 예컨대 그는 (1) 새로운 자아(4:24; 골 3:10), (2) 주 예수 그리스도(롬 13:14; 갈 3:27), (3) 신적 속성들(골 3:14), (4) "빛의 갑옷"(롬 13:12)과 "믿음과 사랑의 호심경"과 "구원의 소망의 투구"(이상 살전 5:8)를 포함한 영적 갑옷을 입을 필요성 등을 언급한다. 에베소서 6장의 이 본문은 바울이 하나님의 "전신갑주"[파노플리아(*panoplia*)]를 묘사하는 만큼 그런 장비를 가장 상세하게 묘사하는 대목이다. 이 용어는 로마 보병이 전투에 임할 때 취하는 완전 무장을 가리킨다(여기에서 모든 장비를 다 열거하지는 않지만). 강조점은 갑옷이 제공하는 완전한 보호에 있다. 바울은 다른 구절에서도 전투 이미지를 사용한다(롬 13:12; 고후 6:7; 10:3-6; 딤전 1:18; 딤후 2:3-4). 이 갑옷이 "하나님의" 갑주로 불리는 것은 그분이 공급하시는 갑옷이기 때문이다.

이어서 바울은 하나님께서 주시는 영적 갑옷이 필요한 중요한 이유를 설명한다. "[너희가] 맞설 수 있도록"(엡 6:11, 새번역). 여기서 신자들에게 승리를 쟁취하라고 촉구하지 않는 것이 의미심장하다. 그리스도가 이미 승리를 확보하셨기 때문이다. 오히려 신자들은 마귀의 공격에 꿋꿋하게 맞서라는 권면을 받는다. 바울은 신자들에게 마귀가 신자들로 후퇴하거나 넘어지게 하는 방법에 관해 열심히 계획과 전략을 짜고 있다는 것을 상기시켜준다. 하지만 이 용어는 그냥 자기 자리를 고수하고 후퇴하지 않을 필요성 이상의 것을 전달하는 듯하다. 이 용어는 또한 대적에 대해 강력한 공격적 자세를 취한다는 뜻도 있다. 꿋꿋하게 설 필요성은 이 대목에 세 번 더 반복되어 더욱 강조된다["대적하고"(13절), "서기"(13절), "서서"(14절)].

다음으로 바울은 하나님이 공급하시는 갑옷을 입는 것이 필요한 이유가 대적의 영적 성격에 있다고 한다. "우리의 씨름은 혈과 육을 상대하는 것이 아니요"(12절). '씨름하다'[팔레(*palē*)]로 번역된 단어는 성경에서 여기에만 나오고 보통은 레슬링이라는 스포츠에 사용되었다. 하지만 여기서는 (갑옷과 무기와 같은) 군사적 이미지에 사용되는 것을 볼 때, 바울이 단지 운동경기가 아니라 치열한 전투를 머릿속에 그리고 있는 것이 분명하다. 그는 그 싸움이 얼마나 가까운지를 강조하기 위해 그 용어를 사용했을 수 있다. 이 싸움은 대리전으로 또는 거리를 두고 치르는 게 아니라 비좁은 곳에서 백병전을 벌이는 것이다.

게다가 이것은 평범한 싸움이 아니다. 구체적으로 그것은 "혈과 육을 상대하는 것"이 아니다. 이는 인류를 가리키는 관용구로서 특히 취약함, 연약함 그리고 죽을 운명을 지닌 인간을 지칭한다(마 16:17; 고전 15:50; 히 2:14). 이 싸움은 "통치자들과 권세들과 이 어둠의 세상 주관자들과 하늘에 있는 악의 영들을 상대함이라." 바울은 네 그룹을 열거한다. 통치자들(참고. 엡 1:21; 3:10), 권세들(참고. 1:21; 3:10), 우주의 지배자들 그리고 영적 세력들이다. 이 네 가지 호칭은 다함께 모든 악마적 세력들을 구성하는 악한 영들의 네 가지 등급을 묘사한다고 보는 견해가 있다. 하지만 그런 견해가 견지되기 어려운 것은 이런 세력과 마귀의 관계가 결코 묘사되지 않기 때문이다. 더구나 바울은 그 목록에 나오는 용어들을 다양하게 결합하여 사용한다(1:21; 골 1:16). 우리에게 더 이상의 정보가 없기 때문에 악한 영들을 분류하려는 시도는 한갓 억측일 뿐이다. 이보다 더 확신할 수 있는 점은 이런 세력들이 단지 비인격적인 사회 세력이나 사고 구조가 아니라 인격적인 악마적 존재라는 것이다.

신자들의 적이 초자연적 존재라는 사실은 하나님께서 주신 무기를 집어 들라는 명령의 근거가 된다. 바울은 에베소서 6:11에서 준 권면과 비슷하게 "그러므로 하나님의 전신갑주를 취하라"(13절)고 한다. 11절에서는 그 갑주를 취하는 이유가 "마귀의 간계를 능히 대적하기 위하여"였는데, 여기서는 바울이 "악한 날에 너희가 능히 대적하[기]" 위해서라고 덧붙인다. 앞에서 바울은 독자들에게 '세월이 악하기 때문에' 시간을 지혜롭게 사용하라고 권면했다(5:16, 참고. 갈 1:4). 일부 주석가들은 "악한 날"을 (1) 그리스도의 재림 직전에 있을 심한 박해와 환난의 날 또는 (2) 최후의 종말론적 충돌로 절정에 도달할, 그리스도의 초림과 재림 사이의 현 시대로 해석한다. 그러나 "악한 날"을 (3) 신자의 삶에서 악마의 공격이 최악의 상태에 이른 중대한 때(참고. 엡 5:16)로 보는 편이 최선이다.

끝으로 바울은 하나님의 갑옷을 입는 것이 필요하고 중요하다고 되풀이한다. "모든 일을 행한 후에 서기 위함이라." 이는 각 신자가 완전 무장하여 악마적 세력의 공격에 버틸 수 있기 위해 필요한 준비를 모두 갖추는 것을 말한다.

6:14-17 바울은 독자들에게 하나님께서 공급하시는 갑옷으로 꿋꿋이 서도록 권면하면서 방향을 바꾼다. "그런즉"이라는 접속사와 함께 바울은 신자들이 굳게 서야 한다고 강조한다. 교회가 강력한 초자연적인 대적을 직면하고, 또한 하나님께서 그분의 백성에게 적의 공격에 버틸 수 있는 자원을 공급하시기 때문에 꿋꿋이 서야 한다는 것이다. '서다'라는 단어가 반복되는 만큼(6:11과 13절에 세 번 나온다. 참고. 벧전 5:12) '서라'는 명령이 이 단락의 주된 권고다. 이어서 나오는 갑옷의 여러 부분은 신자가 꿋꿋하게 설 수 있게 해주는 수단이다.

첫째는 '진리의 허리띠'다(14절). "띠고"[페리존뉘미(*perizōnnymi*)]로 번역된 동사는 문자적으로 '허리띠를 졸라매다/대비하다'라는 뜻이다. "집 근처라서 허리띠를 푼 채 외투를 입었으므로 졸라맨다는 것은 활동을 위해 준비한다는 뜻이다."[52] 이 맥락에서 본인의 허리를 둘러 옷을 졸라맨다는 것은 싸움에 임할 준비를 갖춘다는 뜻이다. 바울의 이미지와 언어는 이사야 11:4-5을 암시한다. "공의로 그의 허리띠를 삼으며 성실로 그의 몸의 띠를 삼으리라." 메시아가 싸울 때 차는 공의와 성실의 갑옷이 이제 그의 백성에게 허락되는데, 이는 그들이 영적 전쟁을 치를 때 꿋꿋하게 서도록 돕기 위해서다. 구체적으로 이 허리띠는 "진리"의 허리띠로 묘사된다. 즉 그리스도인이 이 허리띠를 동일 때는 복음에 나타난 하나님의 진리로 강건하게 될 것이고, 그 결과 그들의 태도와 행동에서 메시아의 모습이 드러나게 될 것이다.

갑옷의 둘째 부분은 "의의 호심경"(14절)이다. "호심경"[토라크스(*thōrax*)]은 "타격과 화살로부터 가슴을 보호하기 위해 가리는 갑옷의 한 부분"이었다.[53] 다시금 바울의 표현은 여호와는 "공의를 갑옷[호심경]으로 삼으[시며]"(사 59:17)라는 이사야의 구절을 상기시켜준다. 이 공의는 윤리적 속성을 말한다(참고. 엡 4:24; 5:9). 그리스도인을 적의 공격에서 보호하는 "호심경"은 다름 아니라 하나님의 의로운 성품을 본받는 것이다. 죄를 멀리하고 거룩함을 개발하는 일은 먼저 그리스도에 대한 믿음을 통해 하나님의 의로움을 객관적 선물로 받지 않으면 불가능하다.

갑옷의 셋째 부분은 '너희 발에 신는 신'(15절)이다. 이 신발은 "평화의 복음을 전할 차비"(새번역)를 상징한다. 이사야 52:7은 "좋은 소식을 전하며 평화를 공포하며 복된 좋은 소식을 가져오며 구원을 공포하며…산을 넘는 발이 어찌 그리 아름다운가"하고 말한다. 에베소서 6장에 나오는 이

52 BDAG, s.v. ὀσφῦς(1).

53 J. P. Louw and Eugene, *Greek-English Lexicon of the New Testament*, §6.39.

미지는 자기 발을 제대로 갖춘 이들은 영적 전쟁을 위해 잘 구비되고 준비될 것을 뜻한다. 이와 관련된 논쟁은 "평화의 복음을 전할 차비"가 (1) 복음에서 나오는 준비인가, 아니면 (2) 복음을 전할 준비인가 하는 것이다. 첫째 견해는 신자들이 평화의 메시지, 곧 복음의 강력한 메시지를 통해 영적 전쟁을 치르고 꿋꿋하게 설 수 있는 준비를 갖추었다는 뜻이다. 따라서 초점은 신자의 방어적인 자세에 맞추어 있다. 신자의 승리는 이미 그리스도의 사역을 통해 얻어졌기 때문에 신자가 자기를 대항해 포진된 세력들에 대해 든든하게 자리를 지키고 있는 모습이다. 둘째 견해는 신자가 그리스도께서 하나님과 사람의 화해를 통해 불러오시는 평화를 포함해 예수 그리스도에 관한 좋은 소식을 기꺼이 전파하는 것을 가리킨다. 이 견해는 신발(또는 군인의 군화)을 단지 자리를 지키도록 도울 뿐 아니라 공격하기 위해 적의 영토로 진격하도록 돕는 것(참고. 사 52:7)으로 보기 때문에 좀 더 공격적인 자세를 의미한다.

넷째는 "믿음의 방패"다(16절). 이는 작고 둥근 방패가 아니라 로마 군병이 종종 갖고 다니던 높이 1.2미터에 넓이 0.8미터인 문 모양의 큰 방패다. 그것은 캔버스 천과 가죽으로 덮이고 위아래는 금속이 붙은 나무 방패였다. 바깥쪽 모서리는 안쪽으로 굽어서 측면 공격에서 어느 정도 보호를 받을 수 있었다. 규모가 상당히 커서 군병의 온 몸을 보호할 수 있을 정도였다. 이 방패는 물에 푹 담그면 송진을 바르고 불을 붙인 화살의 불도 끌 수 있도록 고안되어 있었다.[54] 구약에서 방패 이미지는 종종 하나님께서 자기 백성을 보호하시는 것의 상징으로 사용되곤 했다(창 15:1). 그러나 바울이 여기서 언급하는 특별한 방패는 바로 "믿음"의 방패다. 신자들을 보호하는 방패는 하나님에 대한 신뢰와 믿음이다. 믿음은 그리스도인 삶의 토대이기 때문에 싸울 때는 언제나, '모든 상황에' 필요하다.

방패가 중요한 방어용 무기인 것은 방패로 "능히 악한 자의 모든 불화살

54 Polybius, *Histories* 6.23.2-5.

을 소멸"(16절)할 수 있기 때문이다. 바로 이 방패(믿음)로써 신자들이 악한 자(마귀)의 불화살(공격)을 끌 수 있는 것이다. "화살"[벨로스(*belos*)]로 번역된 용어는 "(활로 쏜) 화살이나 (손으로 던진) 다트를 포함한 투사체"를 말한다.[55] 여기에는 화살, 다트, 창 또는 던지는 창이 모두 포함된다. 그 화살이 '불타고 있다'는 것은 사탄의 공격이 지닌 적대적이고 파괴적인 성격을 가리킨다(참고. 시 7:13; 잠 26:18).

6장

갑옷의 다섯째 부분은 "구원의 투구"다(17절). 로마 군병은 청동 투구를 썼는데, 그 투구는 이마와 뺨과 목을 보호하는 방어 장치가 달려 있고 패드를 넣은 둥근 금속이었다. 이 바울의 언어는 다시금 이사야 59장을 상기시킨다. 거기서는 여호와께서 "공의를 갑옷[호심경]으로 삼으시며 구원을 자기의 머리에 써서 투구로 삼으시[는]" 분으로 묘사된다(사 59:17). 신자들은 이미 구원을 소유하고 있으나 끊임없이 믿음으로 그것을 제 것으로 만들 필요가 있다.

갑옷/무기의 마지막 부분은 "성령의 검"(17절)이다. 이 검[마카이라(*machaira*)]은 "자르고 찌르는 데 사용되는 비교적 짧은 칼(또는 단도)"로서 근접 전투를 위해 고안된 것이다.[56] 성령이 그 칼의 출처이며 칼을 강력하고 효과적으로 만드시는 분이다. 성령이 주신 칼은 물리적인 칼이 아니라 "하나님의 말씀"으로 묘사된다. "말씀"에 해당하는 용어는 '로고스'가 아니라 '레마'다. 물론 이 용어들은 종종 호환적으로 사용되기는 한다. 여기서 "하나님의 말씀"은 복음을 말한다. 신자에게 주신 공격용 무기는 신자가 받아들이고 선포하는 평화와 화해의 좋은 소식, 적에 대항해 꿋꿋하게 서게 만드는 좋은 소식이다.

6:18-20 이제 주제가 기도로 바뀌지만, 영적 전쟁에 관한 앞의 구절들과

55 J. P. Louw and Eugene, *Greek-English Lexicon of the New Testament*, ʃ6.36.

56 같은 책, ʃ6.33. 이와 반대로 롬파이아(*rhomphaia*)는 '자르는 것과 관통하는 것에 모두 사용되는 크고 넓은 칼'이었다(ʃ6.32).

연결된다. 사실 이 구절들은 하나님의 전신갑주를 입고 '서라'는 6:14의 명령에 의존하는 듯하다. 신자들이 꿋꿋하게 설 수 있게 하는 수단은 "기도"라고 바울이 말하는 중이다. 어떤 갑옷/무기의 은유도 기도에 붙어 있지 않기 때문에 기도를 일곱째 부분으로 보면 안 된다. 그 대신 기도는 갑옷/무기의 각 부분의 효과적인 배치에 필요한 근본적인 역할을 한다. 기도는 주 안에서 강해진다는 말(6:10)의 뜻을 집약적으로 보여준다.

바울은 기도에 대한 권면을 여섯 가지 방식으로 상세히 설명한다. 첫째, 바울은 신자가 끊임없이("항상", 18절) 기도해야 한다고 말한다. 그는 이 편지에 에베소 신자들을 위한 그 자신의 기도(1:15-23; 3:14-21)를 기록함으로써 기도의 중요성을 보여주었다. 여기서는 그들에게 지속적으로 또는 기회가 있을 때마다(참고. 살전 5:17) 기도하라고 요청한다. 둘째, 그들은 "성령 안에서" 기도해야 한다. 성령이 신자들로 기도하도록 인도하고 또 능력을 주신다는 것을 인식하면서 말이다. 셋째, 그들은 부지런히("모든 기도와 간구를 하되") 기도해야 한다. 기도 관련 용어를 거듭 사용하는 것은 믿음과 기대를 겸비한 기도의 필요성과 그 중요성을 강조하기 위해서다. 넷째, 그들은 정신을 바짝 차린 채("이를 위하여 깨어") 기도해야 한다. 만일 신자들이 치열한 전쟁 중에 끊임없이 기도하려면 늘 깨어 있고 경각심을 품어야 한다. 다섯째, 그들은 "끝까지 참으면서"(새번역) 기도해야 한다. 이런 기도는 초기 교회의 특징이었다(예. 행 1:14; 2:42; 6:4; 롬 12:12; 골 4:2). 끝으로 그들은 "여러 성도를 위하여" 기도해야 한다. 악한 자의 공격에 대항해 굳게 서는 능력이 있으려면 신자들이 서로를 위해 기도할 필요가 있다.

바울은 신자들에게 서로를 위해 기도하도록 격려한 후 자기를 위해("또 나를 위하여", 19절) 기도하도록 부탁한다. 바울은 종종 여러 편지에서 기도를 부탁했다(롬 15:30-32; 고후 1:11; 골 4:3-4; 살전 5:25; 살후 3:1-2). 흥미롭게도 바울은 그가 감옥에서 풀려나도록 기도하라고 요청하지 않고 복음 메시지를 신실하게 전하도록("내게 말씀을 주사 나로 입을 열어"), 아마 로마 죄수의 신분으로 그렇게 하도록 기도해달라고 부탁하는 것 같다. 바울은 또한 그가 심각한 상황과 위협적인 분위기에 처해 있음을 알기에 "담대히"(19절) 말할 수 있도록 기도해달라고 요청한다. 바울은 복음 메시지를 자유롭게, 명료하게 그리고 거리낌 없이 나누기를 원한다. 구체적으로 그는 "복음의 비밀", 즉 유대인과 이방인이 주 예수에 대한 믿음을 통해 하나님의 한 백성이 된다는 계시를 전달하려고 한다.

이어서 바울은 이 복음 때문에 그가 "쇠사슬에 매인 사신"(20절, 참고, 고후 5:20)이 되었다고 말한다. 바울은 복음의 비밀을 이방인에게 알리는 독특한 사명을 지닌, 하나님의 공식적인 대변인이다(참고. 엡 3:2, 7-8). 바울의 투옥은 곧 가택 연금을 의미했기 때문에(행 28:30-31), 일부 주석가는 "쇠사슬"에 대한 언급을 그저 그의 투옥에 대한 비유적인 묘사로 해석한다. 그러나 다른 주석가들은 그것이 바울을 로마 군병에 묶어놓은 특정한 쇠사슬(행 28:16, 20)을 가리킨다고 주장한다. 어느 견해를 취하든지, 대사(사신)는 절대로 쇠사슬에 묶이면 안 되기 때문에 사실 바울은 아이러니한 말을 하고 있는 것이다. 보통은 대사들이 외국의 권위를 힘입어 말하기 때문에 면책을 포함한 여러 특권을 갖고 있었다.

바울은 또한 '그가 복음을 담대히 전할 수 있도록'(20절) 기도해달라고 부탁한다. 이 부탁은 이미 19절에 언급된 만큼 바울이 처한 상황에서 복음을 담대히 전할 필요성이 그에게는 분명히 중요했다. 예수 그리스도에 관한 좋은 소식을 나누어야 한다는 바울의 강박관념은 그의 소명과 연관되어 있기 때문에 이 메시지는 그가 "당연히 할 말"이었다. 바울의 부탁이 응답을 받은 증거가 디모데후서 4:17에 나오는 듯하다. 거기서 바울은 주께서 그의 곁에 서서 힘을 주심은 그로 말미암아 선포된 말씀이 온전히 전파되어 모든 이방인이 듣게 하려 하심이라고 말한다.

응답

영적 전쟁의 현실

오늘날 많은 서양인은 영적 권세의 존재를 부인하지만 다른 문화들에 속한 사람들과 성경의 저자들은 그런 권세를 쉽게 인정한다. 에베소서에서 바울은 영적 세력과 신자들의 싸움에 대해 가장 상세히 다룬다. 그는 사탄을 앞에서는 "공중의 권세 잡은 자"(2:2)로 묘사했는데 여기서는 "마귀"(6:11)와 "악한 자"(16절)라는 용어로 묘사한다. 사탄은 하나님의 백성을 해롭게 하기로 작정한 다른 악한 영들("통치자들", "권세들", '우주의 지배자들', 그리고 '영적 세력들', 12절)의 지도자로 나타난다.

영적 전쟁에 대한 반응

눈에 보이지 않는 이 현실에 비추어 우리가 보일 반응은 제대로 준비를 갖추는 것이다. 바울이 신자들에게 주는 첫 번째 명령은 '주 안에서 강건해지라'(10절)는 것이다. 사탄과 그의 앞잡이들은 잘 무장하고 있으므로, 지친 십자가 군병들을 쉽게 물리치거나 낙담시킬 수 있다. 그 적과 싸워서 이길 힘은 하나님이 공급하신다. 오직 "그 힘의 능력"으로만 우리가 마귀에 맞서는 자세를 취할 수 있다. 바울은 '서다'('버티다'를 포함해)라는 동사를 네 번[11, 13(2번), 14절, ESV 참고]이나 사용해서 신자들이 어떤 공격을 받든지 그것을 견딜 수 있도록 잘 준비할 필요성을 강조한다. 그 능력의 원천이신 삼위일체가 이 단락 전체에서 강조된다. 아버지 하나님은 신적 전사로서 그분의 갑옷과 무기를 우리가 쓸 수 있게 하신다. 그것은 "하나님의" 전신 갑주다(11, 13절). 구체적으로, 우리는 "하나님의 말씀"을 들라(17절)는 명령을 받는다. 아들 하나님은 현재 아버지의 오른편에 앉은 승천하신 주님으로서 신자들을 강건케 하시는 분이다. 우리는 '주 안에서 강건해져야' 한다(10절). 성령 하나님 역시 그리스도의 군병에게 말씀의 칼을 공급하신다(17

절). 우리는 또한 "성령 안에서" 기도하라는 가르침을 받는다(18절).

영적 전쟁의 결과

일부 주석가들은 바울이 사용하는 갑옷의 이미지와 설명이 그리스도인들에게 방어 자세만 취하도록 권면한다고 생각하지만, 이는 너무 협소한 관점이다. "평화의 복음을 전할 차비"(15절, 새번역)를 상징하는 신발은 우리가 하나님께서 부르시는 곳이라면 어디든지 복음 메시지를 진격시킬 준비를 갖추어야 한다는 것을 시사한다. "성령의 검"(17절)은 하나님의 말씀을 상징한다. 특히 그 말씀은 어둠 속에서 선포되고 사람들을 사탄의 지배에서 해방시킬 때 그 진가를 발휘한다. 공격적인 자세를 취할 준비를 갖추는 것에 대해서는 바울 자신이 그 모범을 보여준다. 그는 복음을 담대히 전할 수 있도록 기도해달라고 부탁하기 때문이다(19-20절). 우리가 바울의 가르침을 유념하고 신실하게 기도한다면 마귀의 계략에 맞서서 승리를 거둘 것이다. 하지만 기도 없이는 전투에 필요한 갑옷과 무기를 효과적으로 사용할 수 없다. 우리는 우리 기도가 성령의 인도를 받고 능력을 얻도록 "성령 안에서" 기도해야 한다. 이에 덧붙여 "항상", "모든 기도와 간구"를 하고, 끝까지 참으면서 "여러 성도를 위하여" 간구해야 한다(18절). 바울은 이런 권면을 통해 마귀와 그의 세력들에게 성공적으로 맞서기 위해 기도할 필요성과 그 중요성을 역설한다.

Ephesians

에베소서

6:21-24

21 나의 사정 곧 내가 무엇을 하는지 너희에게도 알리려 하노니 사랑
을 받은 형제요 주 안에서 진실한 일꾼인 두기고가 모든 일을 너희에
게 알리리라 22 우리 사정을 알리고 또 너희 마음을 위로하기 위하여
내가 특별히 그를 너희에게 보내었노라

21 So that you also may know how I am and what I am doing, Tychicus
the beloved brother and faithful minister in the Lord will tell you
everything. 22 I have sent him to you for this very purpose, that you
may know how we are, and that he may encourage your hearts.

23 아버지 하나님과 주 예수 그리스도께로부터 평안과 믿음을 겸한
사랑이 형제들에게 있을지어다 24 우리 주 예수 그리스도를 변함없이
사랑하는 모든 자에게 은혜가 있을지어다

23 Peace be to the brothers,[1] and love with faith, from God the Father
and the Lord Jesus Christ. 24 Grace be with all who love our Lord Jesus
Christ with love incorruptible.

1 Or *brothers and sisters*

단락 개관

이 단락은 에베소 성도들을 향한 바울의 마지막 진술이 담겨 있으며, 다음 두 부분으로 나뉜다. (1) 두기고와 그의 과업을 추천하는 것(엡 6:21-22)과 (2) 마지막 축도(23-24절)다. 바울은 두기고(아마 이 편지의 전달자)를 "사랑을 받은 형제"이자 "진실한 일꾼"으로 묘사한다. 두기고는 두 가지 이유 때문에 에베소 신자들에게 보내졌다. 바울의 현 상황을 설명하고, 그들의 마음을 격려하기 위해서다. 마지막 두 구절은 수신자들이 하나님의 평화와 사랑, 믿음과 은혜를 경험하게 해달라는 바울의 축도(다른 이들에게 하나님의 복이 임하기를 구하는 기도)다. 이 대목은 놀랍게도 골로새서 4:7-8과 매우 비슷하다. 이는 두 편지 모두 바울이 비슷한 시기에 쓴 것이고, 두기고가 로마로부터 두 수신자들에게 전달했다는 것을 암시한다.

단락 개요

XVIII. 추천과 축도(6:21-24)
- A. 두기고를 추천하다(6:21-22)
- B. 평화와 사랑, 믿음과 은혜의 축도(6:23-24)

주석

6:21-22 바울의 짧은 코멘트는 이 편지의 메신저로 보이는 두기고에 초점을 둔다. 두기고는 바울이 가장 신뢰하는 동료 중 하나고, 종종 바울의 여행에 동반했던 인물이며, 이따금 중요한 사명을 받고 파견되었던 사람

이다(행 20:4; 골 4:7-9; 딤후 4:12; 딛 3:12). "형제"는 '동료 신자'일 뿐 아니라 '동역자' 내지는 '도우미'라는 것을 의미한다.

바울은 에베소 그리스도인에게 자기가 두기고를 그들에게 보내는 것은 두 가지 이유 때문이라고 한다. 첫째, 두기고가 바울이 세 번이나 (다양하게) 진술하는 바울 자신 상황과 관련해 추가 정보를 전해줄 것이다. (1) "나의 사정[을]…너희에게도 알리려 하노니"(21절) (2) "내가 무엇을 하는지"(21절) (3) "우리 사정을 알리고"(22절). 본질적으로 바울은 그들에게 두기고가 감옥에 갇힌 그의 사정에 대해 직접 이야기할 것임을 알리고 있다. 둘째, 두기고는 그들의 마음을 격려하려고 파송되었다(22절). 이 두 가지 목적은 아마 서로 관련이 있을 것이다. 에베소 신자들이 바울의 건강, 투옥 그리고 하나님께서 이방인들에게 복음을 전하도록 바울을 어떻게 사용하시는지에 대해 알게 되면 분명히 격려를 받을 것이기 때문이다.

6:23-24 끝으로 바울은 이 편지의 수신인들을 위해 기도한다.

첫째 기도는 평화와 (믿음을 겸한) 사랑의 기도다. "아버지 하나님과 주 예수 그리스도께로부터 평안과 믿음을 겸한 사랑이 형제들에게 있을지어다"(23절). "평화"라는 용어는 편지의 끝에 나오는 축도에 종종 사용되었다(롬 15:33; 갈 6:16; 살후 3:16; 벧전 5:14; 요삼 1:15). 이 용어가 이 축도의 서두에 중요한 자리를 차지하는 것은 이 편지의 한 주제로서 의미심장한 역할을 담당하기 때문일 수 있다(엡 2:14-18; 4:3; 6:15).

"사랑"의 주제(2:4; 3:14-19; 5:1-2)와 "믿음"의 주제(1:13; 2:8; 3:17-19; 6:16) 역시 에베소서 전체에서 중요한 역할을 담당했다. 흥미롭게도 바울은 '너희에게 평안이 있을지어다'라는 전형적인 형식을 사용하지 않고 '형제들에게 평안이 있을지어다'라고 쓴다. 그 이유는 이 편지가 개인적이기보다는 회람용 편지이기 때문일 것이다. 바울은 동일한 집안(2:19)에 속하고 서로 지체가 되는(4:25) 다양한 가정 교회의 구성원들에게 편지를 쓰고 있다. 그들은 그리스도와 연합하고 서로 연합한 덕분에 갖게 된 평화로 인해 "형제들"로 불릴 수 있다. 이 하나님의 복은 "아버지 하나님과 주 예수 그리스도께로부터” 온다.

바울의 둘째 기도는 은혜에 초점을 둔 마지막 축도다. “우리 주 예수 그리스도를 변함없이 사랑하는 모든 자에게 은혜가 있을지어다”(24절). 은혜는 바울이 이 편지에서 줄곧 강조했던 주제다(1:6, 7; 2:5, 7, 8; 4:7). 바울은 ‘너희에게 은혜가 있을지어다’라는 보다 흔한 형식을 사용하지 않고 “우리 주 예수 그리스도를…사랑하는 모든 자에게 은혜가 있을지어다”라고 쓴다. 이는 사랑을 그 특징으로 삼는 신자와 그리스도의 개인적 관계를 강조하는 문구다.

끝으로 신자들의 사랑이 “변함없[는]” 것으로 묘사되어 있다. 이상적인 그리스도인의 사랑은 ‘영속적인’ 또는 ‘그치지 않는’ 것이라고 말하는 듯하다. 이 사랑은 죽음의 영향을 받지 않는다. 이는 그리스도를 향한 끊임없고 끝없는 사랑이다. 이런 사랑이 가능한 이유는 신자들이 먼저 하나님으로부터 오는 사랑을 경험했기 때문이다.

응답

이 간략한 결론은 다시금 바울과 그의 동역자들의 삶과 사역을 얼핏 들여다보게 해준다.

첫째, 바울은 항상 하나의 팀으로 섬겼다. 바울이 여행을 하거나 교회를 개척하거나 신자들을 강건케 하거나 투옥되었을 때는 언제나 그 주변에 다른 헌신된 신자들이 있었다. 에베소서에서 우리는 바울을 돕기 위해 로마에 갔던 두기고에 대해 읽게 된다. 사도행전 20:4을 보면 두기고가 바울의 3차 선교 여행 때 그와 동행했던 인물임을 알 수 있다. 바울의 신실한 동반자가 된 두기고는 로마로부터 에베소(엡 6:21-22)와 골로새(골 4:7-8)로 파송되었다. 나중에는 바울이 두기고(또는 아데마)를 그레데 섬에 보낼 계획을 세웠는데, 이는 디도가 니고볼리에 있는 바울을 방문할 수 있게 하기 위해서였다(딛 3:12). 끝으로 두기고가 에베소로 다시 파송된 것은 디모데를 대체하고 또한 디모데후서를 전달하기 위해서였던 것 같다. 바울은 복음을 나누는 사역과 교회를 세우는 사역에 도움을 받기 위해 두기고와 디도, 디모데 같은 사람들에게 끊임없이 투자하고 그들을 의지했다. 이를 통해 우리는 대위임령을 이루는 데 합류할 수 있는 사람들에게 투자하는 법을 배울 수 있다.

둘째, 바울은 궁극적으로 하나님께 의지했다. 바울은 하나님, 곧 그분 백성을 모든 영적인 복을 주신 그 하나님을 찬송하는 말로 편지를 시작했을 뿐만 아니라, 에베소 신자들을 위해 기도하면서 이중적인 축도로 마무리한다. 이에 덧붙여 이 편지를 쓰는 중에 그의 독자들을 위해 두 차례 기도했고(1:15-23; 3:14-21) 그들에게도 기도하라고 권면한다(6:18-19). 그는 하나님께서 우리의 삶에서 모든 복과 능력의 원천이심을 끊임없이 보여준다. 특히 6:23-24에 나오는 바울의 축도는 하나님을 평화와 사랑, 믿음과 은혜의 원천으로 부각시킨다. 이는 편지의 끝에 나오는 하나의 형식을 넘어서서 하나님의 복이 에베소 성도들에게 임하기를 간절히 간구하는 모습이다. 바울은 그가 처한 어려운 상황과 투옥에 압도되는 대신, 오히려 남들을 그 자신보다 더 중요하게 여기는 모습을 보여준다(참고. 빌 2:3-4). 이와 같이 우리도 모든 것에 대해 하나님을 찬송하되, 어려운 상황을 직면할 때에도 그래야 한다.

성경구절 찾아보기

고린도전서

고린도후서

갈라디아서

국제제자훈련원은 건강한 교회를 꿈꾸는 목회의 동반자로서 제자 삼는 사역을 중심으로 성경적 목회 모델을 제시함으로 세계 교회를 섬기는 전문 사역 기관입니다.

ESV 성경 해설 주석

갈라디아서·에베소서

초판 1쇄 인쇄 2023년 1월 20일
초판 1쇄 발행 2023년 2월 1일

지은이 프랭크 틸만, 벤자민 L. 머클
옮긴이 홍병룡

펴낸이 오정현
펴낸곳 국제제자훈련원
등록번호 제2013-000170호(2013년 9월 25일)
주소 서울시 서초구 효령로68길 98(서초동)
전화 02) 3489-4300 **팩스** 02) 3489-4329
이메일 dmipress@sarang.org

ISBN 978-89-5731-862-1 94230
978-89-5731-825-6 94230(세트)